ABITUR-TRAINING

Geschichte 2

Biedert · Größl · Müller

STARK

Bildnachweis
Umschlagbild: Fall der Berliner Mauer, 9. November 1989 – © MARKA / Alamy Stock Photo

www.stark-verlag.de
1. Auflage 2017

Inhalt

Autoren: Dr. Hans-Karl Biedert, Wolf-Rüdiger Größl, Harald Müller

Vorwort

Liebe Schülerinnen und Schüler,

der vorliegende Band **Geschichte 2** ermöglicht Ihnen eine gezielte und effektive Vorbereitung auf alle Prüfungen im Fach Geschichte. Von Ihnen wird immer mehr das Erkennen von Problemen und Zusammenhängen sowie eine fundierte Beurteilung verlangt. Selbstständiges Erarbeiten des Stoffes erhält stärkeres Gewicht. Damit ist die Eigenverantwortung der Schülerinnen und Schüler deutlich gestärkt. Es ist immer mehr Aufgabe jedes Einzelnen, sich selbstständig und eigenverantwortlich auf den Unterricht sowie auf bevorstehende Klausuren und das Abitur vorzubereiten. Dabei hilft Ihnen dieses Buch.

- Die Kapitel enthalten das in der Abiturprüfung vorausgesetzte **Basiswissen an Fakten** in zusammenhängender und strukturierter Form. Einstiegsbilder zu jedem Kapitel ermöglichen eine inhaltliche Annäherung vor der ersten Lektüre und erleichtern den Einstieg.
- Die Kapitel sind klar strukturiert und übersichtlich gegliedert. Damit werden nicht nur die Zusammenhänge deutlich, sondern auch die zur reflektierten Bearbeitung notwendigen Bewertungen der historischen Prozesse.
- **Zeittafeln** und ein **Stichwortverzeichnis** ermöglichen Ihnen einen schnellen Überblick und den sicheren Zugriff auf relevante Informationen.
- Zusammenfassende **Schaubilder** erleichtern das Lernen und bieten Ansätze für eigene **Präsentationen** von geschichtlichen Zusammenhängen.
- Mit den vielfältigen **Übungsaufgaben** am Ende jedes Kapitels und **materialgestützten Aufgaben im Stil des Abiturs** können Sie das Gelernte selbstständig anwenden und überprüfen.
- Der umfassende **Lösungsteil** am Ende des Bandes gibt Ihnen schließlich die Möglichkeit, Ihren Wissensstand schnell und einfach zu überprüfen.

Wir wünschen Ihnen viel Erfolg bei der Arbeit mit diesem Buch!

Dr. Hans-Karl Biedert   Wolf-Rüdiger Größl   Harald Müller

Deutschland nach dem Zweiten Weltkrieg

1 Kriegs- und Friedensziele der Alliierten

6. 1. 1941	Verkündung der „Vier Freiheiten“ durch Roosevelt
14. 8. 1941	Britisch-amerikanische Atlantik-Charta
Januar 1943	Konferenz von Casablanca (Roosevelt und Churchill)
15. 5. 1943	Beschluss zur Auflösung der Kommunistischen Internationale (Komintern)
Oktober 1943	Außenministerkonferenz (USA, Großbritannien, UdSSR)
Nov. 1943	Konferenz von Teheran der „Großen Drei“ (USA, Großbritannien, UdSSR)
12. 9. 1944	1. Londoner Abkommen der EAC zur Aufteilung Deutschlands in 3 Zonen
Sept. 1944	Morgenthau-Plan zur Umgestaltung Deutschlands
14. 11. 1944	2. Londoner Abkommen über Kontrolleinrichtungen in Deutschland
Februar 1945	Konferenz von Jalta; „Erklärung über das befreite Europa“

1.1 Atlantik-Charta und Casablanca-Formel

Die Atlantik-Charta

Nach einem Beistandsabkommen zwischen Großbritannien und der Sowjetunion im Juli 1941 verabschiedeten Roosevelt und Churchill am 14. August 1941 die Atlantik-Charta. Noch bevor Deutschland besiegt war, wurden grundlegende Kriegsziele formuliert: Die USA und Großbritannien verzichteten auf das traditionelle Ziel bisheriger Kriege, den Gebietsgewinn, und erklärten u. a., territorialen Besitzstand nur im Einverständnis mit den Betroffenen zu verändern. Außerdem gestanden sie allen Völkern das **Selbstbestimmungsrecht** und allen Staaten die **freie Beteiligung am Welthandel** zu. Internationale Zusammenarbeit und der Verzicht auf Gewaltanwendung sollten die Friedensordnung sichern. Deutschland und Japan als Kriegsgegner sollten aber nicht in den Genuss dieser Freiheiten kommen. Die Atlantik-Charta entsprach damit ganz dem **„liberalen Friedensmodell“ der USA**. Dies hatte Roosevelt bereits im Januar 1941 durch die Verkündung seiner **„Vier Freiheiten“** deutlich gemacht, als er erklärt hatte, Rede- und Meinungsfreiheit, Glaubensfreiheit und die Freiheit von Not und Furcht seien die Grundsteine einer friedlichen Weltordnung, für die sich die USA einsetzen wollten.

Die Frage einer zweiten Front im Westen, die die Sowjetunion entlasten sollte, entwickelte sich bis zur Landung der Westalliierten in der Normandie im Juni 1944 zu einem der Hauptprobleme zwischen der UdSSR und den Westmächten. Die Verzögerung der alliierten Invasion ließ Stalin befürchten, die Westmächte wollten damit eine Schwächung der Sowjetunion erreichen, mit der das Sowjetsystem selbst zu Fall gebracht werden konnte. Er wollte daher die erreichten territorialen und politischen Vorteile auf jeden Fall ausnutzen. Das galt vor allem für die Erwerbungen aus dem Hitler-Stalin-Pakt von 1939, über die Stalin jede Diskussion ablehnte. Stalin wollte auf das Baltikum und die ostpolnischen Gebiete nicht verzichten. Auch heute noch, nachdem Russland immerhin die Existenz des „geheimen Zusatzprotokolls" über die vierte Teilung Polens zugegeben hat, herrscht die Bewertung vor, es habe sich bei den Vereinbarungen um eine historisch richtige Korrektur des Friedens von Riga 1921 zwischen Polen und der Sowjetunion gehandelt.

In direktem Zusammenhang damit stand die Frage nach einer möglichen **Kompensation Polens** für die an die Sowjetunion verlorenen Gebiete. Nachdem Stalin bereits im Dezember 1941 gegenüber dem britischen Außenminister seine Forderung nach Anerkennung der 1939 vollzogenen Gebietsveränderungen zugunsten der Sowjetunion geäußert hatte, brachte er schon hier eine Entschädigung Polens durch Teile Ostpreußens ins Spiel. Die Haltung der britischen wie auch der amerikanischen Regierung war allerdings durch die Vereinbarungen der „Atlantik-Charta" festgelegt, die territoriale Veränderungen von der Zustimmung der Betroffenen abhängig machte. Außerdem war mit der Unterstützung der polnischen Exilregierung in London zunächst die territoriale Integrität des polnischen Staates von 1939 verknüpft. Einer der Konflikte zwischen Stalin und den Westmächten war also durch die unterschiedlichen Vorstellungen in der polnischen Frage schon angelegt.

Die Konferenz von Casablanca

Nach Beginn des Nordafrika-Feldzuges trafen **Roosevelt** und **Churchill** ohne Stalin in Casablanca zusammen (14.–24. 1. 1943) und einigten sich über eine Landung in Sizilien sowie über die Ausweitung des systematischen Bombenkriegs gegen Deutschland. Ziel war die **bedingungslose Kapitulation** (un conditional surrender) der Kriegsgegner Deutschland, Italien und Japan. Dieser Forderung schloss sich Stalin am 1. Mai 1943 an.

Durch die bedingungslose Kapitulation Deutschlands wollte Roosevelt eine Art Tabula rasa schaffen. Es sollten nicht nur alle Möglichkeiten einer Friedensregelung offen stehen, sondern auch Deutschland als „Friedensstörer" dauerhaft ausgeschaltet werden. Auch sollte den Deutschen – anders als 1918 – klar werden, dass sie den Krieg verloren hatten; einer neuen Dolchstoßlegende und neuen Revanchegelüsten sollte der Boden entzogen werden.

Stalin gab seiner Verstimmung über die erneute Verschiebung der alliierten Invasion in Frankreich in einer persönlichen Botschaft an Roosevelt Ausdruck. Zeichen dieser ernsten Krise sind die geheimen Gespräche über einen deutsch-sowjetischen Sonderfrieden, die Stalin im Frühjahr 1943 führen ließ. Ziel war aber weniger der Austritt aus der Kriegskoalition, als vielmehr eine Warnung an die Alliierten, denen Stalin nach seinen Erfahrungen von 1938 misstraute. Parallel dazu gab er im Mai 1943 die Auflösung der Kommunistischen Internationale (Komintern) bekannt; die Westmächte sollten den Eindruck gewinnen, als gäbe die Sowjetunion alle Pläne für die Weltrevolution auf.

1.2 Von Teheran nach Jalta: Die alliierten Kriegskonferenzen

Die Konferenz von Teheran

Auf der Außenministerkonferenz in Moskau war zwischen den Vertretern der USA, der UdSSR und Großbritanniens im Oktober 1943 vor allem die Bildung der European Advisory Commission (EAC, Sitz in London) vereinbart worden. Dieses Gremium befasste sich unter anderem mit den praktischen Fragen der Besetzung Deutschlands. So konnten sich die „Großen Drei" auf der Konferenz von Teheran (28. 11.–1. 12. 1943) grundsätzlichen Fragen der Politik widmen.

Neben dem Projekt einer **alliierten Landung in Frankreich** stand vor allem das **polnische Problem** auf der Tagesordnung. Stalin lehnte es ab, über die Rückgabe der 1939 erworbenen Gebiete an Polen zu sprechen, für ihn war die 1920 festgelegte **„Curzon-Linie"** die historisch richtige Grenze zwischen Russland und Polen. Das aber erforderte die Einigung über eine Entschädigung Polens für den Verlust seiner alten Ostgebiete. Nach Stalins Meinung sollte diese Entschädigung so bemessen sein, dass Polen im Westen bis zur Oder reiche. Churchill lehnte diesen Plan nicht ab, wollte sich jedoch zunächst nicht auf den Umfang der Entschädigungen festlegen. Er entwarf die **„Formel von Teheran"**, in der es hieß, grundsätzlich liege „die Heimstätte des polnischen Staates und der polnischen Nation zwischen der sogenannten Curzon-Linie und der Linie der Oder" und sollte das südliche Ostpreußen und Oppeln einschließen. Stalins Forderung nach Königsberg und dem nördlichen Ostpreußen erkannten die Westmächte an.

Stalin misstraute allerdings den Westmächten. Er befürchtete, die Erfolge der Roten Armee nicht genügend ausnutzen zu können, etwa durch eine Landung der Westalliierten auf dem Balkan, die seine Balkaninteressen (Rumänien, Bulgarien) durchkreuzt hätte. Er stellte daher die Sicherung der Erwerbungen aus dem Hitler-Stalin-Pakt in den Vordergrund und kündigte das sowjetische Eingreifen gegen Japan nach Abschluss des Kriegs in Europa an.

Die polnische Frage wurde brisant, als Anfang Januar 1944 die Rote Armee die alte polnisch-sowjetische Grenze von 1921 überschritt und die polnische Exilregierung in London die Einsetzung einer von ihr kontrollierten Zivilverwaltung in den befreiten Gebieten verlangte. Stalin verweigerte dies mit dem

Hinweis auf die „historischen Grenzen“ und mahnte bei Churchill die Zustimmung der Exilpolen zum Teheraner Konferenzbeschluss und den dort festgelegten Gebietskompensationen an.

Der Morgenthau-Plan und andere Teilungsprojekte

Im September 1944 trafen sich Roosevelt und Churchill auf der zweiten **Quebec-Konferenz** und besprachen neben der Balkan-Frage und der Planung des weiteren Vorgehens gegen Japan vor allem die Zukunft Deutschlands.

Der amerikanische Finanzminister Henry Morgenthau erläuterte hier seinen **Plan der Umgestaltung Deutschlands**. Er schlug vor, die Deutschen aus den abzutretenden Ostgebieten zu vertreiben, den Großgrundbesitz zu zerschlagen, die deutsche Industrie weitgehend zu demontieren und die Wirtschaft zu einer **Agrarwirtschaft** umzustrukturieren. Außerdem war die Angliederung des Saargebiets an Frankreich sowie die Internationalisierung des Ruhrgebiets, des Rheinlands und des Nord-Ostsee-Kanals vorgesehen. Dieser radikale Entwurf stieß auf starke Zweifel, sowohl in Bezug auf seine Durchführbarkeit als auch seine Zweckmäßigkeit.

Der amerikanische Kriegsminister Stimson stellte dem Morgenthau-Plan Überlegungen gegenüber, die die Anwendung der Atlantik-Charta auch auf Deutschland vorschlugen. Auch der **Stimson-Plan** sah eine Teilung Deutschlands vor, wollte aber die deutsche Industrie für die Reparationsleistungen und die notwendige Eigenversorgung erhalten, auch im Interesse der politischen Stabilität Deutschlands und Europas und damit des Friedens.

Die verschiedenen Pläne zur Neuordnung Deutschlands und seiner Wirtschaft liefen im Kern alle auf eine Abtrennung des Ruhrgebiets von Preußen, dessen Zerschlagung als „Hort des Militarismus“ und eventuell noch auf die Bildung eines separaten Süd-Staates hinaus. Vor allem das US-Außenministerium sah aber in einer erzwungenen Teilung nur eine neue Belastung, denn ihre Absicherung würde finanzielle und militärische Kräfte binden. Die USA befürworteten deshalb die Wiedererrichtung eines deutschen Staates auf föderativer Basis. Auch die Franzosen plädierten für ein dezentralisiertes Deutschland mit möglichst starken Einzelländern. Zu diesem Zweck sollten separatistische Tendenzen gefördert werden, die es hauptsächlich im Süden Deutschlands und im Rheinland gab. Frankreich knüpfte so an seine Politik nach 1919 an, die schon damals als Versuch einer „Balkanisierung“ Deutschlands nicht nur in Deutschland, sondern auch in Großbritannien kritisiert worden war.

Die Aufteilung der Besatzungszonen

Das **Zonenprotokoll** der in London tagenden EAC vom 12. September 1944 legte zunächst fest, dass Deutschland „innerhalb seiner Grenzen, wie sie am 31. 12. 1937 bestanden, für Besatzungszwecke in **drei Zonen** aufgeteilt" werde, hinzu kam das „**Sondergebiet Berlin** [...] unter einer Besatzungsbehörde der drei Mächte". Mit der Festlegung auf die Grenzen von 1937 ist an dieser Stelle nur eine Negativ-Abgrenzung getroffen worden, nämlich derjenigen Gebiete, die nicht unter die Besatzungszonen gerechnet werden. Das sind alle Angliederungen und Eroberungen von 1938 bis 1940 (Österreich, Sudetenland, Memel, Posen/Westpreußen, Elsass-Lothringen).

Die „**Demarkationslinie**" zwischen dem Teil Deutschlands, der von Großbritannien und den USA besetzt werden sollte, und dem von der UdSSR zu besetzenden Teil wurde bestätigt, sie entsprach der Grenze zwischen der späteren Bundesrepublik Deutschland und der DDR. Den USA wurde der südliche Teil, Großbritannien der nördliche Teil der westlichen Besatzungszone zugewiesen, wobei sich die USA allerdings die Häfen Bremen und Bremerhaven als Stützpunkte für den Nachschub sicherten. „**Groß-Berlin**" wurde ein besonderer Status zugewiesen und sollte nicht als Teil der sie umgebenden sowjetischen Besatzungszone gelten. Berlin und Deutschland wurden bis zur Oder-Neiße-Linie einer gemeinsamen Verwaltung durch die Alliierten unterworfen.

Im **Kontrollabkommen** vom 14. 11. 1944 war festgelegt worden, dass die Militärgouverneure der drei Besatzungszonen gemeinsam für alle Angelegenheiten zuständig sein sollten, die Deutschland als Ganzes betrafen. Dafür sollte als Lenkungsbehörde ein **Alliierter Kontrollrat** eingerichtet werden, während sonst jede Besatzungsmacht in ihrer Zone die Verwaltung übernehmen sollte. Genauere Bestimmungen, was politisch aus Deutschland werden sollte, fehlten.

Zudem wurde **Frankreich** als **vierte Besatzungsmacht** zugelassen; Briten und Amerikaner traten daher später einen Teil ihrer Zonen an Frankreich ab.

Die Konferenz von Jalta

Die Konferenz, die vom 4. bis zum 11. Februar 1945 in Jalta auf der Krim stattfand, stand militärisch ganz im Zeichen der sicheren deutschen Niederlage. Sie war aber überschattet sowohl vom Zögern Roosevelts, die Offensive gegen Deutschland im Westen voranzutreiben, als auch von den Erfolgen der sowjetischen Offensive an der Oder. Der Balkan, mit Ausnahme Griechenlands, wo die Briten nach Abzug der deutschen Besatzung gelandet waren, die baltischen Länder und Polen waren in der Hand der Roten Armee. Roosevelt und Churchill versuchten in Jalta, die Forderung nach einer demokratischen Neuordnung auch in den von der Roten Armee besetzten Gebieten durchzusetzen. Die Konferenz befasste sich vor allem mit der konkreten Durchführung der in Teheran und Moskau gefassten Beschlüsse und mit der **Einrichtung von Besatzungszonen**. Stalin war dabei im Vorteil, da die Rote Armee den größten Teil der Gebiete besetzt und mit einer politischen Neuordnung bereits begonnen hatte. Roosevelt und Churchill waren auf Stalin als Bündnispartner angewiesen und erkauften sich seine Beteiligung am Krieg gegen Japan mit Zugeständnissen.

Das Ergebnis der Konferenz war eine **„Erklärung über das befreite Europa"**, die sich ganz an der Atlantik-Charta orientierte. Die drei Siegermächte verpflichteten sich, in allen befreiten Gebieten beim Aufbau demokratischer Strukturen zu helfen. In Bezug auf **Polen**, wo Stalin am 1. Januar 1945 das von Lublin nach Warschau verlegte Lubliner Komitee als „Provisorische Regierung" Polens einseitig anerkannt hatte, erreichten Churchill und Roosevelt lediglich, dass diese durch die Aufnahme von Vertretern der Exilpolen erweitert werden sollte. Dieser „Provisorischen Polnischen Regierung der Nationalen Einigung" wurde auferlegt, sobald wie möglich freie Wahlen durchzuführen.

Im Vordergrund der Verhandlungen standen die **Reparationen**. Besonders die Sowjetunion bestand auf solchen Wiedergutmachungen und auf der Beteiligung an einer Kontrolle über das Ruhrgebiet, der „Waffenschmiede" Deutschlands. Schon in Teheran hatte Stalin erwähnt, dass die Sowjetunion noch über Jahre Millionen deutscher Arbeitskräfte benötigen werde, um die Kriegsschäden zu beheben. Einen Teil dieser Arbeitsleistung nahm Stalin bereits in Anspruch, indem er deutsche Kriegsgefangene zur Zwangsarbeit schickte. Weitere Reparationsleistungen seien als Sachlieferungen, sowohl als Demontagegüter als auch als Ablieferungen aus der laufenden Produktion, zu leisten. Ein Nebeneffekt dieser Reparationen schien für Stalin darin zu bestehen, ein Wiedererstarken Deutschlands weiter hinauszuzögern. In einem Geheimprotokoll einigten sich Roosevelt und Stalin auf die Summe von **20 Milliarden Dollar**, von der die Hälfte der Sowjetunion zufließen sollte. Churchill fand diese Summe allerdings zu hoch, da sie die wirtschaftliche Existenz Deutschlands gefährden würde.

Zu langen Diskussionen führte die Frage der **Grenzen Polens** und damit auch der sowjetischen Grenze. Stalin forderte eine Festlegung auf die alte Curzon-Linie. Sein Vorschlag, Polen auf Kosten Deutschlands zu entschädigen und bis zur Oder vorrücken zu lassen **(Oder-Neiße-Linie)**, fand schließlich die prinzipielle Zustimmung der Westmächte. Offen blieb nur die Frage des südlichen Grenzabschnitts; dies, wie auch die endgültige Fixierung der Westgrenze, sollten einer Friedenskonferenz vorbehalten sein.

Die **politische Zersplitterung Deutschlands** war allgemein anerkannt. Es ging nur noch um die Modalitäten, die aber an den Europäischen Beratenden Ausschuss (EAC) übertragen wurden.

Die Kriegskonferenzen

Ort	Teilnehmer	Themen/Ergebnisse
Atlantik-Charta (14. 8. 1941)	Churchill, Roosevelt	• Verzicht auf Annexion • Selbstbestimmungsrecht der Völker • Friedenssicherung durch politische und wirtschaftliche Zusammenarbeit
Konferenz von Casablanca (14.–24. 1. 1943)	Churchill, Roosevelt	• bedingungslose Kapitulation Deutschlands, Italiens und Japans • feindliche Mächte haben kein Selbstbestimmungsrecht • Zerstörung des Kriegspotenzials • Landung alliierter Streitkräfte auf Sizilien
Außenminister-konferenz in Moskau (19.–30. 10. 1943)	alliierte Außen-minister, China	• Besetzung Deutschlands durch die drei Siegermächte • Beseitigung des Nationalsozialismus • Veränderung der politischen Struktur Deutschlands
Konferenz von Teheran (28. 11.–1. 12. 1943)	Churchill, Roosevelt, Stalin	• staatliche Zerstückelung Deutschlands • Westverschiebung Polens bis zur Oder • Errichtung einer zweiten Front in Frankreich • Invasion in Nordfrankreich
Londoner Abkommen (12. 9./14. 11. 1944)	USA, GB, UdSSR	• Aufteilung Deutschlands in Besatzungszonen • Aufteilung Berlins in drei Sektoren • Einrichtung eines Alliierten Kontrollrats • Behandlung Deutschlands als Gesamtstaat
Konferenz von Jalta (4.–11. 2. 1945)	Churchill, Roosevelt, Stalin	• Entwaffnung, Entmilitarisierung und Entnazifizierung • Aufteilung in vier Besatzungszonen • Deutschland wird zu Reparationen verpflichtet • Selbstbestimmungsrecht der Völker • Westverschiebung Polens
Potsdamer Konferenz (17. 7.–2. 8. 1945)	Churchill bzw. Attlee, Truman, Stalin	• Erhalt der Einheit Deutschlands • Denazifizierung, Demilitarisierung, Demokratisierung, Demontage und Dezentralisierung („5 große D's") • Bildung eines Außenministerrats, Alliierten Kontrollrats • Reparationen, in Art und Höhe nicht genau festgelegt • Gebietsabtretungen an die UdSSR und Polen • Überführung der deutschen Bevölkerung (Legalisierung der Vertreibung)

Aufgabe 1 Umreißen Sie die politischen Zielvorstellungen der Alliierten im Hinblick auf eine Neuordnung Deutschlands, wie sie in den verschiedenen Vereinbarungen und Konferenzen zwischen 1941 und 1945 zum Ausdruck kommen.

2 Die bedingungslose Kapitulation

6. 1. 1941	Verkündung der „Vier Freiheiten“ durch Roosevelt
7./8./9. 5. 1945	Bedingungslose Kapitulation
23. 5. 1945	Verhaftung der Regierung Dönitz durch britische Truppen
5. 6. 1945	Berliner Deklaration: Übernahme der Regierungsgewalt durch die Oberbefehlshaber der vier Siegermächte
21. 9. 1949	Inkrafttreten des Besatzungsstatuts; Amtsantritt der Alliierten Hohen Kommissare

Am 27. Februar 1945 schrieb der Dichter Erich Kästner in sein Tagebuch: „Das Dritte Reich bringt sich um. Doch die Leiche heißt Deutschland.“ Kästner hatte damit ungewollt genau die Absicht Hitlers umschrieben, der das deutsche Volk als Versager und daher als nicht überlebenswürdig bezeichnet hatte. Angesichts der aussichtslosen militärischen Lage, des sinnlosen Sterbens an der kaum noch nachzuvollziehenden Front sowie in den vom Luftkrieg verwüsteten Städten und Dörfern glaubten nur noch wenige Deutsche an den „Endsieg“. Anfang Mai war das vorrangige Kriegsziel der Alliierten erreicht: Am 7. Mai erfolgte in **Reims** die Unterzeichnung der bedingungslosen Kapitulation gegenüber den Westalliierten durch Generaloberst Alfred Jodl und am 8. Mai durch Generalfeldmarschall Wilhelm Keitel in Berlin-Karlshorst gegenüber der Roten Armee. Zwei Wochen später, am 23. Mai 1945, wurde die durch Hitlers Testament eingesetzte Regierung unter Großadmiral Karl Dönitz (Reichspräsident) von den Alliierten verhaftet. Mit der „Erklärung in Anbetracht der Niederlage Deutschlands“ vom 5. Juni 1945 übernahmen die Siegermächte die oberste Regierungsgewalt („supreme authority“) in Deutschland. Nach der **militärischen Kapitulation** war nun auch die **staatlich-politische Kapitulation** des Deutschen Reiches vollzogen. Alle Regierungs- und Verwaltungsbefugnisse der deutschen Regierung, des Oberkommandos der Wehrmacht, die Befugnisse aller Behörden in den Ländern, Städten und Gemeinden fielen an die Alliierten – das Deutsche Reich als Staat hatte aufgehört zu bestehen; Deutschland wurde zu einem „geografischen Begriff“. Wann wieder ein deutscher Staat entstehen und welche rechtlich-politische Stellung er einnehmen sollte, lag allein im Ermessen der Siegermächte.

Die bedingungslose Kapitulation war ein „Sichergeben auf Gnade und Ungnade“, wie es das herkömmliche Völkerrecht lediglich für die militärische, nicht aber für eine staatlich-politische Kapitulation kannte. Roosevelt hatte diese Forderung in Casablanca 1943 verkündet (**„Roosevelt-Formel“**, s. S. 3 f.).

Damit war in Deutschland eine völlig neue Rechtslage geschaffen. Die Siegermächte wollten Deutschland nicht annektieren und selbst die Besetzung sowie die Übernahme der Regierungsgewalt durch die Alliierten sollte zeitlich begrenzt sein. Damit wäre Deutschland unter dem „Koimperium" der Sieger gestanden und die Haager Landkriegsordnung (1898) hätte gegolten. Doch mit der Verhaftung der Regierung Dönitz war Deutschland ein **„völkerrechtsfreier Raum"** (Hans Kelsen) geworden, da es seine staatliche Souveränität völlig zugunsten der Alliierten verloren hatte. Deutschland war „Niemandsland" („no state's land") geworden. Damit wäre Deutschland unter dem Kondominium der Gemeinherrschaft der Alliierten gewesen, und als solches wurde es von den Alliierten in der Tat behandelt. Die Deutschen besaßen keine rechtlichen Ansprüche, das **Besatzungsrecht** hob ausdrücklich deutsches Recht auf, wenn es dem Besatzungsrecht entgegenstand, und auch die Haager Landkriegsordnung hatte keine Gültigkeit. Der Konflikt darüber fand erst am 21. September 1949 sein Ende, als das **Besatzungsstatut** in Kraft trat, durch das das Verhältnis der Besatzungsbehörden zu den deutschen Behörden und Dienststellen geregelt wurde.

Deutschland nach dem Zweiten Weltkrieg 1. 9. 1945

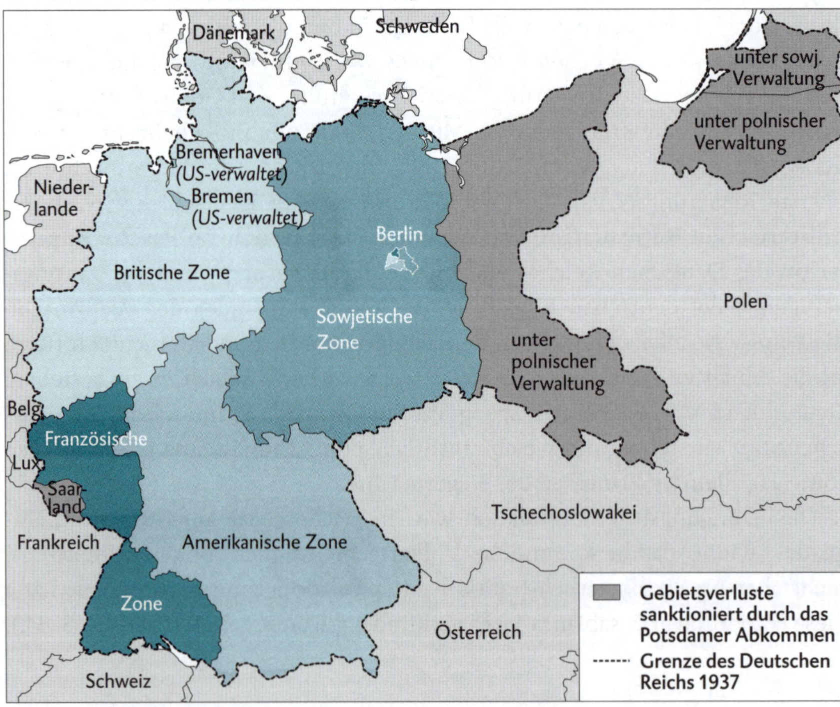

Die Friedensordnungen von 1919 und 1945 im Vergleich

	Versailler Friedensordnung 1919 Waffenstillstand	**Friedensordnung 1945** Bedingungslose Kapitulation
Inhalte	• Gebietsverluste, aber Fortbestand der staatlichen Einheit • Besetzung nur eines kleinen Reichsteils an der Westgrenze • Fortbestand der Staatlichkeit mit deutscher Regierung und Verwaltung (Exekutivgewalt)	• Gebietsabtretungen und faktische Teilung Deutschlands • Aufteilung in vier alliierte Besatzungszonen • Verlust der Staatlichkeit; bis 1949 Deutschland unter alliierter Militärherrschaft
	→ **Verkündigung der Alleinschuld Deutschlands am Krieg** → **Reparationsleistungen**	
	• Reparationen in Geld und Waren aus der laufenden Produktion • Systemveränderungen (Republik, Demokratie) als Vorbedingung für den Frieden	• Reparationen durch Demontagen, Waren und Arbeitsleistungen • Systemveränderungen als Folge der Niederlage und der alliierten Bestimmungen
Hauptziele	• Ausschaltung Deutschlands als militärische und wirtschaftliche Weltmacht	• Beseitigung des Nationalsozialismus und des deutschen Militarismus • Demokratisierung und wirtschaftliche Entmachtung
	→ **Errichtung einer dauerhaften Weltfriedensordnung**	
	• Vertraglich, d. h. völkerrechtlich bindende Friedensordnung	• „vertragsloser Friede“
Folgen	• Revanchegedanken, Nationalismus, staatlicher Egoismus; ökonomische Krisen; Diskriminierung des Verlierers durch die Sieger • Schwächung Europas in der Weltpolitik; Aufstieg des Nationalsozialismus und neuer Krieg	• Zerfall in zwei ideologisch getrennte und sich bekämpfende Blöcke (Ost-West-Konflikt); ökonomisch-politischer Verteilungskampf • Ende der europäischen Vormachtstellung in der Welt; Blockbildung mit Wettrüsten; ideologischer Konflikt
	→ **keine dauerhafte Weltfriedensordnung**	

Aufgabe 2 Beschreiben und Erläutern Sie die Karte „Deutschland nach dem Zweiten Weltkrieg auf Seite 10.

Aufgabe 3 Vergleichen Sie die Friedensordnungen von 1919 und 1945 anhand der Übersicht auf Seite 11. Stellen Sie Unterschiede und Gemeinsamkeiten heraus.

3 Deutschland in der „Stunde null"

11.6.1945	Gründung der KPD in Berlin
26.6.1945	Gründung der CDU in Berlin
2.9.1945	Zulassung demokratischer Parteien in der amerikanischen und britischen Besatzungszone
20.11.1945–1.10.1946	Nürnberger Hauptkriegsverbrecherprozesse
13.12.1945	Zulassung demokratischer Parteien in der französischen Besatzungszone
8.1.1946	Gründung der CSU in Bayern
10.2.1946	Einwilligung der SPD in die Vereinigung mit der KPD in der SBZ
5.3.1946	„Gesetz zur Befreiung von Nationalsozialismus und Militarismus" in der amerikanischen Zone; „Spruchkammern" übernehmen die Entnazifizierung
21./22.4.1946	Vereinigung von KPD und SPD der SBZ zur SED
17.3.1947	Gründung der Demokratischen Partei Deutschlands (DPD)
18.5.1947	Landtagswahlen und Volksabstimmungen zur Bestätigung der Landesverfassungen in der französischen Besatzungszone
12.12.1948	Gründungsparteitag der FDP in Heppenheim
21.9.1949	Inkrafttreten des Besatzungsstatuts; Amtsantritt der Alliierten Hohen Kommissare

3.1 Die Lage der Bevölkerung

Die Jahre 1945 bis 1948 haben ein „Janus-Gesicht": Sie waren „Destruktions- und Konstruktionsperiode" zugleich (K. Borchardt). Am Beginn aber stand die **„Zusammenbruchs- oder Trümmergesellschaft"**. Dem totalen Krieg, den Goebbels 1943 verkündet hatte, war die totale Niederlage gefolgt. Wohin man blickte, man sah fast nur eine Trümmerlandschaft.

Die Städte waren im Bombenhagel der Alliierten bis zu 80 % zerstört worden. 1946 gab es für 14 Millionen Haushalte nur acht Millionen Wohnungen. Wohnraum war überbelegt, Kellerräume, stillgelegte Fabriken, Ruinen dienten als „Wohnungen", die zumeist feucht, ohne Tageslicht, Strom, Wasser und Kochgelegenheiten waren. Auch die sanitären Verhältnisse waren katastrophal. Viele lebten in provisorischen Lagern. Für einen raschen Wiederaufbau fehlte das Baumaterial, noch 1950 lebten ca. 1,5 Millionen Menschen in der Bundesrepublik Deutschland in Lagern oder Notunterkünften und im Herbst desselben Jahres fehlten rd. 4,7 Millionen Wohnungen. Hinzu kam, dass in manchen Gegenden Bayerns, im späteren Niedersachsen oder in Schleswig-Holstein mehr Menschen lebten als 1939, da in diese Gebiete besonders viele Flüchtlinge und Vertriebene gekommen waren, was die **Wohnungsnot** verschärfte.

Neben dem Wohnungsmangel war der Hunger das drückendste Problem der Zeit. Die Bevölkerung war die Zwangsbewirtschaftung gewohnt, und in den letzten Kriegsjahren waren deutliche Verschlechterungen spürbar geworden. Jetzt nach Kriegsende aber wurde die **Versorgungslage katastrophal**. Die Bevölkerung der Städte hungerte, während es den Menschen auf dem Land verhältnismäßig gut ging. 1936 hatte der Völkerbund die Kalorienzahl, die ein Mensch benötigt, der acht Stunden arbeitete, auf 3 000 kcal festgelegt. Nach Kriegsende wurden in vielen deutschen Städten nur noch Rationen mit bis zu 1 000 kcal verteilt. In Großstädten wie Köln hatten Ende 1945 nur etwa 12 % der Kinder das altersgemäße Gewicht.

Die Versorgungskatastrophe hatte vielfältige **Ursachen:** Neben dem Verlust der für die Versorgung mit Agrarprodukten wichtigen deutschen Ostgebiete, fehlten Düngemittel und Maschinen. Hinzu kamen schlechte Ernten und extreme Winter (1945/46 und v. a. 1946/47); der Zusammenbruch des Verkehrssystems und des Transportwesens verschlimmerte die Situation. Zunächst half sich die Bevölkerung noch mit den Vorräten aus der Kriegszeit, doch für Flüchtlinge und Vertriebene bestand diese Möglichkeit kaum.

Die Währung war verfallen, denn die Nazis hatten sie mit ihrer Überschuldungspolitik ruiniert, und den vorhandenen 300 Milliarden Reichsmark stand nach Kriegsende kein entsprechendes Warenangebot gegenüber. Angesichts dieser Lage blühte der illegale **Schwarzmarkt**, auf dem die Zigarette zur neuen „Leitwährung“ wurde. Es kam immer wieder zu „Mundraub“, nach dem Kölner Erzbischof Frings, der den Diebstahl absolut lebensnotwendiger Güter als eine „lässliche Sünde“ bezeichnet hatte, im Volksmund „Fringsen“ genannt. Viele Menschen unternahmen **Hamsterfahrten** aufs Land, um sich und ihren Familien das Überleben zu sichern. Nahrungsmittel blieben rationiert und wurden nur gegen Bezugsscheine abgegeben.

Ein weiteres gravierendes Problem war die unzureichende Versorgung mit Brennstoff, weil das Transportwesen völlig zusammengebrochen war. In den zerbombten Städten gab es Strom und Gas oft nur stundenweise. 1947 erreichte die Versorgungskrise ihren Höhepunkt und führte zu einem Umdenken bei den Westmächten.

Unter dem Chaos litten die durch den Krieg ohnehin beeinträchtigten sozialen und menschlichen Beziehungen noch mehr. Vor allem die katastrophale Wohnsituation trug wesentlich dazu bei. Die größte Last trugen die Frauen. Sie beseitigten als **„Trümmerfrauen“** den Schutt – ab Juli 1946 waren Frauen durch ein Kontrollratsgesetz zu Bau- und Wiederaufbauarbeiten sowie zu Aufräumarbeiten verpflichtet –, sie begannen mit dem Wiederaufbau der Städte und sorgten gleichzeitig für die Kinder, die Alten und Kranken.

Die Deutschen waren ein „**Volk auf Wanderschaft**“. Aus dem Osten kamen Millionen Flüchtlinge, Evakuierte und entlassene Soldaten kehrten in ihre Heimatorte zurück, 8 bis 10 Millionen ausländische Kriegsgefangene, Zwangsarbeiter und Verschleppte (Displaced Persons), darunter viele Kinder, wollten in ihre Heimatländer zurück. Andere suchten Unterkünfte, Arbeitsmöglichkeiten oder einfach nur Nahrungsmittel, um zu überleben.

Andererseits gab es, vor allem in der Wirtschaft, Anzeichen zur Hoffnung, denn das Brutto-Anlagevermögen betrug 1945 gegenüber 1936 (100) mehr als 120 Punkte, sodass der notwendige Kapitalstock durchaus vorhanden war und man ihn nutzen musste. Voraussetzung dafür war der Wiederaufbau des Transportwesens und einer funktionierenden Energieversorgung, denn „Westdeutschland war arm, aber nicht unterentwickelt.“ (W. Abelshauser)

3.2 Flucht und Vertreibung

Über die „friedenssichernde Bedeutung“ der „ordnungsgemäßen Überführung deutscher Bevölkerungsteile“ aus Polen, der Tschechoslowakei und Ungarn hatte Churchill bereits im Dezember 1944 im britischen Unterhaus erklärt: „Denn die **Vertreibung** ist [...] das befriedigendste und dauerhafteste Mittel. Es wird keine Mischung der Bevölkerung geben, wodurch endlose Unannehmlichkeiten entstehen. [...] Reiner Tisch wird gemacht werden.“ Auch laut Roosevelt war diese „Prozedur“ im Interesse des Friedens notwendig. Die Alliierten schlossen sich damit der Auffassung des tschechischen Exilpräsidenten **Edvard Beneš** an, der einen „**Bevölkerungstransfer**“ für notwendig hielt, um den Frieden zu sichern. Die Festlegung, „dass jede derartige Überführung ordnungsgemäß und human“ erfolgen soll, blieb ohne Konsequenzen, da keine Kontrollmaßnahmen vereinbart wurden. Auch als die grauenhaften Begleitumstände der Massenvertreibung bekannt wurden, griffen die Westalliierten nicht ein. Der Westen stimmte der Massenausweisung der Deutschen aus Polen, Ungarn und der Tschechoslowakei gegen sowjetische Zugeständnisse in der Reparationsfrage zu. Damit war die Formulierung, dass „die endgültige Festlegung Polens bis zur Friedenskonferenz zurückgestellt werden“ sollte, Makulatur, denn die Vertreibung schuf Tatsachen, „die den Verlauf der deutsch-polnischen Grenze zwar nicht juristisch, aber effektiv festschrieben.“ (K.-D. Henke)

Die Vertreibung ist grundsätzlich von der **Flucht** zu unterscheiden, mit der sich ein Großteil der **deutschen Bevölkerung im Osten** im Winter 1944/45 vor der heranrückenden **Roten Armee** in Sicherheit bringen wollte. So flohen fast 5 Millionen nach Westen; einige Hunderttausend wurden unterwegs Opfer der Jagdflieger oder Panzer der Roten Armee oder starben an Erfrierungen.

Allgemein wurden als Flüchtlinge „alle Personen, die als Folge der Ereignisse in Europa gezwungen waren, ihren Wohnsitz mit Rücksicht auf Gefahr für Leben und Freiheit zu verlassen“, bezeichnet. Als Vertriebene galten „Personen, die mit Gewalt oder sonstigen Zwangsmitteln aus ihrer Heimat entfernt wurden – gleichgültig, ob dem eine völkerrechtliche Übereinkunft zugrunde lag oder nicht.“ In der Praxis allerdings bestand kaum ein Unterschied.

Die Zahlen über diese **größte Bevölkerungsbewegung der Neuzeit** fassen meistens Flucht und Vertreibung zusammen. Statistisch lassen sie sich auch nicht leicht trennen. So ist der Wohnsitz vor dem Krieg in den Ostgebieten das einzige statistisch verwertbare Merkmal, nach dem 1970 in der Bundesrepublik 11,2 Millionen gezählt wurden. 1950 hatten hier 7,8 Millionen Deutsche Aufnahme gefunden, in der DDR 3,6 Millionen und in Österreich 400 000. Bei Flucht und Vertreibung starben insgesamt 2,25 Millionen Menschen; zu dieser Zahl sind noch etwa 350 000 Opfer unter der russlanddeutschen Bevölkerung zu zählen. Die Ausweisung traf auch Deutsche, die wegen der Luftangriffe auf deutsche Städte evakuiert worden waren, oder solche, die erst im Gefolge der nationalsozialistischen Umsiedlungspolitik aus dem Baltikum oder der Sowjetunion angesiedelt wurden. Von ihnen gelten nur Letztere als Vertriebene.

Die Vertreibung setzte mit dem Übergang deutsch besiedelter Gebiete an die jeweiligen neuen Machthaber ein; sie begann im Winter 1943/44 mit dem Abzug von rd. 350 000 Schwarzmeerdeutschen aus der Ukraine und setzte sich im Spätsommer 1944 mit der Vertreibung der Siebenbürger Sachsen und Banater Schwaben aus Rumänien fort. Unmittelbar nach der Kapitulation im Mai 1945 begannen, v. a. im **Sudetenland** und in den Gebieten östlich von Oder und Neiße, **„wilde“**, d. h. ungeregelte und von den örtlichen Machthabern spontan initiierte **Vertreibungen**. Am 29. Mai 1945 erklärte der tschechoslowakische Informationsminister Kopecký: „Wir wollen unseren großen Sieg über die Deutschen ausnutzen, um das Grenzgebiet unseres Landes von den Deutschen zu säubern.“ Die Betroffenen wurden zu Opfern blinder Rache und Vergeltung; ihnen blieben oft nur wenige Minuten, um das Nötigste zu packen, der zurückgebliebene Besitz wurde konfisziert. Mit der Vereinbarung der „Umsiedlung“ im Potsdamer Protokoll setzte in Polen und der Tschechoslowakei die Vertreibung in großem Maßstab ein. Fast überall fehlten die einfachsten Vorkehrungen, um die vereinbarte Überführung „ordnungsgemäß und human“ durchzuführen. Die Menschen waren Hunger, Kälte und Übergriffen der einheimischen Bevölkerung schutzlos ausgeliefert. Allein unter den Sudetendeutschen zählte man über 240 000 Opfer. Der tschechoslowakische Präsident Beneš hat die bei der Vertreibung begangenen Verbrechen per Dekret amnestiert. Vielfältige Proteste gegen die unmenschlichen Bedingungen blieben ohne Reaktion.

Flucht und Vertreibung in Mittel- und Osteuropa nach 1945

3.3 Die Nürnberger Prozesse und die „Entnazifizierung"

Erklärtes Ziel der Alliierten war die „Vernichtung" der NSDAP und all ihrer verbrecherischen Unterorganisationen sowie die **Ausrottung des nationalsozialistischen Gedankenguts** als notwendiger Teil der Entmilitarisierung. Zu diesem Zweck wurde 1945 ein Internationaler Militärgerichtshof zur Aburteilung von „Verbrechen gegen den Frieden, Kriegsverbrechen und Verbrechen gegen die Menschlichkeit" mit Sitz in Nürnberg eingerichtet, der allerdings nur aus Vertretern der vier Alliierten bestand.

Die Nürnberger Prozesse begannen mit der Anklageerhebung gegen 24 **„Hauptkriegsverbrecher"** am 20. November 1945; der Hauptprozess endete am 1. Oktober 1946 mit zwölf Todesurteilen, von denen zehn vollstreckt werden konnten (Bormann war in Abwesenheit verurteilt worden, Göring hatte Selbstmord begangen, Robert Ley, der Führer der DAF, hatte sich durch Selbstmord vor Prozessbeginn dem Gericht entzogen). Der Gerichtshof verurteilte die SS, die Gestapo, den Staatssicherheitsdienst (SD) und das Führungskorps der NSDAP als verbrecherische Organisationen, nicht aber die SA. Zwischen 1947 und 1949 fanden mehrere **„Nachfolgeprozesse"** statt: beispielsweise gegen Ärzte, die in den Konzentrationslagern grausame medizinische Experimente unternommen hatten und gegen Juristen wegen „Justizmordes". Insgesamt wurden in den Westzonen 5 025 Personen angeklagt, von diesen wurden 806 zum Tode verurteilt, 486 wurden hingerichtet.

Die Prozesse wurden und werden unterschiedlich bewertet. Zunächst wurden sie in Deutschland selbst als **Siegerjustiz** empfunden, zumal sie ausschließlich deutsche Verbrechen verfolgten, deutsche Richter nicht beteiligt waren und nicht nach deutschem Recht geurteilt wurde. Der Philosoph Karl Jaspers kritisierte, dass mit der stalinistischen Sowjetunion eine Diktatur mit am Richtertisch saß. Dennoch: „Unbestritten war und ist, dass die Führungsspitze des Dritten Reiches ausgeschaltet werden musste, ferner, dass die Dokumente den Unrechtscharakter und das Verbrecherische des Regimes eindeutig belegten, und dass ein Anfang für die rechtliche Aufarbeitung der während der NS-Zeit begangenen Rechtsverletzungen gemacht war." (H. Kistler)

Neu in das **Völkerrecht** eingeführt wurde der Tatbestand der Vorbereitung eines Angriffskrieges, der nach der Tradition des 19. Jahrhunderts die Ultima ratio der Politik war. Neu formuliert, wenn auch im Bewusstsein der zivilisierten Nationen längst vorhanden, war auch die Trennung von positivem Recht eines Staates, also den Rechtsnormen, die in einem Staat verbindlich sind und von der staatlichen Autorität garantiert werden, und der Bindung dieser Rechtssetzung an völker- oder menschenrechtliche Normen.

Letztlich ist es nicht gelungen, die in Nürnberg aufgestellten Rechtsgrundsätze, die auf Vernunft, Naturrecht und Moral gründeten, allgemein durchzusetzen, sie wurden nicht einmal neues Völkerrecht. Auch hielten sich die Siegermächte oft nicht an ihre eigenen Rechtsgrundsätze; nicht nur die Sowjetunion, auch die USA verstießen dagegen, z. B. in Vietnam. Aber der Prozess war nicht nur in den Augen der Alliierten notwendig, denn die Deutschen wären dazu allein nicht in der Lage gewesen. Die Prozesse haben durch die Offenlegung der Verbrechen des Dritten Reiches dazu beigetragen, dass sich in Deutschland die Demokratie und der Rechtsstaat dauerhaft durchsetzten.

Schon auf der Konferenz von Jalta war vereinbart worden, dass es nach dem Sieg nicht nur darum gehen konnte, die Verbrechen des NS-Regimes zu verfolgen und die Täter zu bestrafen, vielmehr sollte dies Teil einer umfassenden **Entnazifizierung** und **Umerziehung** des deutschen Volkes sein. Für die USA und Großbritannien galten die notwendigen Maßnahmen für Einzelpersonen oder NS-Organisationen, während die Sowjetunion unter Entnazifizierung auch den Umbau des Wirtschafts- und Gesellschaftssystems verstand. Die Amerikaner waren zunächst hauptsächlich daran interessiert, die für das Funktionieren der Verwaltung benötigten Deutschen zu überprüfen. Daher erfolgte parallel zur strafrechtlichen Verfolgung der Hauptkriegsverbrecher ab 1946 die Entnazifizierung durch „Befreiungsministerien“, denen örtliche **Spruchkammern** (politische Sondergerichte) zugeordnet waren, wobei allerdings in den Besatzungszonen unterschiedlich vorgegangen wurde. Besonders bürokratisch waren die Amerikaner. In der amerikanischen Zone diente ein Fragebogen, den alle Einwohner über 18 Jahre ausfüllen mussten, als Grundlage für die Einstufung als Hauptschuldiger, Belasteter, Minderbelasteter, Mitläufer oder Entlasteter. Eine der Bußen bestand in dem Verbot der Ausübung eines qualifizierten Berufs. In den Zonen der Westalliierten wurden 3,6 Millionen Fälle vor den Spruchkammern behandelt. Davon wurden nur 1667 als Hauptschuldige bezeichnet, während 1,6 Millionen „entlastet“ wurden. Schon damals empfanden viele die Verfahren als ungerecht, denn einige „kauften“ sich einen sog. **„Persilschein“**, der eine unbescholtene politische Vergangenheit bestätigte. 1948 hörte die Überwachung der Spruchkammern durch die Alliierten auf; in der SBZ wurden die „Entnazifizierungsausschüsse“ ganz aufgelöst. Nach der Gründung der beiden deutschen Staaten 1949 endete die Entnazifizierung. Der Bundestag verkündete eine Amnestie und auch betroffene Beamte konnten wieder in den Staatsdienst übernommen werden. Eine wirkliche Entnazifizierung war auf diesem Wege nicht zu erreichen.

3.4 Die (Neu-)Gründung von Parteien und erste Wahlen

Direkt nach dem Einmarsch der alliierten Truppen bildeten sich an vielen Orten **antifaschistische Ausschüsse**, denen Sozialdemokraten, Gewerkschaftler und Kommunisten angehörten. Ihr Hauptziel war die Sicherstellung der Lebensmittelversorgung für die Bevölkerung. Anfänglich arbeiteten die Alliierten mit diesen selbstständig entstandenen antifaschistischen Ausschüssen zusammen. Nach und nach wurden sie dann allerdings teilweise verboten, teilweise in die neuen Verwaltungen eingegliedert. Jedenfalls standen sie unter strikter Kontrolle durch die jeweilige Besatzungsmacht. Den Sowjets waren sie auch deshalb verdächtig, weil ihre Mitglieder während der NS-Herrschaft in Deutschland geblieben waren oder aus den KZs kamen, also der Kontrolle durch die Sowjetunion entzogen gewesen waren. „Eine eigenständige politische Beteiligung der deutschen Bevölkerung wurde zunächst in allen vier Besatzungszonen untersagt." (W. Roller) Die Deutschen sollten erst „umerzogen" werden.

Grundsätze

Die westlichen Militärregierungen zögerten daher mit der Zulassung politischer Parteien. Als diese dann mit den entsprechenden Erlassen in der amerikanischen und britischen Zone am 2. September und in der französischen Zone am 13. Dezember 1945 doch relativ früh erfolgte, blieben die Parteien aber noch auf die jeweils eigene Besatzungszone beschränkt. Um sie besser kontrollieren zu können, waren die Besatzungsmächte an einer möglichst kleinen Zahl an Parteien interessiert. Zudem waren die Parteien zu strikter Loyalität gegenüber den alliierten Mächten verpflichtet.

Auch auf deutscher Seite hatten viele nichts dagegen, die Anzahl der Parteien gering zu halten. Einige waren dafür, bei der **Wiederbelebung der Parteienlandschaft** auf die durch den Nationalsozialismus verschütteten Strukturen der Weimarer Republik zurückzugreifen. Andere dagegen erinnerten sich mit Schrecken an die Parteienzersplitterung der Weimarer Republik, die in ihren Augen wesentlich zur Machtübernahme der Nationalsozialisten beigetragen hatte. Auch hätte ein Wiederaufleben des Weimarer Parteiensystems eine extreme Polarisierung auf die äußeren (linken und rechten) Flügel bedeutet. Zudem kamen für einen Neubeginn die Rechtsparteien, also NSDAP und DNVP, nicht in Betracht. Letztlich blieben nur noch vier Parteien aus der Weimarer Zeit übrig: das katholische Zentrum, die Linksliberalen, die SPD und die KPD, Letztere stand unter der Protektion der Sowjetunion.

An Struktur und Programm ihrer Partei aus der Weimarer Republik konnten KPD und SPD am leichtesten anknüpfen. Für die Vertreter des alten Zentrums bestand jedoch auch als Folge der Diskussionen in der Widerstandsbewegung (z. B. Kreisauer Kreis) und der enormen Bevölkerungsverschiebung die Notwendigkeit, die kirchliche Ausrichtung auf den (politischen) Katholizismus zugunsten einer prinzipiellen Verpflichtung auf die Werte einer christlich-sozialen Demokratie aufzugeben. Die aus diesen Überlegungen heraus gegründete CDU (mit der selbstständigen bayerischen Schwesterpartei, der CSU) ist daher keine eigentliche Nachfolgepartei des Zentrums. Auch die Liberalen sahen sich genötigt, ihre Politik und ihr Programm neu zu definieren.

SPD

Unmittelbar nach Kriegsende begannen alte Mitglieder der Sozialdemokratie in allen vier Besatzungszonen mit dem organisatorischen Wiederaufbau der Partei, noch bevor Parteien überhaupt offiziell zugelassen waren, sodass die SPD bei der Zulassung von Parteien bereits über eine funktionierende Bezirks- und Landesorganisation verfügte. Zu einer regulären Neu- (besser: Wiedergründung) der SPD kam es zuerst in Berlin und in der Sowjetzone (11. 6. 1945). In den Westzonen war sie noch lange durch das Verbot der Besatzungsmächte auf lokale und regionale Parteiarbeit beschränkt. In den Westzonen war **Kurt Schumacher** dank seiner Autorität und seiner erwiesenen Standhaftigkeit, die auch eine lange KZ-Haft nicht hatte brechen können, die unumstrittene Persönlichkeit der SPD. Anders verhielt es sich im Osten. Der Berliner Zentralausschuss beanspruchte die Führung in der Partei in ganz Deutschland. Doch scheiterte der Versuch, da Schumacher auch vom Londoner Exilvorstand unterstützt wurde. Auf dem ersten Parteitag der SPD nach dem Krieg im Mai 1946 wurden Schumacher zum ersten Vorsitzenden der West-SPD und Erich Ollenhauer (1901–1963) zu seinem Stellvertreter gewählt. Diese Wahl unterstrich den **antikommunistischen Kurs der West-SPD**. Bis zum Jahresende 1946 erreichte die SPD in den drei Westzonen und in Berlin wieder den alten Mitgliederstand aus dem Jahr 1931.

Die programmatische Diskussion in der SPD wurde ausgelöst durch den Anspruch **Otto Grotewohls** (1894–1964), von der Sowjetzone aus auf der Grundlage des radikalen marxistischen „Prager Programms“ von 1934 die Sozialdemokratie in ganz Deutschland zu vertreten. Das wies Schumacher zurück. Die SPD erteilte dem Nationalsozialismus und allen Kräften, die ihm den Boden bereitet hatten – darunter besonders dem Militarismus –, eine klare Absage. Sie bekannte sich uneingeschränkt zum Frieden und zur Demokratie und lehnte die These von einer Kollektivschuld der Deutschen ab. Ihr Ziel war eine **radikale Neuordnung Deutschlands**, durch die **soziale Gerechtigkeit** geschaffen und die Freiheit des Menschen realisiert würde.

Dazu waren in ihren Augen die Beseitigung des Kapitalismus und seiner sozialen Strukturen sowie eine **sozialistische Umgestaltung** von Staat, Wirtschaft und Gesellschaft notwendig. Eine **Planwirtschaft** sollte im Dienst der Gemeinschaft geschaffen werden. Die Produktionsmittel, vor allem die Grundstoffindustrie, sollten vergesellschaftet, nicht aber verstaatlicht werden. Eine wichtige Forderung war die nach einer **Bodenreform** durch Enteignung der Großgrundbesitzer und durch Neuverteilung des Landes. Freiheit und wirtschaftliche Sicherheit des Einzelnen aber sollten garantiert werden.

In der Absicht, das Potenzial der SPD als Massenpartei für die politische Ordnung in der SBZ zu nutzen und die KPD aus ihrem Minderheitenstatus herauszuführen, verlangten KPD und sowjetische Besatzungsmacht den **Zusammenschluss der beiden Arbeiterparteien** zu einer sozialistischen Einheitspartei. Unter massivem Druck der Besatzungsbehörden gab die SPD-Führung unter Grotewohl nach und willigte am 10. Februar 1946 in die Vereinigung mit der KPD ein. Auf dem Vereinigungsparteitag am 21. und 22. April 1946 wurde schließlich die Verschmelzung zur **SED** (Sozialistische Einheitspartei Deutschlands) vollzogen. Die anfänglichen ideologischen und personellen Zugeständnisse an die SPD wurden jedoch bald zurückgenommen und viele ehemalige SPD-Funktionäre aus der Partei gedrängt und verfolgt.

In Berlin konnte die SPD aufgrund des Viermächtestatus ihre Selbstständigkeit wahren; in den Westsektoren ergab eine Urabstimmung der Mitglieder eine überwältigende Ablehnung einer Vereinigung (82 %). Im Ostsektor blieb die Partei nominell noch bis 1961 bestehen und löste sich dann auf.

CDU/CSU

Erste Initiativen zur Gründung einer **interkonfessionell-christlichen Partei** gingen von ehemaligen Angehörigen der Zentrumspartei und der christlichen Gewerkschaften aus, die eine Neugründung des Zentrums wegen dessen einseitiger Ausrichtung auf den politischen Katholizismus ablehnten. Die neue Partei, deren Name schon am 16. Juni 1945 in der sowjetischen Besatzungszone mit der Gründung der „Christlich-Demokratischen Union Deutschlands“ (CDUD) vorgegeben war, verstand sich als Sammlungspartei, die sich dem demokratischen Prinzip verpflichtet fühlte und gegen alle politischen und geistigen Strömungen, die als unchristlich bezeichnet wurden, kämpfen wollte. Sie war offen für verschiedene bürgerliche Strömungen und nahm auch Teile der Liberalen auf, grenzte sich aber von vornherein von den Linksparteien ab.

Die Gründung der CDU erfolgte zunächst auf lokaler und auf Landesebene. Am Anfang stand der Aufruf zur Bildung einer „Christlich-Demokratischen Volkspartei“ noch vor Kriegsende in Köln, die im Juni 1945 mit ihren **Kölner**

Leitsätzen an die Öffentlichkeit trat. Köln wurde auch zum Zentrum der Partei, die rasch Anhänger im ganzen Rheinland und in Westfalen fand.

Die Initiative zur Parteigründung in Berlin ging von Andreas Hermes, einem früheren Reichsminister, aus: Am 26. Juni 1945 wurde die „Christlich-Demokratische Union" der Öffentlichkeit vorgestellt. Der 17. Juni war in Köln die Geburtsstunde der späteren rheinischen CDU.

Die Programme der einzelnen, oft von ehemaligen Zentrumspolitikern gegründeten Gruppierungen waren anfangs unterschiedlich. Die Berliner und die Düsseldorfer Gruppe traten für einen christlichen Sozialismus ein und wollten den freien Kapitalismus ebenso abschaffen wie einen Staatskapitalismus sowjetischer Prägung verhindern. Bis Ende 1946 schlossen sich die christlichen Sozialisten in den sog. „Sozialausschüssen" zusammen. **Konrad Adenauer** (1876–1967) war ein Gegner des christlichen Sozialismus. 1947 einigten sich die beiden Flügel auf das **Ahlener Programm**. Adenauer war kein Verfechter dieses doch antikapitalistischen Programms und 1947 gelang es ihm, die Partei in Richtung einer **sozialen Marktwirtschaft** zu lenken.

Angesichts der ungebrochenen staatlichen und politischen Kontinuität Bayerns konnte dieselbe Diskussion, ob Wiedergründung der Bayerischen Volkspartei (BVP) oder Neugründung einer überkonfessionellen Sammlungspartei, nur zur Gründung einer eigenständigen bayerischen Partei führen, die sich, wie die CDU, als Gegenpol zur Sozialdemokratie empfand. Die Gründung der CSU als Landespartei am 8. Januar 1946 ging auf Anstöße des christlichen Gewerkschaftsführers und Reichsministers Adam Stegerwald zurück. Die CSU verstand sich als „eine Partei, in der Bürger aller sozialer Schichten und gesellschaftlichen Gruppen zusammenarbeiten", also als eine „Volkspartei", die zugleich liberal und sozial sein wollte.

FDP

Eine nach dem Krieg neu zu gründende liberale Partei in Deutschland musste versuchen, die traditionelle Spaltung des Liberalismus in rechts (DVP der Weimarer Republik) und links (DDP bzw. DSP) zu überwinden. Die Neuorganisation des Liberalismus stand allerdings unter dem Eindruck des Wechsels vieler liberaler Politiker zur CDU oder zur SPD. Wie die CDU entstand die heutige FDP erst als Folge aus einer Vielzahl lokaler, regionaler und zonaler Vereinigungen. So bildeten sich schon 1945 Gruppierungen und sogar Landesverbände liberaler Prägung unter verschiedenen Namen. Eine „Dachorganisation" für eine liberale Gesamtpartei aus LDPD im Osten und der LDP im Westen mit Wilhelm Külz und **Theodor Heuss** (1884–1963), dem späteren ersten Bundespräsidenten, bestand nur kurz und musste unter dem Druck der Blockpolitik in der SBZ aufgegeben werden. Erst 1990 gelang die „Wiedervereinigung“.

In **Württemberg** war die liberale Parteitradition am lebendigsten, hier konnte unmittelbar an die Traditionen der Demokratischen Volkspartei (DVP) angeknüpft werden; der Name der DVP lebt noch in der Bezeichnung des baden-württembergischen Landesverbandes der FDP (FDP/DVP) fort. Die Partei hatte ihre herausragenden Persönlichkeiten in Theodor Heuss, Reinhold Maier, dem ersten Ministerpräsidenten des Landes Baden-Württemberg, Thomas Dehler und Franz Blücher.

Gemeinsame Organisation der liberalen Parteien in ganz Deutschland wurde zunächst die im März 1947 gegründete Demokratische Partei Deutschlands, die allerdings wegen der Teilnahme der hessischen LPD am Deutschen Volkskongress in der Sowjetzone auseinanderbrach. Der **Gründungsparteitag** der FDP fand dann im Dezember 1948 in **Heppenheim** statt.

Das in den ersten Jahren nicht verbindliche Programm der FDP bot eine breite Spannweite von nationalliberalen und linksliberalen Gedanken. Erst 1948 erhielt die Partei in Heppenheim ein einheitliches Programm, das streng antisozialistisch war.

KPD

Begünstigt durch die sowjetische Besatzungsmacht wurde als erste der Parteien in der **SBZ** die KPD wiedergegründet (11. Juni 1945). Die Führung übernahm die **„Gruppe Ulbricht“** (s. S. 38). Damit war klar, dass diese Partei streng stalinistisch ausgerichtet sein würde, und dass nationalkommunistische Richtungen nicht zum Zuge kommen würden.

In ihrem Gründungsaufruf wandte sich die KPD gegen jede Art der diktatorischen Regierung. Die Forderung nach einem „Sowjet-Deutschland“, wie sie noch in der Weimarer Zeit erhoben wurde, wurde zugunsten der „Aufrichtung eines antifaschistischen demokratischen Regimes, einer parlamentarisch demokratischen Republik mit allen demokratischen Rechten und Freiheiten für das Volk“ fallen gelassen. Ausdrücklich betonte die KPD-Führung, dass es „falsch wäre, [...] Deutschland das Sowjetsystem aufzuzwingen [...]“. Dieser Satz verschwand nach 1949 aus der offiziellen Parteigeschichte und wurde erst „wieder entdeckt“, als die DDR-Führung 1989 zunehmend in Gegensatz zum Reformkurs Gorbatschows geriet. Das **Wirtschaftsprogramm** der KPD enthielt die Forderung nach „Entfaltung des freien Handels und der privaten Unternehmerinitiative auf der Grundlage des Privateigentums“. Die KPD forderte am entschiedensten die Einheit der Arbeiterbewegung und die Gründung eines antifaschistischen Parteiblocks. Sie verlangte ferner eine **Bodenreform** durch Enteignung der Großgrundbesitzer, vor allem des Nazibesitzes, als Teil einer umfassenden Entnazifizierung und den Schutz der Arbeiter gegen Ausbeutung. In der Folge zeigte sich rasch, dass die KPD in der SBZ weder an einer demokratischen Gestaltung des politischen und sozialen Lebens interessiert war, noch an der Achtung der persönlichen und unternehmerischen Freiheit.

Der Aufstieg der KPD vollzog sich unter **starkem Einfluss der SMAD**, die ihr sogar noch vor der Gründung als eigentliche Partei wichtige Schlüsselstellungen in den Verwaltungen verschaffte. Die übrigen Parteien des antifaschistischen Blocks wurden der KPD/SED unterworfen.

Zentrum

Das Zentrum (Deutsche Zentrums-Partei) war seit der Gründung 1870 die Partei des **politischen Katholizismus**, wobei besonders in der Weimarer Republik zum konservativen Element sozialreformerische und gewerkschaftlich orientierte Gruppen hinzutraten. Bereits seit 1920 diskutierte ein Kreis um den christlichen Gewerkschaftsführer Adam Stegerwald und den späteren Reichskanzler Heinrich Brüning, das Zentrum in seiner ausgeprägt katholischen Form aufzugeben zugunsten einer christlich orientierten, aber interkonfessionellen Partei, die im Parteienspektrum Mitte-Rechts anzusiedeln war.

Bei der Wiedergründung des Zentrums 1945 stand die Auffassung im Vordergrund, die „linken" Traditionen gegen die „rechten" Kräfte aus dem alten Zentrum und dem rechten politischen Protestantismus, die sich in der CDU vereinigt hätten, zu organisieren. Die schnelle Gründung der CDU entzog dem Zentrum die Basis sowohl an Vertretern der Politik als auch an Wählern. Das Zentrum musste daher schon bei seiner Wiedergründung am 14. Oktober 1945 mit der stärkeren CDU konkurrieren, ohne dieser ein ausreichend eigenes Profil entgegensetzen zu können. Die Hinwendung des katholischen Klerus zur CDU entzog ihr vollends die notwendige Anhängerschaft.

Deutsche Partei (DP)

Die Deutsche Partei, die von 1949–1960 Koalitionspartner der CDU/CSU bei der Regierungsbildung war, war vor allem eine **regional wirksame Partei**, die auch in der Weimarer Reichspolitik nicht besonders in Erscheinung getreten war. Im März 1946 wurde die „Niedersächsische Landespartei" (NLP) von ehemaligen DHP-Mitgliedern gegründet und für die gesamte britische Besatzungszone lizenziert. Sie vertrat christlich-konservative, föderalistische und mittelständisch-privatwirtschaftliche Positionen. 1947 nannte sie sich in „Deutsche Partei" (DP) um und wurde auf das gesamte Gebiet der Westzonen ausgedehnt.

Allerdings konnte sich die DP als Bürgerblockpartei nicht gegen die CDU durchsetzen, suchte weiter rechts ein neues Profil und blieb im Wesentlichen auf **Niedersachsen** beschränkt. Die Differenzen innerhalb der verschiedenen Gruppierungen und die zunehmenden Schwierigkeiten, die 5 %-Hürde zu überwinden, ließen die DP schließlich in der CDU aufgehen.

Mit der Bildung der Länder und der Ausarbeitung von Landesverfassungen wurde auch diese Ebene demokratisch strukturiert; 1946 und 1947 fanden dann in allen Zonen **Landtagswahlen** statt, auf deren Basis auch die Länderregierungen demokratisch organisiert werden konnten.

Aufgabe 4 Erläutern Sie den Begriff „Zusammenbruchsgesellschaft".

Aufgabe 5 Beschreiben und erläutern Sie die Karte zu den Flucht- und Wanderbewegungen auf S. 16.

Aufgabe 6 Erläutern Sie die Haltung der alliierten Militärregierungen sowie die deutschen Vorstellungen zur Bildung der politischen Parteien.
Umreißen Sie die Entwicklung der deutschen Parteienlandschaft nach 1945. Kennzeichnen Sie darüber hinaus die Zielvorstellungen der nach 1945 neu bzw. wieder gegründeten Parteien.

4 Deutschland unter alliierter Besatzung

12. 9. 1944	1. Londoner Abkommen der EAC zur Aufteilung Deutschlands in 3 Zonen
12. 5. 1945	Telegramm Churchills an Truman: Bezeichnung der Abschottung des Ostblocks gegenüber dem Westen als „Eiserner Vorhang“
5. 6. 1945	Berliner Deklaration: Übernahme der Regierungsgewalt durch die Oberbefehlshaber der vier Siegermächte
9. 6. 1945	Errichtung der Sowjetischen Militäradministration in Deutschland (SMAD)
11. 6. 1945	Gründung der KPD in Berlin
15. 6. 1945	Gründung der SPD in Berlin; Gründung des Freien Deutschen Gewerkschaftsbundes (FDGB)
26. 6. 1945	Gründung der UN in San Francisco; Gründung der CDU in Berlin
7. 7. 1945	Saargebiet wird französisches Protektorat
14. 7. 1945	Bildung der „Einheitsfront der antifaschistisch-demokratischen Parteien“ (KPD, SPD, CDU, LDPD) in Berlin (Antifa-Block)
17. 7.–2. 8. 1945	Konferenz von Potsdam (2. 8.: Potsdamer „Abkommen“)
27. 7. 1945	Errichtung von Zentralverwaltungen in den Ländern der SBZ
30. 8. 1945	Errichtung des Alliierten Kontrollrats
19. 9. 1945	Bildung der Länder Bayern, (Groß-)Hessen und Württemberg-Baden durch Proklamation der amerikanischen Militärregierung
22. 10. 1945	Zentralverwaltungen der Länder und Provinzen in der SBZ erhalten Gesetzgebungskompetenz
13. 12. 1945	Zulassung demokratischer Parteien in der französischen Besatzungszone
6. 3. 1946	Erstes Zusammentreten des Zonenbeirats in Hamburg
7. 3. 1946	Gründung der Freien Deutschen Jugend (FDJ) in der SBZ
6. 9. 1946	Stuttgarter Rede von US-Außenminister Byrnes („Speech of Hope“)
20. 10. 1946	Kreis- und Landtagswahlen
22. 12. 1946	Wirtschaftlicher Anschluss des Saarlands an Frankreich
25. 2. 1947	Auflösung Preußens durch das Kontrollratsgesetz Nr. 46
12. 3. 1947	Truman-Doktrin
18. 5. 1947	Landtagswahlen und Volksabstimmungen zur Bestätigung der Landesverfassungen in der französischen Besatzungszone
5. 6. 1947	Verkündigung des European Recovery Program (Marshallplan)
12. 7.–22. 9. 1947	Marshallplan-Konferenz in Paris
1. 1. 1957	Saarland wird zehntes Bundesland der Bundesrepublik Deutschland

4.1 Die alliierten Deutschlandplanungen

Für die Behandlung des besiegten Deutschland standen im Wesentlichen **zwei Alternativen** zur Auswahl:

- Territoriale Aufsplitterung mit Abtrennung größerer Gebiete, wirtschaftlicher Ausbeutung von Rohstoffen und Arbeitsleistung zur Wiedergutmachung, politischer Bevormundung mit langfristiger Kontrolle durch die Siegermächte. Das war eine Politik, wie sie noch in Jalta den Diskussionen zugrunde lag und auch von de Gaulle befürwortet wurde. Das verbliebene Reichsgebiet war zwischen den Großmächten entweder zu neutralisieren oder den politischen Einflusssphären möglichst gleichmäßig zuzuordnen.
- Die zweite Alternative war die Wiederherstellung des Reichs als freiheitlicher und demokratischer, aber wirtschaftlich geschwächter Staat unter langfristigen Sicherheitskontrollen. Dafür gab es mehrere Varianten: Entweder konnte Deutschland ein neutraler Staat für sich sein, oder ein blockfreies Deutschland konnte in einen neuen „**Cordon sanitaire**" mitteleuropäischer Staaten einbezogen werden.

Grundlage dafür wäre eine **Übereinkunft der Großmächte** gewesen, sich solidarisch zu verhalten, die Interessen der anderen zu achten und gegenüber Störungen des Friedens von deutscher Seite gemeinsam vorzugehen, aber die territoriale Integrität des Reiches zu garantieren. Vor allem der amerikanische Außenminister Byrnes vertrat ein solches Modell und wurde darin von seinem britischen Amtskollegen Bevin unterstützt.

Die wirtschaftliche Existenz Deutschlands

Die USA sahen als entscheidende Bedingung für die deutschen Reparationsleistungen die Demontagen, die Wiederbelebung des deutschen Außenhandels und die zumindest wirtschaftliche Einheit der vier Besatzungszonen an. Auch die Briten erkannten rasch die Gefahr, dass sich die einzelnen Zonen durch die sowjetische und französische Politik abschotten würden. In den sowjetischen Forderungen sahen sie daher eine Gefährdung der wirtschaftlichen Existenz Deutschlands, zumal sie den freien Austausch von Waren und Dienstleistungen infrage stellten. Die amerikanische und britische Zone aber waren von Lebensmittellieferungen der beiden anderen Zonen abhängig, ebenso von Importen, die aus deutschen Exporterlösen bezahlt werden sollten. Die USA warfen den Sowjets bereits Ende 1945 vor, ohne Rücksicht auf eine ausgeglichene deutsche Handelsbilanz Reparationen auch aus der laufenden Produktion zu entnehmen. Dadurch belasteten sie besonders die amerikanischen und britischen Steuerzahler, die für die Ernährung der deutschen Bevölkerung aufkommen müssten. Daher stellten die Amerikaner schon Ende 1945 einen Plan für den deutschen Außenhandel auf, durch den Deutschland wieder in die Weltwirtschaft integriert werden sollte. Doch die USA konnten sich gegen den französischen und sowjetischen Widerstand nicht durchsetzen. Zur Durchführung hätte es sog. Ausführungsgesetze bedurft, wofür man deutsche Zentralstellen, z. B. ein Staatssekretariat, gebraucht hätte. Dagegen legte Frankreich aber ein Veto ein, da es aus Sicherheitsgründen an einer solchen Einigung nicht interessiert war.

Die staatliche Ordnung

Weder in den USA noch in Großbritannien gab es einheitliche Pläne hinsichtlich der künftigen **politischen Struktur Deutschlands**. Abhängig war diese Frage von den außenpolitischen Rahmenbedingungen, vor allem vom Verhältnis der Westalliierten zur UdSSR. Dies musste Auswirkungen auf die Deutschlandpolitik beider Staaten haben. Im Zuge der antisowjetischen Eindämmungspolitik sollte der nichtsowjetisch besetzte Teil Deutschlands eine wichtige Rolle im westlichen Sicherheitssystem spielen. Während des Krieges konnten sich diese Vorstellungen aber noch nicht durchsetzen, sie gewannen erst unter Trumans Präsidentschaft an Raum.

Großbritannien hatte zusätzlich das Problem, dass der sich deutlich abzeichnende Verlust der Weltmachtstellung psychologisch und realpolitisch bewältigt werden musste. Aus diesem Grund musste Churchill die USA dazu bringen, ihre Interessen mit den britischen in Einklang zu bringen, denn Großbritannien sah sich außerstande, dem Expansionsstreben der Sowjetunion wirksam entgegenzutreten; dies war nur gemeinsam mit den USA möglich.

Die Politik **Frankreichs** orientierte sich zunächst an der Sicherheitspolitik der 20er-Jahre. Daher war man in Paris an einer deutschen Einheit weitaus weniger interessiert als die USA, denn ein geeintes Deutschland könnte zu einer erneuten Bedrohung werden. Frankreich besaß zudem traditionelle Gebietsinteressen am Rhein und war hauptsächlich an einer völligen **Entmachtung** und **Zerstückelung Deutschlands** interessiert.

General de Gaulle, der 1944 die „Provisorische Regierung des befreiten Frankreichs" gebildet hatte, verstand unter einem „föderalisierten Deutschland" die Zerlegung des Reiches in autonome Bestandteile.

Konkretes Ziel der französischen Politik war vor allem das **Saargebiet** mit seinen Kohlegruben, das bereits am 7. Juli 1945 zum französischen Protektorat erklärt und aus dem Gebiet der Besatzungszonen ausgegliedert wurde. Ausdrücklich bezog sich Außenminister Bidault auf den Versailler Vertrag, der die Kohlegruben an der Saar in französisches Eigentum überstellt hatte; eine offene

Annexion des Saargebiets wurde aus Rücksicht auf die USA und Großbritannien nicht angestrebt; es sollte nur dem deutschen Zugriff entzogen werden. Auch die noch 1944 angestrebte Angliederung des **Rheinlandes** an Frankreich wurde aufgegeben. Dennoch wurde eine weitere Zersplitterung des deutschen Potenzials offen angestrebt. Auch das rheinisch-westfälische Industriegebiet sollte von Deutschland unabhängig sein und politisch wie wirtschaftlich einer internationalen Herrschaft unterstellt werden.

Das besondere Problem einer deutschen Zentralverwaltung, die **Frankreich** zunächst verhinderte, lag für Bidault darin, dass erst sichergestellt sein müsse, wer diese Verwaltung ausüben würde. Außerdem sei der Schwerpunkt Deutschlands, wenn eine Zentralverwaltung geschaffen würde, durch den Verlust der Ostgebiete nach Westen gerückt und sei damit stärker geeignet, Druck auf Frankreich auszuüben. Geschickt malte de Gaulle die Gefahr einer deutsch-russischen Allianz an die Wand, als er am 3. 11. 1945 dem amerikanischen Botschafter in Paris erklärte, dass „jede in Deutschland eingerichtete zentrale Regierung unausweichlich in die Hände der Russen fallen und auf eine Restaurierung und Erstarkung Deutschlands hinauslaufen" würde. Letztendlich sah Frankreich in einem extremen deutschen Föderalismus einen Garanten für die eigene Sicherheit. An einer raschen Beteiligung der Deutschen an der Verwaltung war man in Paris nicht interessiert. Frankreich machte deutlich, dass es der Bildung deutscher Zentralbehörden nur unter der Bedingung zustimmen würde, dass diese im rheinisch-westfälischen Gebiet besonders aber im Ruhrgebiet nichts zu sagen haben würden. In seiner Zone ging Frankreich eigene Wege. Im Kontrollrat betrieb Frankreich eine **Obstruktionspolitik**, denn es nutzte konsequent sein Vetorecht. Nicht nur die Sowjetunion verhinderte also die Zusammenarbeit der Alliierten, sondern auch Frankreich.

Die politischen Ziele der Besetzung

Erklärtes Ziel der Alliierten war die **Einführung einer demokratischen Ordnung** im besiegten Deutschland als notwendige Voraussetzung dafür, dass von deutschem Boden kein Krieg mehr ausgehen könnte. Wie diese Ordnung aber aussehen sollte, hing von der ideologisch geprägten Definition des Demokratie-Begriffes ab. Zudem verlangte es die „Einübung" demokratischer Regeln, da die Deutschen in den Augen der Alliierten trotz der Weimarer Demokratie ein obrigkeitsgläubiges, militaristisch erzogenes Volk waren. Besonders für die USA war die Demokratie mit ihren Grundwerten Freiheit, Partizipation, Toleranz für die künftige Friedensordnung die notwendige Grundlage, denn „in der angelsächsischen Publizistik war die Auffassung verbreitet, der Nazismus wäre keine neue Theorie, die aus der Ungerechtigkeit des Versailler Vertrags oder aus wirtschaftlicher Not entstanden sei" (E. Jäckel); vielmehr sei er Ausdruck „des deutschen Wesens". Daher sei eine tief greifende Umerziehung der Deutschen absolut notwendig, um aus ihnen Demokraten zu machen.

Da neben Stalin auch Roosevelt und Churchill davon ausgingen, dass die neue staatliche Ordnung sich an ihrer Vorstellung von Demokratie zu orientieren hatte, konnte es in dieser Frage kaum einen Kompromiss geben. Unter der Herstellung demokratischer Verhältnisse verstand jede Besatzungsmacht die Einführung des eigenen politischen, wirtschaftlichen und sozialen Systems.

Außer der Demokratisierung waren Entmilitarisierung, Entnazifizierung, Dezentralisierung und Demontage politische Ziele der Alliierten (im Wunsch nach sprachlicher Vereinfachung oft als **„5 D's"** bezeichnet: Demokratisierung, Demilitarisierung, Dezentralisierung, Denazifizierung, Demontage). Entmilitarisierung und Demontage hingen eng zusammen, denn zur Entmilitarisierung gehörte für die Alliierten notwendigerweise die „industrielle Entmilitarisierung", wobei die Demontagen auch in der Reparationsfrage besonders für Frankreich und die Sowjetunion eine zentrale Rolle spielten.

Auch Entnazifizierung und Demokratisierung bedingten sich gegenseitig, wobei neben der Umerziehung die strafrechtliche Verfolgung zum erklärten Ziel der Alliierten gehörte (siehe S. 17 f.).

4.2 Die alliierten Besatzungsbehörden

Der Kontrollrat als oberste Regierungsbehörde

Im zweiten **Londoner Kontrollratsabkommen der EAC** hatten sich die Alliierten am 14. November 1944 auf zwei sich ergänzende Grundsätze geeinigt: Zum einen sollte die oberste Gewalt in der jeweiligen Besatzungszone durch den dortigen Militärbefehlshaber ausgeübt werden, wobei dieser nur seiner Regierung Rechenschaft schuldig sein sollte, zum andern sollten „Angelegenheiten, die Deutschland als Ganzes betreffen", gemeinsam geregelt werden. Zu diesem Zweck wurde ein „höchstes Kontrollorgan", der Kontrollrat, gebildet. Seine Aufgaben sollten neben der Koordinierung und Vereinheitlichung der Besatzungspolitik die Kontrolle einer (geplanten) deutschen Zentralverwaltung sein. Berlin sollte ebenfalls gemeinsam verwaltet werden. Dafür wurde eine interalliierte Besatzungsbehörde, die **Kommandantur**, geschaffen, die dem Kontrollrat unterstellt wurde.

Der Kontrollrat, der am 30. August 1945 seine Arbeit aufnahm, bestand aus **Militärgouverneuren**, die von ihren Regierungen ernannt und mit Weisungen versehen wurden, sie leiteten gleichzeitig die Arbeit in ihren eigenen Besatzungszonen. Die eigentliche Arbeit übernahm ein ständiger Koordinierungsausschuss, in dem die vier Stellvertreter der alliierten Oberkommandierenden saßen. Er musste die Kontrollratssitzungen inhaltlich und organisatorisch vorbereiten und die Beschlüsse umsetzen. Unterstützt wurde das Gremium durch einen **Kontrollstab**, der in Fachbereiche zur Regelung militärischer, politischer, wirtschaftlicher und rechtlicher Angelegenheiten gegliedert war. Die inhaltlichen Diskussionen über Maßnahmen und Probleme fanden in der Regel im Koordinierungsausschuss statt; die Oberbefehlshaber beschränkten sich auf die Beschlussfassung oder auf die Anwendung ihres Vetorechts.

Mit der auf sowjetischen Wunsch in das Kontrollratsabkommen eingefügten **Einstimmigkeitsklausel** war der Kontrollrat weitgehend funktionsunfähig und der Weg zur Teilung Deutschlands bereits vorgezeichnet, da jeder der Partner durch sein Veto Kontrollratsbeschlüsse verhindern konnte. Auf dieser Grundlage konnte er dann die Maßnahmen durchführen, die er für richtig hielt – denn eine Einigung über die „Angelegenheiten, die Deutschland als ein Ganzes betreffen", war ja nicht zu erzielen.

Die Organisation des Kontrollrats und seiner nachgeordneten Behörden beruhte auf der amerikanischen und britischen Vorstellung, auch nach dem Krieg noch gemeinsam mit der Sowjetunion die Fragen der Welt lösen zu können.

„Der Alliierte Kontrollrat entwickelte sich rasch zu einer umfangreichen Bürokratie" (W. Benz) mit zwölf Fachressorts (Direktorate), die die Aufgaben von Ministerien besaßen und die Angelegenheiten in Deutschland „auf unbestimmte Zeit" regeln sollten. Jedes Direktorat hatte vier Leiter. Es gab Kommissionen, Ausschüsse und Unterausschüsse für die reale Verwaltungsarbeit. Beschlüsse wurden viersprachig im Amtsblatt des Kontrollrats veröffentlicht.

Die Militärregierungen

Die **amerikanische** Militärregierung ging aus der schon im Herbst 1944 gebildeten Kontrollkommission hervor und nahm im Juni 1945 ihren Sitz in Frankfurt. Sie erhielt im Oktober 1945 den Namen „Office of Military Government of the United States for Germany" (OMGUS). Das Amt des Militärgouverneurs hatte zunächst Dwight D. Eisenhower inne, von 1947 bis 1949 dann Lucius D. Clay.

Zunächst unterstand die **britische** Militärregierung mit ihren Dienststellen der amerikanischen Armee und erhielt eigene Kompetenzen erst mit der Räumung der britischen Besatzungszone durch die US-Truppen.

An der Spitze der **Sowjetischen Militäradministration für Deutschland** (SMAD), gebildet am 9. Juni 1945, stand zunächst Marschall Schukow, im April 1946 folgte ihm sein Stellvertreter General Sokolowski nach. Die Sowjetunion ging von allen Besatzungsmächten am zielstrebigsten vor. Ihre Politik war dabei von dem festen Vorsatz geprägt, in Deutschland eine Ordnung nach sowjetischem Vorbild einzuführen. Diese sollte streng zentralistisch organisiert sein, sowohl, um die Kontrolle des besetzten Territoriums zu intensivieren, als auch, um von einer zentralistisch organisierten Basis aus künftig Einfluss auf ganz Deutschland ausüben zu können.

4.3 Die Einführung des föderalistischen Systems – Bildung deutscher Länder

Für die **USA** waren Neubeginn und Entnazifizierung eng mit dem Aufbau einer stark föderativen Ordnung verbunden, in der die Regierungsgewalt auf Länderebene einen regulativen Ausgleich zur Zentralgewalt bilden sollte. **Großbritannien** betonte dagegen traditionsgemäß stärker das einheitsstaatliche Element, konnte aber auch für die Selbstverwaltung auf eigene föderative Strukturen verweisen. **Frankreich** dagegen war traditionell zentralistisch organisiert und lehnte daher auch föderalistische Strukturen ab. Da es an einer möglichst dauerhaften Entmachtung oder zumindest an einer deutlichen Schwächung Deutschlands interessiert war, wollte man in Paris Deutschland grundsätzlich staatlich zersplittert sehen („Balkanisierung").

Die Auflösung Preußens

Bereits die ersten Überlegungen der Alliierten im Dezember 1941 legten Wert auf eine **Zerschlagung Preußens**, insbesondere großes Gewicht auf die **Abtrennung des Ruhrgebiets** von Preußen, das als „Waffenschmiede des Reiches" nach Churchills Ansicht eine härtere Behandlung erforderte als etwa der Süden Deutschlands. Preußen war zudem in den Augen der Alliierten der Hort des deutschen Nationalismus und Militarismus sowie des obrigkeitsstaatlichen Denkens und sollte daher zerstört werden. Die Aufteilung Preußens zog sich dann wie ein roter Faden durch alle Kriegskonferenzen.

Preußen hatte wegen seiner Größe, der Bevölkerungszahl und vor allem wegen seines überlegenen Wirtschaftspotenzials nicht nur zur Zeit des Kaiserreiches eine Vorrangstellung im Deutschen Reich. Als größtes der deutschen Länder besaß es mit Oberschlesien, Berlin, dem Ruhrgebiet und der Saar vier der größten Industriegebiete Europas. Mit Brandenburg, Pommern und Ostpreußen Gebiete, in denen der preußische Adel verwurzelt war. Ihn hielten die Briten für das treibende Element des deutschen Nationalismus und Militarismus, was sie letztlich auch davon abgehalten hatte, mit der deutschen Widerstandsbewegung zusammenzuarbeiten.

Dabei verkannten die Alliierten jedoch, dass die Mehrzahl der preußischen Adligen aus ihrer konservativen Grundhaltung Hitler von Beginn an misstrauisch gegenübergestanden hatte, ihn dann bekämpft und nach dem **20. Juli 1944** einen hohen Blutzoll bezahlt hatte. Die britische Preußenpolitik verkannte jedoch, dass Oberschlesien bereits polnisch, das Berliner Industrierevier von den Sowjets kontrolliert, die Saar von Frankreich beansprucht und nur das Ruhrgebiet im britischen Bereich verblieben war. Insgesamt aber war eine Neuordnung Preußens notwendig, da sich das alte Land über alle vier Besatzungszonen erstreckte und eine Aufrechterhaltung der Landesstruktur eine grundsätzliche Übereinstimmung in der Siegerkoalition erfordert hätte.

Die amerikanische Zone

Die Amerikaner entschlossen sich als erste dazu, in ihrer Besatzungszone auf gewachsene Verwaltungsstrukturen zurückzugreifen.

In **Bayern**, das die nationalsozialistische Gleichschaltung am unbeschadetsten überstanden hatte, konnte die amerikanische Militärregierung am leichtesten wieder an die alte Ordnung anknüpfen. Lediglich die linksrheinische Pfalz war als Bestandteil der französischen Zone abgetrennt worden.

Im Südwesten waren die Länder **Baden und Württemberg** gegen die Regeln der historischen wie ökonomischen Vernunft jeweils in einen Nord- und Südteil durchschnitten worden, um Frankreichs Wunsch nach einem eigenen Besatzungsgebiet zu entsprechen. Der Südwesten Badens und Württembergs war an Frankreich als eigene Besatzungszone gefallen, während die Amerikaner am 19. September 1945 durch Eisenhowers „Proklamation Nr. 2" aus den nördlichen Teilen von Württemberg und Baden das Land Württemberg-Baden mit Stuttgart als Hauptstadt bildeten. Das 1952 neu geschaffen Bundesland Baden-Württemberg ist also nicht aus den alten Ländern Baden und Württemberg gegründet worden, es ist kein organisch entstandenes und gewachsenes Land, sondern ein künstliches Produkt, eine – allerdings gelungene – Neugründung auf demokratischer Grundlage, für die die Teilung 1945 bestimmend war.

Auch im heutigen **Hessen** wurde mit der Zusammenfassung des Landes Hessen (Hauptstadt Darmstadt) und der preußischen Provinzen Hessen-Nassau (Wiesbaden) und Hessen-Kassel (Kassel) eine großräumigere Lösung gefunden. Hauptstadt wurde die alte nassauische Residenz Wiesbaden, die anderen beiden Hauptstädte wurden Sitze der Regierungsbezirke. Die Abgrenzung der Besatzungszonen am Lauf des Rheins brachte es mit sich, dass der linksrheinische Teil Hessens (Rheinhessen) zur französischen Zone, aber zwei Mainzer Stadtteile zu Hessen kamen und wegen der Eingemeindung nach Wiesbaden bis heute lokalpolitischen Zündstoff bieten.

Durch die „Proklamation Nr. 2“ schufen die Amerikaner zudem einen **Länderrat in Stuttgart**, der die Politik der neu gebildeten Länder in der US-Zone (Hessen, Württemberg-Baden, Bayern und Bremen) koordinierte.

Die britische Zone

In der britischen Deutschlandpolitik standen sich das Verlangen nach einer **Zerschlagung Preußens** und nach **Begrenzung des sowjetischen Einflusses** gegenüber. Ersteres war nach britischer Ansicht notwendig, um zur Sicherung eines dauerhaften Friedens in Europa die geistige Basis des deutschen Militarismus zu zerschlagen, Letzteres, um die Macht der Sowjetunion auf den tatsächlichen Machtbereich der Roten Armee zu begrenzen. Noch während auf amerikanischer Seite der Morgenthau-Plan im Gespräch war, wurden im September 1944 in britischen Regierungskreisen Pläne diskutiert, die Ruhrregion vor Stalin und den Franzosen zu sichern, d. h. die westdeutsche Eisen- und Stahlindustrie in einer politischen Einheit neu zu organisieren. Eine solche Neuordnung musste aber – gerade wegen der sowjetischen und französischen Ansprüche – im Einvernehmen mit den USA vorgenommen werden, da Großbritannien allein seine Position nicht durchsetzen konnte. London ging es dabei noch immer um den traditionellen Grundsatz des Gleichgewichts in Europa, obwohl die Wiederherstellung dieses Ideals kaum realistisch war.

Während die amerikanische Besatzungsmacht dem föderalistischen Prinzip folgte, behandelten die Briten ihre Zone als einheitliches Ganzes. Zunächst richtete die britische Kontrollkommission im Sommer 1945 zehn **Landesregierungen** ein, die den alten Verwaltungsgliederungen folgten. Diese unterstanden einer zentralistischen Führung vonseiten der Militärregierung, sodass man von einem dezentralisierten Einheitsstaat englischen Musters gesprochen hat. Die Landesregierungen bekamen am 6. 3. 1946 ein gemeinsames Organ in Form eines **Zonenbeirates**, der aus Vertretern der zugelassenen Parteien wie Konrad Adenauer (CDU) und Kurt Schumacher (SPD), den Länderchefs, Vertretern der Gewerkschaften und Fachleuten bestand und beratende Funktion hatte.

Als erstes wurde die bisherige preußische Provinz Hannover zum „Land“ erhoben. Schon wenige Monate später wurde das neue Land mit drei anderen Verwaltungseinheiten zum neuen **Gebietsrat Niedersachsen** zusammengefasst, aus dem dann das gleichnamige Land hervorging.

Die grundsätzliche Entscheidung für ein neues Land im **rheinisch-westfälischen Raum** fiel im britischen Kabinett. Stalins Drängen auf Beteiligung an einer internationalen Ruhrkontrolle führte bei den Briten zu der Sorge, das Ruhrgebiet könne kommunistisch, wenn nicht gar sowjetisch werden. Auch der französische Plan einer Internationalisierung hätte das **Ruhrgebiet** dem britischen Einfluss entzogen. Die britische Kontrollkommission stellte dann für die Neuorganisation ihrer Besatzungszone fest, dass das Industrierevier an der Ruhr sowohl aus versorgungstechnischen als auch aus militärstrategischen Gründen ein großes Umland brauche; außerdem sei es als Einheit zu betrachten und dürfe nicht zerrissen werden. Die nördliche Rheinprovinz und Westfalen wurden daher zu Nordrhein-Westfalen zusammengefasst.

Die französische Zone

Von Anfang an bestimmten die Spannungen zwischen Franzosen und Amerikanern die Politik in Bezug auf den deutschen Südwesten, aber auch auf ganz Deutschland. Frankreich war erst 1944 gegen den Widerstand der Amerikaner in den Kreis der Siegermächte aufgenommen worden. Darüber hinaus war die Sowjetunion zu einer Neuverteilung der Besatzungszonen nur bereit gewesen, falls ihre Zone davon nicht betroffen sein würde. Frankreich galt daher unter den Alliierten als „Siegermacht von minderem Status" (E. Wolfrum). Das aber widersprach dem **Großmachtanspruch** Frankreichs, wie ihn schon während des Kriegs General **Charles de Gaulle** deutlich angemeldet hatte. De Gaulles Ziel war es 1945 gewesen, so viel deutsches Gebiet wie möglich militärisch zu besetzen und so die anderen Alliierten vor vollendete Tatsachen zu stellen, um eine möglichst günstige Verhandlungsposition zu erlangen. Doch das eigenmächtige Vorgehen der Franzosen, die sogar Stuttgart besetzt hatten, obwohl die Stadt den Amerikanern zugesprochen worden war, belastete die amerikanisch-französischen Beziehungen für lange Zeit ganz erheblich, und es drohte kurzfristig sogar eine bewaffnete Auseinandersetzung um Stuttgart. Erst Anfang Juli 1946 gelang es den Amerikanern durch massiven ökonomischen Druck die Franzosen zum Rückzug aus Stuttgart zu bewegen und sich schließlich hinter eine Linie südlich der Autobahn Karlsruhe – Ulm zurückzuziehen.

Auch bei der Festlegung der übrigen Grenzen der französischen Besatzungszone war es zu schweren Differenzen zwischen Frankreich und den USA gekommen, da de Gaulle für sein Land einen breiten Streifen vom Rhein bis Kassel forderte. Erst am 22. Juni 1945 kam es zum Ausgleich und zur Abtrennung der bayerischen Pfalz (Kaiserslautern), des Südteils der preußischen Rheinprovinz (Trier/Koblenz), des Westteils der preußischen Provinz Hessen-Nassau (Montabaur) und des linksrheinischen Teils von Hessen (das heute nur noch als Weinbaugebiet fortlebende Rheinhessen mit Mainz) sowie des Südteils der alten Länder Württemberg und Baden entlang der (strategisch wichtigen, deshalb amerikanisch gebliebenen) Autobahn Karlsruhe – München. Die beiden französischen Teile waren durch einen 15 km breiten amerikanischen

Korridor bei Karlsruhe getrennt. Die Verbindung zum gleichfalls französisch besetzten Vorarlberg (Österreich) schuf der bayerische Kreis Lindau.

Frankreich trennte das **Saarland** von seinem übrigen Besatzungsgebiet, da es später **an Frankreich angegliedert** werden sollte. Daher wurde die deutsch-französische Zollgrenze im Dezember 1946 an die Trennungslinie zwischen dem Saarland und der übrigen französischen Besatzungszone verlegt. Die ein Jahr später vom saarländischen Landtag verabschiedete Verfassung verkündete „die politische Unabhängigkeit des Saarlandes vom Deutschen Reich“, wodurch es auch nicht mehr zum Kontrollrats-Deutschland gehörte. 1952 wurde das Saarland wie die Bundesrepublik assoziiertes Mitglied des Europarates, erst am 1. 1. 1957 wurde es ein **Land der Bundesrepublik** Deutschland (s. S. 126).

Motive und Inhalte westlicher Besatzungspolitik

	Amerikanische Zone	Britische Zone	Französische Zone
Motive / Ziele	• urspr. völlige wirtschaftliche Schwächung, Entmilitarisierung und Entnazifizierung • Aufbau einer Demokratie nach amerikanischem Muster • ab 1946 Weststaatlösung mit Integration in den Westen als Prellbock gegen den Sowjetkommunismus • europäische Integration	Ausschalten Deutschlands als Bedrohung für den Frieden und als wirtschaftlicher Konkurrent • urspr. völlige Entmilitarisierung und Zerschlagung Preußens • demokratische Ordnung mit föderalen Strukturen und zentralistischer Tendenz • später Stärkung der dt. Wirtschaft im brit. und europäischen Interesse	Dauerhafte Sicherheit vor Deutschland und Kontrolle der deutschen Wirtschaft durch: • völlige Entmilitarisierung • Schaffung eines lockeren deutschen Staatenbundes • Angliederung des Saarlandes an Frankreich • Internationalisierung des Ruhrgebietes
Inhalte			
wirtschaftlich	Rascher Stopp der Demontagen und Aufbauhilfen	Zögernder Wiederaufbau, z. T. wegen eigener wirtschaftlicher Probleme	Radikales Eintreiben der Reparationen und konsequente Demontagepolitik
politisch	• ab 1945 Bildung von Ländern und eines Länderbeirates mit Sitz in Stuttgart • Selbstverwaltungsrecht für Kreise und Gemeinden (Demokratisierung von unten) • erste freie Wahlen in Deutschland seit 1933 am 26. 12. 1945 • 1946 Landtagswahlen	• Demokratie von unten • Bildung eines Zonenbeirates als deutsches Beratungsorgan • 1946 Bildung zentraler deutscher Verwaltungen und von Zonenämtern als deutsche Hilfsorgane • Auflösung Preußens und Bildung neuer Länder 1946 mit Wahlen	• Zonenverwaltung ohne deutsche Mitwirkung • dann Bildung lokaler dt. Verwaltungsorgane unter strikter Kontrolle, keine Eigenbefugnisse • 1946/47 Bildung von Ländern und wirtschaftliche Angliederung des Saarlands an Frankreich • deutsche „Hilfsbüros“ als beratende Organe

Zudem war Frankreich ausgeblutet und befand sich in einer ökonomischen und sozialen Krise. Politische Unruhen prägten das politische Leben. Auch war Frankreich nicht in der Lage, die Kosten der Besatzung aus eigener Tasche zu finanzieren. Daher wollte man auf die Ressourcen der Besatzungszone zurückgreifen, und hier lag das Dilemma, da diese Gebiete auf sich allein gestellt kaum lebensfähig waren. Nach den Erfahrungen aus drei Kriegen wollte Frankreich endgültig **Sicherheit an seiner Westgrenze**; das war für die Franzosen – im Gegensatz zu den USA – von elementarer Bedeutung, und das hieß zunächst einmal **Kontrolle:** Während in der amerikanischen Zone auf 1 000 Einwohner im Dezember 1946 gerade einmal drei Besatzungsmitglieder kamen, waren es in der französischen Zone 18. Ein weiteres Mittel war die strikte **Dezentralisierung** nicht nur der eigenen Zone und die Kontrolle über die deutsche Wirtschaft. Anders als die Amerikaner „lebten" die Franzosen aus ihrer Zone, sodass man mit Recht von einer förmlichen **Ausplünderung** sprechen kann.

Frankreich verfolgte zunächst das Ziel, nach dem Abzug der Amerikaner aus Europa die Ordnungsaufgaben für Deutschland zu übernehmen. Nachdem aber Präsident Truman ein längerfristiges Engagement in Europa angekündigt hatte, musste sich die französische Politik neu orientieren.

Die von der amerikanischen Besatzungsbehörde vorgegebene großräumige Struktur im späteren Bundesland Rheinland-Pfalz wurde von den Franzosen nach der Übernahme der Besatzungszone schnell wieder aufgelöst, die französischen Bestrebungen richteten sich zunächst auf eine Abtrennung des Saarlandes, dessen Ressourcen man für den Aufbau der französischen Wirtschaft nutzen wollte. Erst als die USA und Großbritannien in ihren Zonen Länder bildeten, war auch für Frankreich klar, dass es sich dieser Entwicklung früher oder später anschließen musste. So war die Schaffung des Landes Württemberg-Baden in der amerikanischen Zone (19. 9. 1945) die Weichenstellung für die Bildung der Länder **(Süd-)Baden** und **Württemberg-Hohenzollern**. Ihre Konstituierung zog sich noch bis Dezember 1946 bzw. Mai 1947 hin. Im Nordteil der Zone war nach dem Rücktritt de Gaulles und der Neuorientierung der französischen Politik 1946 das Land **Rheinland-Pfalz** gebildet worden.

Auch beim Aufbau demokratischer Organisationen ließen sich die französischen Behörden mehr Zeit als die amerikanischen und britischen. Die Kommunal- und Kreistagswahlen fanden erst im September und Oktober 1946 statt.

Noch schwieriger gestaltete sich der **Aufbau von politischen Parteien**, da sie nach französischer Ansicht am ehesten geeignet waren, die gesamtdeutsche Tradition aufrecht zu erhalten. Erst Mitte Dezember 1945 waren die rechtlichen Voraussetzungen geschaffen, mit den einzelnen Genehmigungen ließen sich die französischen Behörden jedoch viel Zeit.

Die sowjetische Zone

Auch auf sowjetischer Seite war klar, dass sie ihre Ziele nur mit den Deutschen, nicht aber gegen sie erreichen konnten. So plante die Sowjetunion von Anfang an eine Zusammenarbeit mit deutschen „antifaschistischen" Politikern. Wobei sie vor allem auf die Politiker zurückgriffen, die in der Sowjetunion im Exil gelebt und daher im sowjetischen Sinne ausgebildet worden waren. Diese standen unter ständiger Kontrolle der Sowjetischen Militäradministration (SMAD). Zudem gab es bereits fertige Pläne für die weitere Entwicklung in der SBZ.

Stalin ging in der SBZ nach dem Muster der **Sowjetisierungspolitik** in Osteuropa vor: In einem ersten Schritt sollten die kommunistischen Minderheiten nationale und antifaschistische Gruppen in sog. **„Patriotischen Fronten"** zusammenfassen. Dann sollten provisorische Regierungen gebildet werden, in Moskau geschulte Exilkommunisten erhielten die Schlüsselpositionen. Nach relativ freien Wahlen würden unter sowjetischer Aufsicht „Koalitionsregierungen" mit antifaschistischen, bürgerlichen Kräften gebildet, wobei die Kommunisten wiederum die Schlüsselministerien übernahmen, v. a. das Innenministerium. Der Aufbau des Landes sollte durch eine populäre **Bodenreform** zugunsten der ehemaligen Pächter, der Klein- und Mittelbauern und durch die Verstaatlichung der Industrie und der Banken beginnen. (vgl. S. 65) Wenn dies erreicht war, sollten mögliche bürgerliche Parlamentsmehrheiten ausgeschaltet und eine „sozialistische Einheitspartei" unter kommunistischer Führung mit Blockparteien als „Transmissionsriemen" gebildet werden. Die Herrschaft der Einheitspartei und damit der Kommunisten sollte durch eine gelenkte Wahl mit Einheitsliste akklamatorisch bestätigt werden. Schließlich sollte dies nach verschiedenen Säuberungen zur Errichtung einer **Volksdemokratie** und deren Angleichung an das sowjetische Modell führen.

Zur Umsetzung dieser Politik in Deutschland – zumindest aber in der SBZ – waren in Moskau drei **„Initiativgruppen"** gebildet worden, die im April und Mai 1945 nach Deutschland kamen. Sie sollten von Schwerin, Berlin und Dresden aus unter Leitung der SMAD die Grundlagen für die Neugestaltung legen und die sowjetische Reparationspolitik umsetzen. Führend wurde dabei die **„Initiativgruppe Berlin"** unter **Walter Ulbricht**. Mit Ulbricht begann in der SBZ rasch eine von Moskau gelenkte Sonderentwicklung u. a. durch das Einschleusen von Exilkommunisten in die neu zu schaffende Verwaltung.

Rein äußerlich verlief der Aufbau der politischen Ordnung in der SBZ allerdings parallel zu dem in den Westzonen. Am Anfang stand auch hier die Einrichtung einer Gemeindeverwaltung unter Kontrolle der SMAD. Bereits im Juli 1945, also noch vor der Potsdamer Konferenz, setzten die Sowjets für Mecklenburg, Sachsen und Thüringen Landesregierungen und für die preußischen Provinzen Sachsen-Anhalt und Brandenburg Provinzialregierungen ein.

Wie für die Briten stellte sich auch für die Sowjets das Problem „Preußen"; wie sollte dieser „Staat" aufgeteilt werden? Was sollte an seine Stelle treten? Bei Sachsen, Thüringen und Mecklenburg konnte auf die alten Länder, bei der Neubildung Brandenburgs und Sachsen-Anhalts auf die preußischen Provinzen zurückgegriffen werden.

Bereits im Juli 1945 errichtete die SMAD in der SBZ elf **Zentralverwaltungen**. Die Kompetenzen dieser Verwaltungsbehörden waren zunächst auf rein wirtschaftliche Angelegenheiten beschränkt; erst durch einen Befehl der SMAD vom 22. Oktober 1945 erhielten sie den Charakter von Regierungen und beanspruchten immer mehr Hoheitsbefugnisse.

Schon fünf Tage nach der Übernahme der obersten Regierungsgewalt erlaubte die SMAD die „Bildung und Tätigkeit aller antifaschistischen Parteien, [...] die sich die endgültige Ausrottung der Überreste des Faschismus und die Festigung der Grundlage der Demokratie und der bürgerlichen Freiheiten in Deutschland [...] zum Ziel setzen", obwohl sich die Alliierten zunächst auf eine schrittweise Einführung demokratischer Systeme geeinigt hatten. Sofort darauf, am 11. Juni, wurde die KPD neu gegründet, dann die SPD (15. Juni), schließlich die CDU (26. Juni).

In der sowjetischen Besatzungszone standen diese Parteien unter dem Druck der Besatzungsmacht und der von ihr favorisierten KPD. Im Juli 1945 mussten sie sich zur **„Einheitsfront der antifaschistisch-demokratischen Parteien"** zusammenfinden, zu einem Block, in dem die KPD die ideologische Führung übernahm. Kern dieser Ausrichtung war der „antifaschistische Kampf", wobei antifaschistisch sehr schnell zu einem Synonym für kommunistisch und antipluralistisch wurde. Das System der **„Blockparteien"** entsprach dem scheinpluralistischen System Ungarns und Polens, das bis 1989 Bestand hatte.

Das Verhältnis zwischen Landesregierungen und Zentralverwaltungen verkomplizierte sich nach den Landtagswahlen 1946, da die Länder jetzt demokratisch legitimiert, die Zentralverwaltungen aber autoritär eingesetzt und nicht parlamentarisch kontrolliert waren. Sowohl die Zentralverwaltungen als auch die Landesregierungen standen aber unter starkem Einfluss der SMAD, hier durch den Einfluss der KPD bzw. SED und der von ihr verfolgten „Blockpolitik", dort durch die unmittelbare Unterordnung unter die Besatzungsmacht.

Ein Unterschied zur westlichen Besatzungspolitik bestand in der **Reparationspolitik**, die die Sowjetunion rücksichtsloser und länger als die Westmächte betrieb (vgl. auch S. 65). Zwischen 1945 und 1948 wurden allein in Sachsen über 1 000 Fabrikanlagen demontiert und etwa 250 000 Maschinen in die Sowjetunion gebracht, wo sie zum Teil nicht aufgestellt werden konnten. Rücksichtslos wurden Eisenbahnschienen abgebaut (bis März rd. 11 800 km); fast überall wurden aus zweigleisigen Strecken eingleisige. Aus der laufenden Produktion wurden mehr Waren für Reparationszwecke entnommen als in den Westzonen (7 Mrd. US-Dollar gegen 0,13 Mrd.). Diese **enormen Belastungen** beeinflussten die Entwicklung in der SBZ und der späteren DDR nachhaltig.

Motive und Inhalte sowjetischer Besatzungspolitik

politisch	• Abkehr von „Richtungsgewerkschaften"; Gründung des FDGB • Aufbau eines Verwaltungsapparates auf allen Ebenen, dominiert von der KPD • Säuberung der Justiz, Einstellung von „Volksrichtern" unter Kontrolle der KPD • „Demokratisierung der Schule" („Volkslehrer", Einheitsschule, kostenlose Ausbildung, Ideologisierung der Bildung) • Parteigründungen auf Befehl der SMAD • antifaschistische Einheitsfront; Parteien als „Transmissionsriemen"
1946	Zwangsvereinigung von KPD und SPD zur SED
1948	Definition der SED als „Partei neuen Typs"
1949	Bildung der „Nationalen Front"
7. 10. 1949	Gründung der DDR
	→ „Volksdemokratie" nach sowjetischen Vorstellungen
wirtschaftlich	
Bodenreform 1945	• erste Enteignung von „Großbauern" und „Kriegsverbrechern" („Junkerland in Bauernhand"), breit gestreutes kleinbäuerliches Landeigentum mit geringer Produktivität • Bildung „Volkseigener Güter" als Musterbetriebe für spätere LPGs
1947	Übergang zur Zentralverwaltungswirtschaft mit Abgabesystem
1948	Aufbau der ersten LPGs zunächst auf freiwilliger Basis
	→ „konsequente Demokratisierung" und Entnazifizierung
Industrie- und Kapitalreform 1945	• Verstaatlichung der Banken • erste Überführung von Privatbetrieben ehemaliger „Nazis" in VEBs
1946	• Enteignung und Verstaatlichung von 75 % der Industrie, 25 % stehen unter direkter sowjetischen Verwaltung (SAG, bis 1953) • Beseitigung der Handwerksinnungen
1947	Übergang zur Zentralverwaltungswirtschaft; Währungsreform
	→ Produktion an überlieferten Standorten **→ „konsequente Entmonopolisierung", Demokratisierung und Entnazifizierung**

Besatzungszonen und Länder 1947
Helgoland
(brit. Militärgebiet)
Kiel
Schleswig-
Holstein
Bremerhaven
zur US-Zone
Hamburg
Schwerin
Mecklenburg
Bremen
zur US-Zone
Niedersachsen
Sowjetische
Berlin
Hannover
Britische Zone
Potsdam
Magdeburg
Brandenburg
Nordrhein-Westfalen
Sachsen-Anhalt
Zone
Düsseldorf
Erfurt
Dresden
Hessen
Thüringen
Sachsen
Französische
Wiesbaden
Mainz
Rheinland-Pfalz
Saar-
land
Saar-
brücken
Amerikanische Zone
Württemberg
Baden
Bayern
Stuttgart
Kehl
(frz. Militärgebiet)
Zone
Tübingen
Württemberg-
Hohenzollern
Freiburg
Baden
München
100 km
© IEG Mainz/A. Kunz 2004

4.4 Von der Koalition zur Konfrontation

Konflikte

Die Jahre zwischen 1945 und 1947 kann man für das Ost-West-Verhältnis als eine Übergangsphase bezeichnen, in der sich die internationale Politik von Grund auf veränderte. Die erklärte Absicht der Anti-Hitler-Koalition, gemeinsam eine friedliche Nachkriegsordnung zu schaffen, wurde nicht realisiert; die Partnerschaft zerbrach, da sie letztlich nur durch die gemeinsame Gegnerschaft zu Hitler-Deutschland zusammengehalten worden war. Diese schlug um in **ideologisch-machtpolitische Rivalität** und Feindschaft, geprägt von gegenseitigen Bedrohungsvorstellungen.

Neue Konflikte waren durch unterschiedliche Interessen, aber auch durch unvereinbare politische und ideologische Vorstellungen entstanden. Ein solcher Konfliktherd war Osteuropa, wo die Westmächte immer öfter Verstöße der sowjetischen Politik gegen die Beschlüsse der Konferenz von Jalta feststellen mussten.

Der britische Botschafter in Moskau warnte seine Regierung vor einer zunehmend antiwestlichen Politik und vor einer Beeinträchtigung britischer Sicherheitsinteressen vor allem im Mittelmeerraum. So beanspruchten die Sowjets Stützpunkte im östlichen Mittelmeer; sie unterstützten Gebietsforderungen der Armenier und Georgier gegenüber der Türkei, wollten die arabische Welt, besonders die Ägypter, gegen die Briten aufbringen, und überall wurden sog. **„nationale Befreiungsbewegungen“** unterstützt, die aber in Wahrheit eine kommunistische Diktatur anstrebten. In Großbritannien dachte man ernsthaft darüber nach, Westdeutschland in einen antisowjetischen „Westblock“ zu integrieren. Allerdings überwogen noch die kritischen Stimmen. Aber man befürchtete auch, dass die Westdeutschen dem Lockruf Moskaus folgen könnten. Daher müsse man ihnen, um sie im westlichen Lager zu halten, vor allem materielle Zugeständnisse machen. „In London war der Kalte Krieg ausgebrochen.“ (R. Steininger) Noch war dies nicht so offensichtlich, wie dann ab 1947, aber die Weichen waren gestellt.

Stalin und Churchill

Roosevelt starb vier Wochen vor der deutschen Kapitulation, am 12. April 1945. Ein Umschwung der amerikanischen Politik gegenüber der Sowjetunion war wegen der bevorstehenden Kämpfe mit Japan und der nach San Francisco einberufenen Gründungsversammlung der UN nicht sofort möglich.

Anfang Mai musste Churchill indessen zugestehen, dass der **sowjetische Vormarsch** ganz Osteuropa unter Stalins Herrschaft bringen könnte.

Churchills Vorschlag, den Rückzug der amerikanischen Truppen hinter die vereinbarte Demarkationslinie von sowjetischen Zusicherungen über Osteuropa abhängig zu machen, folgte Truman, Roosevelts Nachfolger, jedoch nicht. Wenige Tage später, am 12. Mai, sprach **Churchill** in einem Telegramm an Truman vom **„eisernen Vorhang"**, den Stalin „längs der russischen Front" über das von der sowjetischen Armee besetzte Gebiet herabgelassen habe.

Nach der Kapitulation der deutschen Wehrmacht schwenkte **Stalin** bereits am 9. Mai 1945 in seiner Ansprache an das Sowjetvolk vom Ziel der Zerstückelung Deutschlands ab und begann, nun auch im Besitz Berlins, die **Idee der deutschen Einheit** zu propagieren. Hintergrund dieser Kehrtwende war einerseits das Bestreben, Deutschland für die Reparationsleistungen an die Sowjetunion möglichst intakt zu lassen, andererseits die Absicht, über die Einwirkung auf die Verhältnisse in ganz Deutschland auch diesen Staat unter sowjetische Kontrolle zu bringen und somit auf ganz Europa Einfluss zu nehmen.

Auch territorial schuf Stalin vollendete Tatsachen, indem er **Ostpreußen** und die Gebiete östlich von Oder und Neiße vom Gebiet der Besatzungszonen abtrennte und der Sowjetunion bzw. der neu installierten polnischen Regierung zuwies. Bewusst nahm er damit den Widerspruch zum verabredeten gemeinsamen Vorgehen gegenüber Deutschland in Kauf.

Die Konferenz von Potsdam

Die Potsdamer Konferenz vom 17. Juli bis 2. August 1945 war das letzte Zusammentreffen der „Großen Drei" und stand ganz unter dem Zeichen des Regierungswechsels in den USA und in Großbritannien. Der britische Premierminister Churchill verlor während der Konferenz durch den Wahlsieg der Labour-Party sein Amt an Clement Attlee, auch die beiden Außenminister James F. Byrnes (USA) und Ernest Bevin (Großbritannien) waren Neulinge. Stalin und sein Außenminister Molotow waren die Einzigen, die an den Konferenzen von Jalta und Teheran teilgenommen hatten. Sie beanspruchten daher, dass allein sie die früheren Absprachen „authentisch interpretieren" könnten.

Es handelte sich nicht um eine Friedenskonferenz wie etwa die von Versailles, vielmehr betrachteten die beteiligten Siegermächte sie als „Stufe des Übergangs vom Krieg zum Frieden in Europa, die der Verständigung über ein gemeinsames Vorgehen [...] dienen sollte – v. a. in Hinblick auf Deutschland und die von der NS-Herrschaft befreiten Länder" (A. Tyrell). Bezeichnenderweise wurden die Verhandlungsergebnisse vom amerikanischen Außenministerium erst 1947 in vollem Umfang veröffentlicht; eine Kurzfassung, die sich auf die europäischen und deutschen Probleme beschränkte, wurde dagegen unmittelbar nach der Konferenz publiziert und ist unter dem juristisch ungenauen Titel **„Potsdamer Protokoll"** oder „Potsdamer Kommuniqué" bekannt. Die darin getroffenen Vereinbarungen sind zum Teil unpräzise formuliert, zum Teil sind es interpretationsfähige „Formelkompromisse", so z. B. die Forderung nach einer „Demokratisierung" Deutschlands, wobei jede Seite an ihr eigenes Demokratiemodell dachte, das aber mit dem der anderen Seite völlig unvereinbar war. Zentrale Probleme, wie die polnische Westgrenze, wurden auf einen späteren, nicht datierten Zeitpunkt verschoben. Auch interpretierte die Sowjetunion das „Protokoll" als einen völkerrechtlichen Vertrag, während die Westmächte darin nur ein juristisch nicht endgültiges „Protokoll" sahen.

Es ging den **Alliierten** zunächst einmal darum, das deutsche Kriegspotenzial dauerhaft zu vernichten, die deutsche Wirtschaft zu dezentralisieren und eine „Friedensindustrie" aufzubauen. Für die Bevölkerung sollte ein „mittlerer Lebensstandard" gelten. Ferner sollte eine totale Entnazifizierung stattfinden, die sich nicht nur auf die Beseitigung der NS-Organisationen beziehen, sondern auch eine Umerziehung der Deutschen umfassen sollte, um so ein friedliches, demokratisches System zu ermöglichen.

Stalins Ziel bei dieser Konferenz war es, die Anerkennung der großen Gebietsgewinne der Sowjetunion durch die Westmächte zu erreichen. Die deutschen Ostgebiete waren einer der wichtigsten Punkte und daher Gegenstand aller Sitzungen. Hier sahen sich die Verbündeten durch die Eigenmächtigkeit Stalins vor vollendete Tatsachen gestellt, da er schon vor der Konferenz das südliche Ostpreußen und alle Gebiete östlich von Oder und Neiße dem polnischen Staat übergeben hatte. Im Protokoll wurde dennoch festgehalten, dass die endgültige Festlegung der Westgrenze Polens bis zu der Friedenskonferenz zurückgestellt werden soll **(Friedensvertragsvorbehalt)**.

Da sich die Alliierten nicht auf einen Konsens für die Umsetzung der „fünf großen D's" verständigen konnten, einigten sie sich auf weitgehende Handlungsfreiheit und Unabhängigkeit innerhalb ihrer jeweiligen Besatzungszonen. Die Ergebnisse der Konferenz spiegeln diese Ambivalenz vom Willen zur Kooperation einerseits und wachsendem Misstrauen andererseits:

- Einrichtung eines **Außenministerrates** (unter Einbeziehung Frankreichs) zur Vorbereitung eines Friedensvertrages und zur Beratung territorialer Fragen, der mehrmals ergebnislos tagte;
- Ausübung der Regierungsgewalt in den Besatzungszonen durch die militärischen Oberbefehlshaber bzw. gemeinsam durch einen **Alliierten Kontrollrat**, in den Sektoren Berlins durch die **Alliierte Kommandantur**;
- **Reparationen** (ohne klare Festlegungen auf Bereiche und Zahlen, faktisch durchgesetztes Prinzip der zonengebundenen Reparationsentnahme);

- Territoriale Bestimmungen: nördliches Ostpreußen (mit Königsberg) an die UdSSR, südliches Ostpreußen an Polen, Verschiebung Polens zur **Oder-Neiße-Linie** durch Verlust deutscher Ostgebiete; jedoch Vertagung der endgültigen Festlegung der Grenzen auf einen späteren Friedensvertrag;
- „ordnungsgemäße und humane Überführung" der deutschen Bevölkerung aus diesen Ostgebieten, womit die Vertreibung aus Polen und der Tschechoslowakei beschönigend umschrieben wurde.

Wenn auch die Divergenzen der Siegermächte in Potsdam deutlicher als je zuvor zutage traten, so ist dennoch mit dem Potsdamer Abkommen eine Vereinbarung über eine **einheitliche alliierte Besatzungspolitik** getroffen worden, an die sich die vier Mächte in ihren Grundzügen auch gehalten haben. Weniger die Sowjetunion als vielmehr Frankreich, das wie bei den Kriegskonferenzen auch in Potsdam nicht beteiligt war und die Beschlüsse für sich nicht als bindend ansah, erwies sich als Hindernis einer gemeinsamen Deutschlandpolitik.

Bereits in Potsdam ging es aber nicht nur um Deutschland oder Polen, sondern vor allem um das Abstecken der Machtpositionen der Großmächte in Europa. Man begann, eine Nachkriegsordnung zu finden, die sich auf Macht- und Interessensphären gründete und leitete damit das **Ende von Roosevelts One-World-Idee** ein.

Der Status Deutschlands

Es blieb die Frage nach dem Status Deutschlands. Weder in den Juni-Erklärungen von 1945 über die Übernahme der Regierungsgewalt durch die Alliierten, die Einrichtung der Besatzungszonen und des Kontrollrats noch im Potsdamer Abkommen wurde der Begriff „Deutschland" genauer definiert, schon gar nicht durch eine Grenzbeschreibung.

Die erste Erwähnung der Beibehaltung der „Grenzen Deutschlands vom 31. 12. 1937" in einem amtlichen Dokument datierte vom 12. September 1944 und schied nur aus, was nicht zu Deutschland zählte (s. S. 6). Auch die Proklamation der Militärregierung vom 20. September 1945 stellte lediglich eine reine Beschreibung innerhalb einer Verwaltungsvorschrift dar, die die Begriffe Ausland und Inland trennte.

Das Protokoll der Potsdamer Konferenz, auf deren zweiter Sitzung am 18. Juli 1945 sich die Staatschefs über diesen Begriff einigten, versuchte vergeblich, Klarheit zu schaffen. Stalin nannte die **Grenzen von 1937** eine **„Arbeitshypothese"**, um die Arbeit zu erleichtern, Churchill und Truman stimmten zu. Stalin betonte, dass Deutschland zunächst ein geografischer Begriff sei, dass Deutschland sich durch den Krieg und sein Ergebnis verändert habe und dass der

Begriff „Deutschland“ sich nur formal mit dem Staat von 1937 decke, dem Wesen der Sache nach aber nicht dasselbe sei. Erst im weiteren Verlauf der Konferenz beharrten Truman und Attlee auf den Grenzen von 1937, ohne sich jedoch gegenüber Stalin durchsetzen zu können. Nach dem Ergebnis dieser Konferenz sollte „Deutschland“ aus dem Gebiet der vier Besatzungszonen bestehen.

Das **Deutsche Reich als Territorium bestand fort**. Mit der Übernahme der „obersten Regierungsgewalt in Deutschland“ am 5. Juni 1945 erkannten die Alliierten selbst den Fortbestand an, was auch darin zum Ausdruck kam, dass sie erklärten, diese Übernahme bewirke „nicht die Annektierung Deutschlands“. Dabei muss zweierlei berücksichtigt werden: Erstens wird hier nur der **Verzicht auf die Annexion „Deutschlands“**, also des ganzen Staates, ausgesprochen, und zweitens waren nach sowjetischer Interpretation die Ostgebiete zu dieser Zeit schon nicht mehr ein Teil Deutschlands.

Dass Stalin die deutschen Gebiete östlich der Oder-Neiße-Linie aus ihrer Besatzungszone ausgegliedert hatte, empörte die Westmächte weniger als die Tatsache, dass dieses eigenmächtig, in einem polnisch-sowjetischen Akt, ohne Beteiligung der anderen Siegermächte geschah.

Umstritten ist bis heute, welche konkreten Pläne Stalin mit Deutschland hatte. Klar ist lediglich, dass die UdSSR „in der Deutschland-Frage über einen längeren Zeitraum eine optionale Politik“ verfolgte (M. Schmeitzner): Diplomatisch und vor allem propagandistisch trat sie für ein Gesamtdeutschland ein, in der SBZ verfolgte sie dagegen die Politik der „sozialistischen Umgestaltung“, was eine Einheit Deutschlands ausschloss.

Neuorientierung der USA

Die USA reagierten auf die veränderte Situation langsamer als die Briten. Außenminister Byrnes forderte zwar bereits im Juli 1946 Großbritannien und Frankreich auf, ihre Zonen mit der amerikanischen zusammenzuschließen, um so wirtschaftliche Zusammenarbeit und dadurch die Stabilisierung der deutschen Wirtschaft zu erreichen, doch erst 1947 entschlossen sich die USA zu einer neuen Politik gegenüber der Sowjetunion, die man allgemein als **Containment-Politik** (Eindämmungspolitik) bezeichnet.

Dennoch suchten die USA bis zum Herbst 1946 die Zusammenarbeit mit den anderen Besatzungsmächten, auch mit der Sowjetunion, und sie schoben daher eine endgültige Entscheidung in der Deutschen Frage hinaus. Als aber keine Einigung in Bezug auf Deutschland erreicht wurde und die UdSSR im Kontrollrat immer häufiger ihr Veto einlegte, beschloss der amerikanische Oberbefehlshaber in Deutschland, General Lucius D. Clay, aus der amerikanischen Zone keine Reparationslieferungen an die Sowjetunion zuzulassen. Allerdings darf nicht übersehen werden, dass nicht nur die Sowjetunion eine Obstruktionspolitik betrieb, sondern zeitweise auch Frankreich, wenn es seine Sicherheitsinteressen berührt sah.

Die Abkehr von der bisherigen Priorität der wirtschaftlichen (und politischen) Einheit Deutschlands markiert die Rede, die **US-Außenminister James F. Byrnes** am 6. September 1946 in Stuttgart vor dem Länderrat der amerikanischen Zone hielt und der man den Beinamen **„Speech of Hope"** gegeben hat. In seiner Rede erklärte Byrnes, dass das amerikanische Volk hoffe und wünsche, „ein friedliches und demokratisches Deutschland zu sehen, das seine Freiheit und Unabhängigkeit erlangt und behält", dass „die Befreiung vom Militarismus dem deutschen Volke Gelegenheit geben [werde], seine großen Kräfte den Werken des Friedens zuzuwenden." Er versprach, „dem deutschen Volk die Regierung Deutschlands zurückzugeben. Das amerikanische Volk wird dem deutschen Volk helfen, seinen Weg zurückzufinden zu einem ehrenvollen Platz unter den freien und friedliebenden Nationen der Welt." Er erklärte weiter, dass die USA zwar die Herstellung der wirtschaftlichen Einheit als unbedingt notwendig ansähen, dass sie aber als Alternative, „wenn eine völlige Vereinigung nicht geschaffen werden kann", die **„größtmögliche Vereinigung"** anstreben würden. Adressat dieser Erklärung war neben der Sowjetunion auch Frankreich, das sich den diesbezüglichen Beschlüssen der Potsdamer Konferenz noch versperrte. An die Adresse der Sowjetunion rief Byrnes aus: „Die Freiheit, an die die Amerikaner glauben, ist eine Freiheit, an der alle teilhaben sollen, die gewillt sind, die Freiheit anderer zu achten." Damit war die Wende in der bislang eher destruktiven amerikanischen Deutschlandpolitik ausgedrückt.

Der Marshallplan

Im Winter 1946/47 war die verzweifelte Situation in Europa und besonders in Deutschland nicht mehr zu übersehen. Es war auch deutlich geworden, dass die bisherigen unkoordinierten und zum Teil auch halbherzigen Bemühungen, die Wirtschaft wieder in Gang zu bringen, gescheitert waren. Zwar stellten die USA zwischen 1943 und 1947 weltweit Hilfsgüter für rund 2,3 Mrd. zur Bekämpfung von Hunger und Seuchen zur Verfügung, aber angesichts der Not war dies zu wenig. In den USA erkannte man, dass eine Wende nur bei konsequenter Nutzung der vorhandenen Ressourcen zu erreichen war.

Die amerikanischen Pläne für eine große Hilfsaktion basierten auf zwei Pfeilern: auf der in den USA weitverbreiteten Meinung, dass gerade die USA mit ihren Werten und Idealen verpflichtet seien, Europa zu helfen, und der Angst vor einer Rezession und einem Zusammenbruch des Welthandels zulasten der

USA. Wirtschaftliches Chaos und politische Instabilität vor allem in Europa wären die Folge, wovon letztlich die Sowjetunion profitieren würde.

Bereits im November 1945 erinnerte der scheidende Vorsitzende der Vereinigten Stabschefs, **George C. Marshall**, seine Mitbürger daran, dass die USA große „Verantwortung für die Stabilität und die Sicherheit in der Welt zu übernehmen" hätten und dass eine Rückkehr zum „Isolationismus" unverantwortlich sei. Es gehe nicht darum, zu klären, was Amerika nicht tun müsse oder wolle, sondern darum, was sich Amerika nicht zu tun leisten könne.

In diesem Zusammenhang kann man auch die nach US-Präsident Harry Truman benannte **Truman-Doktrin** (12. März 1947) sehen, in der angekündigt wurde, Staaten, die sich durch die Sowjetunion und den Kommunismus bedroht sahen, militärisch und wirtschaftlich (z. B. durch den Marshallplan) zu unterstützen. Unmittelbar nach der Bekanntgabe der Truman-Doktrin 1947 forderte George F. Kennan, die bereits bestehende konkrete Unterstützung für Griechenland und die Türkei durch diplomatisch-politische und wirtschaftliche Hilfeleistung für andere bedrohte europäische Staaten zu ergänzen. Diesen Gedanken griff der neue Außenminister Marshall auf und verkündete einen wirtschaftlichen Aufbauplan für Europa, das **European Recovery Program (ERP)**, das nach ihm Marshallplan genannt wurde. Zwar erläuterte Marshall, das Ziel sei nicht der Kampf gegen ein Land oder eine Doktrin, sondern gegen Hunger, Armut, Verzweiflung und Chaos, aber mit diesem Plan sollte kommunistischen Aktivitäten in Westeuropa durch die Sicherung der wirtschaftlichen Verhältnisse der Boden entzogen werden.

Obwohl sich das Programm an ganz Europa wandte, war Deutschland Kern der neuen amerikanischen Europapolitik, denn Deutschland war das Konfliktfeld in der Auseinandersetzung mit der Sowjetunion, und gerade hier schien den USA eine aktive Eindämmung des sowjetischen Strebens notwendig. Auch lag die ökonomische Stabilisierung der Westzonen im Eigeninteresse, wollte man die Finanzierung der Lebensgrundlagen dort nicht dem amerikanischen Steuerzahler langfristig aufbürden. Für die USA besaß Deutschland große ökonomische Bedeutung als Absatzmarkt und als Ort für amerikanische Investitionen, wobei an die deutsch-amerikanische Kooperation in den 20er-Jahren angeknüpft wurde. Der Marshallplan sollte aber auch dazu dienen, das westliche Demokratiemodell und die westlich-kapitalistische Wirtschaftsordnung in Deutschland durchzusetzen. Da das ERP die Rekonstruktion Westeuropas mit der Westdeutschlands verknüpfte, konnten die USA auf die Politik Westeuropas und dessen Integration maßgeblichen Einfluss nehmen.

Der sowjetische Außenminister **Molotow** lehnte auf der Vorkonferenz Ende Juni/Anfang Juli in Paris den Plan als Einmischung in die inneren Angelegenheiten der europäischen Länder ab und bezeichnete ihn als eine imperialistische Verschwörung zur Versklavung Europas.

Unter Mitwirkung von 16 Staaten trat vom 12. Juli bis zum 22. September 1947 die Marshallplan-Konferenz in Paris zusammen. Den Staaten des sowjetischen Machtbereichs wurde die Teilnahme von der Sowjetunion verboten, die Tschechoslowakei musste die bereits gegebene Zusage zur Teilnahme wieder zurückziehen. In Italien z. B. untersagte die kommunistische Partei ihren Mitgliedern, die Hilfe aus dem kapitalistischen Amerika anzunehmen.

Der Abschlussbericht der Konferenz schätzte die erforderlichen Mittel auf 16 bis 22 Milliarden Dollar in den nächsten vier Jahren. Tatsächlich aufgebracht wurden **12,5 Milliarden Dollar**. Das ERP wurde von der Organisation für europäische wirtschaftliche Zusammenarbeit **(OEEC)**, einem Zusammenschluss von 17 Staaten, durchgeführt. Diese Organisation sollte gleichzeitig die Zusammenarbeit der europäischen Länder und die Verschmelzung der nationalen Wirtschaften fördern. Sie verlor mit der Gründung der Europäischen Wirtschaftsgemeinschaft (EWG) 1957 an Bedeutung und wurde 1960 zur Organisation für wirtschaftliche Entwicklung und Zusammenarbeit **(OECD)** erweitert.

Der Marshallplan trug wesentlich zur **Sicherung** der politischen Verhältnisse in Westeuropa bei und machte sowjetische Hoffnungen auf soziale Unruhen, die den Ansatz zu neuen Umsturzbestrebungen hätten geben können, zunichte. Der Marshallplan war die Grundlage für den schnellen **wirtschaftlichen Aufschwung** der Bundesrepublik und für die **Integration** der Millionen Heimatvertriebenen und Flüchtlinge, verhinderte aber auch weitgehende soziale Reformen in den Westzonen, wie sie in den Sozialisierungsforderungen der frühen Parteiprogramme noch vertreten wurden.

Gleichzeitig bedeutete er die endgültige „Übergabe der [ökonomischen] Weltherrschaft von den Briten an die Amerikaner“ (G. Bischof). Die USA wollten den Fehler, den sie durch ihren weitgehenden Rückzug aus der Politik in den 20er-Jahren begangen hatten und der in den Augen der Globalisten um George C. Marshall wesentlich zum Aufstieg des Faschismus beigetragen hatte, nicht wiederholen; sie wollten weltpolitische Verantwortung übernehmen.
Der Marshallplan war ein **Triumph der amerikanischen Außenpolitik** und wurde zum Mythos. Welchen Beitrag er letztlich zum Wiederaufbau Europas geleistet hat, ist bis heute umstritten, denn die eingesetzten Finanzmittel betrugen nur 2,5 Prozent der Einnahmen der Empfängerländer, und das war zu wenig, um den folgenden Aufschwung zu erklären. Die Hilfen waren wohl vor allem dazu da, kurzfristig die notwendigen Devisen zum Kauf von Nahrungsmitteln, Düngemitteln, Maschinen, Ersatzteilen und anderen Industriegütern besonders in den USA zu ermöglichen. Er aktivierte den Produktionsapparat,

denn er war v. a. eine „Hilfe zur Selbsthilfe“. Er begünstigte den Aufbau eines „reformkapitalistischen Wirtschaftssystems“ auch in Deutschland und erleichterte den Strukturwandel in den USA von der Kriegs- zur Friedenswirtschaft durch Ankurbelung des Exports. Der Marshallplan war zudem ein wesentlicher Bestandteil der amerikanischen **Containment-Politik** gegen die ideologische und machtpolitische Expansionspolitik der Sowjetunion, der die USA zutrauten, Europa in einem relativ kurzen militärischen Anlauf zu überrennen. Da die USA deshalb an einer engen Zusammenarbeit der Europäer interessiert waren, trug das ERP zur Integration Westeuropas bei. „Die Annahme der Marshallplangelder durch die Westeuropäer bedeutete eine erste Verkoppelung der Sicherheit Westeuropas mit der der USA und die Vorstufe zur militärischen Sicherheitspartnerschaft.“ (N. Wiggershaus)

Aufgabe 7 Erläutern Sie die Motive, Ziele und Maßnahmen der Besatzungspolitik der Vier Mächte in ihren jeweiligen Zonen.

Aufgabe 8 Beschreiben und erläutern Sie die Karte zu den Besatzungszonen und Ländern 1947 auf S. 41.

Aufgabe 9 Kennzeichnen Sie die Entwicklung der Anti-Hitler-Koalition zwischen 1945 und 1947. Erläutern Sie vor diesem Hintergrund die verschiedenen Konzepte der US-amerikanischen Außenpolitik.

5 Der Weg zur Gründung der beiden deutschen Staaten

14. 5. 1945	Sowjetischer Stadtkommandant setzt Magistrat für Groß-Berlin ein
15. 6. 1945	Gründung der SPD in Berlin; Gründung des Freien Deutschen Gewerkschaftsbundes (FDGB)
5. 7. 1945	Gründung der LDPD
27. 7. 1945	Errichtung von Zentralverwaltungen in den Ländern der SBZ
25. 4.–12. 7. 1946	Außenministerkonferenz in Paris
1. 1. 1947	Bildung der Bizone
4. 3. 1947	Defensivbündnis zwischen Großbritannien und Frankreich
10. 3.–24. 4. 1947	Moskauer Außenministerkonferenz
6.–8. 6. 1947	Münchner Ministerpräsidentenkonferenz
14. 7. 1947	Einrichtung einer Deutschen Wirtschaftskommission für die SBZ
25. 11.–15. 12. 1947	Londoner Außenministerkonferenz (Großbritannien, USA, Frankreich, Benelux-Länder)
23. 2.– 2. 6. 1948	Sechsmächtekonferenz in London (23. 2.– 6. 3.: 1. Sitzungsperiode; 20. 4.– 2. 6.: 2. Sitzungsperiode)
1. 3. 1948	Gründung der Bank Deutscher Länder in Frankfurt
17. 3. 1948	„Brüsseler-Fünf-Mächte-Vertrag („Westpakt“)
18. 3. 1948	2. Deutscher Volkskongress
20. 3. 1948	Sowjets verlassen Alliierten Kontrollrat
7. 6. 1948	Verabschiedung des „Londoner Deutschlandkommuniqués“
20. 6. 1948	Währungsreform in den Westzonen/Aufhebung der Zwangswirtschaft
23. 6. 1948	Währungsreform in der SBZ
24. 6. 1948	Einführung der DM-West durch die Westmächte als Parallelwährung zur DM-Ost in den Berliner Westsektoren
24. 6. 1948–12. 5. 1949	Berlin-Blockade
1. 7. 1948	Frankfurter Dokumente
10.–23. 8. 1948	Verfassungskonvent auf der Insel Herrenchiemsee zur vorbereitenden Beratung des Grundgesetzes
1. 9. 1948	Konstituierung des Parlamentarischen Rates in Bonn
25.–30. 1. 1949	1. Parteikonferenz der SED
8. 4. 1949	Bildung der Trizone
15./16. 5. 1949	Wahl des 3. Volkskongresses
23. 5. 1949	Verkündung des Grundgesetzes; Gründung der BRD
7. 10. 1949	Gründung der DDR

„Die Bundesrepublik war ein Kind des Kalten Kriegs. Ihm verdankt sie ihre Entstehung 1949, als der Ost-West-Konflikt seinem Höhepunkt zustrebte." (D. Geppert) Auch der wirtschaftliche Aufstieg und die Etablierung einer westlich geprägten liberal-demokratischen „Zivilkultur" sind ohne den Ost-West-Konflikt kaum vorstellbar. Wo und wie die Geschichte der Bundesrepublik begann und wo und wie sie endete, war keine Frage der Deutschen, auch 1989/90 nicht, sondern hing von den Alliierten ab.

Im Sommer 1946 traten auf der Konferenz der Außenminister in Paris die Gegensätze zwischen den Westmächten und der UdSSR so deutlich zutage, dass eine Lösung der Deutschen Frage immer unwahrscheinlicher wurde. Daher fiel **1947** die **Entscheidung zur Teilung Deutschlands**.

Unter dem Eindruck des sich immer deutlicher abzeichnenden Verlustes Chinas an die Kommunisten unter Mao Zedong, der von den Kommunisten in Polen massiv manipulierten Wahlen und des Bürgerkriegs in Griechenland wandten sich die USA von ihrer Vorstellung ab, mit der Sowjetunion kooperieren zu können. Ausdruck dieser Politik waren die Truman-Doktrin und der Marshallplan (vgl. S. 47–50). Daher ging die amerikanische Regierung zügig an den Ausbau der Westzonen zu einer neuen Staatlichkeit.

5.1 Das „Vereinigte Wirtschaftsgebiet" – die Bizone

Das am 2. Dezember 1946 unterzeichnete Abkommen zur Zusammenlegung und gemeinsamen Verwaltung der britischen und amerikanischen Zone („Vereinigtes Wirtschaftsgebiet") trat zum 1. Januar 1947 in Kraft. Es hatte zum Ziel, bis 1949 die **wirtschaftliche Selbstständigkeit** der beiden Zonen zu erreichen, den anderen beiden Besatzungsmächten sollte der Beitritt offen stehen. Allerdings rechneten Amerikaner und Briten nicht mit einem Beitritt der SBZ; auch Frankreich protestierte gegen die Vereinigung der britischen und der amerikanischen Besatzungszone.

Die Kooperation sollte sich auf Wirtschaft, Ernährung und Landwirtschaft, Verkehr, Finanzen sowie das Post- und Fernmeldewesen erstrecken. Für die praktische Arbeit wurden für diese Sachgebiete **Verwaltungsräte** gebildet, denen die Länder-Fachminister der US-Zone und deutsche Beauftragte der britischen Militärregierung angehörten. Legislative Funktionen hatten diese Räte noch nicht; die mit Stimmenmehrheit gefassten Beschlüsse waren von den Ländern einzeln als Gesetze oder Verordnungen zu erlassen.

Unter dem Eindruck der mangelnden Funktionsfähigkeit dieser Verwaltungsräte wurden im Mai 1947, nachdem die Moskauer Außenministerkonferenz keine Ergebnisse für eine gemeinsame Deutschlandpolitik gebracht hatte, die

Verwaltungsräte durch den **Wirtschaftsrat in Frankfurt** ersetzt. Er war eine Art Parlament, das aus 52 Mitgliedern bestand, die von den Landtagen der acht Länder entsprechend dem Parteienproporz und von den politischen Parteien delegiert wurden. Der Wirtschaftsrat besaß gewisse gesetzgeberische Befugnisse, sodass die Regierungen der Länder an seine Beschlüsse gebunden waren. Daneben bestand ein **Exekutivrat**, der die Beschlüsse des Wirtschaftsrates, sofern sie mehr als ein Land betrafen, durchführte und generell die bizonale Verwaltung koordinierte.

Die Bizone war nicht besonders erfolgreich, auch weil die Kompetenzen ihrer Behörden zu stark eingeschränkt waren und sich die Militärregierungen alle wesentlichen Befugnisse vorbehielten. Mittelfristig aber entpuppte sich der Zusammenschluss als notwendige Voraussetzung für den späteren wirtschaftlichen Aufschwung.

Anfang 1948 wurde die Organisation der Bizone noch einmal umstrukturiert. Der Wirtschaftsrat wurde auf 104 Mitglieder erweitert, der Exekutivrat durch einen **Länderrat** ersetzt, dem je zwei Mitglieder der acht Landesregierungen angehörten und der das Recht zur Gesetzesinitiative und zur Prüfung von Gesetzen erhielt; die Befugnisse des alten Exekutivrates gingen auf einen neu gebildeten Verwaltungsrat über. Damit hatte das Vereinigte Wirtschaftsgebiet eine **„halbstaatliche" Organisation** bekommen, die aus einer Legislative mit zwei „Kammern" und einer „Regierung" bestand.

Die politische Struktur der Bizone entsprach in ihren Grundzügen bereits der der späteren Bundesrepublik mit Bundestag, Bundesrat und der Verteilung der Gesetzgebungskompetenzen. Den sechs Bereichen des Wirtschaftsrates (Ernährung und Landwirtschaft, Verkehr, Post- und Fernmeldewesen, Finanzen, Wirtschaft, Arbeit) standen die ausschließlichen Kompetenzen der Länder für Justiz, Kultur und Inneres gegenüber; die Ressorts Verteidigung und Außenpolitik fehlten, sie waren ausschließlich den Besatzungsmächten vorbehalten. Das Verhältnis von Föderalismus und Zentralismus, wie es hier bereits angelegt wurde, ist gleichzeitig ein Kompromiss zwischen den amerikanischen Vorstellungen von einer starken Position der Länder und den Vorstellungen der Briten, die eine starke Zentralgewalt bevorzugten.

Die Zusammenarbeit der beiden Zonen hatte sich schon lange angeboten, da die amerikanische Zone über große landwirtschaftliche Nutzflächen verfügte, während in der britischen die großen Industriereviere im Rheinland und im Ruhrgebiet lagen, für deren Ernährung nun verstärkt die amerikanische Zone sorgen sollte. Aber die Not, die durch eine Missernte und den besonders strengen Winter (1946/47) noch gestiegen war, konnten auch die vielen privaten Lebensmittelspenden aus den USA („Care-Pakete") nicht wesentlich lindern.

5.2 Von der Bizone zur Trizone

Auf einer weiteren Konferenz der Außenminister, die vom 10. März bis 24. April 1947 in Moskau stattfand, wiederholte Marshall den Vorschlag seines Vorgängers Byrnes für einen Viermächtepakt zur Entwaffnung und Entmilitarisierung Deutschlands. Dieser Pakt sollte der Sicherung des amerikanischen Einflusses in Deutschland und Europa auf längere Zeit dienen, denn die **USA** hatten sich endgültig zu ihrer neuen **globalen Sicherheitsverantwortung** bekannt. Das damit verbundene langfristige Engagement der USA musste auf den entschiedenen Widerstand der Sowjetunion stoßen, zumal Stalin Europa als sowjetisches Interessengebiet ansah.

Außenminister **Molotow** legte noch einmal die sowjetischen Vorstellungen einer künftigen gesamtdeutschen Ordnung dar und verwies auf die in der **SBZ** vollzogenen gesellschaftlichen und wirtschaftlichen Veränderungen (Bodenreform, Verstaatlichung der Industrie etc., vgl. S. 65) und die antifaschistische „Block"-Politik. Demgegenüber beharrte der **französische Außenminister Bidault** auf seiner Forderung nach weitgehender **Dezentralisierung** Deutschlands. Frankreich und die Sowjetunion waren sich, wenn auch aus unterschiedlichen Gründen, in der Ablehnung der amerikanischen und britischen Pläne einig.

Auch die deutschen Ministerpräsidenten unternahmen am 7. Juni 1947 in München einen letzten Versuch, die deutsche Einheit zu retten. Daran hatten aber die Westmächte kein Interesse mehr; Frankreich untersagte den Ministerpräsidenten seiner Zone ausdrücklich, über politische Fragen zu sprechen. Die SPD sprach den Ministerpräsidenten ebenfalls das Recht ab, über die künftige politische Gestaltung Deutschlands zu reden – dies sei Sache der Parteien. Der Vertreter der SBZ, Walter Ulbricht, der vom ZK der SED zur Teilnahme gezwungen worden war, verlangte, dass die „Bildung einer deutschen Zentralverwaltung […] zur Schaffung eines deutschen Einheitsstaates" behandelt werden sollte. Doch darüber zu sprechen, war den westdeutschen Vertretern nicht möglich bzw. erlaubt, was Ulbricht genau wusste. Daher scheiterte die Konferenz – die Teilung Deutschlands war aber unabhängig davon „auf beiden Seiten längst im Gange" (H. Pötzsch).

Die Sowjetunion richtete am 14. Juli 1947 für die **SBZ** eine **Deutsche Wirtschaftskommission** ein, die als Vorform einer deutschen Zentralregierung unter sowjetischer Kontrolle bezeichnet werden kann. Die Sowjetunion reagierte damit auf die Bildung des Frankfurter Wirtschaftsrates. Gleichzeitig erließ die US-Militärregierung für die US-Zone eine Weisung, die Deutschland nicht mehr als besiegten Feindstaat ansah und die Zusammenarbeit mit deutschen Stellen zum Ziel des wirtschaftlichen und politischen Wiederaufbaus betonte.

Die **Konferenz der Außenminister in London** vom 25. November bis 15. Dezember 1947 war die letzte Konferenz über eine gemeinsame Lösung des Deutschland-Problems. US-Außenminister Marshall forderte erneut eine Revision der Oder-Neiße-Grenze zugunsten Deutschlands und eine Einbeziehung des schlesischen Industriereviers in das alliierte Kontrollsystem, um auf der Basis Deutschlands in den Grenzen von 1937 die Reparationsleistungen errechnen zu können. Molotow antwortete mit der Forderung nach einer einheitlichen Viermächtekontrolle über die vier Besatzungszonen, was eine Beteiligung der Sowjetunion an der Kontrolle über das Ruhrgebiet bedeutet hätte. Das Scheitern dieser Konferenz bestätigte die USA in ihrem Vorhaben, die staatliche Organisation der Westzonen (und damit ihre Einbindung in den westlichen Machtbereich) noch stärker voranzutreiben und durch den politischen Zusammenschluss Westeuropas zu ergänzen, damit Westeuropa seinen Teil zur Eindämmung der sowjetischen Einflussnahme übernehmen und so die USA in ihrem weltweiten Engagement entlasten konnte.

Bestärkt wurden die USA auch durch die Bildung eines Netzes von „Freundschaftsverträgen" auf Veranlassung und unter Kontrolle der Sowjetunion, was in den USA als Zeichen für den **Aufbau eines antiwestlichen sowjetischen Bündnissystems** gewertet wurde.

Die **Sechs-Mächte-Konferenz**, die vom 23. Februar bis 6. März und dann wieder vom 24. April bis 2. Juni 1948 unter Teilnahme der drei Westalliierten und der Beneluxländer in London tagte, empfahl dazu die wirtschaftliche Integration in Westeuropa, die Erarbeitung einer westdeutschen Verfassung und die Beibehaltung der internationalen Kontrolle über das Ruhrgebiet. Die USA und Großbritannien gestanden Frankreich die wirtschaftliche Eingliederung des Saargebietes zu, Frankreich erklärte sich im Gegenzug dazu bereit, seine Besatzungszone in Deutschland mit der Bizone zur Trizone zu vereinigen und die französische Zone an der Marshallplan-Hilfe teilnehmen zu lassen (Bildung der Trizone am 8. 4. 1949). Außerdem stimmte Frankreich der Formel zu, man wolle die Grundlagen für die Beteiligung eines demokratischen Deutschlands an der Gemeinschaft der freien Völker schaffen. Damit war der Weg zu einem westdeutschen Separatstaat frei und bis auf das spätere Saarland auch das künftige Staatsgebiet festgelegt.

Das **Londoner Deutschlandkommuniqué**, das zum Abschluss der Konferenz am 7. Juni 1948 verabschiedet wurde, verkündete eine wirtschaftliche Verflechtung des Ruhrgebiets mit Westeuropa, d. h., dass die zum wirtschaftlichen Nutzen zusammenarbeitenden Länder Europas künftig gemeinsam über die Kohle-, Koks- und Stahlproduktion verfügen sollten. Außerdem sollte die **Weststaatsgründung** in mehreren Stufen ablaufen. Auf einer gemeinsamen Sitzung der Militärgouverneure und der Ministerpräsidenten der Westzonen sollten die Ministerpräsidenten die Vollmacht erhalten, eine verfassunggebende Versammlung einzuberufen. Die ausgearbeitete Verfassung sollte von den Ländern genehmigt werden.

Der sowjetische Vertreter verließ daraufhin am 20. März 1948 den Kontrollrat. In der Folge stellte der Alliierte Kontrollrat seine Arbeit als oberstes Regierungsorgan in Deutschland und als alliierte Kontrollbehörde endgültig ein. Keine Seite hatte ein Interesse daran, den Kontrollrat und damit eine gemeinsame Deutschlandpolitik wieder zu beleben; zu groß war der systemisch-ideologische Konflikt zwischen den beiden Lagern bereits geworden.

Mittlerweile hatten Großbritannien und Frankreich am 4. März 1947 in Dünkirchen ein **Defensivbündnis** geschlossen, das am 17. März 1948 „für den Fall der Erneuerung einer deutschen Aggressionspolitik" um die Beneluxstaaten erweitert wurde (**„Brüsseler Vertrag"**). Dieses Bündnis war schon zur Zeit seines Zustandekommens mit dieser Zielsetzung politisch überholt, da vor allem die USA jetzt auf Zusammenarbeit mit (West-)Deutschland und auf dessen Integration setzten. Dennoch blieb es in Kraft und bildete 1954/55 den Kern des zweiten „Brüsseler Vertrags" über die Gründung der Westeuropäischen Union (WEU, s. S. 123).

5.3 „Doppelte Währungsreform" und Berlin-Blockade

Die Währungsreform

Das nationalsozialistische Regime hatte den Krieg nicht durch öffentliche Anleihen finanziert, sondern im Wesentlichen durch eine ungeheure Erhöhung der Geldmenge. Das Sozialprodukt war jedoch bei Kriegsende auf einen Bruchteil seines Vorkriegsstandes gesunken, sodass der noch umlaufenden Reichsmark kein realer Gegenwert an Waren und Produktion gegenüberstand. Die von den Besatzungsmächten fortgesetzten Preiskontrollen verhinderten zunächst, dass die Inflation offenbar wurde (man spricht daher von einer **„aufgestauten Inflation"**: Überliquidität mit zurückgestauten Preisen und Schwarzmarkt). Die Folge war allerdings, dass einerseits die Nachfrage nach den Dingen, die der Preiskontrolle unterlagen, stark anstieg und Engpässe verursachte, dass aber andererseits das Vertrauen in die Reichsmark stark sank, Schwarzmarkt und Naturalwirtschaft mit Tauschhandel aufblühten und die Preise für Sachwerte in astronomische Höhen stiegen. Die Zigarette war zur „Leitwährung" geworden. Der wirtschaftliche Wiederaufbau der Westzonen und deren Beteiligung am ERP setzten daher eine Währungsreform voraus. In der sowjetischen Besatzungszone waren dagegen Bankguthaben bereits 1945 gesperrt worden, mit dem Ergebnis, dass einerseits der Geldüberhang nicht so groß, andererseits Sachwerte billiger waren als in den Westzonen.

Im Januar 1946 beauftragten die Amerikaner die beiden deutschstämmigen Volkswirtschaftler Gerhard Colm und Ray Goldsmith und den Bankier Joseph Dodge mit der Ausarbeitung eines Plans, den diese dann am 20. Mai 1946 dem amerikanischen Militärgouverneur General Clay vorlegten (abgekürzt **CDG-Plan** genannt). Er verband eine **radikale Geldwertsanierung** in drei Phasen mit einem umfassenden Lastenausgleich. Verhandlungen im Kontrollrat über diesen Plan zogen sich jedoch aufgrund der unterschiedlichen Vorstellungen der britischen und französischen Vertreter hin, scheiterten aber erst an der von den Sowjets aufgeworfenen Frage des Druckorts der neuen Banknoten. Die Amerikaner beharrten auf Frankfurt, die Sowjets auf Leipzig. Zudem verlangten die Sowjets die Einrichtung einer deutschen Zentralbank und einer zentralen Finanzverwaltung für Deutschland. Doch dagegen sperrten sich die Amerikaner, die ganz auf eine Weststaatslösung setzten.

Die Sowjetunion hatte kein solches Interesse an einer Stabilisierung der deutschen Währung wie die USA, da ein radikaler Geldschnitt die Reichsmarkreserven der Sowjetunion entwertet hätte. Außerdem lag ihr nichts an einer Stärkung der westdeutschen Wirtschaft. Die amerikanische Regierung, die längst eine eigene Währungsreform beschlossen hatte, nahm die Haltung der Sowjets zum Anlass, die Währungsreform quasi im Alleingang durchzuführen. Während die Verhandlungen mit den Sowjets noch bis zum Frühjahr 1948 auch auf Außenministerebene liefen, ließen die Amerikaner bereits seit Herbst 1947 die neuen Geldscheine drucken. Auch die Deutschen waren bei der Vorbereitung der Währungsreform nicht gefragt: Die Währungsreform war das einseitige Werk der drei westlichen Besatzungsmächte; sie erarbeiteten die Grundsätze und die Methoden dafür allein und ohne deutsche Beteiligung.

Dem Abbruch der Verhandlungen im Kontrollrat durch die Amerikaner, zu dem General Clay am 11. März durch Washington angewiesen war, kam Marschall Sokolowski am 20. März durch seinen Auszug aus dem Kontrollrat zuvor.

Am 20. Juni traten zwei **„Gesetze zur Neuordnung des deutschen Geldwesens“** in Kraft. Sie erklärten die sich im Umlauf befindlichen Reichsmark, Rentenmark und alliierte Militärmark für ungültig. Für jeden Bewohner der drei Westzonen gab es zunächst einen Pro-Kopf-Betrag vom 40 DM, im Juli dann nochmals 20 DM. Die Reichsmark wurde dabei im Verhältnis 1 : 1 gegen die neue Währung eingetauscht. Beträge, die über die 60 DM hinausgingen, mussten auf ein Konto eingezahlt werden und wurden wie alle übrigen Guthaben im Verhältnis 10 : 1 in DM-Guthaben umgewandelt. Von ihnen blieben aufgrund einer gesetzlichen Umstellungsquote nur 6,5 % übrig. Schulden wurden im Verhältnis 10 : 1 umgewandelt. Löhne, Renten und Mieten waren nach dem ersten Gesetz vom 20. Juni in gleicher Höhe weiterzuzahlen. Insgesamt wurden 145 Milliarden Mark an Reichsmarkbeständen aus dem Verkehr gezogen und durch eine „hoheitliche Neugeldschöpfung" von zunächst 4,4 Milliarden DM, bis Ende 1948 insgesamt 12 Milliarden DM, ersetzt.

Zur Vorbereitung der Währungsreform errichteten die Alliierten in den Westzonen eine neue **Zentralbank**, deren streng föderativer Aufbau das amerikanische Notenbanksystem widerspiegelt: Formelle Ausgabestelle der DM war die am 1. März 1948 gegründete **Bank Deutscher Länder** in Frankfurt. Erst zum 26. Juli 1957 wurde die Bundesbank als Ausgabestelle gegründet. Die Landeszentralbanken verloren damit ihre Selbstständigkeit und wurden Zweigstellen der Bundesbank. Beide, Bank Deutscher Länder und **Bundesbank**, sind unabhängig von der Regierung und nicht an deren Weisungen gebunden.

Mit der Währungsreform musste auch eine Abkehr vom bisherigen Dirigismus in der Wirtschaft verbunden sein. **Ludwig Erhard** (1897–1977), der Direktor der Frankfurter Verwaltung für Wirtschaft (eine Art Wirtschaftsminister der Bizone) war kurz vor der Währungsreform mit umfangreichen Vollmachten ausgestattet worden, die er nun zur Durchsetzung marktwirtschaftlicher Prinzipien in der Bizone nutzte.

Die **Währungsreform in der sowjetischen Besatzungszone**, die daraufhin (23. 6. 1948) durchgeführt wurde, war für Kleinsparer weniger schmerzhaft, da die Guthaben gestaffelt umgestellt wurden: bis 100 RM 1 : 1, bis 1 000 RM 5 : 1, bis 5 000 RM 10 : 1; die seit Mai 1945 gesperrten Altkonten wurden allerdings in eine staatliche Zwangsanleihe umgewandelt.

Marshallplan (ERP) und Währungsreform besiegelten die deutsche Teilung, obwohl an der (theoretischen) Einheit festgehalten wurde. Der wirtschaftliche Aufschwung, den beide bewirkten, bedeutete zugleich den „nationalen Niedergang". Wie das ERP war auch die Währungsreform Teil der amerikanischen Containment-Politik und zugleich ein Mittel, einen deutschen Nationalstaat zu verhindern – deshalb hatte Frankreich zugestimmt. Beides war aber auch eine Etappe auf dem Weg zur Bildung einer europäischen Wirtschaftsunion und damit zum Aufstieg Deutschlands und Europas. Für die Deutschen, die damals erkannten, dass die Kluft zwischen den beiden Teilen Deutschlands vertieft wurde, bedeutete die Währungsreform den ersten notwendigen Schritt zum Neuaufbau der deutschen Wirtschaft und zur Nutzung ihrer durchaus noch vorhandenen Ressourcen. Die Währungsreform und der Marshallplan waren nicht die Initialzünder für den wirtschaftlichen Aufschwung, denn in Deutschland existierten noch genügend Ressourcen, wohl aber die entscheidenden „Schrittmacher" für das spätere „Wirtschaftswunder". Die Währungsreform begünstigte allerdings einseitig Schuldner wie den Staat, Sachwert- und Anlagenbesitzer, und sie bedeutete die „Enteignung" der kleinen Sparer, die quasi den Krieg „bezahlten". Zudem war die Reform der Ausgangspunkt für Preissteigerungen zulasten der sozial Schwächeren.

Die Einführung der Marktwirtschaft

Die Wirtschaftsordnung in den Westzonen war weitgehend von Planwirtschaft bestimmt und litt außerdem unter der Zersplitterung der Rechtsvorschriften in den verschiedenen Zonen. Die Währungsreform musste daher nach Ansicht des Direktors des Frankfurter Verwaltungsrates für Wirtschaft, Ludwig Erhard, von einer Liberalisierung und vom Abbau staatlicher Dirigismen begleitet werden. Diese Ansicht traf sich zwar mit den Vorstellungen der Alliierten, stieß aber bei SPD und Gewerkschaften auf erbitterten Widerstand.

In einem **„Gesetz über die wirtschaftspolitischen Leitsätze nach der Geldreform"** setzte Erhard Lockerungen der Bewirtschaftung und eine Liberalisierung der Märkte, u. a. durch die Freigabe von Preisen, durch. Der Markt sollte Erzeugung und Verteilung von Waren selbst übernehmen. Gleichzeitig verpflichtet das Gesetz den Staat, die wirtschaftlich Schwachen zu schützen und Monopole zu verhindern.

Die Berlin-Blockade

Zunächst hatten die Alliierten relativ einvernehmlich ihre Rechte und Pflichten wahrgenommen. Doch im Juni 1948 spitzte sich mit der weltpolitischen Veränderung die Situation in Berlin zu. Auf die deutschlandpolitischen Entscheidungen der Westmächte reagierte die Sowjetunion einerseits mit dem auf einer Konferenz der Sowjetunion und der ostmitteleuropäischen Staaten in Warschau verabschiedeten Kommuniqué vom 24. Juni 1948, nach dem die Politik der Westmächte das Potsdamer Abkommen verletze und die beabsichtigte Staatsgründung in Westdeutschland einen Rechtsbruch darstelle, wodurch der verabredete Abschluss eines Friedensvertrags mit einem einheitlichen Deutschland unmöglich gemacht werde. Die Politik der Westmächte ziele darauf ab, ein unabhängiges Deutschland zu verhindern und die Staaten Europas der Kontrolle durch die USA zu unterwerfen (Marshallplan).

Mit der Währungsreform in der sowjetischen Besatzungszone mussten die bislang latent vorhandenen Differenzen in Bezug auf den Status von Berlin zwangsläufig zu Auseinandersetzungen führen. Nach sowjetischer Interpretation war ganz Berlin Teil der sowjetischen Besatzungszone und der Westteil nur den Westmächten als Besatzungsgebiet zur Verwaltung überlassen worden. Die Westalliierten sahen dagegen ihre Rechte in Berlin als ebenso originär an wie die der Sowjetunion. Zum **offenen Konflikt** führte die Durchführung der **Währungsreform** durch die Sowjetunion auch in den Berliner Westsektoren am 22. Juni. Die Westalliierten hatten zunächst mit Rücksicht auf den Viermächtestatus der Stadt auf die Einbeziehung der Westsektoren in die westliche Währungsreform verzichtet. Der Berliner Magistrat lehnte die Durchführung der Währungsreform unter Hinweis auf die fehlende Zuständigkeit des sowjetischen Kommandanten für die Westsektoren ab. Die Westmächte reagierten ihrerseits mit der Einführung der DM-West als Parallelwährung zur DM-Ost in den Westsektoren am 24. Juni.

Am selben Tag unterbrachen die Sowjets sämtliche Verkehrsverbindungen zwischen den Westzonen und Berlin auf dem Landweg. Die Sperrung der Stromversorgung am selben Tag wurde ebenfalls mit technischen Störungen begründet, auch die Lieferung von Lebensmitteln und Kohle nach Westberlin wurde eingestellt. Der politische Charakter der Blockade als Erpressungsversuch wurde bald offenbar; die Alliierten gingen daran, die Westsektoren Berlins aus der Luft zu versorgen. Die **Berlin-Blockade** trug allerdings insofern schon Charakterzüge des Kalten Kriegs, als die Amerikaner darauf verzichteten, die Blockade auf dem Landweg zu durchbrechen, und die Sowjets ihrerseits keinen Versuch unternahmen, die Luftbrücke durch eigene Aktionen zu stören.

Ursprüngliches Ziel der Sowjetunion bei der Blockade war es weniger, die Westalliierten aus Berlin hinauszudrängen, als sie an den Verhandlungstisch zurückzubringen, v. a. um die Londoner Vereinbarungen der Sechs-Mächte-Konferenz zu Fall zu bringen. Erst als sie erkannten, dass sie dieses Ziel nicht erreichten, verschärften sie die Blockade, um die Westsektoren ganz unter ihre Kontrolle zu bringen. Aber auch das scheiterte, die Sowjetunion musste einlenken und die Zugangswege nach Berlin am 12. Mai 1949 wieder öffnen.

Die Berlin-Blockade war für die Sowjetunion ein politischer Fehlschlag. Der „brutale Versuch einer Massenaushungerung", so der Organisator der Luftbrücke, General Clay, schadete dem Ansehen der Sowjetunion und bestärkte zugleich die westdeutschen Politiker, ihre eigenen Bedenken bezüglich der Gründung eines separaten Weststaates aufzugeben.

5.4 Die Gründung der Bundesrepublik Deutschland

Die Ministerpräsidentenkonferenzen vom Sommer 1948

Der von den Besatzungsmächten vorangetriebenen Reform des Wirtschaftsrats (s. S. 53) folgte noch im Sommer 1948 ein erneuter Vorstoß der Alliierten, der die „Londoner Empfehlungen" in Richtung auf die **Schaffung eines westdeutschen Staates** umsetzen sollte. Die drei Militärgouverneure übergaben den elf Länderchefs am 1. Juli 1948 drei Forderungen, die in den sogenannten **Frankfurter Dokumenten** niedergelegt waren:

- Die Westmächte beauftragten die Ministerpräsidenten der Länder in den Westzonen (Trizone), bis zum 1. September 1948 eine **verfassunggebende Versammlung** einzuberufen. Diese Versammlung solle eine demokratische Verfassung auf der Basis des Föderalismus für den künftigen Staat ausarbeiten. Die neue Verfassung solle „die Rechte der beteiligten Länder" schützen, „eine angemessene Zentralinstanz" schaffen und die Freiheitsrechte garantieren. Eine solche Verfassung sollte dann von den Besatzungsmächten geprüft und genehmigt, nach einer Volksabstimmung in den Ländern eingeführt werden und damit für alle Länder verbindlich sein, sofern sie von zwei Dritteln aller Länder angenommen werde;
- die 1945/46 geschaffenen **Ländergrenzen** sollten neu geregelt werden. Die **Neuregelung** sollte einmal den überlieferten Formen Rechnung tragen, zum anderen verhindern, dass es ein Ungleichgewicht zwischen den Ländern gibt, besonders in Bezug auf die Größe und die Bevölkerungszahl;
- die Ministerpräsidenten sollten zu einem **Besatzungsstatut** der Militärgouverneure Stellung nehmen, das parallel zur Staatsgründung in Kraft treten sollte. Darin sollte festgelegt werden, dass die Außenpolitik des neuen deutschen Staates auch weiterhin Sache der Militärgouverneure sein sollte, dass der deutsche Außenhandel auch weiterhin alliierter Kontrolle unterliegen und die Internationale Ruhrbehörde ebenso fortbestehen sollte wie Kontrollen bezüglich der Industrieproduktion.

Diese Forderungen stießen in der deutschen Öffentlichkeit meist auf Ablehnung. Das **Treffen der westdeutschen Ministerpräsidenten** Anfang Juli 1948 bei Koblenz stand ganz unter dem Eindruck der Berlin-Blockade. Den Ministerpräsidenten war klar, dass sie die Aufforderung der Westalliierten nicht ablehnen konnten. Aber sie waren zutiefst besorgt, dass die Teilung Deutschlands, durch die Währungsreformen ohnehin schon vergrößert, noch mehr vertieft werden würde. Die Ministerpräsidenten stimmten der Aufforderung zwar zu, formulierten aber Bedenken. Sie wollten vor allem die Interessen des Ganzen wahren und alles vermeiden, „was dem zu schaffenden Gebilde den Charakter eines Staates verleihen würde" (M. F. Feldkamp). Es dürfe nur ein **„Provisorium"** geschaffen werden, „bis die Voraussetzungen für eine gesamtdeutsche Regelung gegeben sind und die deutsche Souveränität in ausreichendem Maße wiederhergestellt ist". Eine Volksabstimmung lehnten sie unter dem Hinweis ab, dass nicht das ganze deutsche Volk abstimmen könne. Die Ministerpräsidenten schlugen stattdessen vor, dass die Landtage einen „Parlamentarischen Rat" wählen sollten, der ein „Grundgesetz für die einheitliche Verwaltung des Besatzungsgebietes der Westmächte" ausarbeiten sollte (Frankfurter Dokumente vom 1. 7. 1948, Dokument I). Dieses sollte dann ohne vorherige Volksabstimmung von den Ministerpräsidenten verkündet werden.

Die Militärgouverneure lehnten die Vorschläge der Ministerpräsidenten ab. Das erforderliche zweite Treffen am 22. Juli brachte keine neuen Ergebnisse, bis das Argument des Berliner Bürgermeisters Ernst Reuter, Deutschland werde nicht erst durch die Weststaatsgründung gespalten, sondern sei es bereits durch die Politik der Sowjets in der SBZ, die Einwände entkräftete. Reuter vertrat auch die These, dass die politische und wirtschaftliche Konsolidierung des Westens Voraussetzung sei sowohl für die Gesundung der Verhältnisse im Westen selbst als auch für die Rückkehr des Ostens zu einem gemeinsamen deutschen Staat.

Auf einer letzten Konferenz einigten sich schließlich Deutsche und Westalliierte: Die Landtage sollten keine „Verfassunggebende Nationalversammlung", sondern einen **„Parlamentarischen Rat"** wählen, der ein **„Grundgesetz"** erarbeiten sollte – der Begriff „Verfassung" wurde vermieden. Über dieses Grundgesetz sollten dann die Landtage abstimmen.

Zur Vorbereitung berief die Ministerpräsidentenkonferenz einen Sachverständigenausschuss, den **Verfassungskonvent**, der im August 1948 auf der Insel **Herrenchiemsee** tagte. Jedes Land war durch einen Bevollmächtigten vertreten; Berlin durfte nur einen „Gast" schicken. Der verabschiedete Entwurf war offiziell nur ein „Tätigkeitsbericht", trug aber schon wesentliche Züge des späteren Grundgesetzes. Der Parlamentarische Rat wurde daraufhin für den 1. September 1948 nach Bonn einberufen.

Die Arbeit des Parlamentarischen Rates

Zum vorgesehenen Termin, dem 1. September 1948, trat der Parlamentarische Rat in Bonn in den Räumen der Pädagogischen Akademie, dem späteren Sitz des Bundesrates, zusammen. Die 65 Mitglieder waren von den Landtagen nach der Einwohnerzahl der Länder delegiert, Westberlin entsandte fünf Vertreter, die aber nur beratende Funktion hatten. Die Mitglieder schlossen sich nach ihrer Parteizugehörigkeit (19 CDU, 8 CSU, 27 SPD, 5 FDP und je zwei Zentrum,

Deutsche Partei und KPD) zu Fraktionen zusammen. Zum Präsidenten des Parlamentarischen Rates wurde **Konrad Adenauer**, der CDU-Fraktionsvorsitzende im nordrhein-westfälischen Landtag, gewählt.

Die Diskussion ging zunächst um die **Staatstheorie**, wobei die Leitlinie der Ministerpräsidenten aufgegriffen wurde, die staatliche Organisation der Westzonen sei ein **Provisorium**, das zeitlich und inhaltlich begrenzt sein müsse. Die gemeinsame Arbeit war aber bestimmt durch die negativen Erfahrungen mit der Weimarer Verfassung, vor allem mit dem Artikel 48, mit der NS-Diktatur und durch den Wunsch, den gegebenen Freiraum gegenüber den Besatzungsmächten weitestgehend auszunutzen.

Einigkeit bestand darüber, dass der **neue Staat föderalistisch organisiert** sein sollte, Differenzen bestanden jedoch darüber, welche Kompetenzen die Länder gegenüber dem Bund haben sollten. Die (Wieder-)Einführung des föderalistischen Prinzips war eine der Hauptforderungen der Alliierten gewesen, durch die schon bald nach Kriegsende die Länder als staatliche Organisation der Besatzungszonen geschaffen worden waren.

Die neue Verfassung war also als Provisorium bis zur Wiedervereinigung konzipiert, sie enthielt Grundrechte sowie Bestimmungen, die als „Erfahrungen aus Weimar" bezeichnet werden können, wie z. B. das Konzept einer wehrhaften Demokratie, die Abhängigkeit der Regierung vom Parlament, das konstruktive Misstrauensvotum, die Befugnisse des Staatsoberhauptes. Mit 53 zu 12 Stimmen nahm der Parlamentarische Rat am 8. 5. 1949 das **Grundgesetz** an. Die Landtage stimmten (mit Ausnahme Bayerns) ebenfalls zu. Nach der Verkündung am 23. 5. 1949 trat es einen Tag danach als „Gründungsurkunde" der **Bundesrepublik Deutschland** in Kraft. **Bonn** wurde Regierungssitz und damit provisorische Hauptstadt (zu den Ländern der BRD: s. Karte, S. 41). Gleichzeitig mit dem Grundgesetz wurde auch das **Besatzungsstatut** wirksam, in dem sich die Westalliierten wesentliche Eingriffsrechte in die staatliche und politische Ordnung der Bundesrepublik vorbehielten. Wenn sie davon in den folgenden Jahren auch kaum Gebrauch machten, so wurde dennoch die Rückgewinnung der vollen Souveränität der Bundesrepublik zu einer zentralen Aufgabe der Bundesregierung.

5.5 Die Gründung der DDR

Wie bereits dargestellt, blieb die Sowjetunion in ihrer Deutschlandpolitik sehr lange flexibel. Auf der einen Seite versuchte sie, indem sie im Hinblick auf die künftige Organisation Deutschlands vollendete Tatsachen schuf, die anderen Alliierten auf ihre Linie festzulegen, andererseits vermied sie alles, was auf eine alleinige Einbeziehung ihrer Besatzungszone in den eigenen Machtbereich hätte hindeuten können. Ihr Maximalziel war ganz Deutschland, und sei es auch „nur“ unter einem entmilitarisierten und neutralisierten Status. Die nächste Ebene ihrer Politik bestand in Eingriffs- und Kontrollrechten in ganz Deutschland, was besonders in der Frage der Ruhrkontrolle und der Währungsreform zum Ausdruck kam. Erst als diese beiden Möglichkeiten versperrt waren, rückte die Organisation der **sowjetischen Besatzungszone als eigener Staat** in den Blickpunkt (s. Tabelle S. 40).

Die Sowjetunion ließ vor allen anderen Alliierten bereits am 10. Juni 1945 politische Parteien in ihrer Zone zu. Es entsprach der massiven Unterstützung, die sie den Kommunisten zukommen ließ, dass die **KPD** am darauffolgenden Tag wiedergegründet wurde. Schon vorher konnten jedoch „linientreue“ Kommunisten (unter ihnen Walter Ulbricht), die in Moskau die stalinistischen Säuberungen überstanden hatten, auf Anweisung der Armeeführung Schlüsselpositionen in der deutschen Zivilverwaltung besetzen (s. S. 38). So wurde am 14. Mai 1945 vom sowjetischen Stadtkommandanten ein Magistrat für Groß-Berlin eingesetzt, in dem (bei 16 Mitgliedern) acht Kommunisten die wichtigsten Positionen innehatten.

Nachdem am 5. Juli die LDPD als vierte Partei gegründet worden war, schlossen sich KPD, SPD, CDU und LDPD zur **„Einheitsfront der antifaschistisch-demokratischen Parteien“ (Antifa-Block)** zusammen, um den politischen Wiederaufbau Deutschlands in die Wege zu leiten. Da der gemeinsame Block-Ausschuss nur einstimmig Beschlüsse fassen konnte, war die KPD vor gegen sie gerichteten Koalitionen oder anderen Bündnissen geschützt.

Unter der Dominanz der KPD, später der SED, ging der Einfluss und das reale politische Gewicht der Blockparteien zurück (im Volksmund bald „Blockflöten“ genannt); die Parteien selbst wurden willige Hilfsorgane der SED, obwohl viele von ihnen den Eintritt in die SED vermeiden konnten.

Parallel zum Aufbau der Parteien vollzog sich der **Aufbau der Massenorganisationen**, die die Alleinherrschaft der Kommunisten pseudo-pluralistisch verbrämen sollten. So wurden die Sozialdemokraten kurz nach Gründung des „Freien Deutschen Gewerkschaftsbundes“ (FDGB, 15. 6. 1945), der die Spaltung der Arbeiterbewegung überwinden sollte, durch die Kommunisten zurückgedrängt. Auch die Ende Juli 1945 genehmigten „Jugendausschüsse“, die die „Freie Deutsche Jugend“ (FDJ) vorbereiteten, standen von Anfang an unter dem Einfluss kommunistischer Funktionäre wie **Erich Honecker**.

Wie in den lokalen Verwaltungen besaßen die Kommunisten auch in den im Juli 1945 von der SMAD gegründeten „Zentralverwaltungen“ Schlüsselstellungen, wohl mit der Absicht, diese Positionen bei der Übernahme dieser

Verwaltungsorgane für alle Besatzungszonen beizubehalten. Der Aufbau der Verwaltung ging Hand in Hand mit der rigorosen Entfernung aller Nationalsozialisten aus dem öffentlichen Leben. Die **Entnazifizierung** betraf über 500 000 Personen und wurde gründlicher durchgeführt als in den Westzonen.

In der **Demontagepolitik** verfolgte die UdSSR konsequenter als die Westmächte ihren eigenen Vorteil. Angesichts des bevorstehenden Einzugs der Westalliierten in die Berliner Westsektoren demontierten die Sowjets zunächst hier die Industrieanlagen und später erst die des Ostsektors. Die 200 wichtigsten und größten Betriebe (mit einem Produktionsanteil von 25 %) gingen als „Sowjetische Aktiengesellschaften“ in den Besitz der Sowjetunion über. Angaben über die Reparationsleistungen der DDR an die Sowjetunion schwanken zwischen 66 Milliarden Mark (westliche Schätzung) und 18 Milliarden (eigene Angaben der DDR).

Tief in das wirtschaftliche und gesellschaftliche Gefüge der SBZ griff die **Bodenreform** ein, bei der über 3 Millionen ha oder 35 % der landwirtschaftlichen Nutzfläche enteignet wurden. Zwei Drittel dieser Fläche wurden an Landarbeiter, Umsiedler und Kleinbauern verteilt, was jedoch in aller Regel zu wenig war, um rentabel wirtschaften zu können. Der Zusammenschluss zu **Landwirtschaftlichen Produktionsgenossenschaften** (LPG), wie er seit 1952 betrieben wurde, war also bereits vorgezeichnet. Auch der Handel wurde mit der Gründung einer **Staatlichen Handelsorganisation** (HO) im Oktober 1948 dem staatlichen Einfluss unterworfen.

Mit der Verstaatlichung der Schwerindustrie im Sommer 1946 entfernte sich die SMAD einen weiteren Schritt von der Potsdamer Vereinbarung, Deutschland in wirtschaftlicher Hinsicht als Einheit zu behandeln. Diese Verstaatlichung betraf bis zum Frühjahr 1948 über 10 000 Unternehmen, die damals bereits 40 % der Produktion deckten. Die Wirtschaft war damit frei für eine Umstellung auf „Volkseigene Betriebe“ (VEB) und staatliche Planung.

In den ersten **Gemeindewahlen** (am 1. 9. 1946 in Sachsen) errang die **SED** durch die Unterstützung der SMAD und die Behinderung anderer Parteien 53 % der Stimmen (LDPD 22 %, CDU 21 %). Auch die Gemeindewahlen in Thüringen und Sachsen-Anhalt am 9. September zeigten ein ähnliches Bild, das nur durch größere Städte, wo die SED in der Minderheit blieb, relativiert werden konnte. Dieses Ergebnis setzte sich auch in den Kreis- und Landtagswahlen am 20. Oktober 1946 fort, in denen LDPD und CDU zusammen mehr Stimmen als die SED erhielten. Die Wahlen zum Berliner Magistrat jedoch, bei denen die SPD frei kandidieren konnte, zeigten die wahre „Stärke“ der SED, die im gesamten Stadtgebiet lediglich auf 19,8 % der Stimmen kam. Die SPD errang dagegen 48,7 %, die CDU 22,1 %, die Liberalen 9,4 %.

Ein weiterer Schritt der SED auf dem Weg zur politischen Alleinherrschaft war die Einberufung eines **Deutschen Volkskongresses** am 6./7. Dezember 1947, zu dem Parteien und Massenorganisationen Delegierte entsandten. Der erste Volkskongress war nicht auf die SBZ beschränkt, etwa ein Drittel der Mitglieder kam aus den Westzonen. Ziel des Volkskongresses sollte sein, eine Stellungnahme zur Londoner Außenministerkonferenz (25. 11.–12. 12. 1947) abzugeben, was in Wirklichkeit hieß, die sowjetische Haltung zu unterstützen. In der ablehnenden Haltung der CDU zu diesem Volkskongress zeigten sich die wachsenden Spannungen zwischen ihr und der SMAD, die dann am 20. Dezember zur Absetzung der CDU-Vorsitzenden Jakob Kaiser und Ernst Lemmer führten.

Mit der Verhärtung des ideologischen Kurses der Sowjetunion, die sich besonders in den Spannungen zwischen Stalin und dem jugoslawischen Parteichef Tito und in der Gründung des **Kominform** im September 1947 zeigte, musste auch die SED auf den orthodoxen Kurs Moskaus einschwenken. „Säuberungen" innerhalb der Partei, die Abschaffung der mit der SPD vereinbarten paritätischen Besetzung und die Ablehnung eines besonderen deutschen Weges zum Sozialismus machten aus der SED eine „Partei neuen Typs", eine Partei streng stalinistischen Zuschnitts. Der **„Demokratische Zentralismus"**, also die strikte Unterordnung unter die jeweilige Führung, wobei Wahlen zur rein akklamatorischen Bestätigung wurden, wurde auf der 1. Parteikonferenz der SED im Januar 1949 zum Prinzip des Parteiaufbaus erhoben. Gleichzeitig übernahmen ein Politbüro, ein Parteisekretariat und ein Zentralkomitee nach sowjetischem Muster die Führung der Partei. Das Bekenntnis zur „führenden Rolle der Sowjetunion" wurde verpflichtend.

Im März 1948 tagte ein **zweiter deutscher Volkskongress**, der weiterhin den nationalen und überparteilichen Aspekt betonte, in dem aber noch mehr Kommunisten als im ersten Volkskongress vertreten waren. Der aus dem zweiten Volkskongress gebildete **Deutsche Volksrat** unter der Leitung von Otto Grotewohl billigte den Verfassungsentwurf der SED für eine **Deutsche Demokratische Republik**, ohne ihn in Kraft zu setzen. Man kann davon ausgehen, dass erst der Ausgang der Berlin-Blockade und die Entwicklungen im Westen, wo der Parlamentarische Rat gerade mit der Arbeit am Grundgesetz beschäftigt war, abgewartet werden sollten. Ein dritter Volkskongress, aus Wahlen am 15./16. 5. 1949 hervorgegangen, bestätigte die Verfassung am 29. 5. 1949, also nach der Gründung der Bundesrepublik, und setzte einen zweiten deutschen Volksrat ein, der sich zur provisorischen Volkskammer erklärte und am **7. 10. 1949 die Gründung der DDR** proklamierte. Berlin wurde zur Hauptstadt bestimmt (zu den Ländern der DDR: s. Karte, S. 41).

Die Gründung der beiden deutschen Staaten

USA

Truman-Doktrin
Containment-Politik

↓ Westzonen

UdSSR

„Sowjetisierung“ Osteuropas
und der SBZ, „Zwei-Lager-Theorie“

↓ SBZ

5.–7. Juni 1947 Scheitern der Münchner Ministerpräsidentenkonferenz

1.7.1948
Frankfurter Dokumente

1.9.1948
Parlamentarischer Rat

↓

Ausarbeitung des Grundgesetzes

April 1949
Besatzungsstatut mit Vorbehalt alliierter Rechte

23.5.1949
Verkündung des GG/ Gründung der BRD

14.8.1949
Bundestagswahlen

20.9.1949
1. Bundesregierung

21.9.1949
Besatzungsstatut tritt in Kraft

20.3.1948
UdSSR verlässt den Alliierten Kontrollrat

23.6.1948
Währungsreform in West-Berlin (Berlin-Blockade)

↓

Spaltung Berlins:
2 Währungen
2 Stadtregierungen

18.3.1948
II. Volkskongress bildet aus Massenorganisationen und Blockparteien Deutschen Volksrat als Gesamtvertretung für Deutschland

↓

Verfassungsausschuss zur Ausarbeitung eines Verfassungsentwurfs

Oktober 1948
Deutscher Volksrat billigt Verfassungsentwurf

15.5.1949
III. Volkskongress

29.5.1949
Bestätigung der Verfassung der DDR

7.10.1949
Provisorische Volkskammer proklamiert die DDR

11.10.1949
Regierungsbildung

ufgabe 10 Kennzeichnen Sie die wesentlichen Stationen auf dem Weg zur Gründung der beiden deutschen Staaten im Jahre 1949.

Aufgabe 11 (materialgestützt) Bestimmen Sie auf der Grundlage einer genauen Beschreibung die Thematik und die Aussage der Karikatur. Nehmen Sie zu den alternativen Bezeichnungen für den 8. Mai 1945 Stellung.

M 1: „Mai 1945" (Fritz Behrendt)

Die bipolare Welt nach 1945

1 Von der Allianz gegen Hitler zum Kalten Krieg

22. 6. 1941	Einmarsch deutscher Truppen in der Sowjetunion
14. 8. 1941	Britisch-amerikanische Atlantik-Charta
7. 12. 1941	Angriff Japans auf den US-Militärstützpunkt Pearl Harbor auf Hawaii
1.–22. 7. 1944	Konferenz von Bretton Woods
22. 7. 1944	Gründung der Weltbank und des Internationalen Währungsfonds (IWF)
4.–11. 2. 1945	Konferenz von Jalta
12. 5. 1945	Telegramm Churchills an Truman: Bezeichnung der Abschottung des Ostblocks gegenüber dem Westen als „Eiserner Vorhang"
24. 6. 1945	Verabschiedung der Charta der Vereinten Nationen in San Francisco
17. 7.– 2. 8. 1945	Konferenz von Potsdam (2. 8.: Potsdamer „Abkommen")
30. 9. 1947	Gründung des Kommunistischen Informationsbüros (Kominform)
15. 8. 1948	Teilung Koreas durch USA (Südkorea) und Sowjetunion (Nordkorea)
25. 1. 1949	Gründung des osteuropäischen Rats für gegenseitige Wirtschaftshilfe (RGW oder COMECON)
25. 6. 1950	Beginn des Koreakriegs

1.1 Von der „unnatürlichen Koalition" zu den ersten Konflikten

Ost-West-Zusammenarbeit im Zweiten Weltkrieg

Die **Sowjetunion** und die **USA** traten 1941 in den Krieg gegen Deutschland und seine Verbündeten Japan und Italien ein. Der deutsche Überfall auf die Sowjetunion im Sommer und der Angriff Japans auf die US-Flotte in Pearl Harbor im Dezember desselben Jahres zwangen die beiden Mächte in eine **„unnatürliche Koalition"**. Die scheinbar einzige Existenzberechtigung der Anti-Hitler-Koalition war der gemeinsame Feind. Die gesellschaftspolitischen Ordnungsvorstellungen der beiden Mächte waren so verschieden, wie sie nur sein konnten.

Schon kurz nach dem Zustandekommen des Zweckbündnisses gegen Hitler tauchten Differenzen auf, da die USA den Aufbau einer zweiten Front gegen Hitler, die die russische Kriegführung entlastet hätte, immer wieder hinauszögerten. Die Sowjetunion unterstellte den USA, Russland im Kampf gegen die Deutschen verbluten zu lassen.

Häufig wird der Begriff **Kalter Krieg** als Synonym zu **Ost-West-Konflikt** gebraucht. Der Konflikt zwischen Ost und West ist aber viel älter als der Kalte Krieg. Er wurzelt im 19. Jahrhundert und wurde vom französischen Philosophen und Politiker Alexis de Tocqueville bereits 1835 als ideologischer Gegensatz zwischen demokratischem Prinzip auf der einen Seite und monarchischem bzw. despotischem Prinzip auf der anderen beschrieben. Nach dem Sieg der Bolschewiki 1917 verschärfte sich dieser Gegensatz noch, schließlich beteiligten sich die USA auch am Umsturzversuch der antibolschewistischen „weißen" Truppen, die 1918 in Russland intervenierten. Erst 1933 entschied Präsident F. D. Roosevelt, offizielle diplomatische Beziehungen zu Moskau aufzunehmen. Amerikanischer **Antikommunismus** und sowjetischer **Antikapitalismus**, beide mit weltweitem Anspruch, schienen nicht viele Möglichkeiten der Zusammenarbeit zu eröffnen. Hinzu kam, dass die USA in den 30er-Jahren im Inneren nicht nur gegen deutschfreundliche, sondern zunehmend auch gegen „kommunistische" Bestrebungen vorgingen.

Vor diesem Hintergrund ist es erstaunlich, wie gut die Zusammenarbeit im Krieg funktionierte, immerhin stellten die USA den Sowjets von 1941–45 Hilfen für rund 43,6 Mrd. Dollar zur Verfügung. Auf der anderen Seite trug die Sowjetunion mit über 20 Millionen Toten und großen Zerstörungen des eigenen Landes einen bedeutend größeren Anteil der gesamten Kriegslast. Stalin kam den Westmächten auch dadurch entgegen, dass er 1943 die „Kommunistische Internationale" auflöste, die der Förderung der „Weltrevolution" dienen sollte, und somit Konfliktpotenzial beseitigte. Dass 1947 die Nachfolgeorganisation **Kominform** gegründet wurde, kann als deutlicher Hinweis auf das Ende der Allianz und den Beginn des Kalten Kriegs verstanden werden.

Atlantik-Charta und Kriegskonferenzen

1941 unterzeichneten Roosevelt und Churchill die **Atlantik-Charta**, in der sie u. a. das Selbstbestimmungsrecht, den freien Handel, die wirtschaftliche Zusammenarbeit und die Freiheit der Meere postulierten. Das waren die bereits 1919 durch den amerikanischen Präsidenten Wilson vertretenen Grundsätze. Erstaunlich war aber, dass auch Stalin diese auf der **Konferenz von Jalta** unterzeichnete. Überhaupt waren die Kriegskonferenzen von Teheran bis Jalta (s. S. 4–8) von weitgehendem Einverständnis der ungleichen Verbündeten geprägt. Die „Großen Drei" (Churchill, Roosevelt und Stalin) verständigten sich über ihre Interessensphären in Europa, die Bildung einer polnischen Regierung unter Einbeziehung der Londoner Exilregierung und über die Durchführung freier Wahlen in den osteuropäischen Ländern. Roosevelts Vorstellung einer **„One World"**, in der die „Freiheit von Angst" durch eine internationale Friedensordnung garantiert werden sollte, schien in greifbare Nähe gerückt zu sein.

Wirtschaftliche Konflikte

Auch auf wirtschaftlicher Ebene waren es die USA, die im Sommer 1944 die ersten Schritte zur Gestaltung der Nachkriegsordnung unternahmen. Sie luden zur **Konferenz von Bretton Woods** im amerikanischen Bundesstaat New Hampshire ein. Deren Beschlüsse hatten weitreichende Folgen und bestimmten im Wesentlichen die weltwirtschaftliche Zusammenarbeit bis in die 70er-Jahre. Unter anderem wurden die **Weltbank** und der **Internationale Währungsfonds (IWF)** gegründet, beides Institutionen, die stark auf die Interessen der USA ausgerichtet und von diesen auch weitgehend dominiert waren. Der Dollar wurde Leitwährung des internationalen Währungssystems und seine Golddeckung spiegelte die Tatsache wider, dass sich zwei Drittel der Welt-Goldreserven in den Händen der USA befanden. Aufgabe der Weltbank sollte es sein, bei der Finanzierung des Wiederaufbaus im kriegszerstörten Europa, später auch bei der Entwicklung in Afrika, Asien und Lateinamerika zu helfen. Der Währungsfonds sollte den internationalen Zahlungsverkehr und die Kreditvergabe gewährleisten und überwachen. Die **Sowjetunion** und ihre Satellitenstaaten traten diesen beiden Gremien nicht bei, da sie zu Recht eine Bevormundung durch die USA befürchteten. Noch 1945 beantragte die Sowjetunion in Jalta einen Wiederaufbaukredit der USA, was von den USA ignoriert wurde. Im Dezember 1945 verweigerte die Sowjetunion die Unterschrift unter die Beschlüsse von Bretton Woods. Damit führte Stalin die kommunistische Welt in die wirtschaftliche und finanzielle Isolierung. Sie baute mit dem **Rat für gegenseitige Wirtschaftshilfe** (RGW oder COMECON, 25. 1. 1949) eine eigene Wirtschaftsgemeinschaft mit eigenem Finanzsystem auf.

Kampf um Einflusssphären

In den Jahren 1945–1948 zeigte sich in verschiedenen Regionen, dass die Interessen und Wahrnehmungen der Kriegspartner divergierten. Noch 1944 hatte man sich in Moskau auf Einflusssphären in **Ost- und Südosteuropa** geeinigt. Nun sah der Westen mit Sorge, dass die Sowjetunion beziehungsweise mit ihr verbündete kommunistische Parteien und Kader in den befreiten Ländern Osteuropas vollendete Tatsachen schufen. So wurde in Polen die Londoner Exilregierung von der Macht ausgeschlossen, stattdessen kam das prosowjetische Lubliner Komitee zum Zug. Im Februar 1948 setzte sich auch in der Tschechoslowakei der Moskauer Kandidat Klement Gottwald durch. Ähnliche Entwicklungen zeigten sich überall dort, wo die Rote Armee stand. In Albanien, Bulgarien, Rumänien und Ungarn wurden „Volksdemokratien“ nach sowjetischem Muster eingerichtet. Lediglich Jugoslawien unter Ministerpräsident Tito gelang es, den sowjetischen Einfluss in Grenzen zu halten und seine Eigenständigkeit zu bewahren. Die Kommunisten in Jugoslawien konnten sich als Führer der Partisanenbewegung gegen Hitlers Besatzungsmacht auf die Zustimmung der Bevölkerung stützen. Im Sommer 1946 erhielten die kommunistischen Partisanen Griechenlands Unterstützung von ihren kommunistischen Nachbarstaaten, ohne sich aber entscheidend durchsetzen zu können.

Zu Differenzen kam es auch im **Nahen und Mittleren Osten**. Die Sowjetunion weigerte sich 1945/46, die im Krieg besetzten nördlichen Provinzen Irans zu räumen und ließ hier eine sowjetfreundliche Republik Persisch-Aserbaidschan ausrufen. Nur durch starken politischen Druck der USA und die Einschaltung des UN-Sicherheitsrates konnte sie schließlich zum Rückzug bewegt werden. Im Hinblick auf die Türkei forderte die Sowjetunion eine Mitkontrolle des Bosporus, der für die sowjetische Flotte einen wichtigen Zugang zu den Weltmeeren darstellte, und meldete Ansprüche auf Gebiete an, die früher zum Zarenreich gehört hatten, beides ohne Erfolg.

Expansion des sowjetischen Machtbereichs

1.2 Die deutsche Teilung

Besatzungspolitik

In Deutschland regierten die Sowjets gemäß den Absprachen der **Potsdamer Konferenz** vom Juli/August 1945 (s. S. 43 ff.) gemeinsam mit den USA, Großbritannien und Frankreich als Besatzungsmacht. Jede der vier Besatzungszonen wurde von einem Befehlshaber der jeweiligen Besatzungsmacht regiert, wobei ein **Alliierter Kontrollrat** (s. S. 30 f.) die Einheitlichkeit der Besatzungspolitik herstellen und das in vier Sektoren geteilte Berlin regieren sollte. Stalin hatte die deutschen Gebiete östlich von Oder und Neiße eigenmächtig verteilt: Das Königsberger Gebiet ging an die Sowjetunion und der Rest wurde unter polnische Verwaltung gestellt. Es fand also eine **Westverschiebung Polens** statt, das Gebiete östlich der Curzon-Linie an Russland abtreten musste und dafür auf Kosten Deutschlands entschädigt wurde. Wider besseres Wissen wurde behauptet, in diesem Gebiet gebe es keine deutsche Bevölkerung mehr, da diese geflohen sei.

Die Frage der Reparationen spaltete die Alliierten: Die Sowjetunion wollte die Hälfte der Gesamtsumme von 20 Mrd. Dollar und außerdem sollten Reparationsforderungen durch Entnahmen aus der laufenden Produktion bedient werden. Dem stand die Befürchtung der Westalliierten gegenüber, die notwendigen Importe in ihre Zonen nicht mehr bezahlen zu können und eine hungernde deutsche Bevölkerung ernähren zu müssen.

Der Kompromiss trug maßgeblich zur späteren Teilung bei: Die Sowjetunion bekam ihre **Gebietsforderungen** unter dem Vorbehalt einer späteren friedensvertraglichen Regelung zugestanden. Dafür wurde ihr der direkte Zugriff auf die Produktion der Westzonen versperrt. Im Ergebnis bedeutete das, dass die Ostzone ein Vielfaches von den Reparationen und Demontagen ertragen musste, die den Westzonen entnommen wurden. Auf beiden Seiten begann man sich mit dem Gedanken an eine deutsche Teilung abzufinden:

Im Osten fand bereits im Herbst 1945 eine **Bodenreform** statt. Die großen landwirtschaftlichen Einheiten wurden zerschlagen und in kaum lebensfähigen Stücken von durchschnittlich 5 Hektar an Kleinbauern verteilt. Damit wurde einerseits eine ganze gesellschaftliche Elite (Junker) entmachtet, andererseits die Voraussetzung zur späteren (1952) Kollektivierung nach sowjetischem Muster geschaffen. Die Schwer- und Schlüsselindustrien wurden verstaatlicht. Die sowjetische Militäradministration förderte mit Nachdruck den **Zusammenschluss** der **SPD** mit der **KPD zur SED**. Die Volkskongress-Bewegung der SED bereitete schließlich die Staatsgründung der DDR unter Führung der SED vor, obwohl sie als „gesamtdeutsches Angebot“ immer auch die Westparteien einlud, die sich aber daran nicht beteiligen wollten. Vermutlich hatte sich die Sowjetunion bereits 1946 von der Vorstellung einer gesamtdeutschen Lösung verabschiedet und wollte nun ihre Zone nach ihrem Gesellschaftsmodell umgestalten. Die Verantwortung für die Teilung sollte der Westen übernehmen.

1.3 Der Koreakrieg

Zu Auseinandersetzungen kam es auch über die Zukunft Koreas, das zur Konkursmasse des japanischen Kolonialreiches gehörte. Korea wurde im Norden von der Sowjetunion, im Süden von den USA befreit und vorläufig besetzt. Da man sich nicht auf gemeinsame Prinzipien für freie Wahlen in ganz Korea einigen konnte, etablierte jede der Besatzungsmächte einen Staat nach eigenem Muster bzw. Interesse. Am 15. August 1948 wurde Südkorea, wenig später der Norden selbstständiger Staat. Im **Norden** entstand so das **kommunistische Regime von Kim Il Sung**, im **Süden ein autoritäres, westlich orientiertes Präsidialsystem**. Die spannungsreiche Koexistenz wurde am 25. Juni 1950 durch den Überfall des Nordens auf den Süden beendet. Die Nordkoreaner überschritten die Demarkationslinie am 38. Breitengrad und drangen weit nach Süden vor. Die Reaktion der USA war schnell und rigoros: Mit Legitimation durch den Sicherheitsrat, der wegen eines sowjetischen Boykotts nicht durch ein Veto gelähmt werden konnte, gelang es, die Frontlinie nach Norden fast bis an die chinesische Grenze zurückzutreiben. Darauf rückten 300 000 „Freiwillige" aus dem inzwischen kommunistischen China nach Korea ein und zwangen die Amerikaner zum Rückzug, der sich an der alten Demarkationslinie stabilisierte. Am 10. Juni 1951 wurden **Waffenstillstandsverhandlungen** aufgenommen, die erst am 27. 7. 1953 zum Abkommen von Panmunjon führten. Es legte die Grenze wieder auf den 38. Breitengrad fest, schuf eine **entmilitarisierte Zone** und setzte eine **neutrale Überwachungskommission** ein.

Aufgabe 12 Beschreiben Sie die wichtigsten Entwicklungen im Ost-West-Verhältnis zwischen 1941 und 1949.

Aufgabe 13 Beschreiben und erläutern Sie die Karte zur Expansion des sowjetischen Machtbereichs auf Seite 73.

2 Der Kalte Krieg

24. 6. 1945	Verabschiedung der Charta der Vereinten Nationen in San Francisco
6./9. 8. 1945	Abwurf amerikanischer Atombomben auf Hiroshima und Nakasaki (Japan)
5. 3. 1946	Churchill spricht erstmals öffentlich vom „Eisernen Vorhang"
12. 3. 1947	„Truman-Doktrin" zur Eindämmung der sowjetischen Expansion
5. 6. 1947	Verkündung des European Recovery Program (Marshallplan)
17. 3. 1948	Brüsseler „Fünf-Mächte-Pakt"
24. 6. 1948	Beginn der Berlin-Blockade
10. 12. 1948	Verabschiedung der Deklaration der Menschenrechte durch die Vollversammlung der Vereinten Nationen
4. 4. 1949	Gründung der NATO
29. 8. 1949	Test der ersten sowjetischen Atombombe
17. 6. 1953	Niederschlagung des Volksaufstands in der DDR
9. 5. 1955	Beitritt der Bundesrepublik Deutschland zur NATO
14. 5. 1955	Gründung des Warschauer Pakts
14.–25. 2. 1956	XX. Parteitag der KPdSU (Entstalinisierung)
23. 10. 1956	Beginn des ungarischen Volksaufstands
29. 10.– 6. 11. 1956	Suezkrise
1957–1964	Unabhängigkeit der meisten afrikanischen Staaten
4. 10. 1957	Start des ersten sowjetischen Satelliten („Sputnik-Schock")
27. 11. 1958	Erstes Berlin-Ultimatum des sowjetischen Parteichefs Chruschtschow
1. 1. 1959	Gewaltsamer Umsturz auf Kuba (Fidel Castro)
17.–20. 4. 1961	Invasion von Exilkubanern und US-Soldaten in der Schweinebucht (Kuba)
3./4. 6. 1961	Treffen Chruschtschow – Kennedy in Wien
13. 8. 1961	Bau der Berliner Mauer
14. 3. 1962	Beginn der UN-Abrüstungsverhandlungen in Genf
14.–28. 10. 1962	Kuba-Krise
1. 9. 1963	Eröffnung des „Heißen-Drahts" zwischen der Sowjetunion und den USA
4. 8. 1964– 30. 4. 1975	Vietnamkrieg
21. 8. 1968	Einmarsch von Truppen des Warschauer Pakts in die CSSR
12. 11. 1968	Breschnew-Doktrin
26. 5. 1972	SALT I-Abkommen zwischen den USA und der Sowjetunion
9. 8. 1974	Rücktritt des US-Präsidenten Nixon aus Anlass der Watergate-Affäre
30. 4. 1975	Kapitulation von Süd-Vietnam und Kambodscha
1. 8. 1975	Unterzeichnung der KSZE-Schlussakte
16. 1. 1979	Sturz des Schahs von Persien durch die Islamische Revolution

1. 2. 1979	Rückkehr des iranischen Schiitenführers Ajatollah Ruhollah Khomeini aus Paris in den Iran nach 15 Jahren Exil
18. 6. 1979	SALT II-Abkommen zwischen den USA und der UdSSR
12. 12. 1979	NATO-Doppelbeschluss
28. 12. 1979	Einmarsch sowjetischer Truppen in Afghanistan
23. 1. 1980	„Carter-Doktrin"
20. 1. 1981	Vereidigung Ronald Reagans als 40. Präsident der Vereinigten Staaten
23. 3. 1983	Programm einer strategischen Verteidigungsinitiative durch US-Präsident Reagen (SDI – Strategic Defense Initiative)
6. 2. 1985	„Reagan-Doktrin"
1. 8. 1990	Irak besetzt Kuwait
19.–21. 11. 1990	KSZE-Gipfel in Paris
1. 7. 1991	Offizielle Auflösung des Warschauer Paktes

2.1 Der ideologische Konflikt

Containment-Politik und Marshallplan

Die politischen Differenzen zwischen den Siegermächten aus Ost und West weiteten sich innerhalb von knapp zwei Jahren zum ideologischen Konflikt aus, der die jeweils andere Seite zum neuen **Feindbild** machte und somit einen nahtlosen Übergang vom gemeinsamen Feind „Hitler-Deutschland" ermöglichte. Bereits kurz nach der Jalta-Konferenz (4.–11. 2. 1945) äußerte der britische Premier **Churchill** in einem Telegramm an US-Präsident Truman am 12. 5. 1945, dass vor der russischen Front ein **„eiserner Vorhang"** niedergegangen sei, der die russische Einflusssphäre hinter einer Linie Lübeck-Triest-Korfu abschirme. Außerdem hielten sich die Russen nicht an die Abmachungen von Jalta oder legten sie in ihrem Sinne aus. Der amerikanische Gesandtschaftsrat in Moskau und Kenner der sowjetischen Politik George F. Kennan diagnostizierte in dem ebenfalls an Truman gerichteten **„Langen Telegramm"** vom 22. 2. 1946, dass die Sowjetunion die kapitalistischen Länder prinzipiell als feindselig betrachte und sich von ihnen eingekreist glaube und dass sie jede Gelegenheit nutzen würde, ein eventuell entstehendes Machtvakuum zu füllen. Präsident Truman zog daraus die Konsequenz, dass die sowjetische Expansion mit geeigneten Mitteln einzudämmen sei. Diese sogenannte **Containment-Politik** wurde erstmals am 12. 3. 1947 öffentlich verbreitet. Truman sprach vor dem Kongress von grundsätzlich unvereinbaren Lebensformen in Ost und West und davon, dass die „freien Völker" im Kampf gegen die „totalitären Regierungsformen" unterstützt werden müssten (**„Truman-Doktrin"**). Praktisch umgesetzt wurde diese Theorie der Eindämmung auf zwei Ebenen. Militärisch, indem die USA von ihrer Demobilisierung abrückten und zu einer Politik der Stärke zurückkehrten, und wirtschaftlich, indem mithilfe des Europäischen Wiederaufbauprogramms (ERP – European Recovery Program), das unter dem Namen **Marshallplan** bekannt wurde, Kredite zum Wiederaufbau Europas bereit gestellt wurden (s. S. 47–50). Diese waren prinzipiell auch als Angebot für den Osten Europas gedacht, wurden aber auf Druck der Sowjetunion von den osteuropäischen Ländern nicht in Anspruch genommen. Hier zeigte sich bereits, dass die Staaten jenseits des „Eisernen Vorhangs" nur über begrenzte Souveränität verfügten. In den folgenden Wahlkämpfen wurde die antikommunistische Rhetorik noch verschärft: Der spätere republikanische Außenminister John Foster Dulles führte die Begriffe **„Rollback"** und **„Liberation"** in die Debatte ein, ohne dass sich in der Praxis große Veränderungen gegenüber der Eindämmungspolitik ergaben.

Zwei-Lager-Theorie

Stalin reagierte, indem er im März 1946 von „Hetzern des Dritten Weltkriegs" sprach. Andrej Shdanow, einem seiner ehrgeizigsten Mitarbeiter, blieb es vorbehalten auf der Gründungskonferenz des Kommunistischen Informationsbüros **(Kominform)** am 30. 9. 1947 die sowjetische „Zwei-Lager-Theorie" zu erläutern. Danach zeigten „reaktionäre Kräfte" in den anglo-amerikanischen Staaten keine Bereitschaft zur fairen Zusammenarbeit mit der **Sowjetunion** und deren osteuropäischen Verbündeten. Diese Kräfte hätten sich während des Kriegs noch zurückgehalten, um den gemeinsamen Erfolg nicht zu gefährden. Nun, nachdem die Niederwerfung der Aggressoren gelungen sei, stünden sich imperialistisches und antiimperialistisches Lager unversöhnlich gegenüber. Es sei die Pflicht der demokratischen und friedliebenden Länder, den **Kampf gegen die Expansion der imperialistischen Kräfte** und die Gefahr eines neuen Kriegs aufzunehmen. Dabei falle der Sowjetunion eine führende Rolle zu. Diesen **Führungsanspruch** erhob die kommunistische Partei der Sowjetunion auch in der Kominform, deren Gründung als solche vom Westen schon als feindseliger Akt des Ostens gewertet wurde, weil sie auch die starken kommunistischen Parteien des Westens (besonders aus Italien und Frankreich) einschloss. Der Versuch, die ideologische Kontrolle über die Parteien der „Brudervölker" zu erlangen, scheiterte 1948 im Falle **Jugoslawiens** allerdings: Tito war nicht bereit auf eine eigenständige Außenpolitik zu verzichten und ignorierte eine sowjetische Einmarschdrohung. Von da an mussten sich Abweichler in den „Bruderstaaten" der Sowjetunion den Vorwurf des **„Titoismus"** gefallen lassen und wurden als „Agenten des Titoismus" verfolgt.

2.2 Theorien über die Entstehung des Kalten Krieges

Die Frage nach der Schuld am Kalten Krieg wurde im Laufe der Zeit verschieden beantwortet. Zunächst dominierte im Westen die **traditionelle Ansicht**, die Sowjetunion sei mit ihrer letztlich auf Weltrevolution gerichteten kommunistischen Ideologie prinzipiell ein expansionistischer und aggressiver Staat, der nur der „Logik der Macht" (Kennan) zugänglich sei. Der Westen befand sich nach dieser Vorstellung in einer Verteidigungsposition, deren Erfolg maßgeblich die USA zu garantieren hätten. Dazu passte auch der besorgte Hinweis auf die rasche Verringerung der amerikanischen Soldaten in Europa, deren Zahl bis 1946 auf 400 000 sank. Truman fürchtete die Entstehung eines machtpolitischen Vakuums in Europa, das die Sowjetunion füllen könnte. Diesem Bedrohungsszenario widerspricht allerdings, dass auch die Sowjetunion ihre Truppenstärke massiv reduzierte und zwar von zwölf Millionen 1945 auf drei Millionen 1948.

Die **revisionistische Theorie** betonte dagegen, dass die Sowjetunion an ihren weltrevolutionären Zielen nur noch zu propagandistischen Zwecken festhielt. Seit der Entscheidung Stalins zum Aufbau des „Sozialismus in einem Land" und erst recht nach den verheerenden Erfahrungen der Sowjetunion im Zweiten Weltkrieg habe die Priorität der sowjetischen Außenpolitik bei der Sicherung des russischen Staates gelegen. Die Sowjetunion habe schon deshalb keinerlei weltrevolutionäre Ambitionen verfolgt, weil sie sich nach dem Krieg gegenüber den USA in einer sehr viel schwächeren Position befunden habe. Ihre technische und ökonomische Unterlegenheit habe gar keine außenpolitischen Abenteuer erlaubt. Stalin habe die Erfahrung gemacht, dass es nicht ausreiche, die Sowjetunion selbst zu stärken, solange das Vorfeld der mittelosteuropäischen Staaten nicht in der Lage sei einen Aggressor abzuhalten. Daher habe er den Gedanken des „Cordon Sanitaire", den die Ententemächte nach dem Ersten Weltkrieg benutzt hatten, um die Sowjetunion einzudämmen, aufgegriffen und umgedreht: Ein Gürtel von sowjetfreundlichen Staaten sollte das Vorfeld (Glacis) zur Abwehr neuer Angriffe auf die Sowjetunion bilden. Auf der anderen Seite seien die USA selbst eine strukturell zum Imperialismus neigende Macht, da das liberal-kapitalistische Wirtschaftssystem auf die permanente Öffnung und Erschließung neuer Märkte angewiesen sei. Die von den USA nach dem Ende der „Frontier" (1890) betriebene Politik der Offenen Tür und die Ideologie der Einen Welt seien Ausdruck materieller Interessen der US-Wirtschaft.

Auch wenn der Einfluss der Wirtschaft auf die Politik der USA hoch eingeschätzt wird, muss man bei der **Bewertung** dieser These berücksichtigen, welche konkreten Entscheidungen der jeweiligen US-Regierungen wodurch motiviert waren. Die US-Außenpolitik wurde periodisch immer wieder von einer stark **isolationistischen Tendenz** gebremst, die beispielsweise am Ende des Ersten Weltkriegs eine Beteiligung am Völkerbund verhindert hatte. Roosevelt hatte große innenpolitische Widerstände zu überwinden, um die Kriegsbeteiligung im eigenen Land populär zu machen, offenbar brauchte man geradezu ein „Pearl Harbor" und nahm die Verluste wissentlich in Kauf, um die erwünschte Unterstützung für die Politik des Kriegseintritts zu mobilisieren. Andrerseits war Roosevelt durchaus konziliant im Umgang mit den Russen. Erst die Truman-Administration, die zwischen Jalta und Potsdam die Macht übernahm, sah sich grundsätzlich als Gegenpart zur Sowjetunion. Kennan, der als der maßgebliche Kronzeuge für die neue Richtung gelten kann, äußerte selbst zu den Absichten der Sowjetunion, dass sie weder auf Abenteuer aus sei noch stark genug, die USA ernsthaft zu gefährden. Er gestand den Sowjets auch durchaus zu, unter der Vorstellung „kapitalistischer Einkreisung" zu leiden.

Die **Postrevisionisten** versuchen einen Ausgleich im Streit der Meinungen und verteilen die Schuld am Kalten Krieg gleichmäßig auf beide Seiten, da sowohl die Sowjetunion als auch die USA Fehleinschätzungen erlegen seien. Diese These konnte durch die Öffnung der sowjetischen Archive tendenziell bestätigt werden. Zumindest die östliche Seite ging von einer prinzipiellen Aggressivität der Gegenseite aus und richtete ihre Politik darauf ein. Der notorisch misstrauische Diktator Stalin hatte es schließlich mit einem Gegenüber zu tun, der zwischen Hitler-Deutschland und der Sowjetunion keinen prinzipiellen, sondern nur einen taktischen Unterschied machte. Truman hatte während des Kriegs noch als Senator seine außenpolitische Weltsicht in einem strategischen Vorschlag zusammengefasst: „If we see that Germany is winning the war we ought to help Russia, and if Russia is winning we ought to help Germany, and in that way let them kill as many as possible."

2.3 Strategien im Kalten Krieg – NATO und Warschauer Pakt

Die westliche Seite

Der Befehl zum Einsatz der beiden Atombomben gegen die japanischen Städte **Hiroshima** (6. 8. 1945) und **Nagasaki** (9. 8. 1945) erfolgte während der Potsdamer Verhandlungen. Truman hatte insgeheim darauf gehofft, dass Stalin sich beeindruckt zeigen würde, was aber zumindest nach außen hin nicht der Fall war. Durch eine möglichst schnelle Niederwerfung Japans wollte man auch eine Beteiligung der Sowjetunion an der Nachkriegsordnung in Asien vermeiden. Das **amerikanische Atomwaffenmonopol** war also von vornherein nicht nur im Hinblick auf den Kriegsgegner Japan, sondern auch auf den Verbündeten Sowjetunion eingesetzt worden. Doch schon 1949 zündeten die Sowjets ihre eigene Atombombe und erschütterten den Traum von der einseitigen Überlegenheit der USA, seither sprach man von einem **atomaren Patt**. Bis 1952 konnten die USA die Wasserstoffbombe entwickeln, doch bereits ein Jahr danach verfügten auch die Sowjets über diese Waffe.

Unabhängig von den technischen Entwicklungen und vom Wandel der Militärdoktrinen im Einzelnen setzte sich das **Grundprinzip der gegenseitigen Abschreckung** durch. „Mutual Assured Destruction“ (MAD) bedeutet, dass beide Seiten in der Lage waren, den jeweiligen Gegner zunächst einfach, später mehrfach komplett zu vernichten („Overkill“). Sicherheit, so kristallisierte es sich im Laufe der Zeit heraus, bestand darin, dass beide Seiten auch nach einem Schlag des jeweils anderen in der Lage wären, einen Gegenschlag zu landen. Nur unter der Prämisse der **Zweitschlagskapazität** könnte ein Präventivschlag auf Dauer vermieden werden, da er dem Angreifer keinen entscheidenden Vorteil brächte. Das Gleichgewicht des Schreckens beruhte letztlich auf der Erkenntnis, dass ein großer Atomkrieg nicht zu gewinnen war.

Als die Spannungen zwischen dem Westen und der UdSSR 1948 mit der Berlin-Blockade und der „doppelten“ Währungsreform (s. S. 56 ff.) einen vorläufigen Höhepunkt fanden, wurden die USA und die meisten Staaten Europas alarmiert. Der amerikanische Senat forderte die Regierung auf, sich an der „Entwicklung regionaler und anderer kollektiver Abmachungen zur individuellen und kollektiven Selbstverteidigung“ zu beteiligen. Der Senat sah nicht nur die Sicherheit in Europa als gefährdet an, sondern auch die der USA. Daher begannen im Juli 1948 Gespräche zwischen den USA, Kanada und den Partnern des „Fünf-Mächte-Pakts“ über die Bildung einer Verteidigungsgemeinschaft, die dann am 4. April 1949 mit der **Gründung der NATO** endeten. Der Vertrag verpflichtete die Teilnehmer zur Sicherung des Friedens, der Prinzipien der Demokratie, der individuellen Freiheit, der „Grundsätze des Rechts“ und zum Schutz des gemeinsamen Kulturerbes. Ferner verabredeten sie, „jeden internationalen Streitfall, an dem sie beteiligt sein mögen, durch friedliche Mittel in der Weise zu regeln, dass Frieden, Sicherheit und Gerechtigkeit unter den Völkern nicht gefährdet werden“. Sie legten fest, selbst auf „Drohung oder Gewaltanwendung“ zu verzichten, sofern dies mit den Grundsätzen der Vereinten Nationen unvereinbar sei. Für den Fall, dass ein oder mehrere Vertragspartner angegriffen werden würden, galt für alle anderen Partner der **Bündnisfall**. Bezeichnenderweise ist dieser Fall überhaupt erst einmal nach dem Kalten Krieg eingetreten und zwar nach dem terroristischen Angriff auf die USA am 11. 9. 2001.

Damit nahm die NATO unter Berufung auf Artikel 51 der Satzung der Vereinten Nationen das Recht „zur individuellen oder kollektiven Selbstverteidigung“ wahr. Gleichzeitig verpflichteten sich die Partner zu einer verstärkten wirtschaftlichen Zusammenarbeit und zur Wahrung der **Charta der UNO**. Die NATO sah zunächst vor, dass ein gegnerischer Angriff durch konventionelle Waffen („Schild“) verzögert oder gestoppt werden sollte, während der Gegenschlag („Schwert“) mit Nuklearwaffen auf russische Städte erfolgen sollte.

Der Brüsseler „Fünf-Mächte-Pakt“ (17. 3. 1948) und die NATO waren geprägt von dem festen Willen, der Herausforderung durch die Sowjetunion entschieden entgegenzutreten, notfalls auch militärisch. Beide Paktsysteme waren aber zunächst vor allem politische Instrumente und von daher rein defensive Bündnisse. Der **Nordatlantikpakt** sollte Nordamerika (USA, Kanada) und die westeuropäischen Demokratien miteinander „verknüpfen“ und so auf die Sowjetunion „abschreckend“ wirken. Dabei verzichtete man zunächst auf den Aufbau einer gemeinsamen Verteidigungsorganisation und auf eine sofortige Aufrüstung der Mitglieder, da sich diese unter dem Schutz des amerikanischen Atomwaffenmonopols sicher fühlten, aber auch um die UdSSR nicht zu provozieren. Erst nachdem im September 1949 der erste erfolgreiche Atombombenversuch der UdSSR bekannt wurde, änderte die US-Regierung ihre Meinung, startete ein **erweitertes Nuklearprogramm** und der NATO-Rat beschloss eine militärische Arbeitsteilung zwischen den Vereinigten Staaten, Großbritannien, Frankreich und den übrigen europäischen Staaten.

In den 50er-Jahren wurden in Europa kleinere taktische Atomwaffen eingeführt und die **Bundesrepublik Deutschland trat am 9. 5. 1955 der NATO bei**, ohne selbst über nukleare Waffen zu verfügen. Um die unterstellte konventionelle Überlegenheit der Gegenseite auszugleichen, die im Wesentlichen wohl eine zahlenmäßige war, behielt sich die NATO ausdrücklich den Ersteinsatz von Atomwaffen vor. Diese Verteidigungsstrategie war bereits 1954 von US-Außenminister Dulles als **„Massive Vergeltung“** (Massive Retaliation) bezeichnet worden und galt offiziell von 1957 bis 1968. Der waffentechnische Wettlauf wurde durch die Einführung von ständig neuen Waffentypen angeheizt, wobei die westliche Seite bei allen der im Folgenden genannten Systeme einen Vorsprung von einem bis zu neun Jahren hatte: Interkontinentalraketen, Atom-U-Boote, U-Boot-Raketen (unter Wasser abzuschießen), Interkontinentalraketen mit Feststoffantrieb, Raketen mit Mehrfachsprengköpfen, Marschflugkörper. Die Raketen der 50er-Jahre waren noch sehr langsam und den strategischen Bombern vom Typ B52, die das Herzstück der amerikanischen Nuklearwaffe bildeten, zunächst unterlegen. Sie wurden in der Luft betankt, um permanent einsatzbereit zu sein. Erst mit der 1962 in Dienst genommenen

Minuteman-Rakete gelang es, eine Raketenwaffe innerhalb von Minuten einsatzfähig zu machen. Der Effekt des Ganzen war, dass die Vorwarnzeiten immer kürzer wurden und die Gefahr eines versehentlichen oder automatisierten Nuklearschlages wuchs. Hinzu kam, dass die neuen seegestützten Nuklearwaffen auf U-Booten (SLBM) praktisch nicht zu orten und zu bekämpfen waren.

Nachdem die Sowjetunion in den 60er-Jahren immer weiter aufgeholt hatte und die politischen Signale insgesamt nach der **Kuba-Krise** (s. S. 87 ff.) auf Entspannung gestellt wurden, änderte sich auch die Strategie der NATO. Das neue Konzept der **„Flexible Response" (1967)** sah vor, dass sich die Abschreckung nicht mehr nur auf Atomwaffen stützen sollte. Auf verschiedenen Stufen der Eskalation (konventionelle, taktische, strategische Waffensysteme) sollte jeweils angemessen mit konventionellen oder nuklearen Waffen reagiert werden können, da ein großer Atomschlag mit der Gefahr der gegenseitigen Vernichtung wegen eines regionalen Konflikts beispielsweise um Berlin nicht mehr glaubhaft erschien. Auf den verschiedenen Konfliktebenen sollten aber auch Möglichkeiten zur Deeskalation vorgesehen sein. Parallel dazu wurde im **Harmel-Bericht** (benannt nach dem belgischen Außenminister) **1967** festgestellt, dass Sicherheit nicht nur auf der Fähigkeit zur militärischen Abschreckung, sondern auch auf politischer Entspannung aufbaue (**„zwei Säulen"**).

Mit dem Amtsantritt von Präsident **Reagan** reideologisierte sich die Außenpolitik der USA. Reagans schlichtes neokonservatives Weltbild sah in der Sowjetunion ein „Reich des Bösen" und im Kalten Krieg einen Kampf zwischen „Recht und Unrecht". Mit der Reagan-Doktrin begann die **Wende der US-Außenpolitik zur Offensive**. Dem unterstellten Drang der Sowjetunion nach Weltherrschaft setzte er am 23. 3. 1983 sein Programm einer strategischen Verteidigungsinitiative (**SDI – Strategic Defense Initiative**) entgegen, im Volksmund „Star Wars" genannt: die Idee eines weltraumgestützten Systems von Laserwaffen, die vor gegnerischen Interkontinentalraketen schützen sollten. Damit kündigte er aber das Grundprinzip der gesicherten gegenseitigen Vernichtung, den Kerngedanken des Abschreckungszeitalters, auf. Wer selbst keinen Zweitschlag zu befürchten hätte, könnte ohne Risiko Präventivschläge ins Auge fassen. Zwar wurde das Programm nie umgesetzt und wäre möglicherweise technisch auch nicht machbar gewesen, aber nach dem Niedergang der Sowjetunion bestimmt diese Denkweise noch heute die amerikanische Außenpolitik.

Die östliche Seite

Auf der östlichen Seite wurde nach Stalins Tod (5. 3. 1953) von seinen Nachfolgern Malenkow und **Chruschtschow** betont, dass die **friedliche Koexistenz** verschiedener Gesellschaftssysteme in Ost und West angesichts der Gefahr eines Kriegs im Atomzeitalter alternativlos sei. Für kurze Zeit schien das russische **„Tauwetter"** nach Stalins Tod sogar auf die internationalen Beziehungen zu wirken. US-Präsident **Eisenhower** brachte in einer Rede (16. 4. 1953) seine Hoffnung auf „Entspannung" zum Ausdruck. Durch die Niederschlagung des Aufstandes in der DDR am 17. Juni 1953 wurde diese Hoffnung aber zerstört und man war wieder bei der Rhetorik der Stärke angekommen.

Die bis dahin gültige Doktrin der Unvermeidbarkeit von Kriegen wurde auf dem XX. Parteitag der KPdSU, dem **„Entstalinisierungs-Parteitag"** 1956 ausdrücklich aufgehoben. Allerdings bedeutete diese Veränderung nicht die Aufgabe der weltrevolutionären Zielsetzung im „internationalen Klassenkampf", sondern nur eine Variante dieses Kampfes. Er sollte auf wirtschaftlichem Gebiet ausgetragen werden. Spätestens nach dem erfolgreichen Start des **ersten Erdsatelliten Sputnik** (4. 10. 1957), der im Westen einen Schock auslöste und das Selbstbewusstsein des sozialistischen Lagers enorm steigerte, wurde die Sowjetunion als Supermacht neben den USA respektiert.

Als Gegenstück zur NATO entstand am 14. 5. 1955 der **Warschauer Pakt**. Er löste die seit 1948 bestehenden zweiseitigen Verträge mit der Sowjetunion ab und schuf ein gemeinsames Kommando der verbündeten Streitkräfte. Das Vertragssystem wurde 1985 um 20 Jahre verlängert und erhielt nach dem 27. Parteitag (1986) ein revidiertes Programm. Nach der friedlichen Revolution im Osten und dem Ende des Kalten Kriegs wurde der Vertag am 1. 7. 1991 formell aufgelöst.

Bezüglich der Militärstrategie der östlichen Seite war man lange davon ausgegangen, dass die Gefahr eines „heißen Kriegs" während des Koreakriegs am größten war. Die Veröffentlichung verschiedener Aufzeichnungen u. a. von der Tagung der Verbündeten 1951 ließ aber erkennen, dass sich die **Militärpolitik unter Stalin auf die Landesverteidigung konzentrierte** und keine offensiven Ziele in Mitteleuropa verfolgt wurden. Stalin selbst fürchtete einen Angriff des Westens als Reaktion auf die Ereignisse in Korea.

Erst mit der zahlenmäßig umfangreicheren Verfügbarkeit von Atomwaffen Anfang der 60er-Jahre wandelte sich die Militärstrategie. Eine sowjetische Studie von 1964 kam zu dem Schluss, dass ein Nuklearkrieg nur in der Offensive zu gewinnen sei und jeder Krieg mit der NATO zu einem massiven nuklearen Schlagabtausch führen müsse. Den USA wurde unterstellt, dass sie eine nukleare Dominanz anstrebten, um bei einem Erstschlag Überlegenheit über den Warschauer Pakt zu besitzen. Aus demselben Jahr gibt es konkrete Einsatzplanungen für einen Nuklearkrieg, in denen beispielsweise die tschechoslowakische Armee den Auftrag gehabt hätte, auf der Linie Nürnberg, Stuttgart, Straßburg, Dijon innerhalb von neun Tagen bis nach Lyon vorzudringen. Erschreckend ist dabei auch, dass dieser Vormarsch nach einem nuklearen Schlagabtausch, also über nuklear verseuchtes Gebiet erfolgen sollte. Die Vorstellungen von der Führbarkeit eines Nuklearkriegs erscheinen grotesk: Verstrahltes Erdreich sollte einfach vor dem Vordringen der eigenen Bodentruppen abgetragen werden. Aus Planungen der NVA der DDR wurde 1992 bekannt, dass man bis 1989 davon ausgegangen war, einen Krieg in der Offensive gewinnen und Mitteleuropa innerhalb von vier Wochen bis an die spanische Grenze einnehmen zu können. Diese Szenarien passen zu den Aussagen sowjetischer Marschälle während des Kalten Kriegs. Marschall Sokolowski sprach 1965 von massiven Nuklearschlägen und davon, den Schwerpunkt des Kampfes „in die Tiefe des feindlichen Raums" zu verlagern. Sein Kollege Kulikow äußerte bei einer Übung 1983, dass der zukünftige Krieg unter Einsatz aller verfügbarer Mittel und bis zur vollständigen Zerschlagung des Gegners zu führen sei. Gleichzeitig wurden die strategischen Handlungen für nicht kontrollierbar gehalten.

Es erscheint also unwahrscheinlich, dass die Sowjetunion auf die „Flexible Response" mit entsprechenden Mitteln geantwortet hätte und dass eine Chance zur Deeskalation bestanden hätte, wenn die östliche Kriegsmaschinerie einmal in Gang gesetzt worden wäre. Andrerseits kann man daraus zwei Dinge nicht ableiten:

- Erstens den **tatsächlichen Willen**, einen solchen Krieg zu beginnen. Die genannte sowjetische Studie von 1964 geht gerade wegen der Zwangsläufigkeit des nuklearen Infernos davon aus, dass ein Krieg zu vermeiden sei.
- Zweitens die **Fähigkeit zur Durchführung** der geplanten Vorstöße. Es muss beim östlichen Bündnissystem immer berücksichtigt werden, dass die quantitative Stärke nicht unbedingt in offensive Schlagkraft umzusetzen gewesen wäre: das militärische Gerät (z. B. Panzer) war teilweise technisch veraltet.

Aber noch wichtiger war die Tatsache, dass der **Warschauer Pakt** immer auch die Aufgabe hatte, das **eigene Lager zu kontrollieren**. Zentraler Bestandteil der Bündnisverträge war die Verpflichtung zum Schutz und zur Verteidigung der „sozialistischen Errungenschaften". Die tatsächlichen Einsätze in der DDR (1953), Ungarn (1956) und der Tschechoslowakei (1968) zeigen, dass der Warschauer Pakt durchaus kein monolithischer Block war und im Kriegsfall vermutlich beträchtliche Kräfte im eigenen Gebiet gebunden gewesen wären.

Nach dem Amtsantritt Reagans am 20. 1. 1981 schien die Angst vor einem amerikanischen Angriff sprunghaft gestiegen zu sein. Reagans Aufrüstungsprogramm, verbunden mit seiner antikommunistischen Rhetorik, führte auf der sowjetischen Seite gar zur Verwendung des Begriffs der „Eindämmung".

2.4 Berlin und Kuba – „Kraftproben ohne Sieger"

Berlinkrise

Am 27. November 1958 verlangte der sowjetische Parteichef Chruschtschow in einer Note an die drei Westmächte, sich innerhalb von sechs Monaten zu Verhandlungen über den **Status der Viermächtestadt Berlin** bereit zu finden. Vorausgegangen waren folgende Entwicklungen: Die Sowjetunion sah sich nach dem technologischen Durchbruch im All und dem Aufbau ihrer Raketenwaffe in der Offensive. Chruschtschow war überzeugt, dass der Osten den Westen auch ökonomisch überholen könnte. Wo die sowjetischen Fähigkeiten noch nicht reichten, versuchte man durch Übertreibungen davon abzulenken. Damit spielten die Sowjets aber der Gegenseite in die Hände, die die sowjetischen Rüstungen aufbauschten, um ihre eigenen zu rechtfertigen. So sprach **J. F. Kennedy** im Wahlkampf 1959 sogar wider besseres Wissen von einer „hoffnungslosen Unterlegenheit" der amerikanischen Raketenwaffen und kündigte große Aufrüstungspläne an. Andrerseits musste die Sowjetunion seit 1949 machtlos zusehen, wie täglich Hunderte DDR-Bürger ihr Land über das „Schlupfloch" Westberlin verließen und die DDR auf Dauer auszubluten drohte.
Chruschtschow wollte mit seinem **Berlin-Ultimatum** Folgendes erreichen:

- Westberlin sollte eine entmilitarisierte „Freie Stadt" werden.
- Die Westalliierten sollten sich aus Berlin zurückziehen.
- Die Zugangswege nach Berlin sollten von der DDR kontrolliert werden.

Für den Fall einer Ablehnung seines Ultimatums drohte er an, einseitig einen Friedensvertrag mit der DDR zu schließen und ihr alle Rechte über Berlin zu übertragen. Die Westmächte weigerten sich zwei Jahre lang, über diese Forderungen zu verhandeln. Bei seinem Treffen mit Präsident Kennedy im Juni 1961 wiederholte Chruschtschow seine Forderungen, stieß jedoch auf keinerlei Entgegenkommen. Kennedy bekräftigte daraufhin am 25. 6. 1961 die **„drei Grundsätze" der US-Berlinpolitik:**

- Das Recht der Westmächte auf Anwesenheit in Berlin.
- Das Recht der Westmächte auf Zugang nach Berlin.
- Die Verpflichtung, die Selbstbestimmung der Westberliner über ihre Lebensform zu gewährleisten.

Mit dem Bau der **Berliner Mauer** (13. August 1961) zog der Osten die Konsequenz aus der unnachgiebigen Haltung des Westens und löste vorerst die **Fluchtproblematik** (s. S. 171 ff.). Erst durch die Mauer konnte sich die DDR stabilisieren. Allerdings wurde zum zweiten Mal nach dem 17. Juni 1953 klar, dass letztlich sowjetische Panzer den Bestand des Regimes garantierten.

Die Berlinkrise steht insofern in **Zusammenhang mit der Kuba-Krise** 1962, als eine Intervention der USA in Kuba wahrscheinlich mit einem russischen Einmarsch in Westberlin beantwortet worden wäre.

Kuba-Krise

Den Höhe- und Schlusspunkt des Kalten Krieges stellte die Kuba-Krise dar. Seit die **kubanische Revolution** unter Fidel Castro im Januar 1959 über die Batista-Diktatur gesiegt hatte, befanden sich die **USA** in einem unerklärten Kriegszustand mit dem karibischen Nachbarn. Präsident Eisenhower verhängte ein Zucker-Embargo über die Insel, weil er amerikanische Interessen gefährdet sah. Das **mehrfach verschärfte Embargo** hat bis heute Bestand, obwohl sich die UN-Generalversammlung wiederholt mit überwältigender Mehrheit (1996 mit 138:3 Stimmen) dagegen ausgesprochen hat. Am 17. April 1961 scheiterte ein Invasionsversuch von Exilkubanern und US-Soldaten in der **Schweinebucht** am kubanischen Widerstand. Wenn auch die US-Regierung jede Beteiligung an dieser Aktion bestritt, war klar, dass die USA auf eine Beseitigung des Modells Kuba hinarbeiteten, weil sie eine Domino-Wirkung auf die Nachbarstaaten in Mittel- und Südamerika befürchteten. Justizminister Robert Kennedy, der Bruder des Präsidenten, ließ einen Plan zur Destabilisierung Kubas und zur Absetzung Castros erarbeiten. Nach einem **Aufstand im Oktober 1962** sollte eine Invasion den Aufständischen helfen. Vierzig Jahre später äußerte der damalige Verteidigungsminister McNamara: „Wenn ich Chruschtschow oder Castro gewesen wäre, hätte ich auch an eine Invasion Kubas geglaubt."

Castro sah sich durch die amerikanische Politik veranlasst, großzügige **„Hilfsangebote" der Sowjetunion** anzunehmen, die ihn mit Zuckerkäufen und Waffenhilfe unterstützte. Obwohl ursprünglich als Führer einer nationalen Befreiungsbewegung angetreten, befand er sich innerhalb kurzer Zeit als Mitglied des sozialistischen Lagers auf der Seite der Sowjetunion. Im August 1962 bestätigte Kennedy Berichte, wonach die Sowjetunion Waffen und Techniker nach Kuba gebracht hatte. Die Situation wurde aber erst bedenklich, als amerikanische U2-Aufklärungsflugzeuge am 14. Oktober Bilder lieferten, die **Raketenstellungen auf Kuba** zeigten. Die amerikanische Aufklärung interpretierte diese als SS4-Mittelstreckenraketen, ohne Genaueres über deren Einsetzbarkeit und Bewaffnung zu wissen. Erst lange nach der Kuba-Krise bestätigte sich, dass diese Raketen mit atomaren Sprengköpfen bestückt waren und über eine Reichweite verfügten, innerhalb derer jede Stadt der amerikanischen Ostküste lag.

Kennedy nutzte einen Besuch des russischen Außenministers Gromyko am 18. 10. nicht, um ihn auf diese Informationen anzusprechen. Stattdessen verhängte er am 22. 10. per Fernsehansprache eine **„Quarantäne"** über Kuba, um weitere Waffenlieferungen zu verhindern. Jedes russische Schiff, das sich einer definierten Grenze näherte, sollte notfalls mit Gewalt aufgehalten und untersucht werden. Aus London mahnte der britische Premierminister **Macmillan** zur Mäßigung. Er wies darauf hin, dass eine Seeblockade völkerrechtlich als kriegerischer Akt gelte. Bundeskanzler **Adenauer** plädierte hingegen für eine Bombardierung und notfalls für eine Invasion Kubas. Damit befand er sich in Übereinstimung mit den meisten militärischen und politischen Ratgebern Kennedys, insbesondere mit seinem Bruder Robert Kennedy.

Die Sitzungen des präsidialen Krisenstabes im Weißen Haus wurden von Präsident Kennedy heimlich auf Tonband mitgeschnitten, sodass sich nach Veröffentlichung dieser Bänder Ende der 80er-Jahre ein klares Bild vom Verlauf der Krise auf amerikanischer Seite ergab. Der Krisenstab lehnte einen Vorschlag des amerikanischen UNO-Botschafters Adlai Stevenson ab, direkte Entspannungsgespräche mit Moskau aufzunehmen. Gleichzeitig mit dem Aufbau der Blockade wurden **Vorbereitungen für einen Angriff auf Kuba** getroffen und die Truppen in Alarmbereitschaft versetzt. Nachdem am 27. 10. auch noch ein US-Aufklärungsflugzeug über Kuba abgeschossen wurde, schien der Krieg unvermeidlich, zumal man nicht wusste, dass die Kubaner diesen Abschuss auf eigene Faust ohne Wissen der Russen vorgenommen hatten. Die Sowjetunion wurde ultimativ aufgefordert, ihre Raketenbasen auf Kuba zu demontieren. Präsident Kennedy wagte mit Rücksicht auf die öffentliche Meinung nicht mehr, ein zunächst für akzeptabel gehaltenes **Tauschangebot** der Russen zu akzeptieren: Abzug der Raketen von Kuba gegen Abzug der amerikanischen Jupiter-Raketen aus der Türkei. Insgesamt waren auf amerikanischer Seite 652 atomare Langstreckenbomber und 2858 Atomwaffen einsatzbereit. Erst in letzter Minute gelang es Robert Kennedy bei einem Treffen mit dem russischen Botschafter Dobrynin, den Konflikt zu entschärfen. Man vereinbarte den Abzug der russischen Raketen und den späteren Abzug der amerikanischen Raketen in der Türkei. Bedingung war, dass über das amerikanische Nachgeben in der Türkei-Frage keine Informationen an die Öffentlichkeit gelangen sollten. Tatsächlich erklärte Kennedy die Jupiter-Raketen ein halbes Jahr später für „technisch veraltet" und ordnete ihren Abzug an.

Aus **russischer Sicht** stellte sich die Krise folgendermaßen dar: Die amerikanischen Jupiter-Raketen waren in der Lage, die wichtigsten sowjetischen Großstädte innerhalb von sechs bis neun Minuten zu erreichen. Chruschtschow wollte mithilfe seines neuen Verbündeten auf Kuba ein Gegengewicht zu diesem Bedrohungsszenario aufbauen. Als er merkte, dass er zu hoch gepokert hatte, lenkte er sofort ein und versuchte eine weitere Eskalation zu verhindern. Am 28. 10. erklärte er im Radio, dass die Waffensysteme abgezogen würden.

Die sowjetische Führung war wie die amerikanische ab einem bestimmten Punkt nicht mehr in der Lage, den Ablauf zu steuern. Sie hatte weder vollständige Kontrolle über ihre Verbündeten auf Kuba noch konnte sie ihren Kapitänen im Krisengebiet aufgrund von Kommunikationsproblemen die Entscheidung zum Waffeneinsatz abnehmen. Mit der Ankündigung eines einseitigen Abzuges nahm Chruschtschow in Kauf, als Verlierer der Krise dazustehen. Kennedy hingegen ließ sich als strahlender Gewinner feiern, der mit Härte die Sowjets vertrieben hatte, obwohl er während des gesamten Krisenverlaufs mehr ein Getriebener als ein souveräner Krisenmanager gewesen war. Aus der Kubakrise konnten folgende **Schlussfolgerungen** gezogen werden:

- Jeder regionale Konflikt konnte sich zu einem Weltkrieg ausweiten, wenn die beiden Supermächte daran beteiligt waren.
- Die Amerikaner waren nicht bereit, den Sowjets ein gleiches Recht auf „gegenseitige gesicherte Vernichtung“ zuzugestehen. Ein Übergreifen der Sowjets auf die „westliche Hemisphäre“ (im Sinne der Monroe-Doktrin) wurde nicht akzeptiert, während eine „Einkreisung“ der Sowjetunion als selbstverständlich galt.
- Der große Teil der amerikanischen Öffentlichkeit reagierte hysterisch auf das neue Bedrohungsszenario. Schon lange vor Kuba bestand eine atomare Bedrohung der USA durch russische Raketen, die in Sibirien stationiert waren.
- Die Sowjetunion hatte ihre Kräfte überschätzt und einen politischen Fehler begangen, der später zu Chruschtschows Absetzung beitrug. Ein beteiligter General, Anatolij Iwanowitsch Gribkow, schrieb in seinen Memoiren: „Es muss offen gesagt werden, dass damals das globale Kräfteverhältnis sehr zuungunsten der Sowjetunion ausfiel. Doch auch mit der Stationierung der Mittelstreckenraketen auf Kuba veränderte sich praktisch nichts, während sich die Gefahr einer nuklearen Katastrophe vervielfachte. Deshalb bin ich zutiefst überzeugt, dass die Stationierung der Raketen auf Kuba ein Fehler war.“
- Der amerikanische Verteidigungsminister McNamara zog später folgende Schlussfolgerung aus der Krise: „Wir haben zwei Dinge gelernt. Erstens: Man kann eine Krise nicht managen, wenn es sich um eine militärische Konfrontation zwischen den beiden großen Mächten oder zwischen dem Warschauer Pakt und der NATO handelt. Und deshalb lautet die Zweite Lehre: Wir müssen lernen, Krisen zu vermeiden.“

Damit markiert die Kubakrise einen entscheidenden Wendepunkt im Kalten Krieg: den **Beginn der Entspannungspolitik**.

2.5 Das Zeitalter der Entspannungspolitik

Schon vor der Kubakrise hatte es immer wieder Ansätze zu einer Entspannungspolitik gegeben, die meist vom Osten ausgingen und vom Westen als unseriöse Versuche, die westliche Politik zu spalten, zurückgewiesen wurden. Beispiele dafür sind die **Stalin-Noten** aus dem Jahr 1952 zur Schaffung eines neutralen Gesamtdeutschlands und allein sechs Vorschläge von 1954 für eine gesamteuropäische Friedenskonferenz. 1955 kam es zu einem **Gipfeltreffen der vier Siegermächte in Genf**, das jedoch über unverbindliche Bekenntnisse zur Entspannung nicht hinausreichte. Immerhin war positiv vom „Geist von Genf" die Rede und am selben Ort konnte noch 1962 eine internationale Abrüstungskonferenz etabliert werden. Zu substanziellen Vereinbarungen kam es jedoch erstmals nach der Kubakrise beim Abschluss eines **„Heißen-Draht"-Abkommens** zwischen den USA und der Sowjetunion über die Einrichtung einer direkten Fernschreibverbindung, die Missverständnisse im Fall einer neuen Krise vermeiden sollte. Bis dahin hatte man nur umständlich über Briefe und die öffentlichen Medien kommuniziert. Kurz darauf einigte man sich auf ein Abkommen über die **Beendigung von Kernwaffentests** in der Atmosphäre, im Weltraum und unter Wasser. Damit wurde die atomare Verseuchung der Erdatmosphäre eingegrenzt, wenn auch die Atommächte Frankreich und China sich nicht vertraglich banden und weiterhin überirdische Atomtests durchführten. Der Vertrag stand allen beteiligungswilligen Staaten offen, wurde aber nur von denen unterzeichnet, die sowieso keine Absichten hegten, sich Nuklearpotenziale zuzulegen. Die anderen verlagerten sich auf unterirdische Tests.

Es ist umstritten, ob die „eigentliche" Entspannungspolitik nicht erst 1969 begonnen hat, doch gehört es zu den charakteristischen Eigenarten dieser Phase, dass sie sich nicht kontinuierlich, sondern sprunghaft entwickelte. Rückschläge waren an der Tagesordnung und Fortschritte ergaben sich meist dann, wenn eine Seite versuchte, einen Ausweg aus einer politischen oder wirtschaftlichen Zwangslage zu finden. Präsident Kennedy formulierte bereits 1963 das zentrale Anliegen: „Ich spreche vom Frieden, weil der Krieg ein neues Gesicht bekommen hat." Grundfalsch wäre es, wollte man unter „Entspannung" eine prinzipielle Interessenharmonie verstehen, die es tatsächlich nie gab. Im „Schatten der Atombombe" (Kennan) bestand das gemeinsame Interesse in der Vermeidung eines Atomkriegs, also im eigenen Überleben. Die Konkurrenz der Systeme und die prinzipielle Vorstellung, dass das jeweils andere irgendwann einmal zu verschwinden habe, waren sowohl Bestandteil des östlichen Konzepts der **friedlichen Koexistenz** als auch der westlichen Variante des **Wandels durch Annäherung**.

In den 60er-Jahren sorgte auf der östlichen Seite der **Vietnamkrieg** (1964–1975) und auf der westlichen der Einmarsch des Warschauer Paktes in die **Tschechoslowakei** (1968) für Irritationen, die aber letztlich den Grundgedanken der Entspannung eher bestätigten. Vietnam war ein **Stellvertreterkrieg** in der Dritten Welt, von dem die Sowjetunion nicht unmittelbar betroffen war, und die Tschechoslowakei war ein Teil des Ostblocks. Durch das Stillhalten gegenüber der Invasion akzeptierte die westliche Seite wie zuvor schon im Fall der Aufstände in der DDR 1953 und in Ungarn 1956 den sowjetischen Hegemonialanspruch über Osteuropa. Kurz darauf verkündete der sowjetische Parteichef Breschnew in der **Breschnew-Doktrin** (1968) den Grundsatz der begrenzten Souveränität der sozialistischen Länder.

ABM-Vertrag und SALT-Verhandlungen

1969 kam es zu einem erneuten Anlauf in der Entspannungspolitik, der sich mit dem amerikanischen Außenminister Henry Kissinger und mit der neuen sozialliberalen Regierung Brandt/Scheel in der Bundesrepublik in Verbindung bringen lässt. Kissinger versuchte, einen „ehrenvollen Abgang" aus Vietnam zu erreichen und bemühte sich um Kontakte zu **China**, das gerade erst wieder in die Weltpolitik eingetreten war. Die chinesische **Kulturrevolution** hatte 1967 zur Abberufung fast sämtlicher chinesischen Botschafter und zur Besetzung des Außenministeriums durch Rote Garden geführt. Nun, da China, das mit der Sowjetunion verfeindet war und an den Grenzflüssen Amur und Ussuri in Gefechte mit den Sowjets verwickelt war, sich neu orientierte, schien es ein interessanter Partner für die amerikanische Außenpolitik zu werden. Die Sowjetunion hatte ihrerseits das Ziel, die eigenen Beziehungen zu den USA nicht schlechter als die chinesisch-amerikanischen werden zu lassen. Außerdem hatte man in Russland nach der Kubakrise unbeirrt die eigene Nuklearrüstung vorangetrieben und einen ungefähren Gleichstand mit den USA erreicht, sodass man nun von gleich zu gleich verhandeln konnte und sich die Parität vertraglich festschreiben lassen wollte. Die nun beginnende **„Ära der Verhandlungen"** bezog sich jedoch nicht nur auf die Rüstungsproblematik, sondern schloss auch andere Fragen der Politik und der Wirtschaft mit ein.

Am 26. 5. 1972 unterzeichneten US-Präsident Nixon und der sowjetische Parteichef Breschnew in Moskau den **ABM-Vertrag**. Dieses Abkommen verbot es beiden Seiten mehr als zwei ballistische Raketenabwehrsysteme aufzubauen und repräsentierte wie kein anderes den Geist der Sicherheit durch „gegenseitige gesicherte Vernichtung". Die beiderseitige Furcht vor einem Zweitschlag des jeweils anderen sollte das **Gleichgewicht des Schreckens** erhalten. Gleichzeitig wurde bei diesen sog. **SALT I-Verhandlungen** (Strategic Arms

Limitation Talks) die Gesamtzahl der strategischen Angriffswaffen beider Seiten begrenzt. Hier wurde wie bei anderen „Abrüstungsverhandlungen" nach dem **Prinzip der kontrollierten Aufrüstung** verfahren, d. h., dem jeweils weniger Gerüsteten wurde die Aufrüstung bis zum Niveau des anderen zugestanden.

Immer wenn die technischen Möglichkeiten eine neue Runde des Wettrüstens ermöglicht hatten, entstand das politische Interesse an einer vertraglichen Regelung. Diese Art der Regulierung entsprach natürlich nicht den landläufigen Vorstellungen von einem „wirklichen Frieden", es war einfach nur die Form der „organisierten Friedlosigkeit", die der Kalte Krieg erlaubte. Als die **SALT II-Verhandlungen** 1973 in Genf begannen, war das nukleare Potenzial auf beiden Seiten derart angewachsen, dass man jeden Menschen auf der Erde mit 15 Tonnen TNT hätte sprengen können. Die Militärausgaben der Welt betrugen zusammengerechnet über 200 Mrd. Dollar pro Jahr. Das war mehr als das Bruttosozialprodukt aller Länder Afrikas und Südasiens.

Konferenz für Sicherheit und Zusammenarbeit in Europa

Im europäischen Rahmen führte die Entspannungspolitik zur Konferenz für Sicherheit und Zusammenarbeit in Europa (KSZE), die von 1972 bis 1975 in **Helsinki** tagte. Obwohl von US-Außenminister Kissinger zunächst als eine „Spielwiese der Europäer" abgetan und eigentlich hauptsächlich von den Osteuropäern favorisiert, entwickelte sie sich unter Beteiligung der USA und Kanadas zu einer auch für den Westen interessanten Veranstaltung. Zunächst schien es, als wollte die Sowjetunion, wie auch bei den Ostverträgen der sozialliberalen Koalition, hauptsächlich den territorialen **Status quo** in Europa garantiert bekommen. In der **Schlussakte der Konferenz** vom 1. 8. 1975, die allerdings nur eine Absichtserklärung darstellte, fanden sich schließlich aber auch Bestimmungen, die von amerikanischer Seite positiv bewertet wurden. So etwa die Verpflichtung zur Einhaltung der **Menschenrechte und Grundfreiheiten** oder großzügigere Regelungen für Reisen und den Austausch von Informationen. An diesen Aspekten der Entspannung hatte die Sowjetunion naturgemäß wenig Interesse.

In der Folgezeit stellten sie einen wichtigen Hebel der inneren Opposition im Ostblock dar, da sich Menschenrechtsgruppen wie zum Beispiel die Charta 77 des späteren Präsidenten Havel in der Tschechoslowakei mit westlicher Unterstützung auf den „Geist von Helsinki" berufen konnten. Aber der Westen musste auch erkennen, dass die Entspannungspolitik, gerade weil sich die Kontakte zwischen West und Ost vermehrten, im Osten eine **verschärfte ideologische Abgrenzung und Überwachung** hervorrief. Allerdings wuchs dadurch die Unzufriedenheit, die langfristig zum Ende des Ostblocks beitrug.

Rüstungskontrollmaßnahmen und internationale Vereinbarungen 1963–1990

Abkommen	Art	Inhalt
„Heißer Draht" 1963	bilateral (USA-UdSSR)	Direkte Nachrichtenverbindung für den Notfall, ab 1970/71 über Satellit
Atomteststopp-vertrag 1963	multilateral	Verbietet Kernwaffenversuche in Atmosphäre, Weltraum und unter Wasser
Weltraumvertrag 1967	multilateral	Verbietet Stationierung von Massenvernichtungswaffen im Weltraum
Atomwaffensperr-vertrag 1968/70[1]	multilateral	Nichtverbreitung von Kernwaffen
Vereinbarung über Atomunfälle 1971	bilateral	Sicherungen gegen ungewollten Ausbruch eines Atomkriegs
Meeresboden-vertrag 1971/72	multilateral	Verbietet Stationierung von Massenvernichtungswaffen im Meer
Biologische Waffen-konvention 1972/75	multilateral	Verbietet Entwicklung, Herstellung und Lagerung von Biowaffen
SALT I: ABM-Abkommen SALT I: Interims-abkommen 1972	bilateral	Begrenzt Systeme zur Abwehr ballistischer Flugkörper auf zwei pro Land; Begrenzt Gesamtzahl strategischer Angriffswaffen
Vereinbarung zur Verhinderung eines Atomkriegs 1973	bilateral	Konsultationen zur Abwehr eines Atomkriegs
MBFR-Gespräche 1973–1989	multilateral	Begrenzung konventioneller Streitkräfte in Mitteleuropa, ergebnislos abgebrochen (s. KSE-Abkommen)
Atomteststopp-vertrag (Schwellen-vertrag) 1974[2]	bilateral	Begrenzt unterirdische Atomwaffentests
KSZE-Schlussakte von Helsinki 1975	multilateral	Verpflichtung zu Gewaltverzicht, Wahrung der Menschenrechte und Grundfreiheiten, Zusammenarbeit
SALT II: Vertrag SALT II: Protokoll 1979[2]	bilateral	Begrenzt Anzahl, Erprobung und Dislozierung von nuklearen Angriffswaffen
INF-Vertrag 1987	bilateral	„Doppelte Nulllösung", Abbau der Mittelstreckenraketen in Europa
KSZE-Vertrag und KSE-Abkommen 1990	multilateral	Höchstgrenzen für konventionelle Waffen in Europa; führt zu umfassender Abrüstung, genaues Verifikationssystem

1 Die zweite Zahl gibt das Jahr des Inkrafttretens an
2 Nicht ratifiziert, die Teilnehmer halten sich trotzdem daran

2.6 Die Rückkehr zur Konfrontation

Die Jahre 1974 und 1975 waren für die **USA** von zwei traumatischen Ereignissen bestimmt. Der **Watergate-Skandal** führte zum Rücktritt von Präsident Nixon (9. 8. 1974), der damit einem Amtsenthebungsverfahren zuvorkam. Am 30. April 1975 endete der **Rückzug aus Vietnam** in einer überstürzten Flucht. Die Supermacht USA hatte ihren ersten Krieg verloren. Die **Sowjetunion** dagegen hatte die Gunst der Stunde genutzt und wurde mithilfe kubanischer Söldner in **Afrika** aktiv, wo sich das portugiesische Kolonialreich aufzulösen begann. Mit der Unterstützung sozialistischer Befreiungsbewegungen in Angola und Mocambique und der Einmischung im Süd-Jemen, am Horn von Afrika und 1979 in Afghanistan meldete die Sowjetunion erstmals ernst zu nehmende Ambitionen außerhalb der nach dem Krieg abgesteckten Einflusszonen an.

Zusätzlich zur russischen Invasion in **Afghanistan** (27. 12. 1979), mit der die Sowjets eine prokommunistische Regierung an der Macht halten wollten, hatte das Jahr 1979 einen weiteren schweren Rückschlag für die amerikanische Politik im mittleren Osten gebracht. Die von fundamentalistischen Moslems und Anhängern des im Pariser Exil lebenden Ayatholla Khomeini inspirierte **iranische Revolution** beseitigte das Regime des Schahs von Persien, der ein Verbündeter der USA gewesen war. Dabei kam es zur Geiselnahme von 52 amerikanischen Botschaftsangehörigen (4. 11. 1979–20. 1. 1981) und zu einer missglückten Befreiungsaktion, die vor den Augen der ganzen Welt die Schwäche und Verwundbarkeit der USA zeigte. Daraufhin verkündete Präsident Carter im Januar 1980 die **Carter-Doktrin:** Jeder Versuch ausländischer Kräfte, die Kontrolle über das Gebiet des Persischen Golfes zu erlangen, werde mit allen erforderlichen Mitteln zurückgeschlagen. Gleichzeitig wurde die nukleare Rüstungspolitik fortgeführt, was nach Meinung des deutschen Bundeskanzlers Schmidt zu einer „Disparität" der Rüstungen in Mitteleuropa führte. Am 12. Dezember 1979 verständigte sich die **NATO** auf den sog. **Doppelbeschluss**, wonach die Sowjetunion ihre neuen SS20 Mittelstreckenraketen aus Europa abziehen sollte. Wenn Verhandlungen über diese **INF-Waffensysteme** (Intermediate Nuclear Forces) scheitern sollten, werde man eigene Raketen und Marschflugkörper „nachrüsten".

In den USA wurde das Klima für Entspannungspolitik immer schwieriger, sodass Präsident **Gerald Ford** 1976 sogar offiziell den Begriff „détente" aus dem amtlichen Sprachgebrauch verbannte. **Neokonservative** Kräfte in der US-Innenpolitik nahmen zunehmend Einfluss auf die öffentliche Meinung. Präsident Carter hatte bereits im Wahlkampf 1976 eine **Reideologisierung der Außenpolitik** im Namen der Menschenrechte betrieben. Sein Nachfolger

„Fieberkurve“ der amerikanisch-sowjetischen Beziehungen 1945–1988

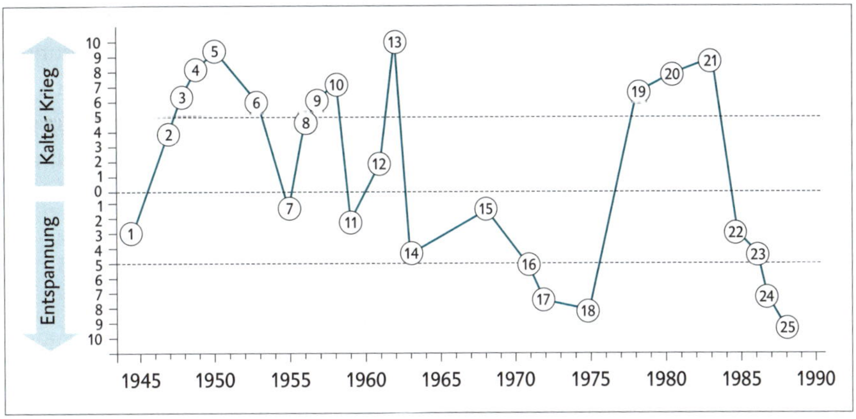

Phase 1

1 Ende des Krieges in Europa und Asien; Gründung der UNO (1945)
2 Truman-Doktrin und Marshall-Plan (1947)
3 Kommunistischer Umsturz in der CSSR, Beginn der sowjetischen Blockade Berlins (1948)
4 NATO-Gründung; kommunistische Staatsgründung in China und der DDR (1949)

Phase 2

5 Ausbruch des Korea-Krieges (1950)
6 Tod Stalins; Waffenstillstand in Korea (1953)
7 Genfer Gipfelkonferenz der vier Siegermächte (1955)
8 „Doppelkrise“ von Ungarn und Suez (1956)
9 Sowjetischer Sputnik (1957)
10 Sowjetisches Berlin-Ultimatum (1958)
11 Gipfeltreffen in Camp David (1959)
12 Bau der Berliner Mauer (1961)
13 Kuba-Krise (1962)

Phase 3

14 Vertrag über Stopp von Atomtests und „heißen Draht“ (1963)

Phase 4

15 Atomwaffensperrvertrag; Ende des „Prager Frühlings“ (1968)
16 Berlin-Abkommen (1971)
17 SALT I-Vertrag; Kodex über weltpolitische Zurückhaltung (1972)
18 Schlussakte der KSZE in Helsinki (1975)

Phase 5

19 NATO-Doppelbeschluss; sowjetische Besetzung Afghanistans (1979)
20 Kriegsrecht in Polen; amerikanische Handelssanktionen gegen UdSSR (1981)
21 Abbruch aller Rüstungskontrollverhandlungen in Genf (1983)

Phase 6

22 Gipfeltreffen in Genf (1985)
23 Gipfeltreffen in Reykjavik (1986)
24 Einigung in Genf über Abbau der Mittelstreckenraketen; Unterzeichnung des INF-Vertrages beim Gipfeltreffen in Washington (1987)
25 Gipfeltreffen in Moskau; Fortsetzung des sowjetischen Rückzugs auf Afghanistan; Waffenstillstandsabkommen für Iran/Irak, Angola/Namibia; überwachter Abbau von Mittelstreckenraketen in Europa (1988)

Ronald Reagan bezeichnete die Sowjetunion als „Mittelpunkt des Bösen in dieser Welt“ und führte ein gigantisches **Aufrüstungsprogramm** durch, das schon unter Carter angekündigt worden war. Während sich die Verteidigungsausgaben der USA 1977 noch auf 100,9 Mrd. Dollar belaufen hatten, betrugen sie 1985 264,2 Mrd. Dollar. Dazu kam, dass Reagan mit der Ankündigung des SDI-Programms im März 1983 (s. S. 83) den Grundsatz der gegenseitigen Vernichtbarkeit aufkündigte und im Februar 1985 in der **„Reagan-Doktrin“** die Rückkehr zur **amerikanischen Offensivpolitik** ankündigte.

2.7 Die Vereinten Nationen in der bipolaren Welt

Vorgeschichte: Der Völkerbund

Bereits 1942 hatte ein amerikanisches Komitee Pläne für eine Nachfolgeorganisation des gescheiterten Völkerbunds erarbeitet, der von Anfang an unter einem ungünstigen Stern gestanden hatte. Seinem Gründer Wilson hatte der eigene Kongress die Teilnahme verweigert, Russland befand sich im Bürgerkrieg und die Verlierer des Weltkriegs, allen voran Deutschland und die Türkei, traten erst später bei. Trotzdem konnte der Völkerbund einige wichtige Aufgaben wahrnehmen und gründete dazu **Unter- und Nebenorgane** wie z. B. den ständigen **Internationalen Gerichtshof** in Den Haag (IGH), die internationale Arbeitsorganisation (ILO), das Hochkommissariat für Flüchtlingshilfe sowie die **Weltgesundheitsorganisation** (WHO), die bis heute existieren. Auch in der Verwaltung sogenannter Mandatsgebiete, bestehend aus den ehemaligen Deutschen Kolonien, den arabischen Teilen des untergegangenen Osmanischen Reichs, aber auch aus der Freien Stadt Danzig und dem Saarland, erfüllte der Völkerbund zunächst seinen Zweck.

Mit Zuspitzung der internationalen Lage in den 30er-Jahren zeigt sich aber, dass die wechselnden Akteure – Deutschland trat 1926 bei und 1933 wieder aus, die Sowjetunion folgte erst 1934, Japan trat 1933 aus – den Bund als Instrument nationaler Interessenvertretung sahen und nicht bereit waren auf Souveränitätsrechte zu verzichten. Die aggressive Politik Japans gegen China ab 1931, der Überfall Italiens auf Abessinien (1935) und Hitlers Bruch mit dem Versailler Vertrag blieben unbeantwortet. Nur ein einziges Mal wurde der Völkerbund aktiv: Der Angriff Russlands auf Finnland 1939 wurde mit dem Ausschluss der Sowjetunion beantwortet. Zu Beginn des Zweiten Weltkriegs spielte der Völkerbund praktisch keine Rolle mehr.

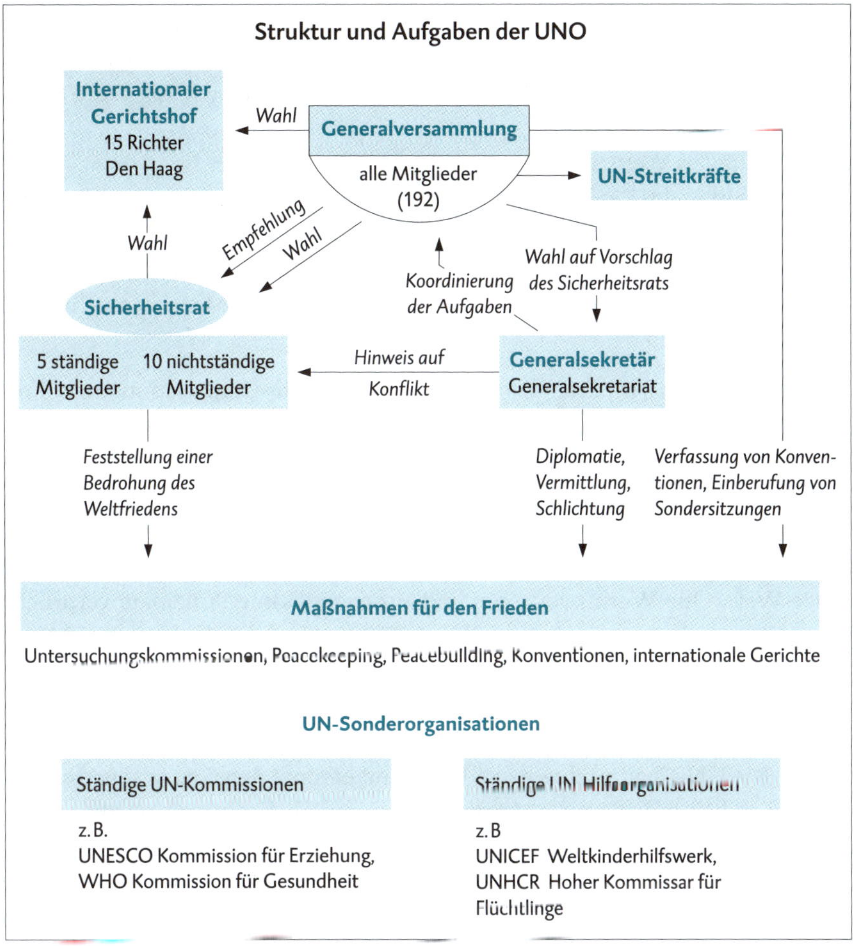

Gründung der Vereinten Nationen

Unter Führung der Großmächte USA, Sowjetunion, Großbritannien und China sollte eine „allgemeine internationale Organisation zur Erhaltung des Friedens und der Sicherheit" geschaffen werden, die auf der „souveränen Gleichheit" ihrer Mitgliedsstaaten basierte. Ein umfassender Entwurf dazu wurde 1944 in Dumbarton Oaks (Washington D. C.) verabschiedet. Nach diesem sollten die Vereinten Nationen über eine **Vollversammlung aller Staaten** und einen **Sicherheitsrat** aus zunächst vier ständigen und fünf wechselnden Mitgliedern verfügen. In Jalta setzte die Sowjetunion durch, dass sie in der Vollversammlung zwei zusätzliche Sitze für die Ukraine und Weißrussland bekam und es im Sicherheitsrat ein **Vetorecht der ständigen Mitglieder**, also auch der Sowjetunion, geben sollte. Roosevelts Nachfolger Harry Truman empfing im Juni 1945 die Vertreter von 50 Nationen in San Francisco, die dort die Gründungsurkunde der Vereinten Nationen unterzeichneten. Zu den wichtigsten **Grundsätzen der UNO** zählten:

- Wahrung des Weltfriedens
- Entwicklung der Beziehungen zwischen den Völkern auf der Grundlage der Selbstbestimmung und der Gleichberechtigung
- internationale Zusammenarbeit zur Lösung wirtschaftlicher, sozialer, kultureller und humanitärer Probleme und zur Achtung der Menschenrechte und Grundfreiheiten.

Die Sowjetunion stimmte den Grundsätzen dieser Organisation und ihrer Charta ausdrücklich zu und gehörte zu den Gründungsmitgliedern. Am 24. 6. 1945 trat die von 51 Gründungsstaaten besiegelte **Charta der Vereinten Nationen** in Kraft.

Wollte die UNO als neue Weltorganisation nicht das Schicksal des Vorgängers erleiden, musste sie dessen Fehler vermeiden und soweit wie möglich die ganze Welt (One World) vertreten und auf gemeinsame Prinzipien verpflichten. Zudem sollte sie mit einem höheren Grad von Verbindlichkeit Beschlüsse fassen und auch durchsetzen können.

Die 51 Gründungsstaaten der UNO in San Francisco übernahmen weitgehend die Grundsätze, die Roosevelt und Churchill in der Atlantik-Charta verkündet hatten. Die UN-Charta ächtete den Krieg und betonte den **Grundsatz des Gewaltverzichts**, indem sie die Mitgliedstaaten verpflichtete, auf jegliche Androhung oder Anwendung von Gewalt gegeneinander zu verzichten. Dagegen verankerte die Charta ausdrücklich das **Recht zur individuellen und kollektiven Selbstverteidigung**. Von Anfang an existierte ein Spannungsverhältnis zwischen dem Prinzip der territorialen Unverletzlichkeit von Staaten und dem der Achtung der Menschenrechte und Grundfreiheiten. Was, wenn die Staaten selbst diese Rechte ihren Bürgern vorenthalten würden?

Entscheidendes Gremium war der Sicherheitsrat, der heute aus fünf ständigen und zehn wechselnden Mitgliedern besteht. Die ständigen Mitglieder USA, Großbritannien, Frankreich, Sowjetunion und China verfügen über ein Vetorecht. Die Kriegsverlierer Deutschland und Japan galten zunächst – und das bis Mitte der 90er-Jahre, als sie schon zu den größten Beitragszahlern gehörten – als „Feindstaaten". Der Sicherheitsrat trägt die „Hauptverantwortung für die Wahrung des Weltfriedens und der internationalen Sicherheit" und trifft als einziges Organ **Beschlüsse**, die für alle Mitglieder **verbindlich** sind. In Kapitel VII der UN-Charta werden die Maßnahmen genannt, über die der Sicherheitsrat zur Durchsetzung seiner Aufgaben verfügen sollte: Boykottmaßnahmen, Einsatz von Streitkräften zur **„Wiederherstellung des Weltfriedens“** oder die Übertragung dieser Maßnahmen auf einzelne Mitglieder der Vereinten Nationen. Da niemand den Vereinten Nationen reguläre Truppen unterstellte, blieb die UNO darauf angewiesen, für einzelne Maßnahmen jeweils eine eigene Truppe mithilfe einer Gründungsresolution des Sicherheitsrates zusammenzustellen. Diese Truppen waren aber nicht zur Kriegführung, sondern nur zur **Überwachung von Waffenstillständen** geeignet. Nur in zwei Fällen, von denen noch die Rede sein wird (vgl. S. 101 f.), wurden Kampftruppen im Auftrag der UNO eingesetzt.

Bereits in ihrer ersten Resolution forderte die Generalversammlung die Vernichtung der neuen, verheerenden Atomwaffen, denen in Hiroshima und Nagasaki 270 000 Menschen zum Opfer gefallen waren. Im Dezember 1948 setzte sie mit der **Allgemeinen Deklaration der Menschenrechte** einen weiteren Meilenstein. Die Generalversammlung verkörpert das universale Prinzip. Jeder Staat ist mit einer Stimme vertreten und als Hauptorgan der UNO ist sie prinzipiell für alle Fragen der internationalen Politik zuständig. Ihre als **„Resolutionen“** bezeichneten Beschlüsse haben völkerrechtlich jedoch nur den Charakter von Empfehlungen.

Nach dem Zerbrechen der Siegerallianz dienten die UN immer häufiger als bloße Propagandabühne. Von 1946–1955 wurden von 82 Vetos im Sicherheitsrat 79 vom sowjetischen Vertreter eingelegt, damit waren die UN weitgehend blockiert. Nur als die kommunistischen Nordkoreaner 1950 aus Südkorea zurückgedrängt werden sollten, war der Sicherheitsrat zufällig handlungsfähig, weil die UdSSR ihn gerade boykottierte. Resigniert charakterisierte der französische Völkerrechtler Paul Reuter die Bedeutung der UNO im Kalten Krieg: „Bei einem Konflikt zwischen zwei kleinen Staaten verschwindet der Konflikt; bei einem Konflikt zwischen einem großen und einem kleinen Staat verschwindet der kleine Staat; und bei einem Konflikt zwischen zwei großen Staaten verschwinden die Vereinten Nationen.“

1960 kam es zum Streit des sowjetischen Parteichefs Nikita Chruschtschow mit dem schwedischen Generalsekretär der UN. Chruschtschow sprach Dag Hammarskjöld öffentlich jegliche Macht ab. Tatsächlich verfügte der Generalsekretär über keinerlei Macht. Seine Aufgabe war im Wesentlichen eine diplomatische. Die „guten Dienste“ bestanden in der Leitung der UN-Verwaltung und in vermittelnder Tätigkeit. Um schon rein äußerlich jeden Anschein von Parteilichkeit im Kalten Krieg zu vermeiden, stammten alle Generalsekretäre aus Ländern, die keine eindeutige Präferenz für eine der beiden Großmächte zeigten, meist aus neutralen Staaten oder Ländern der Dritten Welt.

Die Entwicklungsländer und die UNO

Die Vereinten Nationen hatten 1960 ihr Gesicht verändert: Allein 17 neue afrikanische Staaten waren in diesem Jahr beigetreten und suchten ihre Rolle in der Weltpolitik. Chruschtschow wollte die UN zu einer paritätisch besetzten Konferenzmaschine zurechtstutzen, da ihm ihre neutrale Rolle während des Kongo-Kriegs nicht gefiel. Hammarskjöld hatte dort sogenannte peace-keeping-forces, **Blauhelme** genannt, eingesetzt, wie er sie erstmals in der Suez-Krise 1956 eingeführt hatte. Sie sollten bereits ausgehandelte Waffenstillstände überwachen und ihre Waffen nur zur Selbstverteidigung einsetzen. Chruschtschow hingegen hielt Neutralität für parteilich, da sie den Interessen des Westens nutze. Sein Angriff auf den Generalsekretär schlug aber fehl: Hammarskjöld wurde von der Generalversammlung mit stehenden Ovationen gefeiert. Ein Jahr später starb er bei einem mysteriösen Flugzeugabsturz im Kongo.

Aber auch der Westen bekam zunehmend Probleme mit der UNO. Die **Bewegung der Blockfreien** wurde im Laufe der 60er- und 70er-Jahre immer größer. Die neuen Staaten brachten ihre Themen in die UNO ein. Seit 1964 kämpft die Dritte Welt im Rahmen der **UNCTAD** (United Nations Conference for Trade and Development) für ihre wirtschaftlichen Interessen und wurde teilweise von der Sowjetunion, später auch von China unterstützt. Die Anliegen der Blockfreien und der Länder der Dritten Welt wurden in der UNO von der **Gruppe 77** vertreten. Bereits in der ersten UNCTAD-Schlussakte vom 30. 12. 1964 forderte sie:

- Technologietransfer als Hilfe zur Industrialisierung
- Bindung der Rohstoffpreise an die Preise für Industriegüter (Indexierung)
- Öffnung der Agrarmärkte für Produkte der Dritten Welt
- Finanzhilfen von den entwickelten Ländern

Die Gruppe 77 veröffentlichte gemeinsame Erklärungen, so etwa die **Charta von Algier** über die wirtschaftlichen Rechte der Dritten Welt, die 1967 die Umgestaltung der Weltbank in eine Entwicklungsbank forderte und verlangte, dass jährlich ein Prozent des in den Industriestaaten erwirtschafteten Bruttosozialprodukts den Entwicklungsländern zugute kommen solle.

Letztlich ging es um eine **neue Weltwirtschaftsordnung**. Dass die genannten Themen von UNCTAD I (Genf 1964) bis UNCTAD V (Manila 1979) immer wieder auftauchten, zeigte, dass sich in den wesentlichen Punkten nichts getan hatte. In Manila standen nicht nur die reichen Länder der Ersten Welt am Pranger, sondern auch erstmals die OPEC, da sie sich gegen eine Einbeziehung der Erdölproblematik wehrte. Nach zwei Entwicklungsdekaden fiel die Bilanz ernüchternd aus: 600 Mio. Menschen lebten 1979 am Rande des Existenzminimums oder darunter. Das Vertrauen in die vom Westen gepredigte Marktwirtschaft war weitgehend geschwunden, zumal die Europäer und Amerikaner ihre Agrarmärkte immer noch gegenüber Produkten der Dritten Welt abschirmten.

Immer öfter gerieten nun die **westlichen Vetomächte** auch im Sicherheitsrat in die Defensive: Zwischen 1966 und 1985 legten sie zusammen 78 Vetos ein. Der sowjetische Vertreter, vormals „Mr. Njet" genannt, griff nur noch 13-mal zu diesem Mittel. Allerdings wurde der größte Teil des UN-Etats mittlerweile für Entwicklungshilfe ausgegeben.

Die Volksrepublik **China**, die ab 1971 den chinesischen Sitz im Sicherheitsrat besetzte, machte von ihrem Vetorecht nur sehr zurückhaltend Gebrauch. Weltweite Entspannungspolitik und die Regelung ihres gegenseitigen Verhältnisses im Grundlagenvertrag von 1972 erlaubten schließlich auch den beiden deutschen Staaten 1973 den Beitritt.

Eine „Neue Weltordnung"?

Als sich 1989/90 das Sowjetimperium auflöste und der Kalte Krieg auf dem **KSZE-Gipfeltreffen in Paris (19.–21. 11. 1990)** endgültig beendet wurde, schien die Zeit gekommen, in der die UNO die ihr zugedachte Rolle endlich erfüllen könnte. Kam jetzt die **„Neue Weltordnung"**, von der Präsident George Bush (I) gesprochen hatte? Zum zweiten Mal seit dem Koreakrieg stimmten die Absichten des Sicherheitsrates und die Interessen der USA so weit überein, dass die UN eine Gewaltanwendung durch die USA legitimierten. Im **zweiten Golfkrieg 1990** war man sich einig, dass der Irak das annektierte Kuwait verlassen müsse, und eine Allianz unter US-Führung setzte das auch durch. Allerdings ohne den Diktator Saddam Hussein zu entmachten. Anfang der 90er-Jahre schien es so, als ob die UNO zur weltweiten Konfliktlösung endlich Willens und in der Lage sein könnte.

1992 legte Generalsekretär Boutros Ghali eine **„Agenda für den Frieden"** vor. Darin stellte er die mittel- und langfristigen Zielvorstellungen einer umfassenden Friedenspolitik vor: Vorbeugende Diplomatie, Friedensschaffung und Friedenssicherung sollten die UNO in den Stand setzen, die in der Charta von Anfang an genannten Ziele zu erreichen und notfalls zu erzwingen.

Doch in den 90er-Jahren erlebte die UNO ihre größten Debakel: Weder der **Völkermord in Kambodscha**, die Ermordung von 800 000 Tutsi in **Ruanda** (1994) noch das Massaker an den bosnischen Männern von **Srebrenica** (1995) wurden verhindert. Sie fanden zum Teil sogar unter den Augen der Blauhelme statt. Die UNO hatte sich übernommen und wurde von ihren Mitgliedern, allen voran von der letzten verbliebenen Supermacht, im Stich gelassen. Was bedeutete ein Haushalt von regulär 4,6 Mrd. US-Dollar für eine Organisation, der fast alle Staaten der Welt angehörten und die allein 1994 mit 37 Konflikten weltweit konfrontiert war? Der Etat der New Yorker Feuerwehr war kaum kleiner und die Beschaffung eines einzigen B2-Bombers und eines Flugzeugträgers für die US-Army verschlangen zusammen etwa denselben Betrag. 1994 standen die UN kurz vor der Pleite, weil einige Beitragszahler, darunter der Wichtigste, die USA, ihre Pflichtbeiträge zurückhielten. Der US-Milliardär Ted Turner half 1997 mit einer Milliarde aus seiner Privatkasse aus.

Entscheidend für die Entwicklung der UNO sollte das Verhältnis zu den USA werden. In den 90er-Jahren kam von amerikanischer Seite heftige Kritik an Bürokratismus und Geldverschwendung durch die UN. Tatsächlich gab es hier Gründe für Kritik, schließlich existierten mittlerweile 19 Sonderorganisationen mit insgesamt 40 000 Beamten. Das UN-Sekretariat in New York bestand aus ca. 5 000 Mitarbeitern. Doch gab es auch berechtigte Zweifel an dem guten Willen der Kritiker. Besonders den Neokonservativen in den USA passte die grundsätzliche Ausrichtung nicht. Sie wollten weg vom Multilateralismus im Rahmen internationaler Organisationen und Abmachungen und forcierten unilaterale Lösungen oder **„Koalitionen der Willigen“**, bei denen die USA jeweils das Sagen hatten. 1992 veröffentlichte die New York Times Auszüge aus einer vertraulichen Studie des Pentagons und des Nationalen Sicherheitsrates, die die Richtung wies: Die Regierung wurde aufgefordert, gegenüber allen Herausforderungen der amerikanischen Vormachtstellung durch Westeuropa, Asien oder die ehemalige Sowjetunion wachsam zu sein. Jegliche Infragestellung ihres Führungsanspruches sollte verhindert werden, das Auftreten eines „Machtvakuums“ in Asien sei zu vermeiden.

So hatte das Ende des Kalten Kriegs der UNO nur einen kurzen Frühling beschert. Die Lücke, die das Verschwinden der zweiten Supermacht hinterlassen hatte, wurde durch sogenannte **„Schurkenstaaten“** (rogue states) und durch den **islamistischen Terror** ausgefüllt, sodass die verbliebene Supermacht USA keinen Grund sah, ihre Potenziale abzurüsten oder der Weltorganisation zur Verfügung zu stellen. Folgerichtig blockierten die USA in den nächsten Jahren auch die multilateralen Abmachungen über die Verbote von biologischen und chemischen Waffen.

„Was denken Sie, wer Sie sind, ein Staat?“ – Mit diesen Worten hatte der US-Außenminister Dean Rusk 1975 den damaligen Generalsekretär U Thant zurechtgewiesen. Zwanzig Jahre später klang es aus dem Mund der Außenministerin Madeleine Albright kaum milder: „Die UN sind das Werkzeug amerikanischer Außenpolitik.“

ufgabe 14 Nennen und erläutern Sie die verschiedenen Erklärungsansätze für den Beginn des Kalten Krieges.

ufgabe 15 Umreißen Sie das US-amerikanische Konzept der Containment-Politik sowie die sowjetische „Zwei-Lager-Theorie".

ufgabe 16 Erläutern Sie, welche Bedeutung der UNO während des Kalten Krieges zukam. Beziehen Sie bei Ihren Überlegungen auch das Schaubild auf Seite 98 mit ein.

ufgabe 17 Erläutern Sie den Begriff der Entspannungspolitik.

ufgabe 18 Legen Sie die Gründe dar, die zu Beginn der 80er-Jahre eine neue Konfrontation der Supermächte auslösten.

3 Das Ende des Kalten Kriegs

17. 9. 1980	Gründung der Gewerkschaft „Solidarność" in Polen
11. 3. 1985	Gorbatschow wird zum Generalsekretär der KPdSU gewählt
11./12. 10. 1986	Sowjetisch-amerikanischen Gipfeltreffen zwischen Gorbatschow und Reagan in Reykjavik
8. 12. 1987	Unterzeichnung des INF-Abkommens
8. 11. 1989	10. Tagung des Zentralkomitees der SED; Rücktritt des Politbüros
31. 7. 1991	Unterzeichnung des START-I-Abkommens
3. 1. 1993	Unterzeichnung des START-II-Abkommens

Wie konnte eine Konfrontation innerhalb weniger Jahre beendet werden, die über vierzig Jahre lang das Denken der Menschen so sehr bestimmt hatte, dass der amerikanische Außenminister McNamara sagte: „Wir lebten den Kalten Krieg, 24 Stunden am Tag."? Hinzu kam, dass in beiden Systemen viele Menschen von der Vorbereitung eines Kriegs lebten, sodass Präsident Eisenhower das Wort vom **„militärisch-industriellen Komplex"** verwendet hatte.

Nach Auffassung der amerikanischen Neokonservativen stand das Ende des Kalten Kriegs in direktem Zusammenhang mit der Standhaftigkeit der USA, die den Konkurrenten Sowjetunion mit ihrer Aufrüstung in die Knie gezwungen habe, wofür das überlegene Wirtschaftssystem die Ressourcen zur Verfügung gestellt hat.

Unerklärlich bliebe dann allerdings, weshalb dieser Vorgang nicht vorher erkennbar war, weshalb auch die politischen Beobachter in den westlichen Geheimdiensten vom Zusammenbruch des östlichen Imperiums überrascht waren und bis zuletzt an eine weitere Offensive des Ostens glaubten. Der englische

Historiker Eric Hobsbawm betont, dass der Kampf zwischen den USA und der Sowjetunion von Anfang an ein **Kampf unter Ungleichen** gewesen sei: „Die Sowjetunion war weder in der Lage eine vergleichbare Last auf sich zu nehmen, noch konnte sie anderen Ländern dabei helfen. Ihre Ausgaben verschlangen zu diesem Zeitpunkt bereits weit mehr von der sowjetischen Produktion – etwa ein Viertel – als der 7-prozentige Anteil vom gewaltigen Bruttosozialprodukt, den die USA Mitte der 80er-Jahre für Rüstungszwecke ausgaben. [...] Am Ende der 70er-Jahre waren die Wirtschaften der Europäischen Gemeinschaft und Japans zusammengenommen schon um 60 % größer als die der USA. Die Bündnispartner der Sowjetunion haben hingegen niemals auf eigenen Füßen gestanden. Sie entzogen der Sowjetunion vielmehr einen konstanten Strom von mehreren Milliarden jährlich." (Hobsbawm)

Ein anderer Ansatz deutet das Ende des Kalten Kriegs als **Spätfolge der Entspannungspolitik** des Westens. Durch die vermehrten Ost-West-Kontakte und eine, wenn auch begrenzte Öffnung der östlichen Systeme nach Westen, und sei es nur der Empfang von westlichen Radio- und Fernsehstationen, sei die Unzufriedenheit in den Ländern des Ostblocks gewachsen und habe sich schließlich trotz verschärfter ideologischer Abgrenzung nicht mehr kontrollieren lassen. Die Satellitenstaaten hätten mit ihren **demokratischen Revolutionen** schließlich die Erosion des Ostblocks bewirkt. Den Anfang dieser Entwicklung machte die polnische Gewerkschaftsbewegung **Solidarność**, die 1980 offiziell ihre Zulassung als unabhängige Arbeitervertretung erreichte. So hätte das Konzept des **„Wandels durch Annäherung"** auf längere Sicht schließlich doch funktioniert.

Für diese These spricht, dass die demokratischen Revolutionen in den östlichen Staaten von Menschen initiiert wurden, die sich ganz bewusst auf die Ergebnisse der Entspannungspolitik der 70er-Jahre beriefen, namentlich auf die **KSZE-Schlussakte**. Erwähnenswert ist in diesem Zusammenhang, dass die östlichen Widerstandsgruppen sich häufig aus Kreisen der Friedens- und Umweltbewegung rekrutierten und über Kontakte zu den entsprechenden westlichen Organisationen verfügten, die im Osten unter strengstes Verbot gestellt waren. So hätte, zugespitzt ausgedrückt, nicht die westliche Aufrüstung, sondern die westliche **Friedensbewegung**, die in den 80er-Jahren die größte Massenbewegung Westeuropas darstellte, den Anstoß für die Revolutionen im Osten gegeben.

Auch zu diesem Punkt vertritt Hobsbawm eine dezidierte Meinung: „Als die sozialistischen Führer dann in den 70er-Jahren beschlossen, die neuerdings verfügbaren Ressourcen des Weltmarktes auszubeuten (Ölpreise, leichte Kreditvergaben usw.), anstatt das harte Geschäft der Reformierung ihres eigenen

Wirtschaftssystems anzugehen, da schaufelten sie sich ihr eigenes Grab [...]. Die Paradoxie des Kalten Kriegs war, dass nicht die Konfrontation schließlich die Sowjetunion besiegen und zugrunde richten sollte, sondern die Détente." (Hobsbawm)

Aus dem Protokoll einer der letzten Sitzungen des SED-Politbüros im November 1989 geht hervor, dass auch die DDR massiv im Westen verschuldet war und seit 1973 über ihre Verhältnisse gelebt hatte: 62 % des Planexports in westliche Länder mussten für die Zinsen an westliche Banken ausgegeben werden.

Wie auch immer man diese Faktoren gewichtet, zentral für die Erklärung des Endes des Kalten Kriegs ist das Phänomen **Gorbatschow**. Auch wenn sein Versuch, die Sowjetunion mit **„Glasnost" und „Perestroika"** zu reformieren, scheiterte, so gelang es ihm, die zunächst skeptische amerikanische Regierung zu überzeugen, dass er seine Friedenspolitik ernst meinte. So endete der Kalte Krieg praktisch bereits auf den **sowjetisch-amerikanischen Gipfeltreffen** zwischen Gorbatschow und Reagan in **Reykjavik** (1986) und **Washington** (1987). Mit seiner schlichten Einsicht, dass bei Abrüstungen der, der mehr hat, auch mehr abgeben müsse, öffnete Gorbatschow den Weg zum INF-Abkommen (doppelte Nulllösung) und zum KSE-Vertrag (s. S. 93). Mit den **START-Verträgen** (Strategic Arms Reduction Talks) von 1991 und 1993 gelang die Reduzierung der strategischen Atomwaffen um ca. zwei Drittel und ein Verbot von Mehrfachsprengköpfen. Schon 1986 hatte Gorbatschow das Disengagement der Sowjetunion in der Dritten Welt erklärt, die nun ihren „Sozialismus" aus „eigener Kraft" aufbauen müsse. An die Stelle der Breschnew-Doktrin trat die **„Sinatra"-Doktrin**, nach der jedes Land des sowjetischen Herrschaftsbereichs in Anspielung auf den amerikanischen Sänger Frank Sinatra seinen eigenen Weg („My way") gehen könne.

Aufgabe 19 Skizzieren Sie die verschiedenen Erklärungen für das Ende des Kalten Krieges.

Aufgabe 20 (materialgestützt)

a) Arbeiten Sie die zentralen Inhalte der Ansprache Kennedys heraus.
b) Ordnen Sie die Kuba-Krise in den historischen Kontext ein.

M 1: Fernsehrede des amerikanischen Präsidenten J. F. Kennedy, 22. 10. 1962

Aber diese geheime, schnelle und außerordentliche Massierung kommunistischer Raketen – in einem Gebiet, von dem sehr gut bekannt ist, dass es besondere und geschichtliche Bindungen zu den Vereinigten Staaten und den Nationen der westlichen Hemisphäre hat – diese plötzliche und heimliche Entscheidung, zum ersten Male außerhalb der Sowjetunion strategische Waffen zu stationieren, ist eine absichtlich provokatorische und ungerechtfertigte Veränderung des Status quo, die von unserem Land nicht hingenommen werden kann, wenn unser Mut und unsere Versprechen von Freund und Feind noch ernst genommen werden sollen.

Die dreißiger Jahre haben uns deutlich gelehrt: Aggressive Haltung führt, wenn sie unbeschränkt und unwidersprochen wachsen kann, letztlich zum Krieg. Unsere Nation lehnt den Krieg ab. Wir halten aber unser Wort. Unser unerschütterliches Ziel muss es deshalb sein, den Einsatz dieser Raketen gegen dieses oder irgendein anderes Land zu verhindern und ihren Abzug oder ihre Beseitigung aus der westlichen Hemisphäre sicherzustellen.

Unsere Politik war auf Geduld und Zurückhaltung gerichtet, wie es einer friedliebenden und mächtigen Nation gebührt, die eine weltweite Allianz anführt. Wir sind entschlossen gewesen, uns nicht durch Fanatiker von unseren Hauptsorgen ablenken zu lassen. Jetzt aber ist weiteres Handeln erforderlich – und wir arbeiten daran. Wir werden nicht verfrüht oder unnötigerweise einen weltweiten Kernwaffenkrieg riskieren, bei dem selbst die Früchte des Sieges in unserem Munde zu Asche würden. Aber wir werden vor diesem Risiko auch nicht zurückschrecken, wenn wir ihm gegenüberstehen. [...]

Wir haben in der Vergangenheit angestrengte Bemühungen unternommen, die Ausbreitung von Kernwaffen zu begrenzen. Wir haben vorgeschlagen, alle Waffen und Militärstützpunkte im Rahmen eines fairen und wirksamen Abrüstungsvertrages abzuschaffen. Wir sind bereit, neue Vorschläge für die Beseitigung von Spannungen auf beiden Seiten zu diskutieren, einschließlich der Möglichkeit eines wirklich unabhängigen Kubas, das sein Schicksal frei bestimmen kann. Wir haben nicht den Wunsch, mit der Sowjetunion Krieg zu führen, denn wir sind ein friedliebendes Volk, das mit allen Völkern in Frieden leben möchte.

Aber es ist schwierig, diese Probleme in einer Atmosphäre der Einschüchterung zu regeln oder nur zu diskutieren. Darum muss und wird dieser jüngsten sowjetischen Bedrohung, oder anderen Bedrohungen, die entweder unabhängig oder im Zusammenhang mit unseren Aktionen dieser Woche unternommen werden, mit Entschlossenheit begegnet werden. Jede feindselige Handlung gegen die Sicherheit und Freiheit von Völkern, denen wir verpflichtet sind, einschließlich insbesondere der tapferen Bevölkerung Westberlins, wird mit jeder notwendigen Aktion beantwortet werden.

Zitiert nach: Angermann, Erich, Die Vereinigten Staaten von Amerika als Weltmacht, Stuttgart: Klett 1997, S. 72–74 (an die neue Rechtschreibung angepasst).

Die Bundesrepublik Deutschland

1 Die Bundesrepublik Deutschland – ein „gewolltes Provisorium“

17. 7.–2. 8. 1945	Konferenz von Potsdam (2. 8.: Potsdamer „Abkommen“)
24. 6. 1948–12. 5. 1949	Berlin-Blockade
10. 7. 1948	Koblenzer Beschlüsse der 11 westdeutschen Ministerpräsidenten – Staat als Provisorium
12. 8. 1970	Moskauer Vertrag
7. 12. 1970	Warschauer Vertrag
3. 9. 1971	Viermächte-Abkommen über Berlin
17. 12. 1971	Transitabkommen zwischen der Bundesrepublik und West-Berlin
17. 5. 1972	Ratifizierung der Ostverträge im Bundestag
26. 5. 1972	Verkehrsvertrag zwischen der Bundesrepublik und der DDR
3. 6. 1972	Viermächte-Schlussprotokoll zum Abkommen über Berlin; Inkrafttreten der Ostverträge
21. 12. 1972	Grundlagenvertrag

1.1 Das Grundgesetz

Das im **Mai 1949** beschlossene Grundgesetz verarbeitete die Erfahrungen, die man mit der Verfassung der Weimarer Republik und den von ihr ausgehenden Strukturschwächen gemacht hatte. Insofern konnten die Mitglieder des Parlamentarischen Rates ihre Vorstellungen von einer künftigen politischen Struktur des westdeutschen Staates verwirklichen.

Das Grundgesetz knüpft an die bundesstaatliche Struktur der Weimarer Republik an (1934 im 2. Ermächtigungsgesetz beseitigt) und erklärt die Bundesrepublik zu einem **Bundesstaat** (Art. 20,1), dessen **Staatsgewalt beim Volk** liegt (Art. 20,2). Die Priorität der Gesetzgebung liegt bei den Ländern (Art. 70,1), die Gesetzgebung des Bundes ist ausschließlich in konkurrierenden Fällen (nach Art. 72) übergeordnet, sonst auf die Fälle beschränkt, die im Grundgesetz selbst ausdrücklich genannt sind (Art. 70,1 und 73). Diese Priorität der Länder setzt sich im Bereich der Exekutive fort, wo der Bund selbst nur wenige ausführende Organe (Zoll, Bundesgrenzschutz) hat.

Die Gesetzgebung des Bundes liegt beim **Bundestag**, der von den wahlberechtigten Bundesbürgern in freier, gleicher, allgemeiner, unmittelbarer und geheimer Wahl gewählt wird. Dasselbe gilt für die Landesparlamente.

Die Länder wirken über den **Bundesrat** an der Gesetzgebung mit. Er ist keine zweite Parlamentskammer wie z. B. der französische oder US-amerikanische

Senat, sondern die Vertretung der Länder beim Bund. Er besteht aus Mitgliedern der Landesregierungen bzw. ihren stimmberechtigten Vertretern, wird demnach weder von der Bevölkerung der Länder noch von den Landtagen gewählt. Sind Gesetze an die Zustimmung des Bundesrates gebunden, kann er den Bundestagsbeschluss zurückweisen, das Gesetz also ablehnen, bzw. eine Änderung verlangen. Bei Gesetzen, die nicht die Zustimmung des Bundesrates brauchen, muss der Bundestag mehrheitlich den Einspruch zurückweisen.

Den rechtsstaatlichen Charakter der Bundesrepublik garantieren zunächst die den eigentlichen Verfassungsbestimmungen vorangestellten **Grundrechte**, die nicht mehr nur deklamatorischen Charakter haben, sondern **unmittelbar geltendes Recht** bilden (und damit einklagbar sind). Sie dürfen in keinem Fall, auch nicht durch die Änderung des Grundgesetzes selbst, in ihrem „Wesensgehalt angetastet werden" (Art. 1 und 20 sind der unveränderbare „Verfassungskern"). Die „verfassungsmäßige Ordnung" bindet die Legislative, deren Gesetze wiederum („Gesetz und Recht") sind für Exekutive und Justiz verpflichtend. Darüber hinaus werden ausdrücklich „die allgemeinen Regeln des Völkerrechts" zum unmittelbar bindenden Recht erhoben (Art. 25). Die Erfahrung mit dem Widerstand im Dritten Reich und dem Gewissenskonflikt, in dem viele Widerstandskämpfer standen, floss in den Art. 20,4 ein, der das Widerstandsrecht „gegen jeden, der es unternimmt, diese Ordnung zu beseitigen", festschreibt.

Das Regierungssystem der Bundesrepublik ist das der mittelbaren, das heißt **repräsentativen Demokratie**. Erfahrungen aus der Zeit der Weimarer Republik haben die Verfassungsväter bewogen, die Mitwirkung des Volkes auf die Wahl des Bundestags zu beschränken. Darüber hinaus sieht das Grundgesetz keine unmittelbare Mitwirkung vor. Der gewählte Bundestag seinerseits wählt den Bundeskanzler, der die Minister bestimmt. Der Bundeskanzler kann nur über das **„konstruktive Misstrauensvotum"** gestürzt werden, d. h. wenn sich gleichzeitig im Bundestag eine Mehrheit für die Wahl eines neuen Kanzlers findet. Die starke Stellung des Kanzlers soll ihn für „destruktive" Mehrheiten unangreifbar machen (Lehre aus Weimar).

Die Rolle des Volkes im politischen Willensbildungsprozess ist dennoch gewahrt, indem nach Art. 21 die Parteien ein verfassungsmäßig garantiertes Mitwirkungsrecht haben. Diese Kanalisierung der Individualinteressen, verbunden mit einem Wahlrecht, das **Verhältnis- und Mehrheitswahl** verbindet („personalisierte Verhältniswahl"), den Einzug ins Parlament aber von einer bestimmten Stimmenzahl **(5 %-Klausel)** abhängig macht, soll eine Aufsplitterung der politischen Kräfte verhindern und ein stabiles Regierungssystem gewährleisten. Die Ausformung zweier großer Massenparteien in der Bundesrepublik schien bisher dieser Verfassungskonstruktion Recht zu geben.

Der **Bundespräsident** hat rein repräsentative Aufgaben. Er wird von der Bundesversammlung, bestehend aus Bundestagsabgeordneten und einer gleichen Anzahl Abgesandter, die von den Landesparlamenten nach dem Verhältniswahlrecht bestimmt werden, gewählt. Er steht von der Definition seines Amtes her über den Parteien, weshalb Amt und Person des Präsidenten auch der direkten Volkswahl und damit dem Wahlkampf (wie in der Weimarer Republik oder in Frankreich) entzogen sind. Der Bundespräsident schlägt dem Bundestag den Bundeskanzler zur Wahl vor und ernennt ihn. In der politischen Praxis geht dieses „Vorschlagsrecht" auf intensive Kontakte, hauptsächlich mit der Regierungskoalition, zurück. Auch die Bundesminister ernennt er auf Vorschlag des Bundeskanzlers, der in deren Auswahl nicht an die Regierungskoalition gebunden ist.

Die Einhaltung der Bestimmungen des Grundgesetzes wird vom **Verfassungsgericht** kontrolliert, dessen Urteil für die Bundesorgane zwingend ist.

Das politische System der Bundesrepublik

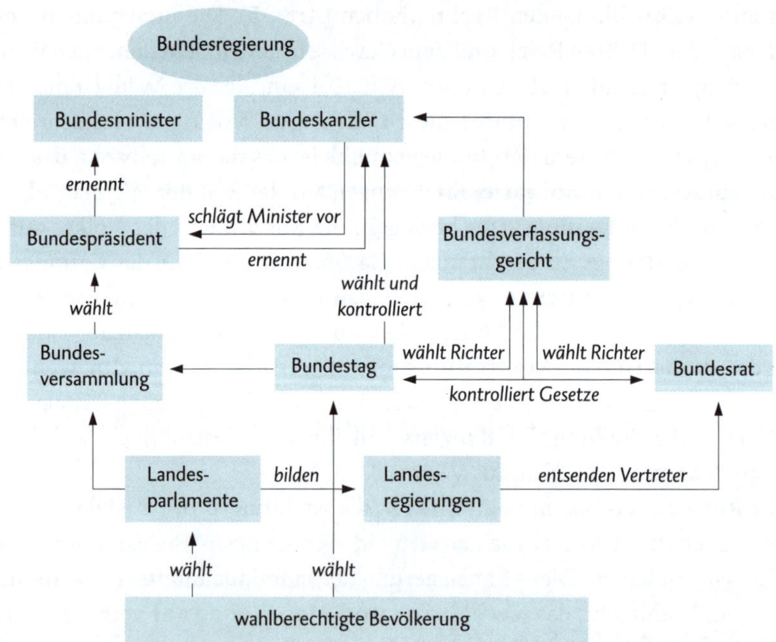

1.2 Der Staat als Provisorium

Grundsätze der Politik

Das Ziel der Bundesregierung musste es nach der Staatsgründung sein, einerseits die **außenpolitische Handlungsfreiheit** zurückzugewinnen, andererseits die vorenthaltene **nationale Einheit** zu verwirklichen. Dass diese Ziele nur innerhalb einer auf Frieden gerichteten Politik zu verwirklichen waren, verstand sich auch ohne den Einfluss der Alliierten von selbst. Grundfrage war, ob diese Ziele innerhalb oder außerhalb einer **westeuropäischen Integration** zu verwirklichen waren. Die politische Argumentation der 50er-Jahre fragte daher bei jeder Entscheidung, ob sie die Spaltung Deutschlands zementiere oder ein Schritt sei in Richtung auf die Wiedervereinigung.

Spätestens seit der Berlin-Blockade (24. 6. 1948–12. 5. 1949) war klar, dass es kein Zusammenwirken der Alliierten in der Deutschland-Frage mehr gab. Folgerichtig hatte daher der Berliner Bürgermeister Ernst Reuter im Juli 1948 darauf verwiesen, dass die **Spaltung bereits eine Tatsache** sei und keine bloße Gefahr mehr.

Selbstverständnis des Staates

Nach dem Willen der westdeutschen Ministerpräsidenten, wie er Grundlage der Koblenzer Beschlüsse vom 10. Juli 1948 war, sollte der neue Staat eine **Übergangslösung** bis zur Wiedererrichtung des gemeinsamen deutschen Staates sein. Dem entsprach es, dass nicht, wie von den Alliierten ursprünglich gefordert, eine Nationalversammlung zusammentrat, um eine Verfassung zu beschließen, die dann in einer Volksabstimmung ratifiziert würde, sondern dass ein Parlamentarischer Rat ein Grundgesetz ausarbeitete, das dann die Landtage (als demokratisch legitimierte Organe) annahmen.

Kernfrage der staatlichen Existenz der Bundesrepublik ist ihr Verhältnis zum Deutschen Reich, das 1871 gegründet wurde und 1945 militärisch kapitulierte. Dieses Deutsche Reich überdauerte die militärische Kapitulation vom 7./8. Mai und die Gefangennahme der Reichsregierung am 23. Mai 1945. Die Alliierten erklärten in keiner ihrer Verlautbarungen das Deutsche Reich für erloschen, im Gegenteil – die Erklärung vom 5. Juni 1945 weist ausdrücklich den Siegermächten die „oberste Gewalt hinsichtlich Deutschlands, einschließlich aller Befugnisse der deutschen Regierung" zu, und gibt ihnen auch das Recht, „zu einem späteren Zeitpunkt die Grenzen Deutschlands oder eines Teils von Deutschland sowie den Status Deutschlands" festzulegen. Auf den definitiven Umfang des fortexistierenden Deutschen Reiches aber haben sich die Alliierten in keiner ihrer Erklärungen festgelegt.

Nach der Gründung von Bundesrepublik und DDR musste deren Verhältnis zum alten Deutschen Reich geklärt werden. Hierfür gibt es in der Theorie des Staatsrechts mehrere Möglichkeiten: Die erste Möglichkeit besteht darin, dass das Deutsche Reich de facto erloschen ist, und zwar entweder durch Aufspaltung in zwei Teile **(Dismembration)** oder durch Abspaltung eines Teils vom anderen **(Separation)**; die zweite Möglichkeit wäre der Fortbestand des Reichs, dann aber hätte geklärt werden müssen, welcher der beiden Staaten es fortsetzte **(Kontinuitätsproblem)**.

Für die Frage nach der Rechtslage des Deutschen Reiches boten sich mehrere Modelle an: Die sog. **Identitätstheorie** geht davon aus, dass der jeweils eigene Staat das alte Reich rechtmäßig fortsetzte, wobei die Staatsorgane auf ihren eigenen Teil beschränkt waren. Sie wurde mit dem Begriff der **„Teilidentität"** auf die Bundesrepublik bezogen schärfer gefasst: Die Bundesrepublik setzte das Deutsche Reich nur innerhalb des Geltungsbereichs des Grundgesetzes fort, das Gebiet der DDR gehörte zwar ebenfalls zum Reich, befand sich aber (zeitweilig) in einer anderen Organisationsform. Die **Kernstaatstheorie** sah nur die Bundesrepublik als mit dem Deutschen Reich identisch an, dieses war demnach auf den Geltungsbereich des Grundgesetzes zusammengeschrumpft. Die **Teilordnungslehre** dagegen geht von der Voraussetzung aus, dass innerhalb des (fortbestehenden) alten Reiches sowohl die Bundesrepublik als auch die DDR verschiedene, prinzipiell gleichberechtigte Ordnungen verwirklicht haben. Beide Regierungen blieben dem Interesse des Gesamtstaates verpflichtet. Die Identitätsfrage wurde vom **Bundesverfassungsgericht** in einem **Urteil zum Grundlagenvertrag** mit der DDR vom 31. Juli 1973 so formuliert:

1. Das Deutsche Reich hat den Zusammenbruch von 1945 überdauert und ist nicht untergegangen.
2. Das Deutsche Reich ist rechtsfähig, aber, weil es keine Staatsorgane hat, nicht handlungsfähig.
3. Mit der Errichtung der Bundesrepublik wurde kein neuer Staat gegründet, sondern ein Teil des alten Staates neu organisiert. Die Bundesrepublik ist also kein „Rechtsnachfolger" des Deutschen Reiches, sondern als Staat identisch mit dem Staat „Deutsches Reich".
4. In Bezug auf die räumliche Ausdehnung ist diese Identität eine „Teilidentität", sodass der andere Teil nicht ausgeschlossen wird.
5. Die Bundesrepublik geht von der Existenz eines einheitlichen Staatsvolkes aus, zu dem die Bevölkerung der Bundesrepublik gehört, und eines einheitlichen Staatsgebietes Deutsches Reich, zu dem gleichfalls das Gebiet der Bundesrepublik als nicht abtrennbarer Bestandteil gehört.

Deutschland „in den Grenzen von 1937"?

Da es keine eindeutigen Verfügungen der Alliierten gab, ging die Bundesrepublik bis zum Deutschlandvertrag 1990 offiziell nicht nur von der Fortexistenz des Deutschen Reiches aus, sondern auch vom **Weiterbestand der Vorkriegsgrenzen**, wie sie zum 31. Dezember 1937 bestanden hatten. Ersteres legte das Bundesverfassungsgericht seinem Urteil zum Grundlagenvertrag mit der DDR zugrunde, Letzteres seinem Beschluss zu den Ostverträgen vom 7. Juli 1975. Dazu sind aber einige Punkte aus den vorstehenden Ausführungen zu wiederholen und zu betonen:

Wenn in den Verhandlungen und Verträgen der Alliierten von „Deutschland in den Grenzen von 1937" die Rede ist, dann allein in dem Zusammenhang, dass festgestellt wird, was nicht dazugehört: Das sind alle Erwerbungen und Annexionen von 1938 bis 1940. Eine völkerrechtlich verbindliche Definition der Grenzen war mit dieser Verwaltungsvereinbarung nicht getroffen. Damit haben die Alliierten aber kraft ihres Rechts als Sieger klar alle Ansprüche auf Österreich, das Sudetenland und das Memelgebiet abgewiesen.

Auf der **Potsdamer Konferenz** im Sommer 1945 konnten die Alliierten sich nicht einigen, was genau unter „Deutschland" zu verstehen sei. Auch anlässlich der Ostverträge 1970/72 gab es keine übereinstimmende Erklärung der vier Mächte zum Umfang des Begriffs „Deutschland".

Die Zuweisung der Gebiete östlich der Oder an Polen zur Entschädigung für die Verluste im Osten entsprach durchweg dem Willen sowohl Churchills als auch Roosevelts. Sie wurde erst im weiteren Verlauf der Reparations-Diskussionen wieder kritisiert, als die USA die Berechnung der Reparationen auf der Grundlage „Deutschlands von 1937" forderten.

Die Lösung der Gebiete jenseits von Oder und Neiße aus der sowjetischen Besatzungszone im Art. 9 des Potsdamer Protokolls bedeutete gleichzeitig eine Herauslösung aus der Zuständigkeit der Vier Mächte für Gesamtdeutschland.

Mit der **Wiedervereinigung** und dem **Deutschlandvertrag 1990** haben die Bundesregierung und die (noch amtierende) Regierung der DDR formell die Zugehörigkeit der Ostgebiete zu Polen bzw. zur UdSSR bestätigt; damit ist der politische Begriff **„Deutschland"** definitiv auf das **Gebiet der „neuen" Bundesrepublik** (Bundesrepublik plus DDR) begrenzt. Die vom Grundgesetz formulierte Vollendung „der Einheit und Freiheit Deutschlands" sollte aber auch über die bloß nationalstaatliche Perspektive hinausgehen und im Hinblick auf die Öffnung oder gar Beseitigung aller Grenzen in Europa den veränderten Bedingungen am Ende des 20. Jahrhunderts entsprechen.

Nationale Einheit und Wiedervereinigung als Kernbereiche der Deutschen Frage

Aspekte der Deutschen Frage

- *historisch:* Entstehung zweier deutscher Staaten als Folge des Ost-West-Konflikts und ihre Integration in die Blöcke
- *europäisch:* Enge Verknüpfung von Deutscher Frage und europäischer Politik; Lösung nur im europäischen Rahmen möglich
- *territorial:* Oder-Neiße-Grenze, innerdeutsche Grenze, Teilung Deutschlands
- *juristisch:* Völkerrechtlicher Status Deutschlands bzw. der beiden deutschen Staaten
- *politisch:* Existenz zweier deutscher Staaten mit konträren Gesellschaftssystemen

Charakteristika und Aufgaben der Deutschen Frage

- Wahrung der staatlichen und nationalen Einheit
- Beitrag zum Frieden
- provisorischer Charakter des Grundgesetzes
- Das gesamte deutsche Volk soll seine Einheit und Freiheit in freier Selbstbestimmung verwirklichen.
- Verwirklichung der Einheit über Art. 23 (Beitritt anderer Teile) oder 146 (neue Verfassung als Grundlage des vereinigten Deutschland)
- enge Verknüpfung der Deutschen Frage mit der europäischen Politik; Lösung der deutschen Frage nur im europäischen Rahmen möglich

Aufgabe 21 Erläutern Sie zentrale Prinzipien des Grundgesetzes sowie die Funktionen der wichtigsten Verfassungsorgane.

Aufgabe 22 Erläutern Sie das völkerrechtliche Selbstverständnis der Bundesrepublik.

2 Die Ära Adenauer (1949–1963)

16. 2. 1946	Loslösung des Saarlands aus dem Gebiet der Besatzungszonen
3. 2. 1947	Ahlener Programm: Wirtschafts- und Sozialprogramm der nordrhein-westfälischen CDU
20. 3. 1948	Sowjetunion verlässt Alliierten Kontrollrat
16. 4. 1948	Gründung der „Organisation für europäische wirtschaftliche Zusammenarbeit" (OEEC) zur Koordination der Marshallplan-Hilfe
10. 7. 1948	Koblenzer Beschlüsse der 11 westdeutschen Ministerpräsidenten – Staat als Provisorium
28. 4. 1949	Ruhrstatut
14. 8. 1949	Wahlen zum 1. Deutschen Bundestag
21. 9. 1949	Inkrafttreten des Besatzungsstatuts
7. 10. 1949	Gründung der DDR
22. 11. 1949	Petersberger Abkommen
15. 12. 1949	Beitritt Deutschlands zur OEEC
9. 5. 1950	Schuman-Plan zur Bildung einer westeuropäischen Montanunion
15. 6. 1950	Bundesrat beschließt den Beitritt zum Europarat
24. 10. 1950	Pleven-Plan zur Gründung einer Europäischen Verteidigungsgemeinschaft
18. 4. 1951	Europäische Gemeinschaft für Kohle und Stahl (Montanunion)
7. 6. 1951	Inkrafttreten des Montanmitbestimmungsgesetzes
10. 3. 1952	Angebot Stalins zur Wiedervereinigung Deutschlands
26. 5. 1952	Deutschlandvertrag
23. 7. 1952	Inkrafttreten der Montanunion
14. 8. 1952	Verabschiedung des Lastenausgleichsgesetzes
10. 9. 1952	Wiedergutmachungsvertrag mit Israel
27. 2. 1953	Londoner Schuldenabkommen
5. 3. 1953	Tod Stalins
17. 6. 1953	Volksaufstand in der DDR
30. 8. 1954	Ablehnung des EVG-Vertrags durch die französische Nationalversammlung
28. 9.– 3. 10. 1954	Londoner Neunmächte-Konferenz (Großbritannien, Frankreich, Italien, USA, Kanada, Beneluxländer, Bundesrepublik Deutschland)
23. 10. 1954	Pariser Verträge (Beitritt der Bundesrepublik zu NATO und WEU) Europäisches Saarstatut
15. 1. 1955	„Erklärung zur Deutschlandfrage" der Sowjetunion
5. 5. 1955	Ratifizierung der Pariser Verträge durch den Bundestag Souveränitätserklärung der Bundesrepublik
9. 5. 1955	Beitritt der Bundesrepublik zur NATO
15. 5. 1955	Unterzeichnung des Österreichischen Staatsvertrags durch die Besatzungsmächte und Österreich
Juli 1955	Genfer Gipfelkonferenz der Regierungschefs der vier Siegermächte

9.–14. 9. 1955	Besuch Adenauers in Moskau
23. 9. 1955	„Hallstein-Doktrin“
23. 10. 1955	Volksabstimmung im Saarland über das Saarstatut
12. 11. 1955	Gründung der Bundeswehr
7. 7. 1956	Verabschiedung des Wehrpflichtgesetzes durch den Bundestag
17. 8. 1956	Verbot der KPD
1. 1. 1957	Eingliederung des Saarlandes in die Bundesrepublik
23. 2. 1957	Verkündung der Rentenreform (dynamische Rente)
25. 3. 1957	Römische Verträge (Gründung von EWG und EURATOM)
26. 7. 1957	Gründung der Deutschen Bundesbank mit Sitz in Frankfurt am Main
27. 11. 1958	Erstes Berlin-Ultimatum Chruschtschows
11. 5.– 20. 6. 1959	Deutschlandkonferenz der Außenminister der vier Mächte in Genf (Fortsetzung: 13. 7.–5. 8. 1959)
15. 11. 1959	Godesberger Programm der SPD
26. 10. 1962	Beginn der Spiegel-Affäre
1963–1966	Auschwitz-Prozesse
22. 1. 1963	Élysée-Vertrag
15. 10. 1963	Rücktritt Adenauers als Bundeskanzler
1966–1969	Große Koalition
30. 5. 1968	Verabschiedung der Notstandsgesetze durch den Bundestag
1969–1982	Sozialliberale Koalition
3. 9. 1971	Viermächte-Abkommen über Berlin

Nach dem knappen Ausgang der ersten Bundestagswahl am 14. August 1949 zugunsten der CDU/CSU (31,0 %) vor der SPD (29,2 %) wurde **Konrad Adenauer**, der Vorsitzende der CDU in der britischen Besatzungszone, am 15. September 1949 mit genau der erforderlichen absoluten Mehrheit zum **ersten Bundeskanzler der Bundesrepublik Deutschland** gewählt. Der ehemalige Oberbürgermeister von Köln, nach 1933 von den Nationalsozialisten entlassen, hatte als Präsident des Parlamentarischen Rates (1948) zusammen mit Carlo Schmid (SPD) das Grundgesetz entscheidend mitgestaltet. Auch die Wahl Bonns als provisorische Hauptstadt ging wesentlich auf ihn zurück, Adenauer interpretierte den Wahlausgang als Absage an die planwirtschaftlichen Vorstellungen der SPD und als Zustimmung zum Konzept der **sozialen Marktwirtschaft** von Wirtschaftsminister **Ludwig Erhard**. Zwar gab es in der Union Befürworter einer großen Koalition mit der SPD, jedoch hatte Adenauer bereits vor der Wahl die Weichen für eine Koalition aus CDU/CSU, FDP und DP (Deutsche Partei) gestellt, die er mit seiner Art der Verhandlungsführung ohne Konsultation des Parlaments und autoritärem Führungsstil klar dominierte, sodass das politische System als „**Kanzlerdemokratie**“ bezeichnet wurde.

2.1 Die Westintegration

Alternativen in der Auslands- und Deutschlandpolitik

Angesichts des sich zuspitzenden Ost-West-Gegensatzes musste sich die junge Bundesrepublik auf die neue außenpolitische Situation einstellen. Dabei wurden verschiedene Optionen erwogen: Die Kommunisten hielten an ihrer Bindung an die Sowjetunion fest. Eine Gruppe, unter ihnen Jakob Kaiser (CDU), plädierte für einen Ausgleich. Wollte man auf die SBZ nicht verzichten, musste man sich mit der UdSSR arrangieren. Deutschlands Aufgabe sei es, **„Brücke** zu sein **zwischen Ost und West"**. Kaiser erwog auch die Möglichkeit, den deutschen, christlichen Sozialismus mit dem Marxismus zu vereinigen, um in der UdSSR Vertrauen für ein geeintes und neutrales Deutschland zu schaffen. Mit dieser Idee fand er Unterstützung bei den Sozialdemokraten, z. B. durch den ehemaligen Reichstagspräsidenten Paul Löbe und den Regierenden Bürgermeister von Berlin Ernst Reuter.

Eine zweite Gruppe wollte einen **„anti-sowjetischen" Block sozialistischer Staaten in Mittel- und Westeuropa** schaffen, d. h. ein sozialistisches Europa. Nach der von Alfred Andersch und Hans Werner Richter herausgegebenen Zeitschrift „Der Ruf" war es die Aufgabe der deutschen Jugend, „den Sozialismus des Ostens und die Demokratie des Westens" zu verbinden, indem sie den Sozialismus demokratisiere und die bürgerliche Demokratie sozialisiere, d. h. mit dem Grundsatz der sozialen Gerechtigkeit verknüpfe.

Andere, wie Konrad Adenauer, lehnten solche Modelle als unrealistisch ab. Sie wollten ein aus den drei Westzonen bestehendes, **an die westlichen Demokratien gebundenes Rumpfdeutschland** als Gravitationszentrum einer späteren Wiedervereinigung. Auch die SPD um Kurt Schumacher lehnte die drei ersten Optionen ab, forderte aber ein „Primat der Wiedervereinigung". Wie Adenauer propagierte Schumacher die Option für den Westen, wollte aber wie die übrigen sozialistischen Parteien Westeuropas eine **Integration unter dem Vorzeichen des „demokratischen Sozialismus"**. Schumacher erwartete, dass dieser die Staaten wirtschaftlich derart stärken würde, dass die so erreichte ökonomische Überlegenheit eine unwiderstehliche Anziehungskraft vor allem auf die SBZ ausüben würde (**„Magnet-Theorie"**).

Die Westeuropa-Konzeption Adenauers

Schon unmittelbar nach dem Ersten Weltkrieg hatte Adenauer als Kölner Oberbürgermeister den Plan verfolgt, das rheinisch-westfälische Industriegebiet aus der politischen Verbindung zu Preußen zu lösen und unter einem Autonomiestatut mit der Wirtschaft Frankreichs und Belgiens zu verflechten. Sein Argument war, dass Sicherheit und Vertrauen nur dann wachsen könnten, wenn die wirtschaftlichen und politischen Interessen so eng miteinander verknüpft seien, dass eine Verletzung der Interessen des anderen auch eine Gefahr für die eigenen Interessen bedeuten würde.

Adenauer sah sich 1945 durch die politische Entwicklung in seiner Auffassung bestätigt. Es lag nahe, nach dem verlorenen Zweiten Weltkrieg, der Frankreichs Sicherheitsinteressen verstärkt haben musste, an diese Konzeption anzuknüpfen. Adenauer nahm ab August 1945 Verbindung zu französischen Militärs auf und entwickelte die Vorstellung von einer **Konföderation westdeutscher Staaten**, die vor allem eine voneinander unabhängige Außenpolitik betreiben sollten. Der Erfolg blieb Adenauer allerdings durch die anderweitigen Pläne der Alliierten verwehrt.

Deutsche Positionen in der Außen- und Deutschlandpolitik 1945–1949

„Primat der Einheit" Kurt Schumacher, SPD:	Der „Dritte Weg" Jakob Kaiser, CDU:	„Primat der Westintegration" Konrad Adenauer:
• Bildung eines westeuropäischen Blockes sozialistischer Staaten mit Westdeutschland • Dieser Block wird aufgrund seiner ökonomischen Stärke als „Magnet" auf die SBZ wirken.	• Mittlerfunktion (Brückenfunktion) Deutschlands zwischen Ost und West • Verbindung des „christlichen Sozialismus" mit dem Marxismus als Alternative zu Kapitalismus und Kommunismus • Deutschland müsse sich eindeutig zum Frieden bekennen.	• Einigung Europas dient französischem Sicherheitsdenken. • Westdeutschland muss sich ins westliche Lager integrieren. • Die föderalistische Europaidee ermöglicht Deutschland das Ende der Isolation. • Für Gleichberechtigung muss Deutschland Vorleistungen bringen (Wiederbewaffnung). • Die wirtschaftliche Stärke des Westens ist ein „Magnet" für den Osten.

Das Petersberger Abkommen

Vorrangiges **Ziel** der Bundesregierung 1949 war, die durch Besatzungs- und Ruhrstatut eingeschränkte **politische Handlungsfreiheit** zurückzugewinnen. Das konnte nach Adenauers Ansicht nur durch eine Politik erreicht werden, die in verstärktem Maß um Vertrauen warb und die Integration der Bundesrepublik in die westeuropäische Staatengemeinschaft förderte, wie es auch den amerikanischen Plänen entsprach. Der erste Schritt dazu war der Abschluss des Petersberger Abkommens am 22. November 1949, mit dem die Bundesrepublik dem **Ruhrstatut** vom 28. April 1949 beitrat.

Das Abkommen sah eine erhebliche **Einschränkung der Demontagen** vor. Von den noch 744 zur Demontage vorgesehenen Betrieben blieben nur wenige übrig. Mit der Unterzeichnung konnte die Bundesrepublik **internationalen Organisationen beitreten** und erhielt das Recht, **konsularische Beziehungen** zu anderen Staaten aufzunehmen, d. h. sich bei anderen Staaten selbst zu vertreten und die Rechte der Deutschen im Ausland selbst zu wahren. In der Folge trat die Bundesrepublik am 15. Dezember 1949 durch die Unterzeichnung des ERP-Abkommens mit den USA als 17. Mitgliedsstaat der **OEEC** bei und konnte so über die Verwendung der Marshallplan-Gelder mitbestimmen. 1950 wurde die Bundesrepublik assoziiertes Mitglied im **Europarat**, nachdem der Bundestag am 15. Juni 1950 den Beitritt beschlossen hatte.

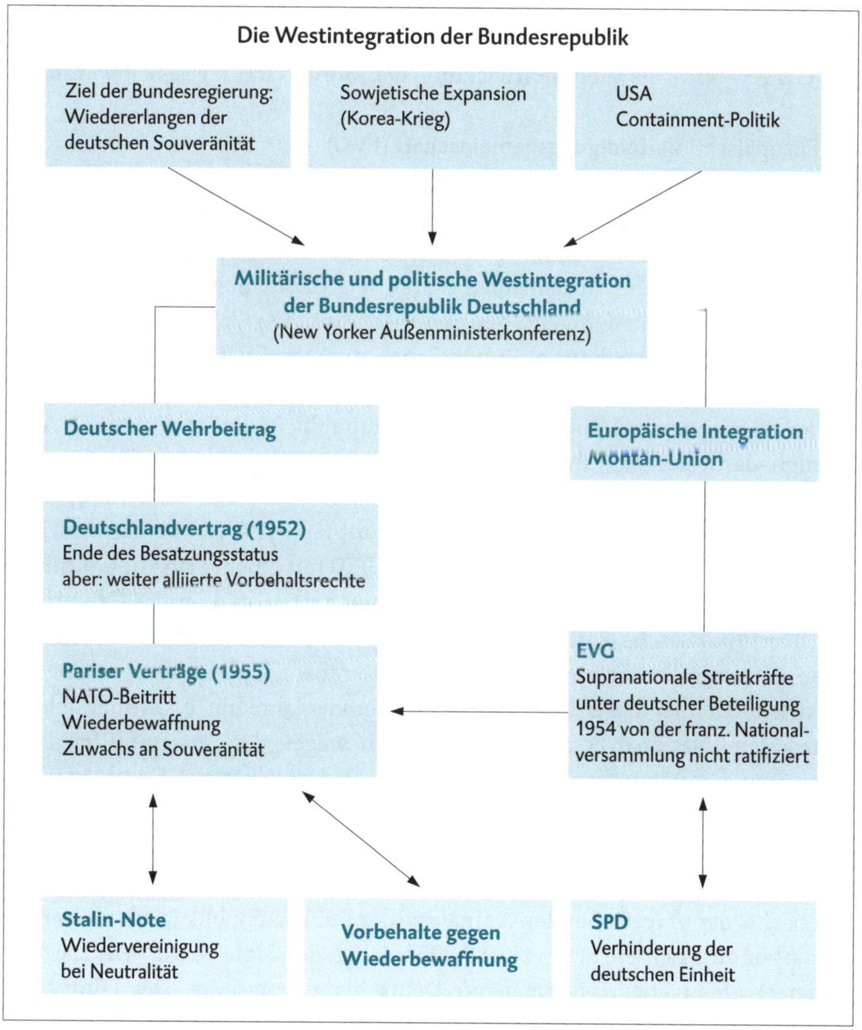

Montanunion und EWG

Am 9. Mai 1950 gab der französische Außenminister Robert **Schuman** einen Plan bekannt, der die Kohle- und Stahlproduktion Deutschlands, Frankreichs, der Benelux-Länder und Italiens aus der alleinigen nationalen Zuständigkeit herausnehmen und in einer **„Europäischen Gemeinschaft für Kohle und Stahl"** (EGKS), Montanunion genannt, zusammenfassen sollte. Dies sollte dazu beitragen, den Gegensatz zwischen Deutschland und Frankreich und vor allem die Ängste vor einem wieder erstarkten Deutschland zu überwinden.

Mit der Unterzeichnung des Abkommens am 18. April 1951 und seinem Inkrafttreten im Juli 1952 wurde das Ruhrstatut abgelöst, die Internationale Ruhrbehörde konnte bis Februar 1953 aufgelöst werden. Die **Gründung der EWG 1957** kann als Weiterentwicklung der Montanunion gesehen werden.

Die Europäische Verteidigungsgemeinschaft (EVG)

Unter dem Eindruck des Koreakriegs (vgl. S. 75) verstärkte sich das Gefühl der **Bedrohung durch die Sowjetunion**. In einem Sicherheitsmemorandum schlug Adenauer Ende August 1950 den Westalliierten die Aufstellung einer Schutztruppe vor, die, in derselben Stärke wie die bereits aufgestellte kasernierte Volkspolizei in der DDR, den Schutz der Inneren Sicherheit der Bundesrepublik übernehmen könne. Bundesinnenminister Gustav Heinemann trat daraufhin von seinem Amt zurück und verließ die CDU.

Der amerikanische Vorschlag, die Bundesrepublik in die Struktur der NATO einzugliedern, ließ sich nicht mit den Sicherheitsinteressen Großbritanniens und Frankreichs vereinbaren. Nachdem der Europarat die Aufstellung einer Europaarmee mit deutscher Beteiligung empfohlen hatte, trat der französische Ministerpräsident René Pleven im Oktober 1950 mit einem Plan zur Gründung einer **Europäischen Verteidigungsgemeinschaft (EVG)** an die Öffentlichkeit. Der militärische Beitrag der Bundesrepublik sollte in einen multinationalen Generalstab und multinationale Streitkräfte eingebunden werden. Die Diskussionen über diesen Plan zogen sich über vier Jahre hin, bis schließlich die französische Nationalversammlung den Plan wegen der Abtretung französischer Souveränitätsrechte an internationale Organe ablehnte. Damit war der Plan der EVG gescheitert.

Die Stalin-Note 1952

Angesichts der bevorstehenden Aufnahme der Bundesrepublik in ein westliches Militärbündnis richtete Stalin am 10. März 1952 eine Note an die Westmächte, in der er einen Friedensvertrag mit Deutschland vorschlug. Der Führer der kommunistischen Welt bot die Wiedervereinigung an, wenn ein **neutrales**

Gesamtdeutschland entstünde. Innerhalb Jahresfrist sollten alle fremden Truppen abgezogen werden und Deutschland sollte eine demokratische Ordnung erhalten. Weiter sah der Plan die Aufhebung aller wirtschaftlichen Beschränkungen für das wiedervereinigte Deutschland, das Recht zur Aufstellung nationaler Streitkräfte und schließlich die Aufnahme in die UNO vor.

Die Westmächte, die in einer Neutralität Deutschlands eine große Gefahr für das eben errungene **Gleichgewicht in Europa** sahen, antworteten mit der Forderung nach freien Wahlen unter Kontrolle der Vereinten Nationen, wozu Stalin jedoch nicht bereit war. Die Westmächte wollten sich ihrerseits nicht auf Stalins Vorschlag einer Wahlprüfung durch eine Vier-Mächte-Kommission oder durch eine Kommission aus Vertretern der Volkskammer und des Bundestags einlassen.

Nach **Adenauers** Ansicht war die **Integration der Bundesrepublik in die westliche Gemeinschaft** vorrangiges Ziel. Neben den offiziell geäußerten Gründen, vor allem der Bedingung wirklich freier, gesamtdeutscher Wahlen, sollte das sowjetische Angebot auf keinen Fall den Abschluss des Deutschlandvertrages und die Gründung der EVG gefährden. Zu diesen außenpolitischen Verwicklungen kam noch die **innenpolitische Opposition**. Weite Teile der Bevölkerung hatten nach dem Zweiten Weltkrieg noch erhebliche Vorbehalte gegen die deutsche Wiederbewaffnung. Zudem vertrat die **SPD** als Oppositionspartei die Meinung, der strikte Westkurs Adenauers verhindere die Wiedervereinigung und treibe die DDR endgültig in die Arme der UdSSR. Zwar teilte auch die SPD die Skepsis gegenüber Stalins Vorschlägen, forderte aber, deren Ernsthaftigkeit zumindest in Viermächtekonferenzen zu prüfen.

Der Notenwechsel dauerte bis September 1952 und wird zumeist als **Störmanöver** interpretiert, mit dem Stalin die Einbindung der Bundesrepublik in die geplante Europäische Verteidigungsgemeinschaft torpedieren wollte. Stalin wollte zudem den Abschluss eines westdeutschen Separatfriedens mit den Westmächten verhindern, die mangelnde Bereitschaft des Westens zur Zusammenarbeit bloßstellen und in der Bundesrepublik die öffentliche Meinung gegen die Westmächte aufbringen. Andererseits rechnete Stalin nicht mit einer Zustimmung der Westmächte, sodass ihre Ablehnung dazu diente, die DDR vollends in den Ostblock zu integrieren.

Adenauers Politik der Westintegration vor einer risikoreichen Wiedervereinigung versprach Sicherheit und erfuhr in den Bundestagswahlen bis Mitte der 60er-Jahre ihre Bestätigung.

Der 17. Juni 1953

Auch nach Stalins Tod rückte Adenauer nicht von seiner Einschätzung der Sowjetunion ab. Die Ereignisse in der DDR am 17. Juni 1953 (s. S. 167 f.), als ein Bauarbeiterstreik in Ostberlin sich zu einem **Volksaufstand** in der gesamten DDR gegen die Staats- und Parteiführung ausweitete, wurden als Beleg für die Unzufriedenheit der ostdeutschen Bevölkerung mit dem Sozialismus interpretiert. Die Reaktion der kommunistischen Machthaber schien Adenauer und die West-Alliierten in ihrem sicherheitspolitischen Konzept und dem Misstrauen gegenüber der Sowjetunion zu bestätigen. Um ein Übergreifen des Konfliktes zu verhindern und die Westintegration der Bundesrepublik nicht zu gefährden, verzichteten sie aber auf bewaffnete Hilfe für die Aufständischen. Adenauers Kritiker dagegen sahen sich darin bestätigt, dass die Westintegration und nicht die Wiedervereinigung sein politisches Ziel sei.

Angesichts des politischen Charakters der Demonstrationen erklärte der Bundestag den **17. Juni** im selben Jahr als „Symbol der deutschen Einheit in Freiheit" zum **„Tag der deutschen Einheit"** und zum gesetzlichen Feiertag. Er wurde 1990 durch den 3. Oktober, den „Tag der Wiedervereinigung", ersetzt.

2.2 Die Rückgewinnung der Souveränität

Der Deutschland-Vertrag 1952/54

Im Zusammenhang mit dem geplanten deutschen Beitritt zur EVG stellte der Bundestag in einem Beschluss vom 8. Februar 1952 Forderungen hinsichtlich des internationalen Status der Bundesrepublik. Am 26. Mai 1952 wurde dann ein **„Vertrag zwischen der Bundesrepublik Deutschland und den Drei Mächten"** (Deutschland-Vertrag) unterzeichnet, der den Forderungen des Bundestags im Wesentlichen nachkam und folgende Punkte enthielt:

- Beendigung der Besatzung,
- volle Souveränität der Bundesrepublik in der Innen- und Außenpolitik,
- Beendigung aller Einschränkungen bei der Gesetzgebungshoheit,
- Beendigung aller Produktions- und Forschungsbeschränkungen,
- ausschließliche Zuständigkeit der Alliierten für Deutschland als Ganzes und für Berlin,
- Verpflichtung der Westmächte auf die deutsche Wiedervereinigung als politisches Ziel.

Die militärischen Interessen der Westmächte wurden dadurch gewahrt, dass das Besatzungsstatut in seinem militärischen Teil durch einen **Vertrag zur Truppenstationierung** ersetzt wurde. Die innenpolitische Diskussion über die Verträge war äußerst heftig und zog sich bis zur Ratifikation durch den Bundesrat im Mai des folgenden Jahres hin. Das Vertragswerk wurde allerdings hinfällig, als die französische Nationalversammlung den EVG-Vertrag ablehnte (30. 8. 1954). Der im Mai 1952 ausgehandelte Deutschland-Vertrag wurde dann am 23. Oktober 1954 Bestandteil der neu ausgehandelten Pariser Verträge.

Die Pariser Verträge

Trotz des Scheiterns der EVG ging die Diskussion um einen Beitrag der Bundesrepublik zur militärischen Sicherheit des Westens weiter. Die USA und Großbritannien setzten sich für eine Aufnahme der Bundesrepublik in die **NATO** ein, wozu Frankreich nur gegen die Beteiligung der Bundesrepublik am **Brüsseler Vertrag** von 1948 (und damit ihrer Verpflichtung auf Rüstungskontrolle) und die Aushandlung des Saarstatuts bereit war, wonach das Saarland einen europäischen Status bekommen sollte.

Vom 28. September bis 3. Oktober 1954 fand in London eine Konferenz der drei Westalliierten, der Beneluxländer, Italiens, Kanadas und der Bundesrepublik statt, die eine Reihe von Verträgen ausarbeitete. Sie regelten den Beitritt der Bundesrepublik zum Brüsseler Vertrag (der damit zur **WEU** erweitert wurde) und zur NATO. Gleichzeitig wurde das Besatzungsstatut von 1949 aufgehoben. Allein den Alliierten vorbehalten blieben nach dem Potsdamer Protokoll nur noch Fragen, die Deutschland als Ganzes betrafen, und die Zuständigkeit für Berlin (aufgehoben 1990). Die Bundesrepublik hatte ihre **staatliche Souveränität** erreicht, die „Besatzer" waren Bündnispartner geworden.

Die Bundesregierung erhielt als „einzige frei und rechtmäßig gebildete" deutsche Regierung das Recht, „für Deutschland als Vertreter des deutschen Volkes in internationalen Angelegenheiten zu sprechen". Im Einzelnen wurden folgende Verträge abgeschlossen:

- zweiseitige **Verträge zwischen der Bundesrepublik und Frankreich** zur Beilegung von Streitfragen (u. a. auf kulturellem und wirtschaftlichem Gebiet) und zur Vereinbarung des Saarstatuts,
- Neufassung des **Deutschlandvertrags** zwischen den drei Westalliierten und der Bundesrepublik zur Beendigung der Besatzung und Herstellung der vollen Souveränität der Bundesrepublik,
- Einladung an Italien und die Bundesrepublik, dem Brüsseler Vertrag vom März 1948 zwischen Großbritannien, Frankreich und den Beneluxländern (zur gemeinsamen Abwehr eines Angriffes) beizutreten,
- Beitrittserklärung Italiens und der Bundesrepublik zum Brüsseler Vertrag, Erweiterung des Brüsseler Vertrags zur **Westeuropäischen Union (WEU)**,

- **Beitritt der Bundesrepublik zur NATO** unter folgenden Bedingungen:
  - Verzicht auf atomare, biologische und chemische (ABC-)Waffen
  - Verpflichtung auf den defensiven Charakter des Bündnisses
  - Unterstützung der Deutschlandpolitik der Bundesregierung durch die NATO-Partner.

Noch vor der Ratifizierung der Pariser Verträge durch den Deutschen Bundestag gab die **Sowjetunion** am 15. Januar 1955 eine **„Erklärung zur Deutschlandfrage“** ab, in der sie die Wiedervereinigung unter allgemeinen und freien Wahlen in Aussicht stellte, wenn die Pariser Verträge fallen gelassen würden. Adenauer verwies wieder auf die fehlende Legitimität der DDR, deren Wahlgesetz die Sowjetunion neben dem der Bundesrepublik zugrunde gelegt wissen wollte.

Die Pariser Verträge wurden am 5. Mai 1955 mit der Mehrheit der von der CDU/CSU geführten Koalition ratifiziert. Mit dem Beitritt der Bundesrepublik zur NATO (9. 5. 1955) war die umstrittene und heftig diskutierte Wiederbewaffnung verbunden, die im folgenden Jahr durch das **Wehrpflichtgesetz** vom 7. Juli 1956 eingeleitet wurde. Als Kompromiss zwischen Regierung und Opposition wurde gleichzeitig der **zivile Ersatzdienst** für jeden, der „aus Gewissensgründen den Kriegsdienst mit der Waffe verweigert“ (Art. 12 a GG), eingeführt – keiner sollte zum Kriegsdienst gezwungen werden.

Die Pariser Verträge gaben der Bundesrepublik den Hauptteil ihrer **Souveränität**; die letzten Einschränkungen fielen mit der Verabschiedung der Notstandsgesetze 1968. Diese Souveränität war vertraglich beschränkt zunächst durch das NATO-Truppenstatut, das allerdings keinen Vorbehalt von Souveränitätsrechten darstellt, sondern ein ausgehandelter Vertrag ist; dann aber kann die Bundesrepublik nach dem Grundgesetz jederzeit staatliche Souveränitätsrechte auf zwischenstaatliche Organisationen übertragen – dies ist Inhalt des europäischen Einigungsprozesses. Die Bundesrepublik hatte aber keine Souveränität über „Deutschland als Ganzes“. Erst mit der Identität von (vergrößerter) Bundesrepublik und „Deutschland als Ganzem“ mit der Wiedervereinigung 1990 erhielt die Bundesrepublik auch diesen Teil ihrer Souveränität zurück.

Die Weltpolitik im Zeichen der deutschen Frage

Unmittelbar auf die Pariser Verträge folgte der Versuch eines allgemeinen Revirements in der Politik zwischen den beiden Machtblöcken. Nach dem Tod Stalins 1953 hatte sich abgezeichnet, dass Bewegung in die internationale Politik kommen würde („Tauwetterperiode“, vgl. S. 83 f.). Den Auftakt bildete am 15. Mai 1955 der **Friedensvertrag Österreichs mit der Sowjetunion**, dem die Westmächte beitraten. Österreich verpflichtete sich darin zur Neutralität und Blockfreiheit, wogegen die Alliierten ihre Besatzungstruppen vollständig abzogen. Gerade dieser Staatsvertrag zeigt die Flexibilität der sowjetischen Politik, die einen größeren Vorteil aus der Neutralität Österreichs zwischen den NATO-Mitgliedern Bundesrepublik und Italien ziehen konnte als aus einem Verbleiben der sowjetischen Truppen im Land, zumal Österreich von geringerer strategischer Bedeutung war.

Im Juli 1955 trafen sich in **Genf** die Regierungschefs der vier Siegermächte zu einer **Gipfelkonferenz**. Sie bekräftigten hier zwar noch die „gemeinsame Verantwortung für eine Regelung des deutschen Problems und die Wiedervereinigung Deutschlands mittels freier Wahlen", konnten sich aber ebenso wenig wie in den vergangenen Jahren auf eine inhaltliche Bestimmung dieser Begriffe einigen. Die Erklärung des sowjetischen Ministerpräsidenten Bulganin, die Wiedervereinigung Deutschlands sei ein wichtiges Ziel der europäischen Politik, stand denn auch im Gegensatz zur Erklärung des Parteichefs Chruschtschow wenige Tage später in Ostberlin, „die politischen und sozialen Errungenschaften der DDR" dürften „nicht angetastet werden".

Obwohl sich die UdSSR so auf die Theorie von den „zwei deutschen Staaten" festgelegt hatte, folgte **Adenauer** am 9. September **1955** einer Einladung zum Regierungsbesuch in **Moskau**. Als Gegenleistung für die Aufnahme diplomatischer Beziehungen zwischen der Bundesrepublik und der UdSSR konnte er jetzt, mehr als 10 Jahre nach Kriegsende, die Freilassung von über 20 000 Kriegsgefangenen und Verschleppten erreichen.

Bei der **Aufnahme diplomatischer Beziehungen** machten beide Seiten ihre Vorbehalte klar: Die Bundesrepublik betonte, dass sie allein für sich das Recht in Anspruch nehme, für ganz Deutschland zu sprechen (Alleinvertretungsanspruch), die Sowjetunion bekräftigte ihrerseits die von ihr vertretene These von den „zwei deutschen Staaten".

Unabhängig von diesem „Kompromiss" in der Frage des **Alleinvertretungsanspruchs** behielt die Bundesregierung ihren Standpunkt bei, mit keinem Staat diplomatische Beziehungen zu unterhalten, der die DDR anerkannt hatte. Die nach dem damaligen Staatssekretär im Außenministerium, Walter Hallstein, benannte **Hallstein-Doktrin** vom 23. September 1955 prägte während der gesamten Adenauer-Ära die Außenpolitik der Bundesregierung. Dieser Alleinvertretungsanspruch führte zu einem Abbruch der diplomatischen Beziehungen zu Jugoslawien 1957 und zu Kuba 1963 durch die Bundesregierung. Diese Form des Alleinvertretungsanspruchs wurde erst 1965, besonders in der Zeit der Großen Koalition, durch eine **Politik der Annäherung**, auch an die DDR, ersetzt, ohne dass man die DDR als Staat anerkannte.

Die Saar-Frage

Das Saarland war nach Kriegsende zunächst Teil der französischen Besatzungszone, wurde aber im Februar 1946 von Frankreich als unmittelbarer Teil des französischen Wirtschaftsgebietes beansprucht und aus dem Gebiet der Besatzungszonen gelöst. Die Bindung an Frankreich wurde immer enger: Die französische Währung wurde am 20. November 1947 eingeführt, zur Zollunion mit Frankreich kam es am 23. März 1948. Das Inkrafttreten der saarländischen Verfassung am 15. Dezember 1947 löste das französische Besatzungsregime weitgehend ab, starke Rechte des französischen Hohen Kommissars blieben aber bestehen. Diese Hochkommission wurde im Januar 1952 in eine Botschaft umgewandelt, die **Saar** selbst als assoziiertes **Mitglied in den Europarat** aufgenommen. Die Politiker der westdeutschen Besatzungszonen und später die Bundesregierung hatten indessen stets die Rechtmäßigkeit dieses Status bezweifelt und seine Aufhebung verlangt.

Im Auftrag des Europarats wurde ein Plan zur Europäisierung der Saar ausgearbeitet. Im Gegenzug zur Zustimmung Frankreichs zu den Pariser Verträgen erkannte die Bundesregierung im **Abkommen über das Statut der Saar** vom 23. Oktober 1954 diesen Europäisierungsplan an: Zumindest bis zum Abschluss eines Friedensvertrags solle im Saarland ein „europäisches Statut" gelten, nach dem das Saargebiet politisch autonom, aber wirtschaftlich an Frankreich angeschlossen würde. Die völkerrechtliche Vertretung und die Verteidigungsangelegenheiten stünden einem vom Rat der Westeuropäischen Union ernannten Kommissar zu, der auch die Einhaltung des Statuts zu überwachen hätte. Die Bevölkerung des Saarlandes sollte in einer **Volksabstimmung** über dieses Statut beschließen. Diese Abstimmung brachte am 23. Oktober 1955 bei einer Wahlbeteiligung von 96 % mit 67,7 % der Stimmen die **Ablehnung** des Plans, worauf die deutsche und die französische Regierung in erneute Verhandlungen treten mussten. Diese führten am 27. Oktober 1956 zum Abschluss eines neuen Vertrags, des sog. **Saarabkommens**, wonach das **Saarland am 1. Januar 1957 zur Bundesrepublik** kam. Der wirtschaftliche Anschluss wurde erst am 1. Januar 1960 vollzogen.

Der Status Berlins und die zweite Berlinkrise 1958

Bei der Gründung der Bundesrepublik behielten sich die Westmächte ihre durch das Londoner Protokoll vom 12. September 1944 begründeten Rechte in den Berliner Westsektoren vor. Im „Genehmigungsschreiben" für das Grundgesetz stellten die Westmächte unmissverständlich klar, dass „Berlin keine abstimmungsberechtigte Mitgliedschaft im Bundestag und Bundesrat erhalten und auch nicht durch den Bund regiert werden" dürfe. Allerdings durften Vertreter Berlins an den Sitzungen beider Gremien teilnehmen. Sie verlangten auch die Zurückstellung zweier Sätze der Westberliner Verfassung vom 1. September 1950, wonach Berlin ein Land der Bundesrepublik sei und Grundgesetz und Gesetze der Bundesrepublik für Berlin bindende Kraft hätten. Diese **Vorbehalte der Alliierten** führten dazu, dass nach Art. 144,2 GG Berliner Abgeordnete zwar im Bundestag vertreten waren, aber kein Stimmrecht hatten.

Im **Deutschlandvertrag** (Generalvertrag) von 1952/1954 „behalten die Drei Mächte die bisher von ihnen ausgeübten oder innegehabten Rechte und Verantwortlichkeiten in Bezug auf Berlin und auf Deutschland als Ganzes einschließlich der Wiedervereinigung Deutschlands und einer friedensvertraglichen Regelung". Die Erklärung der Alliierten Kommandantur über Berlin vom 5. Mai 1955 umschreibt explizit die Rechte der alliierten Behörden bezüglich der „Erhaltung des Status und der Sicherheit Berlins", wonach die Alliierten ein unabhängiges Zugangsrecht behielten. Die alliierten Rechte garantierten u. a.

- die Sicherheit und Immunität der alliierten Streitkräfte;
- die Sicherheit der zivilen Luftfahrt, die in ihren Händen lag;
- den sicheren Zugang über die alten „Reichswasserstraßen" und die Schienen der Reichsbahn;
- die Befehlsgewalt über die Berliner Polizei.

Die **Sowjetunion** zog sich seit 1948 schrittweise aus der Vier-Mächte-Verantwortung über Berlin zurück, verließ am 20. März 1948 den Alliierten Kontrollrat, stellte am 1. Juli 1948 die Mitarbeit in der alliierten Kommandantur ein und unterstützte in der Folge die Bestrebungen der DDR, den Ostteil der Stadt zur Hauptstadt der Republik zu machen (Verfassung der DDR von 1949).

Wie die Westberliner Abgeordneten im Bundestag, so waren auch die Ostberliner Abgeordneten in der DDR-Volkskammer ohne Stimmrecht. Auch deren Gesetze mussten vom Ostberliner Magistrat eigens übernommen werden, um im Ostteil der Stadt Gültigkeit zu besitzen.

Die **Sowjetunion** machte schon in der Berlinkrise 1948 ihren auf einseitiger und eigenwilliger Interpretation beruhenden Standpunkt klar, was ihre Sicht des Status Berlins betraf: Demnach liege **Berlin auf dem Territorium der sowjetischen Besatzungszone** und habe deshalb den gleichen Rechtsstatus. Diese Konstruktion diente den Sowjets dazu, die Präsenz der Westmächte in Berlin als ein dem sowjetischen Recht untergeordnetes Recht anzusehen.

Nach Stalins Tod (März 1953) und **Chruschtschows** Machtantritt verstärkte sich der sowjetische Druck auf Berlin. Am 27. November 1958 forderte Chruschtschow von den Westmächten ultimativ die Aufhebung des bisherigen Status von Westberlin: Der Westteil der Stadt sollte eine „freie Stadt" mit souveräner Regelung aller Angelegenheiten in Wirtschaft und Verwaltung werden. Die Westmächte sollten ihre Truppen innerhalb von sechs Monaten abziehen. Kämen die Westmächte den Forderungen nicht nach, wollte er die bestehenden Vereinbarungen aufkündigen und die sowjetischen Rechte in separaten Verträgen an die DDR abtreten.

Chruschtschow machte seine ultimativen Drohungen nicht wahr. Eine Außenministerkonferenz der Großmächte von Mai–August 1959 entschärfte die Krise, die ihren Ursprung in einer **Überschätzung der sowjetischen Macht** hatte, legte sie aber nicht bei. Erstmals wurden Vertreter der Bundesrepublik und der DDR als Berater hinzugezogen. Auch Chruschtschows USA-Besuch im September 1959 und seine Verhandlungen mit US-Präsident Eisenhower in Camp David signalisierten nur oberflächlich eine Entspannung. Eine für den Mai 1960 geplante Gipfelkonferenz kam wegen eines Zwischenfalls mit einem amerikanischen Aufklärungsflugzeug (Abschuss der U 2 am 1. 5. 1960 über dem Ural) nicht zustande, auch wurde die seit März 1960 in Genf tagende Abrüstungskonferenz ergebnislos abgebrochen. Am 3. September 1971 wurden in einem **Viermächte-Abkommen** die Grundsätze der Berlinpolitik bestätigt:

- Sicherung der Verantwortung der vier Mächte für Berlin und Wahrung der jeweiligen Rechte;
- Sicherung der alliierten Präsenz in Berlin und der Zugangsrechte;
- Bindung Westberlins an die Bundesrepublik, ohne von Bonn aus regiert zu werden.

2.3 Die innere Entwicklung

Die wirtschaftspolitischen Vorstellungen der Alliierten

Grundtendenz bei den drei Westalliierten war der **Sicherheitsgedanke**, der sich zunächst in Demontagebestimmungen niederschlug. Besonders Frankreich war an einer Ordnung gelegen, die ein schnelles Wiedererstarken Deutschlands verhinderte. Gemeinsam war allen die Forderung, die eigenen Staatshaushalte durch die Maßnahmen nicht zu belasten und (ab 1947) die Absicht, die **Grundfragen der Wirtschaftsordnung** einem künftigen deutschen Parlament zu überlassen.

Die Vorstellungen der Parteien

Bei allen Parteien bestand Einigkeit darüber, dass der Neuaufbau Deutschlands nicht in einen schrankenlosen Kapitalismus münden dürfe. Die Erfahrungen einer mit der Großindustrie verflochtenen Diktatur waren hier wegweisend.

Die **SPD** forderte eine weitgehende **Demokratisierung der Wirtschaft**, die allein die neuerliche Zusammenballung großer Vermögen in den Händen Einzelner verhindern könne. Auf dieser Grundlage forderte sie 1948 die Verstaatlichung der Kohleindustrie in Nordrhein-Westfalen, scheiterte aber darin am Einspruch der Besatzungsmächte.

Auch die **CDU** sah „die Zeit der unumschränkten Herrschaft des privaten Kapitalismus“ als beendet an. Ebenso gefährlich für die „politische und wirtschaftliche Freiheit des Einzelnen“ sei der Staatskapitalismus, eine „neue Struktur in der Wirtschaft“ müsse die Mängel der Vergangenheit vermeiden (**Ahlener Programm**). In der Forderung nach einer Entflechtung der Großbetriebe und deren Verstaatlichung, der Einführung von Mitbestimmungsrechten der Arbeiter und nach paritätisch besetzten Wirtschaftskammern entsprach die CDU den Forderungen der Sozialdemokraten, lehnte aber eine staatliche Planwirtschaft strikt ab. Gegen dieses vor allem vonseiten der christlichen Gewerkschaften (Karl Arnold, Jakob Kaiser) gestützte Programm wandte sich Adenauer mit seinem Konzept vom „machtverteilten Prinzip“ in der Wirtschaft, das er später mit Ludwig Erhard als **„Soziale Marktwirtschaft“** durchsetzte. Staatliche Sozialpolitik sollte eine Verbindung zwischen den Prinzipien der Marktwirtschaft und der sozialen Gerechtigkeit schaffen und den Ausgleich bewirken. Die „Düsseldorfer Leitsätze“ von 1949 mit der Formulierung der Sozialen Marktwirtschaft sind daher eine radikale Abkehr vom Ahlener Programm.

Auch die **Liberalen** sahen im sozialen Missbrauch durch die „Übermacht von Überstarken“ eine Gefahr für Gesellschaft und Staat. Sie betonten, dass allein **„persönliche Initiative und freier Wettbewerb“** die Leistung steigere, und grenzten sich mit der Formulierung „Persönliches Eigentum ist eine wesentliche Grundlage gesunder Wirtschaft“ von allen Sozialisierungstendenzen ab. Gerade die Liberalen standen aber von ihrer Tradition her im Spannungsfeld zwischen konservativem „Bürgerblock“ und Linksliberalismus.

Das „Wirtschaftswunder“

Mit der Entscheidung des Frankfurter Wirtschaftsrats unter **Ludwig Erhard** für die **Einführung marktwirtschaftlicher Prinzipien** und der Abkehr der CDU von anfänglich gehegten Sozialisierungsplänen (Ahlener Programm) waren die Weichen gestellt für den Aufschwung der westdeutschen Wirtschaft nach der Währungsreform von 1948. Die zunehmend auf wirtschaftliche Stärkung der Westzonen gerichtete Haltung der Alliierten und eine kluge Verhandlungspolitik des Wirtschaftsrates, später der Bundesregierung, führten zum **Ende der Demontagen** und Produktionsbeschränkungen. Die finanziellen Mittel, die der Marshallplan in die Westzonen fließen ließ, unterstützten den Wiederaufbau der Industrie, zumal die Rückzahlungsbeträge aus den Krediten in weitere industrielle Anlagen investiert werden sollten.

Auch Erhards Konzept der **Sozialen Marktwirtschaft** muss als wesentlicher Faktor der Entwicklung angesehen werden. Sein Ziel war ein möglichst großer wirtschaftlicher Wohlstand durch geordneten Wettbewerb, stetiges Wirtschaftswachstum, Vollbeschäftigung, Außenhandelsfreiheit, freie Konvertibilität der Währungen, soziale Sicherheit und gerechte Einkommens- und Vermögensverteilung.

Mit diesen Mitteln, bald auch mit den Erlösen des wieder ansteigenden Exports, konnte eine moderne Industrie mit hoher Produktivität aufgebaut werden. Nicht nur der Koreakrieg (s. S. 75), der einen Export-Boom nach sich zog, förderte den Export, sondern auch die Währungspolitik mit einer Unterbewertung der D-Mark gegenüber den anderen Währungen Anfang der 50er-Jahre. Dieses Gefälle wirkte sich auf das Preisniveau der Exportgüter aus, das die Bundesregierung zusätzlich mit Steuervorteilen und staatlichen Bürgschaften drückte. Rohstoffimporte waren durch die niedrigen Preise auf dem Weltmarkt ohnehin billig. Bereits 1954 erreichte die Bundesrepublik in der Höhe des Handelsumsatzes den dritten Platz hinter den USA und Großbritannien.

Schließlich förderte noch das Ungleichgewicht zwischen **Binnennachfrage** und Produktivität den weiteren wirtschaftlichen Aufschwung. Vertriebene (bis 1955 8,8 Millionen) und DDR-Umsiedler (bis 1961 2,6 Millionen) bildeten ein Arbeitskräftepotenzial, das die Löhne drückte. Der neu gebildete **Deutsche Gewerkschaftsbund** wollte den Wiederaufbau stützen und betrieb daher eine zurückhaltende Lohnpolitik. Die daraus entstehenden Unternehmergewinne wurden wieder in die Betriebe investiert.

Im **Tarifvertragsgesetz** (1949) wurde das Recht der Gewerkschaften und Arbeitgeberverbände verankert, Löhne und Gehälter zu vereinbaren (Tarifautonomie). Die **Beteiligungsrechte der Arbeitnehmer** in den Betrieben wurden mit dem Gesetz zur paritätischen Mitbestimmung in der Montanindustrie (1951), dem Betriebsverfassungsgesetz (1952) und dem Personalvertretungsgesetz im öffentlichen Dienst (1955) geregelt. Die getroffenen Regelungen sind seitdem Garanten für den sozialen Frieden. Eine wichtige sozialpolitische Errungenschaft war die **Rentenreform** von 1957, die die Höhe der Renten dem wirtschaftlichen Wachstum dynamisch anpasste und das durchschnittliche Rentenniveau deutlich anhob (dynamische Rente).

Wirtschaftspolitische Entscheidungen

Einen Meilenstein im wirtschaftspolitischen Verhältnis der Bundesrepublik zum westlichen Ausland bildete das **Londoner Schuldenabkommen** vom 27. Februar 1953. Hier einigte sich die Bundesrepublik mit 20 Staaten des Westens über die Vorkriegsschulden des Deutschen Reiches: Sie wurden auf 15 Milliarden D-Mark festgesetzt, die die Bundesrepublik aus den jährlich zufließenden Devisen bezahlen sollte. Damit war der Außenwert der D-Mark einschätzbar, die Währung wurde im internationalen Zahlungsverkehr voll konvertierbar, das heißt, sie unterlag denselben Kriterien wie andere Währungen. Mit diesem Abkommen erklärte die Bundesrepublik aber auch ausdrücklich, in der Rechtsnachfolge des Deutschen Reiches zu stehen. Im September 1952 war in Luxemburg ein **Abkommen mit Israel** getroffen worden, nach dem die Bundesrepublik zur Wiedergutmachung des nationalsozialistischen Unrechts 3,45 Milliarden DM an Israel und an jüdische Organisationen zahlte. Auch dieser Vertrag hatte die internationale Glaubwürdigkeit der jungen westdeutschen Demokratie gestärkt.

Weitere wirtschaftspolitische Entscheidungen der späteren 50er-Jahre sind die **Gründung der Deutschen Bundesbank** in Frankfurt am Main 1957, die die von den Besatzungsmächten eingerichtete Bank Deutscher Länder ablöste. Sie kontrollierte in der Folgezeit den Geldmarkt der Bundesrepublik und griff über Geldmengensteuerung und Zinspolitik ein. Mit dem Gesetz gegen Wettbewerbsbeschränkung aus demselben Jahr wurde das **Bundeskartellamt** mit Sitz in Berlin geschaffen, das den Markt durch Verhinderung von Preiskartellen vor Wettbewerbsverzerrungen oder -einschränkungen bewahrte.

Auch die Arbeitslosigkeit, die 1951 noch bei 2,1 Millionen lag, sank praktisch auf Null. 1959 war die Vollbeschäftigung erreicht und das Fehlen von Arbeitskräften zwang zur Anwerbung von sog. **„Gastarbeitern"**.

Die Lage auf dem Wohnungsmarkt war ein besonders drängendes Problem. 50 % der Bevölkerung wohnten Anfang der 50er-Jahre zur Untermiete. Die Förderung des **sozialen Wohnungsbaus** sorgte bis 1960 für 3,2 Millionen neue und preiswerte Wohnungen. Dennoch war erst 1968 der Anteil der zur Untermiete Wohnenden auf 5 % gesunken.

Vertriebene und Lastenausgleich

Die zu bewältigenden Probleme waren dennoch gewaltig. Über acht Millionen Flüchtlinge und Vertriebene mussten sozial, wirtschaftlich und politisch in Staat und Gesellschaft integriert werden.

Bereits der Frankfurter Wirtschaftsrat hatte im Gefolge der Währungsreform einen Lastenausgleich angekündigt, der Mittel aus dem immobilen Vermögen

(Grundbesitz und Industrieanlagen) der Bevölkerung bereitstellen sollte, aus denen **Flüchtlinge** und **Vertriebene**, aber auch die **Opfer der Luftangriffe** für den erlittenen materiellen Verlust entschädigt werden konnten. Zunächst aber war die Bevölkerung wirtschaftlich in den Stand zu setzen, diese Mittel überhaupt aufzubringen.

Das **Lastenausgleichsgesetz** wurde **1952** verabschiedet und schuf insgesamt von 1949 bis 1976 einen Ausgleichsfonds in Höhe von 102,1 Mrd. DM, bis 1989 in Höhe von 134,8 Mrd., von denen 117,8 Mrd. unmittelbar als Leistungen gezahlt wurden. Diese Mittel kamen den Geschädigten degressiv gestaffelt über eine Hauptentschädigung für den Verlust an Haus- und Grundbesitz, dann über Renten, Aufbaudarlehen und Ausbildungsbeihilfen zugute. Verluste bis zu einer Mindesthöhe wurden voll, Höchstschäden nur noch mit wenig über 2 % ersetzt. Die Mittel für den Lastenausgleich wurden über eine fünfzigprozentige Vermögensabgabe erzielt, die in 30 Jahresraten beglichen werden sollte. Die damit bestimmte Jahresrate von 1,6 % kam somit einer geringen Abgabe vom Vermögensertrag gleich.

Politische Organisation der Vertriebenen wurde der **Bund der Heimatvertriebenen und Entrechteten** (BHE), der 1950 in Schleswig-Holstein, dem Land mit dem höchsten Anteil an Vertriebenen, bei den Landtagswahlen auf 23,4 % der Stimmen kam. Bei der Bundestagwahl 1953 erhielt der BHE in Bayern, Niedersachsen und Schleswig-Holstein über 40 % der Stimmen der Vertriebenen, kam bundesweit auf einen Stimmenanteil von 5,9 % und zog mit 27 Abgeordneten in den Bundestag ein. Am zweiten Kabinett Adenauer war er mit zwei Ministern beteiligt.

Die trotz aller Schwierigkeiten gelungene Integration der Vertriebenen ist eine herausragende Leistung aller Beteiligten und hat wesentlich zum sozialen Frieden in der Bundesrepublik beigetragen.

Aufbau der Bundeswehr

Die Debatten um einen deutschen Beitrag zur Landesverteidigung waren durch die politischen und moralischen Folgen der NS-Diktatur und die deutschlandpolitischen Konsequenzen der **Wiederbewaffnung** geprägt. Die Integration der Armee in die Demokratie war politisches Neuland und traf in weiten Teilen der Bevölkerung und der politischen Diskussion auf Widerstand. Der Aufbau der Bundeswehr erfolgte im Vergleich zu den anderen westeuropäischen Ländern daher unter besonderen Bedingungen.

Mit dem Konzept der „**Inneren Führung**“ und des „**Staatsbürgers in Uniform**“ unter der Zielvorstellung „Schule der Nation“ wurden grundlegende Wertvorstellungen der Demokratie auf die Armee übertragen. Preußisch-militärische Traditionen des Befehls und Gehorsams sollten damit überwunden werden. Dem **Primat der Politik** wurde durch die Unterordnung der Militärs unter politische Entscheidungsstrukturen und die **Unterstellung unter den NATO-Oberbefehl** entsprochen.

Zusätzlich bestanden personelle Probleme. Die ersten Wehrpflichtigen wurden am 12. November 1955 in Andernach vereidigt. Ihre Ausbildung und Führung erfolgte aber durch ehemalige Wehrmachtsangehörige. Noch 1957 dienten 10 000 Offiziere sowie 44 Generäle und Admiräle der Wehrmacht in der Bundeswehr. Ihr Umgang mit der deutschen Militärtradition blieb umstritten, obwohl ohne ihre Erfahrungen die Schaffung einer effektiven und den neuen technischen Anforderungen gewachsenen Armee mit einem hohen Anteil kurzzeitig dienender Wehrpflichtiger kaum leistbar gewesen wäre.

Restaurative Tendenzen

Innenpolitisch war die Ära Adenauer eher konservativ und von einer **Wiederherstellung der bürgerlichen Gesellschaft** geprägt. Viele Richter und Beamte, die 1945 aus dem Dienst ausscheiden mussten, kehrten – überwiegend aus fachlichen Gründen – auf ihre Posten zurück. Diese auffallende Kontinuität des Berufsbeamtentums ist nicht nur im Mangel an geschultem Fachpersonal oder unzureichender Entnazifizierung, sondern vor allem auch in der weltpolitischen Konstellation des Kalten Krieges begründet.

Mit dem **Bundesbeamtengesetz** wurden 1953 die Grundsätze des Beamtentums aus der Weimarer Republik auf die Bundesrepublik übertragen, sodass mit dem alten Personal auch traditionelle Denkweisen beibehalten wurden. Dennoch verlief der Neubeginn weitgehend problemlos, da mit dem Antikommunismus ein verbindendes Feindbild die Integration der „alten Parteigenossen und Mitläufer“ in die neue Gesellschaftsordnung erleichterte.

Das am 17. 8. 1956 verkündete **Verbot der KPD** wurde damit begründet, dass die KPD nicht mit dem Grundgesetz vereinbar sei, da sie eine sozialistische Revolution anstrebe, um eine Diktatur des Proletariats im Sinn des Marxismus-Leninismus zu errichten. Trotz der Zielrichtung der KPD bleibt es für die Bundesrepublik kennzeichnend, dass Kommunisten entschieden härter verfolgt wurden als ehemalige Anhänger des NS-Regimes. Widerstand in der Öffentlichkeit regte sich nur, als Bundeskanzler Adenauer mit Hans Globke einen Staatssekretär berief, der 1935 an einem Kommentar zu den „Nürnberger Gesetzen“ mitgewirkt hatte.

Die Verdrängung moralisch-politischer Probleme in den Jahren des Wiederaufbaus, die hohen Pensionen ehemaliger NS-Belasteter bei viel zu geringen Entschädigungen für Widerstandskämpfer und KZ-Häftlinge, die **mangelnde**

Aufarbeitung der „unbewältigten Vergangenheit" reichten bis weit in die 60er-Jahre hinein, als der Prozess gegen Adolf Eichmann in Jerusalem 1961 und der **Auschwitz-Prozess** (1963–1966) eine Wende einleiteten und vor allem die Jugend eine Aufarbeitung der NS-Vergangenheit erzwang.

Das Ende der Ära Adenauer

Bei der Bundestagswahl 1961 verlor die CDU/CSU ihre 1957 errungene absolute Mehrheit und war auf die FDP als Koalitionspartner angewiesen. Diese machte Vorbehalte gegen eine erneute Kanzlerschaft Adenauers und gegen eine Beibehaltung des Verteidigungsministers Strauß geltend.

Als im Oktober 1962 das Nachrichtenmagazin „Der Spiegel" einen kritischen Bericht über ein NATO-Manöver veröffentlichte, wurden der Chefredakteur, Conrad Ahlers, und der Herausgeber, Rudolf Augstein, verhaftet, die Redaktionsräume durchsucht. Adenauer witterte einen „Abgrund von Landesverrat", verantwortlich für die Affäre war Verteidigungsminister Franz Joseph Strauß. Die **Spiegel-Affäre** führte zu dessen Rücktritt und zum Rücktritt der drei FDP-Minister, Adenauer musste einen baldigen Rücktritt zugestehen.

Am 22. Januar 1963 konnte aber noch das deutsch-französische Vertragswerk, der sog. **Élysée-Vertrag** über die Zusammenarbeit beider Länder, unterzeichnet werden. Damit war das von Adenauer 1919 begonnene Projekt einer engen Verzahnung deutscher und französischer Interessen durch diese Besiegelung der Aussöhnung beider Nationen vollendet. Der Vertrag sah regelmäßige und umfassende politische Konsultationen zwischen Staats- und Regierungschefs, Ministern und hohen Beamten beider Länder vor. Frankreichs Staatspräsident de Gaulle wollte mit diesem Vertrag das europäische Gewicht gegenüber den USA stärken, ein Ziel, das der Bundestag bei der Ratifizierung des Vertrags im Mai 1963 durch die Betonung der NATO-Verpflichtungen relativierte. Besondere Bedeutung aber erhielt der Vertrag durch die Errichtung des deutsch-französischen Jugendwerkes, das entscheidend zum Zusammenwachsen der beiden Nationen beigetragen hat.

Adenauer trat am 15. Oktober 1963 von seinem Amt als Bundeskanzler **zurück**, er blieb allerdings noch zwei Jahre CDU-Vorsitzender.

Aufgabe 23 Skizzieren Sie die wesentlichen Stationen der politischen, wirtschaftlichen und gesellschaftlichen Entwicklungen der Bundesrepublik in den 1950er-Jahren.

Aufgabe 24 Erläutern Sie die wesentlichen Stationen der Westintegration der Bundesrepublik Deutschland.

3 Von der Regierung Erhard zur sozialliberalen Koalition (1963–1982)

15. 11. 1959	Godesberger Programm der SPD
1963–1966	Auschwitz-Prozesse
16. 10. 1963	Ludwig Erhard wird Bundeskanzler (Koalition CDU/CSU – FDP)
2. 6. 1967	Tod des Studenten Benno Ohnesorg bei Ausschreitungen bei einer Demonstration gegen den Besuch des Schahs von Persien
8. 6. 1967	Stabilitätsgesetz
3. 4. 1968	Gewaltakte gegen die politischen und gesellschaftlichen Verhältnisse in der Bundesrepublik Deutschland (Kaufhaus-Brandstiftung)
11. 4. 1968	Attentat auf den Wortführer der deutschen Studentenbewegung Rudi Dutschke in Berlin
30. 5. 1968	Verabschiedung der Notstandsgesetze durch den Bundestag
5. 3. 1969	Wahl Gustav Heinemanns zum Bundespräsidenten
21. 10. 1969	Wahl Willy Brandts zum Bundeskanzler; sozialliberale Koalition
12. 8. 1970	Moskauer Vertrag
7. 12. 1970	Warschauer Vertrag
3. 9. 1971	Viermächte-Abkommen über Berlin
17. 12. 1971	Transitabkommen zwischen der Bundesrepublik und West-Berlin
28. 1. 1972	„Extremistenbeschluss“ der Regierungschefs des Bundes und der Länder
26. 5. 1972	Verkehrsvertrag zwischen der Bundesrepublik und der DDR
21. 12. 1972	Grundlagenvertrag
6. 5. 1974	Rücktritt Brandts wegen der Guillaume-Affäre
16. 5. 1974	Helmut Schmidt wird Bundeskanzler
10. 11. 1974	Ermordung des Kammergerichtspräsidenten Günter von Drenkmann durch die RAF
27. 2. 1975	Entführung des Berliner CDU-Vorsitzenden Peter Lorenz durch die RAF zur Freipressung inhaftierter Gesinnungsgenossen (Freilassung am 4. 3. 1975)
21. 5. 1975–25. 4. 1977	Stammheimer Prozesse gegen die Anführer der RAF (1. Generation)
1. 8. 1975	Schlussakte von Helsinki
Sept./Okt. 1977	„Deutscher Herbst“
13. 10. 1977	Entführung der Lufthansa-Maschine Landshut durch ein palästinensisches Terrorkommando
18. 10. 1977	Befreiung der entführten Lufthansa-Maschine Landshut in Mogadischu (Somalia); Selbstmord der RAF-Terroristen Baader, Ensslin und Raspe in Stuttgart-Stammheim
12. 12. 1979	NATO-Doppelbeschluss

3.1 Kanzlerschaft Ludwig Erhards

Am 16. Oktober 1963 wählte der Bundestag den bisherigen Wirtschaftsminister Ludwig Erhard zum Nachfolger Adenauers im Bundeskanzleramt. Er war ein Verfechter sowohl der **atlantischen Allianz** als auch einer **„Öffnung nach Osten“**, die die starre Politik der Hallstein-Doktrin ablösen sollte. Mit dem einen stand er in Gegensatz zu den Gaullisten in der CDU (Verfechter eines Europas der Nationalstaaten), mit dem anderen fand er Unterstützung bei FDP und SPD. In der SPD hatte Willy Brandt Ende der 50er-Jahre mit dem späteren Konzept des „Wandels durch Annäherung“ den Abschied der Partei von einem starren Konfrontationskurs gegenüber Osteuropa und der DDR gegen den Widerstand vor allem Herbert Wehners eingeläutet. Egon Bahr entwickelte nun das Konzept einer Annäherung an den Osten unter Anerkennung des Status quo. Hier deuteten sich bereits die Prinzipien der späteren sozialliberalen Ostpolitik an.

Wirtschaftliche Entwicklung

Seit 1963 fielen die wirtschaftlichen Zuwachsraten geringer aus. Die zunächst ungebremste Nachfrage nach Konsum- und Investitionsgütern wurde erheblich geringer, die Diskussion um die Verteilung der staatlichen Haushaltsmittel verschärfte sich. Deutsche Produkte waren im Vergleich zum Ausland von hoher Qualität und dabei preiswerter, sodass der Export weiterhin florierte und die Deviseneinnahmen auf Rekordhöhe wuchsen. Die wegen des beginnenden Preisanstiegs angehobenen Zinssätze für Kredite zogen zusätzliche ausländische Finanzmittel in die Bundesrepublik, sorgten für eine Zunahme der privaten Einkommen und verlängerten zusammen mit steigenden Staatsausgaben die Aufschwungphase.

Mit der Marktsättigung und dem folgenden Rückgang des Wirtschaftswachstums geriet die Bundesrepublik **1966/67** in ihre **erste schwere Wirtschaftskrise**. Sie zeigte sich zuerst im Bergbau, da Erdöl auf dem Weltmarkt preiswerter war als heimische Steinkohle. Viele Zechen, die noch kurz zuvor als Motor der wirtschaftlichen Entwicklung gegolten hatten, mussten schließen und ihre Bergleute entlassen. Die wirtschaftliche Dynamik hatte sich verbraucht: Es fehlten qualifizierte Arbeitskräfte, der Nachholbedarf an technischem Fortschritt war zunächst gedeckt. Überschuss- und Anlagekapital wurde in die Intensivierung statt in die Erweiterung der Unternehmen investiert, bei hohen Exportüberschüssen wurden inflationäre Tendenzen des Auslands „importiert“.

Gesellschaftliche Tendenzen

Von 1963 bis 1966 fanden in Frankfurt die **Auschwitz-Prozesse** gegen Mitglieder des Aufsichtspersonals statt. Einzelne Freisprüche und als zu niedrig empfundene Strafen lösten internationale Empörung aus. Die deutsche Bevölkerung reagierte unterschiedlich auf die erneute Auseinandersetzung mit ihrer jüngsten Vergangenheit. Die Reaktionen reichten von Entsetzen und der Forderung nach härteren Strafen und weiterer Aufklärung bis zu dem Wunsch, einen Schlussstrich unter die Geschehnisse der NS-Zeit zu ziehen. Einzelne verurteilten die Prozesse als Nestbeschmutzung und leugneten ab, dass die Verbrechen in Auschwitz überhaupt stattgefunden hatten (**Auschwitz-Lüge**). Sie bezeichneten die Vorwürfe als gezielte Demütigungsversuche der Siegermächte.

Zu dieser Zeit (28. November 1964) entstand auch die rechtsradikale Nationaldemokratische Partei Deutschlands (NPD), die in kurzer Zeit zum Sammelbecken rechtsextremer und neofaschistischer Kräfte wurde. Forderungen der NPD waren neben der Beendigung der Auschwitz-Prozesse die Rückgabe der deutschen Ostgebiete. Der Erfolg der Partei bei den Landtagswahlen in Hessen, bei der sie im November 1966 7,9 % der Stimmen erhielt, löste nicht nur im Ausland Besorgnis aus. Ihr bestes Ergebnis erzielte die NPD 1968 in Baden-Württemberg, wo sie auf knapp 10 % der Stimmen kam. Bereits 1972 fiel sie aber mit dem Ergebnis von 0,6 % bei den Bundestagswahlen in die Bedeutungslosigkeit zurück.

Der Niedergang der NPD war aber nicht gleichbedeutend mit dem Ende von Rechtsextremismus und Neonazismus. Rechtsradikalen Parteien wie den Republikanern und der Deutschen Volksunion gelangen seit dem Ende der 80er-Jahre erneut Wahlerfolge auf kommunaler und Landesebene.

Großzügige Wahlgeschenke rissen in den Haushalt von 1967 eine Deckungslücke von vier Mrd. DM. Die Zinserhöhung der Bundesbank verteuerte die Kredite und bremste die Investitionslust. Der **Preisanstieg** und die Aufforderung zu **Konsumverzicht** verstärkten den negativen Trend weiterer Nachfrageeinschränkungen. In dieser Wirtschaftskrise verloren die CDU/CSU und Kanzler Erhard das Vertrauen der Wähler, sodass in Nordrhein-Westfalen eine Koalition aus SPD und FDP die bisherige CDU-geführte Regierung ablöste.

Zum **Bruch mit der FDP** kam es auf Bundesebene angesichts der Haushaltsvorlage für 1967, die FDP-Minister traten zurück, eine Große Koalition aus CDU und SPD löste im Dezember 1966 die bisherige CDU-FDP-Koalition ab.

3.2 Die Große Koalition (1966–1969)

Die Regierungsbeteiligung der SPD war durch einen von Herbert Wehner initiierten und vorangetriebenen Wandel der Partei möglich geworden. Mit dem **Godesberger Programm (1959)** war sie in der „Gegenwart angekommen". Die SPD bekannte sich nun zu **Wirtschaftsdemokratie** und Mitbestimmung statt Sozialisierung und Planwirtschaft sowie zur **Westintegration** und zur NATO. Damit hatte die SPD die Ziele der Bündnis- und Europapolitik Adenauers nachvollzogen. So wurde sie auch außerhalb ihrer Stammwählerschaft akzeptabel, für die CDU/CSU koalitionsfähig und nicht zuletzt durch die Regierungsbeteiligung in der Großen Koalition zu einer verantwortungsbewussten, sozialreformerischen und als innovativ empfundenen Volkspartei, der man Regierungsverantwortung zutraute.

Neuer Bundeskanzler der Großen Koalition wurde der baden-württembergische Ministerpräsident Kurt Georg Kiesinger (CDU). Willy Brandt, Regierender Bürgermeister von Berlin und Parteivorsitzender der SPD, übernahm als Vizekanzler das Außenministerium, Wirtschafts- und Finanzpolitik lagen bei Karl Schiller (SPD) bzw. Franz Josef Strauß (CSU).

Das wirtschaftspolitische Programm

Die Große Koalition hatte nach ihrem Selbstverständnis das Ziel, die wirtschaftlichen Probleme zu lösen und die bisherige Wirtschaftspolitik durch ein neues Instrumentarium zu ersetzen. Sie konnte mit ihrer Zwei-Drittel-Mehrheit eine **grundlegende Neuorientierung** im wirtschafts-, innen- und außenpolitischen Bereich einleiten, die der Veränderung der Gegebenheiten am Ende der 60er-Jahre entsprach. Nicht die Beseitigung der Marktwirtschaft stand jedoch im Vordergrund, sondern ihre Ergänzung durch eine (marktwirtschaftliche) **Globalsteuerung**. In dieses neue Konzept flossen dabei Vorstellungen ein, wie sie im Godesberger Programm der SPD und im Grundsatzprogramm des DGB (1963) bereits niedergelegt waren.

Im Mittelpunkt der Innenpolitik stand die **Behebung der Wirtschaftskrise**, die sich in einem Rückgang des Bruttosozialprodukts um 0,5 % und einem für damalige Verhältnisse unerhörten Maß von 2 % Arbeitslosigkeit äußerte. Haushaltslücken bei Bund und Ländern mussten durch die Aufnahme von Krediten gestopft werden.

Im Juni 1967 wurde das Gesetz zur Förderung von Stabilität und Wachstum der Wirtschaft **(Stabilitätsgesetz)** verabschiedet, welches das gesamtwirtschaftliche Gleichgewicht zur Richtschnur für Bund und Länder machte.

Dieses Gleichgewicht zeigt sich in vier Komponenten (**magisches Viereck**):
- Preisstabilität
- hoher Beschäftigungsstand
- außenwirtschaftliches Gleichgewicht
- stetiges Wirtschaftswachstum

Als Planungsinstrument des Staates wurde die „**Mittelfristige Finanzplanung**" geschaffen, eine auf fünf Jahre im Voraus angelegte Grundstruktur der öffentlichen Haushalte, auf deren Basis der jeweilige einjährige Haushalt dann zu verabschieden war.

Notstandsgesetze

Neben der wirtschaftspolitischen Kurskorrektur war die Verabschiedung der Notstandsgesetze (30. Mai 1968) eine der wichtigsten innenpolitischen Aufgaben der Großen Koalition. Sie waren notwendig, weil im Fall der äußeren oder inneren Gefährdung immer noch Vorbehaltsrechte der Alliierten (Art. 5,2 des Deutschlandvertrags) die Souveränität der Bundesrepublik einschränkten. Mit den Notstandsgesetzen sollte die Möglichkeit geschaffen werden, in **selbstständiger Verantwortung der Bundesrepublik** „in den Zeiten der Not eine dem Ausmaß der Bedrohung angemessene Abwehr zu verwirklichen, bei der das zum Schutz der Bevölkerung und ihrer freiheitlichen Lebensordnung Erforderliche rasch und wirksam geschieht", wodurch die alliierten Rechte endgültig aufgehoben wurden.

Inhalt der Gesetze war vor allem die eigenverantwortliche **Kontrolle des Post- und Fernmeldeverkehrs** im Spannungsfall sowie ein Übergang der Gesetzgebung auf einen Gemeinsamen Ausschuss von Bundesrat und Bundestag („**Notparlament**") für den Fall der Beschlussunfähigkeit des Bundestags. Dieser Gemeinsame Ausschuss sollte auch den Verteidigungsfall erklären können. Die Alliierten erklärten in einem Schreiben vom 13. Dezember 1967 ihre Bereitschaft, auf ihre Vorbehaltsrechte zu verzichten.

Obwohl die Notstandsgesetze zu einer schnellen Wiederherstellung der verfassungsmäßigen Ordnung im Spannungsfall dienen sollten, wurden sie in der Öffentlichkeit heftig angefeindet. V. a. die politisch bewusste Studentenschaft sah in ihr ein Mittel, den Einfluss des Staates unkontrolliert zu verschärfen.

Studentenproteste und Außerparlamentarische Opposition

Mit der Bildung der Großen Koalition sah sich indessen der politisch orientierte Teil der Studentenschaft ihrer Ausrichtung auf die SPD als Oppositionspartei beraubt. Sie machte sich Befürchtungen zu eigen, die Bildung einer Großen Koalition sei eine **Demontage demokratischer Prinzipien**, und verlagerte ihren

Protest auf die Straße („außerparlamentarische Opposition"). Hinzu kam eine wachsende Ablehnung der traditionellen Autoritäten, die einerseits aus einem klassischen Generationenkonflikt herrührte, andererseits aber aus der Erfahrung, dass die Elterngeneration in der Phase von Wiederaufbau und Konsum in den 50er- und 60er-Jahren sowohl die eigenen Probleme als auch die Auseinandersetzung mit der Vergangenheit verdrängt hatte. Der von amerikanischen Universitäten herüberkommende Studentenprotest gegen etablierte Lebensformen verband sich hier mit dem Protest gegen verkrustete Strukturen an den Universitäten („Unter den Talaren Muff von 1 000 Jahren"), dann aber auch gegen Diktatur und das **Vietnam-Engagement der USA**.

Zur ersten großen Auseinandersetzung kam es beim **Besuch des Schahs** von Persien im Juni 1967. Bei Kundgebungen in Berlin kam es zu schweren Auseinandersetzungen mit sog. „Jubel-Persern", schah-freundlichen Demonstranten, bei denen der Student **Benno Ohnesorg** von einer Polizeikugel tödlich verletzt wurde. An seiner Beisetzung nahmen 15 000 Menschen teil.

Die Auseinandersetzungen eskalierten und wurden zunehmend von **Gewalttätigkeiten** begleitet. Ziele der Gewaltakte waren das Verlagshaus des **Springer-Konzerns** in Berlin und Kaufhäuser (Kaufhaus-Brandstiftung am 3. 4. 1968 in Frankfurt) als vermeintliche Exponenten des Systems. Um „permanente Diskussion" zu erzwingen, wurde der Vorlesungsbetrieb an den Universitäten lahm gelegt. Am 11. April 1968 wurde schließlich auf den Wortführer der studentischen Protestbewegung **Rudi Dutschke** in Berlin ein Mordanschlag verübt. Die Demonstrationswelle erreichte im Mai 1968 während der zweiten und dritten Lesung der Notstandsgesetze ihren Höhepunkt und dauerte bis zum folgenden Jahr an.

Allmählich machte sich unter der Studentenschaft **Resignation** breit, aber es wuchs auch die Erkenntnis, dass der eingeschlagene Weg keine Solidarität mit der Bevölkerung geschaffen hatte. Daher wandte sich ein Teil von der Studentenbewegung ab, ein anderer Teil machte sich innerhalb der Parteien und parlamentarischen Gremien auf den „langen Marsch durch die Institutionen" bis in politische Spitzenämter. Viele gehören heute zum „Establishment".

Entscheidenden Einfluss auf die **„68er"-Generation** hatte das kritische Gedankengut der **Frankfurter Schule** (Marcuse, Horkheimer, Adorno). Ihre Analyse der kapitalistischen Überflussgesellschaft prägte in den folgenden Jahrzehnten die gedankliche Auseinandersetzung um ideologische und pragmatische Positionen in der Bundesrepublik nachhaltig. Die Kritik stellte traditionelle Autoritäten des „Establishments" und die Bedürfnisbefriedigung des „Wohlstandsbürgertums" infrage, forderte Aufklärung über die NS-Vergangenheit, bemängelte Ausschluss und Manipulation des Einzelnen im politischen Entscheidungsprozess durch das „System" und sah den Marxismus als „anti-bürgerliches" Gegenmodell.

Darüber hinaus wurde in Verbindung mit Elementen der Psychoanalyse ein Weg der Selbstbestimmung der eigenen Daseinsgestaltung ohne Tabus und Fragen nach dem jeweiligen Nutzen propagiert. Die Suche nach neuen Lebensformen beinhaltete das Zusammenleben in Wohngemeinschaften (Kommunen), sexuelle Freizügigkeit (begünstigt durch die Entwicklung der Anti-Baby-Pille) und die antiautoritäre Erziehung.

Mit dem sogenannten **„Extremistenbeschluss"** vom 28. Januar 1972, nach dem Bewerber für den öffentlichen Dienst auf ihre Verfassungstreue hin untersucht werden konnten, reagierte der Staat schnell und hart. Kritiker sahen darin ein Berufsverbot bzw. ein repressives Pendant zur sozialliberalen Ostpolitik und zu Brandts Ankündigung, „Mehr Demokratie wagen!".

Wandel in der Ostpolitik

Kiesinger als Kanzler der Großen Koalition hatte in seiner Regierungserklärung seine Bereitschaft bekundet, „das ungelöste Problem der deutschen Teilung" in einen Gewaltverzichts-Vertrag mit den Staaten des Ostblocks einzubeziehen. Das bedeutete zunächst eine **Öffnung der Politik nach Osten**, ohne dass dabei die DDR als Staat anerkannt werden sollte. Kontakte „mit den Behörden im anderen Teil Deutschlands" sollten vor allem menschliche Erleichterungen schaffen. Die damit angekündigte Öffnung fand aber im Wesentlichen nur in der SPD Zustimmung, große Teile der CDU verhielten sich reserviert.

3.3 Die sozialliberale Koalition (1969–1982)

Die Bildung der sozialliberalen Koalition wurde vorbereitet durch die in der FDP umstrittene Zustimmung zur Wahl des SPD-Kandidaten Gustav Heinemann zum Bundespräsidenten (5. März 1969). Programmatisch hatten sich die beiden Parteien seit Mitte der 60er-Jahre mit dem Bekenntnis zu politischen und gesellschaftlichen Reformen angenähert sowie den Bundestagswahlkampf mit dem Motto **„Mehr Demokratie wagen!"** bestritten. Darüber hinaus war klar, dass SPD und FDP nach Möglichkeiten suchten, die Regierungsverantwortung gemeinsam zu übernehmen, da nach den Prinzipien eines echten Parlamentarismus eine Große Koalition nur einen Notbehelf darstellen kann. Mit der Wahl **Willy Brandts** zum Bundeskanzler am 21. 10. 1969 – der FDP-Vorsitzende Walter Scheel wurde Außenminister – endete die 20-jährige Regierungsbeteiligung der CDU/CSU und es begann der Aufbruch zu längst fälligen Reformen in der Deutschland- und Gesellschaftspolitik. Diese Neuorientierung wurde innerhalb der SPD durch den Parteivorsitzenden und Bundeskanzler Willy Brandt, den Fraktionsvorsitzenden Herbert Wehner und den Verteidigungsminister Helmut Schmidt verkörpert, in der FDP durch Außenminister Scheel und Innenminister Genscher.

Neue Ostpolitik und Abschluss der Ostverträge

Willy Brandt sprach in seiner Regierungserklärung als Bundeskanzler der neuen sozialliberalen Koalition zum ersten Mal von **„zwei Staaten in Deutschland"** und brach damit offiziell mit der Doktrin von der Nicht-Existenz der DDR. Für Verhandlungen zur Besserung der Lage hatte die Regierung aber keinen großen Spielraum, denn die Hallstein-Doktrin war längst kein Druckmittel mehr.

Bei den Verhandlungen musste die Bundesregierung den Verdacht vermeiden, sie wolle die Ostblock-Staaten gegen die UdSSR und gegeneinander ausspielen. Zunächst musste daher ein **Abkommen mit der sowjetischen Regierung** getroffen werden. Es war Voraussetzung für die weiteren Verträge mit Polen, der Tschechoslowakei (ČSSR) und der DDR.

Schon zwei Monate nach Bildung der Regierung Brandt-Scheel wurden Gespräche zwischen dem sowjetischen Außenminister Gromyko und dem deutschen Botschafter in Moskau aufgenommen. **Egon Bahr**, damals Staatssekretär im Bundeskanzleramt, führte ab Januar 1970 die Verhandlungen, die im Mai mit einem Vertragsentwurf abgeschlossen wurden. In dem am 12. August 1970 unterzeichneten Dokument **(Moskauer Vertrag)** verpflichteten sich beide Vertragspartner, „ihre Streitfragen ausschließlich mit friedlichen Mitteln (zu) lösen", weder mit Gewalt zu drohen noch sie anzuwenden. Sie erklärten, „die territoriale Integrität aller Staaten in Europa in ihren heutigen Grenzen uneingeschränkt zu achten", „keine Gebietsansprüche gegen irgend jemand (zu) haben", und dass sie „heute und künftig die Grenzen in Europa als unverletzlich" betrachteten. Ausdrücklich genannt waren dabei die Oder-Neiße-Grenze und die Grenze zwischen der Bundesrepublik und der DDR. Die sowjetische Erklärung über den **Gewaltverzicht** bedeutete dabei einen Verzicht auf das Interventionsrecht gegenüber (ehemaligen) Feindstaaten gemäß der UNO-Satzung.

In einem **„Brief zur deutschen Einheit"** erklärte die Bundesregierung, „dass dieser Vertrag nicht im Widerspruch zu dem politischen Ziel der Bundesrepublik Deutschland steht, auf einen Zustand des Friedens hinzuwirken, in dem das deutsche Volk in freier Selbstbestimmung seine Einheit wiedererlangt". Die sowjetische Regierung nahm diese Stellungnahme offiziell zur Kenntnis, Rechtsgültigkeit im Sinne des Völkerrechts besaß sie allerdings nicht.

Die Ostverträge

Die Ostverträge	Partner	Inhalte	Probleme
Moskauer Vertrag 12.8.1970	BRD-UdSSR	• territoriale Integrität aller europäischen Staaten • Unverletzlichkeit der Grenzen, inkl. der Oder-Neiße-Linie	• politisch ideologischer Gegensatz dauert an • Rüstungswettlauf nicht gestoppt
Warschauer Vertrag 7.12.1970	BRD-Polen	• territoriale Integrität • Achtung der gegenwärtigen Grenzen (endgültige Regelung der Oder-Neiße-Linie einem Friedensvertrag vorbehalten)	• humanitäre Probleme • andauernder Streit über Schulbuchvereinbarungen, Landkarten etc.
Viermächte-Abkommen über Berlin 3.9.1971	USA, GB, F, UdSSR	• Gewaltverzicht • freier Transitverkehr nach Berlin	• Status der Berliner Westsektoren wird nicht eindeutig geklärt
Transitabkommen 17./20.12.1971 **Verkehrsvertrag 26.5.1972**	BRD-DDR	• Regelungen des Personen- und Güterreiseverkehrs zwischen der BRD und Westberlin sowie den Nachbarstaaten • Reiseerleichterungen • Besuchsmöglichkeiten von West nach Ost	• keine Besuche von Ost nach West
Grundlagenvertrag 21.12.1972	BRD-DDR	• Anerkennung der Hoheitsgebiete • Aufgabe des Alleinvertretungsanspruchs • Austausch ständiger Vertreter	• Berliner Mauer, Schießbefehl • Wiedervereinigung • fehlende Menschenrechte in der DDR
Prager Vertrag 11.12.1973	BRD-ČSSR	• Verzicht auf Gebietsansprüche • Vereinbarung zukünftiger Zusammenarbeit	• Enttäuschung bei Sudetendeutschen wegen Verzicht auf Sudetenland
Ergebnisse	• Anerkennung der bestehenden Grenzen und der DDR • Reiseerleichterungen, grenznaher Verkehr		
Kritik in der BRD	• Ost-West-Gegensatz bleibt erhalten • Aufgabe wesentlicher Rechtspositionen (Oder-Neiße-Linie)		

Parallel zu den Verhandlungen mit Moskau wurden in Warschau Gespräche über einen **Vertrag mit Polen** geführt. Am 7. Dezember 1970 unterzeichneten Bundeskanzler Brandt und Außenminister Scheel in Warschau den Vertrag „über die Grundlagen der Normalisierung ihrer gegenseitigen Beziehungen". Beide Vertragspartner bestätigten darin, dass die **Oder-Neiße-Linie** „die westliche Staatsgrenze der Volksrepublik Polen bildet" und erklärten, „dass sie gegeneinander **keinerlei Gebietsansprüche** haben und solche auch in Zukunft nicht erheben werden". Die Bundesregierung behielt sich allerdings vor, dass eine völkerrechtlich definitive Festsetzung dieser Grenze erst durch einen gesamtdeutschen Souverän und einen Friedensvertrag erfolgen könne. Bei seinem Besuch in Warschau anlässlich der Unterzeichnung des Vertrags kniete Bundeskanzler Brandt am Getto-Denkmal in Warschau nieder, um den Opfern des Kriegs und der nationalsozialistischen Gewaltherrschaft auf diese Weise die Reverenz des deutschen Volkes zu erweisen.

Im September 1971 schlossen die **vier Siegermächte** des Zweiten Weltkriegs ein **Abkommen**, das den **Status Berlins** sicherte. Die Sowjetunion garantierte den freien Zugang und die westliche Militärpräsenz und gestand zu, „dass die Bindungen zwischen den Westsektoren Berlins und der Bundesrepublik Deutschland aufrechterhalten und entwickelt werden". Die Westmächte erklärten im Gegenzug, „dass diese Sektoren so wie bisher kein Bestandteil der Bundesrepublik Deutschland sind und auch weiterhin nicht von ihr regiert werden". Auf dieser Basis vereinbarten die Bundesregierung und die Regierung der DDR am 17. Dezember 1971 im Auftrag der Vier Mächte das **Transitabkommen** für den Verkehr zwischen der Bundesrepublik und Westberlin, sowie am 26. Mai 1972 den **Verkehrsvertrag** zwischen BRD und DDR.

Am 21. Dezember 1972 schließlich wurde in Ostberlin der **Grundlagenvertrag** zwischen der DDR und der Bundesrepublik Deutschland abgeschlossen. Die Vertragspartner vereinbarten darin „normale gutnachbarliche Beziehungen zueinander auf der Grundlage der Gleichberechtigung" und wollten sich von den Prinzipien der „souveränen Gleichheit aller Staaten, der Achtung der Unabhängigkeit, Selbstständigkeit und territorialen Integrität, dem Selbstbestimmungsrecht, der Wahrung der Menschenrechte" leiten lassen. Dies kann jedoch **nicht als völkerrechtliche Anerkennung der DDR** gewertet werden (s. S. 176 f.). Deshalb vereinbarten beide Seiten auch nur die Einrichtung von **„Ständigen Vertretungen"** anstelle von Botschaften. Aus Sicht der Bundesrepublik konnte es somit auch nach wie vor keine eigene DDR-Staatsbürgerschaft geben. Bayern legte in der Folge beim Bundesverfassungsgericht eine erfolglose Klage gegen den Grundlagenvertrag ein, den es als unvereinbar mit dem Grundgesetz ansah. Das BVG verpflichtete die Politik aber erneut darauf, am Wiedervereinigungsgebot des Grundgesetzes festzuhalten.

Im Dezember 1973 wurde schließlich der **Prager Vertrag** zwischen der Bundesrepublik und der Tschechoslowakei unterzeichnet. Darin vereinbarten die beiden Staaten, auf gegenseitige Gebietsansprüche zu verzichten, die Unverletzlichkeit ihrer Grenzen zu achten und in verschiedenen Bereichen zusammenzuarbeiten.

Der Regierungswechsel Brandt – Schmidt

Als Bundeskanzler Brandt im Mai 1974 seinen Rücktritt erklärte, erfuhr die Öffentlichkeit erst im Nachhinein, dass einer seiner engsten Mitarbeiter, Günter Guillaume, für den ostdeutschen Staatssicherheitsdienst als Spion tätig gewesen war. Mit einer raschen Regierungsneubildung wurde eine größere Krise vermieden. Nach Helmut Schmidts Wahl zum neuen Kanzler, 16. Mai 1974, setzte dieser die Politik seines Vorgängers fort. Allerdings hatte sich das Bedingungsgeflecht politischen Handelns gewandelt. Von der Parole „Mehr Demokratie wagen" und dem damit verbundenen Aufbruch zu Reformen konnte keine Rede mehr sein. Das Stimmungshoch war abgelöst durch eine **pessimistische Grundhaltung**, genährt aus der ersten **Ölkrise**, der Brutalität **terroristischer Anschläge**, der Unwägbarkeit künftiger Entwicklung. Schmidt verstand sich als „erster Angestellter des Staates" und „Krisenmanager".

Ostpolitik als „Politik der kleinen Schritte"

In der deutschen Frage führte die Regierung Schmidt Brandts Politik fort. Diese Kontinuität bewies nach der Debatte um die Ostverträge, dass das gewandelte Verhältnis zwischen beiden deutschen Staaten von allen Parteien weitgehend akzeptiert wurde und es keine realistische Alternative zu dem Versuch gab, die staatliche Teilung durch ihre zeitweilige Anerkennung zu überwinden.

Um den Preis der Stabilisierung sollten die Folgen der Teilung abgemildert werden und durch verbesserte, **„gutnachbarliche Beziehungen"** die inneren Widersprüche des sozialistischen Systems aufgezeigt und damit letztlich die Destabilisierung der DDR erreicht werden. Der darin begründete Zwang zum **pragmatischen Handeln** bewog Schmidt zur „Politik der kleinen Schritte". Bis 1980 wurden über ein Dutzend Abkommen und Protokolle mit der DDR unterzeichnet. Von Anfang an wurde dabei der innerdeutsche Handel, der sich zwischen 1974 und 1982 fast verdoppelte, als Hebel für Verbesserungen der innerdeutschen Beziehungen und zugleich zur Festigung der westdeutschen Vorzugsstellung im Handel eingesetzt.

Zu einem ersten offiziellen Zusammentreffen Schmidts mit Staats- und Parteichef Honecker kam es bei der Unterzeichnung der Schlussakte von Helsinki (1. August 1975). Daraus ergab sich ein kontinuierlicher Meinungsaustausch, der von einem zunehmend entkrampften und weniger distanzierten Verhältnis geprägt war.

Die Ausweisung deutscher Journalisten sowie die Schließung des Spiegel-Büros in Ostberlin sorgten aber wieder für eine empfindliche Abkühlung der Beziehungen. Zudem belastete die von **Honecker** in Gera (13. Oktober 1980) erneut vorgetragene **Maximalforderung nach völkerrechtlicher Anerken-**

nung das Klima ebenso wie die Ausbürgerung kritischer Künstler aus der DDR (z. B. Wolf Biermann, Hermann Loest, Manfred Krug). In der Bundesrepublik sah man diese Maßnahmen als Zeichen wachsender Hilflosigkeit der DDR, den Anspruch eines „fortschrittlichen, demokratischen Staates" zu realisieren.

Die Rote-Armee-Fraktion

Ein kleiner gewaltbereiter Teil der APO (s. S. 139 f.) hatte sich Ende der 60er-Jahre neu organisiert und überzog die Bundesrepublik mit **politisch motiviertem Terrorismus**. Unter dem Einfluss der Journalistin Ulrike Meinhof und den Brandstiftern gegen ein Frankfurter Kaufhaus, Andreas Baader und Gudrun Ensslin, bildeten sie sogenannte Zellen, die „den bewaffneten Kampf" weiterführen wollten, und schlossen sich zur Rote-Armee-Fraktion (RAF) zusammen. Seit 1970 durch die militante Palästinenserorganisation El Fatah militärisch ausgebildet, verübten die Mitglieder der RAF Banküberfälle für die Finanzierung ihrer Aktionen sowie Bombenanschläge. Sie entführten und ermordeten Repräsentanten des von ihnen gehassten und bekämpften Systems. Zugleich griff auch der **internationale Terrorismus** auf Deutschland über, als 1972 während der Olympischen Spiele von München Palästinenser mehrere Mitglieder der israelischen Mannschaft entführten und sie während des dilettantischen Befreiungsversuchs deutscher Sicherheitskräfte ermordeten.

1972 wurden führende RAF-Mitglieder (Baader, Ensslin, Raspe, Meins) verhaftet und in den **Stammheimer Prozessen** zu langjährigen Freiheitsstrafen verurteilt. An ihre Stelle trat die sog. **zweite Generation der RAF**. Nach der Ermordung des Kammergerichtspräsidenten von Drenkmann im November 1974 wurde im Februar 1975 die Freilassung inhaftierter Gesinnungsgenossen gegen die Freigabe des entführten Berliner CDU-Vorsitzenden Lorenz erpresst. Der von Bundeskanzler Schmidt eingerichtete Krisenstab gab den Forderungen nach, da der Rettung von Menschenleben Vorrang vor rechtsstaatlichen Grundsätzen eingeräumt wurde. Diese Linie wurde aber verlassen, um eine fortwährende Erpressbarkeit des Staates zu verhindern.

Höhepunkt der terroristischen Anschläge war das Jahr **1977 („blutiger Herbst")** mit der Ermordung von Generalbundesanwalt Buback, des Vorstandsvorsitzenden der Dresdner Bank Ponto und der Entführung und Ermordung von Arbeitgeberpräsident Schleyer.

Nach der Befreiung einer von palästinensischen Luftpiraten entführten Lufthansamaschine durch eine deutsche Spezialeinheit (GSG 9) in Mogadischu (Somalia) begingen Baader, Ensslin und Raspe am 18. Oktober 1977 in ihren Gefängniszellen Selbstmord. Ungeklärt blieb, wie die Waffen ins Gefängnis gelangen konnten.

Gesellschaftliche Entwicklungen

Unter dem Einfluss der „68er" breitete sich ein wachsendes Gefühl der Unzufriedenheit und Ohnmacht gegenüber Staat und Parteien aus. Aus **Bürgerinitiativen**, der **Frauenbewegung**, die besonders für eine Reform des Abtreibungsparagraphen 218 kämpfte, und der **Friedensbewegung** (gegen den NATO-Doppelbeschluss) bildete sich die „alternative Bewegung". Sie griff zunächst Ziele im kommunalen Bereich auf und forderte einen grundsätzlichen Mentalitätswandel. Das tiefe Misstrauen einiger Bevölkerungsteile gegen die Methoden des parlamentarischen Willensbildungsprozesses führte zu einer Abkehr vom Staat. Mit Wohngemeinschaften („Kommunen") wurden neue Lebensformen erprobt, mit der Besetzung leer stehender Häuser für die „selbst bestimmte" Lebensverwirklichung und gegen die „kapitalistische Gewinnsucht" protestiert.

In Zusammenhang damit steht die **Anti-Kernkraft-Bewegung**, die sich gegen Änderungen der staatlichen Energiepolitik infolge der Ölkrise richtete. Von staatlicher Seite wollte man die Abhängigkeit von Erdöl durch den Ausbau der Kernenergie verringern. Aus Angst vor der mangelnden Sicherheit der Anlagen und möglichen Gesundheitsgefährdungen entwickelten sich verschiedene Initiativen besonders im Umkreis geplanter Kraftwerksstandorte (Whyl, Brokdorf). Einen erneuten Aufschwung fand die Bewegung infolge des Reaktorunfalls im ukrainischen Atomkraftwerk Tschernobyl am 26. April 1986. Bis heute ist die Frage der Entsorgung und Endlagerung radioaktiver Abfälle aus der Kernenergie nicht endgültig geklärt, die in den 80er-Jahren vor allem im bayerischen Wackersdorf für Proteste sorgte, wo der Bau einer Wiederaufarbeitungsanlage (WAA) geplant war.

Der **Umweltschutz** wurde zu einem vorrangigen politischen Thema, das seinen Ausdruck in zahlreichen Gesetzen (z. B. Bundesnaturschutzgesetz 1976) fand. Widerstand vonseiten der Industrie, von Unternehmen und Gewerkschaften verzögerte ein entschiedeneres und früheres Vorgehen, konnte aber ein zumindest teilweises Umdenken nicht verhindern (z. B. Einführung von bleifreiem Benzin und des PKW-Katalysators).

Die 70er-Jahre waren zugleich ein Jahrzehnt der **Bildungsexpansion**. Mit zunehmender Chancengleichheit in der Bildung stieg der Anteil der Abiturienten und nachfolgend der Studenten – vor allem der Studentinnen – deutlich. Aber die Bemühungen um eine Behebung der „deutschen Bildungskatastrophe" hielten nicht lange an. Verringerte Ausgaben für die materielle und personelle Ausstattung, Lehrermangel und überfüllte Klassenzimmer bzw. Hörsäle kennzeichneten bald die Situation, ohne dass periodisch wiederkehrende Proteste Wesentliches daran änderten. Zwar konnte der Anteil von Studierenden aus unteren sozialen Schichten deutlich angehoben werden, doch liegt das vereinigte Deutschland im internationalen Vergleich hier auch heute weit zurück.

NATO-Doppelbeschluss und Stationierungsdebatte

Mitte der 70er-Jahre ersetzte die Sowjetunion ihre auf Westeuropa gerichteten atomaren Mittelstreckenraketen durch Raketen mit größerer Sprengkraft. Da die Bundesregierung dadurch das strategische Gleichgewicht in Europa gefährdet sah, forderte Bundeskanzler Schmidt 1977 die NATO zu Gegenmaßnahmen auf: Am 12. Dezember 1979 verabschiedeten die Außen- und Verteidigungsminister der NATO-Mitgliedstaaten in Brüssel den NATO-Doppelbeschluss.

Der Beschluss sah Verhandlungen mit der UdSSR über den Abbau der Mittelstreckenraketen vor. Bei einem Scheitern der Gespräche wollten die USA ab 1983 ebenfalls **atomare Mittelstreckenraketen in Europa** stationieren. Der NATO-Doppelbeschluss stärkte in vielen westeuropäischen Ländern, auch in Deutschland, die Friedensbewegung, die gegen die Nachrüstung Stellung bezog. Auch Teile der regierenden SPD schlossen sich der Bewegung an.

Am 30. November 1981 begannen in **Genf** die **Abrüstungsverhandlungen**, die bis Ende 1983 ergebnislos blieben. Deshalb stimmte der Bundestag nach dem Regierungswechsel von 1982 am 22. November 1983 mit den Stimmen von CDU/CSU und FDP der Stationierung von US-Mittelstreckenraketen in der Bundesrepublik zu. Einen Tag nach dem Beschluss des Bundestags brach die Sowjetunion die Genfer Gespräche ab und die USA begannen mit der Stationierung von Pershing-II-Raketen.

Die wirtschaftliche Entwicklung

Der wirtschaftliche Aufschwung, der fast zwei Jahrzehnte – nur durch die Rezession von 1966/67 unterbrochen – gedauert hatte, ging endgültig zu Ende. Zeitgleich erschien der alarmierende Bericht des Club of Rome (1972) über die „Grenzen des Wachstums". Es zeigten sich **Schwächen in der Wirtschaftsstruktur** der Bundesrepublik. In den „alten Industrien" waren auch durch staatliche Subventionen Überkapazitäten entstanden, die gegen das Angebot der asiatischen Produzenten und der Billiglohnländer preislich nicht mehr konkurrenzfähig waren. Da alle westlichen Industriestaaten von der Krise betroffen waren, konnte die nachlassende Binnennachfrage nicht durch Exportüberschüsse ausgeglichen werden.

„Hausgemacht" waren das wachsende **Haushaltsdefizit** sowie die hohe Inflationsrate der Bundesrepublik, die durch hohe Staatsausgaben und Lohnabschlüsse entstanden war.

Im Jom-Kippur-Krieg 1973 setzten arabische Staaten **Öl als politische Waffe** ein. Der Ölpreis wurde drastisch erhöht, die Fördermengen beschränkt. Die OPEC zog in Bezug auf die Preissteigerungen nach. Unmittelbar sichtbare Folgen in Deutschland waren vier autofreie Sonntage und die zeitweise Einführung von Geschwindigkeitsbeschränkungen auf Autobahnen. Damit wurde der deutschen Öffentlichkeit die **Abhängigkeit vom Erdöl** schlagartig klar. Die steigenden Ölpreise und der Wertverlust des für den deutschen Export wichtigen US-Dollars verschärften die Lage. Stagnierende Wirtschaft und Inflation **(Stagflation)** vervierfachten die Zahl der Arbeitslosen in zwei Jahren. Mit Beschäftigungsprogrammen und Investitionsförderung wurden die Auswirkungen der Krise abgemildert, aber die Haushaltslücken vergrößert.

Die wirtschaftliche Krise fiel zusammen mit einem schnellen **technologischen Wandel**, dem Vordringen der sogenannten „Neuen Technologien" (z. B. Computer, Mikroelektronik, Recycling). Diese „dritte industrielle Revolution" vernichtete zwar herkömmliche Arbeitsplätze, schuf aber auch neue. Da diese Prozesse in allen Industriestaaten wirksam waren und nationale Lösungsansätze im Zuge einer sich verflechtenden Weltwirtschaft **(Globalisierung)** eher hinderlich waren, verständigten sich die wichtigsten Industriestaaten (USA, Frankreich, Bundesrepublik, Großbritannien, Italien, Japan) darauf, jährliche **Weltwirtschaftsgipfel** durchzuführen.

Die wirtschaftliche Entwicklung belastete die in den Wahlen von 1976 und 1980 bestätigte SPD-FDP-Regierung erheblich und führte allmählich zu einer schärferen Grenzziehung innerhalb der Regierungsparteien. Staatliche Beschäftigungsprogramme und Kreditaufnahme hatten zwar kurzfristige Erfolge gezeigt, doch 1981/82 stieg die Arbeitslosigkeit bei Rückgang des Bruttosozialprodukts („Minuswachstum") wieder deutlich an. Die **FDP** entfernte sich mit der Forderung nach **mehr Leistungsbereitschaft statt staatlicher Hilfen** von der SPD. Besonders Wirtschaftsminister Graf Lambsdorff forderte die Beendigung der Koalition und löste mit seinen Vorschlägen zur Sparpolitik den **Koalitionsbruch** aus.

fgabe 25 Nennen und erläutern Sie wesentliche Themen und Problembereiche während der Kanzlerschaft Erhards sowie der Großen Koalition unter Bundeskanzler Kiesinger.

fgabe 26 Skizzieren Sie die politischen Neuansätze der sozialliberalen Koalition unter Bundeskanzler Brandt.

4 Die christlich-liberale Koalition (1982–1989)

1. 10. 1982	Misstrauensvotum gegen Schmidt: Helmut Kohl wird Bundeskanzler
6. 3. 1983	Bundestagswahlen bestätigen die christlich-liberale Koalition
19. 5. 1983	Flick-Untersuchungsausschuss wird eingesetzt
22. 11. 1983	Bundestagsbeschluss zur Stationierung von Pershing-II-Raketen
6. 5. 1986	Kulturabkommen zwischen der Bundesrepublik und der DDR
7.–11. 9. 1987	Staatsbesuch von Erich Honecker in der Bundesrepublik
12. 9. 1987	Beginn der Barschel-Affäre
8. 12. 1987	INF-Vertrag zwischen USA und UdSSR

Am 1. 10. 1982 wurde Bundeskanzler **Schmidt** durch ein konstruktives **Misstrauensvotum** gestürzt und **Helmut Kohl** zum Nachfolger gewählt. Er galt als „zweiter Sieger" der für die CDU verlorenen Wahl von 1980, da sich sein Konkurrent um die Kanzlerkandidatur der Union, Strauß, nach der Niederlage endgültig auf den Posten des bayerischen Ministerpräsidenten zurückgezogen hatte. Die 1983 bestätigte Regierung Kohl/Genscher versprach eine **„geistig-moralische Wende"** und wirtschaftspolitische Stabilität durch „weniger Staat, mehr Markt", „weg von kollektiven Lasten, hin zu persönlicher Leistung".

4.1 Innenpolitische Entwicklung

Die Grünen

Mit den Grünen war 1983 eine vierte Partei in den Bundestag gewählt worden. Hervorgegangen aus dem Potenzial der Bürgerbewegungen, traf sie mit ökologischen Themen, der Forderung nach Gewaltfreiheit und Basisdemokratie vor allem die Interessenlage jüngerer Menschen. Der Zweifel am Wirtschaftswachstum als Voraussetzung der bundesdeutschen Gesellschaft und Demokratie, wurde durch die Grünen parteipolitisch kanalisiert und fand so Eingang in die Parlamente. **Pazifistisch** orientiert, waren die Grünen eng mit der Friedensbewegung verbunden, stimmten gegen den NATO-Doppelbeschluss und forderten den Austritt der Bundesrepublik aus der NATO. Innerparteilich gab es harte Auseinandersetzungen („Realos" gegen „Fundis"), bis sich in den 90er-Jahren die **Realpolitiker** unter ihrem prominentesten Vertreter Joschka Fischer durchsetzen konnten.

Mit dem Aufkommen der Grünen verschärfte sich der **Kampf** der beiden großen Volksparteien SPD und CDU **um die politische Mitte**. Zugleich band sich die FDP fester an die CDU, sodass die Regierungskoalition während der gesamten Ära Kohl weitgehend stabil blieb.

Krise der Parteien

Die enge Verflechtung von politischen, staatlichen und Parteiämtern, der Lobbyismus und die Vermischung von wirtschaftlichen und politischen Interessen ließen viele Wähler an der Glaubwürdigkeit der Politiker und deren Reformwillen zweifeln. Alle großen Parteien hatten widerrechtlich unversteuerte Spenden von Wirtschaftsunternehmen entgegengenommen. Die **Flick-Affäre** zeigte die **Verflechtung von Wirtschaft und Politik** in besonders krasser Weise. Die Minister Friedrichs und Graf Lambsdorff (beide FDP) hatten 1975 der Unternehmensgruppe Flick für den 1,5 Milliarden DM-Erlös aus dem Verkauf von Daimler-Benz-Aktien gegen die Zahlung hoher Spendensummen an die FDP Steuerbefreiung zugestanden. Beide Minister wurden rechtskräftig verurteilt; **Lambsdorff** trat erst 1983 von seinem Amt zurück, nachdem der Versuch, für ihn ein „Amnestie-Gesetz" zu schaffen, an der FDP-Basis gescheitert war.

Während die Flick-Affäre ihren Ursprung in der finanziellen Ausstattung der Parteien hatte, wurde durch die **Barschel-Affäre** die Glaubwürdigkeit von Politikern angesichts des ungezügelten Machtstrebens Einzelner erschüttert. Die Behauptung des Spiegels von 1987, der schleswig-holsteinische Ministerpräsident Barschel (CDU) habe seinen SPD-Konkurrenten Engholm bespitzeln und mit Falschaussagen diskreditieren lassen, erwies sich nach anfänglichem Leugnen als wahr. Barschel trat von seinem Amt zurück und kam wenig später unter ungeklärten Umständen ums Leben. Engholm, Amtsnachfolger Barschels, räumte erst 1993 ein, früher als zugegeben über Barschels Machenschaften informiert gewesen zu sein, und trat von seinen Ämtern zurück.

Terrorismus

Trotz weitgehender Zerschlagung der RAF operierten ihre Nachfolger auch in den 80er-Jahren und ermordeten 1986 einen hohen Beamten des Auswärtigen Amts, **von Braunmühl**, und 1989 den Vorstandssprecher der Deutschen Bank, **Herrhausen**. Über internationale Verbindungen versorgte sich die RAF mit Geld und Waffen. Auch die DDR gehörte zu den Staaten, die mit den Terroristen zusammenarbeiteten. Sie verhalf sogenannten „Aussteigern" zu einer neuen Existenz in der DDR. Erst nach der Wiedervereinigung gelang der deutschen Polizei die Verhaftung von international gesuchten Terroristen, die in der DDR einen durch die Staatssicherheit vermittelten Unterschlupf gefunden und dort ein zurückgezogenes und unauffälliges Leben geführt hatten.

Zuwanderung und demografischer Wandel

Aufgrund der **sinkenden Geburtenrate** wuchs die Bevölkerung erheblich langsamer. Die Bevölkerungsbilanz wurde durch die Zuwanderung **ausländischer**

Arbeitskräfte, **Asylsuchender** und durch deutschstämmige **Aussiedler** aus den Ostblockstaaten (1988 ca. 220 000) ausgeglichen. Diese Entwicklung der 70er- und 80er-Jahre veränderte die Gesellschaft der Bundesrepublik nachhaltig, zumal die Integration bei Weitem nicht im erwünschten Maß gelang. Noch immer erschweren u. a. mangelnde Sprachkenntnisse und Wissensdefizite über kulturelle Unterschiede das Zusammenleben. Vor allem rechtsradikale Gruppierungen schüren eine latente Ausländerfeindlichkeit und zielen damit besonders auf Menschen mit niedrigem sozialen Status und Bildungsniveau.

Die Entwicklung zur postindustriellen Dienstleistungsgesellschaft **veränderte soziale Milieus und Arbeitsbedingungen**. Der Anteil der Angestellten überstieg denjenigen der Arbeiter, immer weniger Menschen arbeiteten bis zur Altersgrenze von 65 Jahren. Das real verfügbare Pro-Kopf-Einkommen stieg zwischen 1979 und 1991 um 50 %. Der wachsende Wohlstand äußerte sich in höherem Konsum und machte einen Individualisierungsschub möglich, sodass bei gleichzeitig steigendem Heiratsalter und höherer Scheidungsrate die Zahl der privaten Haushalte und der Alleinstehenden stark anstieg. Als Ausdruck sich wandelnder Geschlechterverhältnisse ist vor allem die rechtliche Gleichstellung der Frauen zu sehen, der die Grünen und die SPD mit der Einführung einer Frauenquote bei der Vergabe von Mandaten und Ämtern zu entsprechen versuchten.

4.2 Wirtschaftliche Entwicklung

Trotz Wirtschaftswachstum, geringerer Kreditaufnahme und Haushaltskonsolidierung konnte die **Arbeitslosigkeit** nicht bekämpft werden. Ende der 80er-Jahre blieb sie bei etwa neun Prozent stehen. Zur Beseitigung der mit dem Wandel von der Industrie- zur Dienstleistungsgesellschaft entstandenen Probleme taugten die bewährten wirtschaftspolitischen Instrumente nicht. Die Gründe für die anhaltend hohe Arbeitslosigkeit werden seitdem in den finanziellen Belastungen der Unternehmen durch hohe **Lohnnebenkosten** und in starren **Arbeitsrechtsregelungen** gesehen. Der Wirtschaftsstandort Deutschland wurde im internationalen Vergleich so teuer, dass viele Unternehmen Produktionsstätten ins Ausland verlagert und damit Arbeitsplätze in Deutschland abgebaut haben. In dieser Debatte spielt auch die Reduzierung der **Wochenarbeitszeit** 1984 auf 38,5 Stunden eine Rolle, da mit ihrer Flexibilisierung neue Modelle der Produktionsauslastung möglich wurden.

Entwicklungen in der Bundesrepublik Deutschland seit den 60er-Jahren

Regierungen	Herausforderungen, Probleme	Gegenmaßnahmen, Erreichtes
Ludwig Erhard, CDU (1963–1966) CDU/CSU/FDP-Koalition	• Rezession • Wahlerfolge der NPD	• Maßhalten • formierte Gesellschaft
Kurt Kiesinger, CDU (1966–1969) „Große Koalition" CDU/CSU/SPD	• Studentenprotest • APO • Suche nach neuen Lebensformen	• Überwindung der Rezession
Willy Brandt, SPD (1969–1974) SPD/FDP-Koalition **Helmut Schmidt**, SPD (1974–1982) SPD/FDP-Koalition	• Terrorismus • Ressourcenknappheit • Umweltproblematik	• Wahlrechtsreform • Mitbestimmung • Demokratisierung • Vermögensbildung • Bildungschancen für alle • neue Technologien
Helmut Kohl, CDU (1982–1998) CDU/CSU/FDP-Koalition	• strukturelle Arbeitslosigkeit • neue Soziale Frage • Ausländerfeindlichkeit • Politikverdrossenheit • Wiedervereinigung	• Bemühungen um den Wirtschaftsstandort Deutschland • Fortführung der Politik des innenpolitischen Ausgleichs • Privatisierung (Treuhandanstalt)

4.3 Ostpolitik im Zeichen dauerhafter Koexistenz

Der Kurs des **politischen Realismus** wurde auch von Kohl fortgesetzt, wenn auch in stärkerer Betonung des Rechtes der Deutschen auf Wiedervereinigung, der „Einheit in Freiheit". Aber, wie es der SPD-Politiker Erhard Eppler 1982 formulierte: „Frieden geht vor Wiedervereinigung." Diese Kontinuität begründete eine **„Koalition der Vernunft"**, die auch nach dem Abbruch der Verhandlungen über die Begrenzung nuklearstrategischer Waffensysteme um „Schadensbegrenzung" bemüht war. Der Deutsche Bundestag entschied sich im November 1983 mit seiner Mehrheit von CDU/CSU und FDP für die **Raketenstationierung** (s. S. 148). 1985 wurden dann die Verhandlungen zwischen den USA und der UdSSR wieder aufgenommen und führten 1987 zum **INF-Vertrag** über den weltweiten Abbau der amerikanischen und sowjetischen Mittelstreckenraketen. Dieser wurde in beiden deutschen Staaten, die sowohl Stationierungs- als auch Zielländer waren, begrüßt.

Trotz steigender Irritationen aufseiten der UdSSR und der USA über das Aneinanderrücken der beiden deutschen Staaten wurde die Politik der Kooperation fortgesetzt, die DDR von Bonn durch zwei **Milliarden-Kredite** 1983 und 1984 unterstützt und 1986 ein Abkommen über den Austausch und die Zusammenarbeit in den Bereichen Kunst, Kultur, Bildung und Wissenschaft abgeschlossen. Ein dichtes Vertragswerk und häufige Gespräche hochrangiger Politiker regelten den Umgang mit der Teilung. Höhepunkt dieser Entwicklung war **Honeckers Besuch in Bonn** (September 1987) mit allen protokollarischen Ehren für das Oberhaupt eines souveränen Staates (s. S. 179).

Mitte der 80er-Jahre schien alles auf eine **dauerhafte Koexistenz** der beiden deutschen Staaten hinauszulaufen. Die Politik der kleinen Schritte hatte zwar „menschliche Erleichterungen" bewirkt, die Wiedervereinigung blieb aber nach wie vor in weiter Ferne. Aus „Brüdern und Schwestern" waren die anderen Deutschen, „die da drüben" geworden. Der Ständige Vertreter der Bundesrepublik in der DDR, Klaus Bölling, empfahl, das Wiedervereinigungsgebot des Grundgesetzes zu ändern. Wenn auch persönliche, wirtschaftliche und intellektuelle Kontakte das Gefühl nationaler Zusammengehörigkeit aufrechterhielten und die Zeichen des wirtschaftlichen und staatlichen Verfalls der DDR immer deutlicher hervortraten, schien niemand mehr ernsthaft an eine Wiedervereinigung zu glauben. Als Bundespräsident Richard von Weizsäcker zum 40. Jahrestag der Beendigung des Zweiten Weltkriegs in zwei Reden den Standort der Deutschen vor diesem Hintergrund zu bestimmen versuchte, stellte er damit die Deutsche Frage in neuer Form, und das zu einem Zeitpunkt, als in der Sowjetunion der neue Generalsekretär der KPdSU, Michail Gorbatschow, mit seinen Reformen ein „neues Denken" einforderte.

Aufgabe 27 Erläutern Sie die wesentlichen innenpolitischen sowie wirtschaftlichen Entwicklungen während der Phase der christlich-liberalen Koalition.

Aufgabe 28 (materialgestützt)

a) Erarbeiten Sie die in der Textquelle zum Ausdruck kommende Haltung des Verfassers zum Schuman-Plan sowie deren Begründung.
b) Erläutern Sie die Schritte zur Westintegration der Bundesrepublik.
c) Interpretieren Sie die Karikatur vor dem Hintergrund der inneren Entwicklung der Bundesrepublik bis 1957.
d) Zeigen Sie anhand von zwei Beispielen den politischen Wandlungsprozess in der Bundesrepublik in den 1960er-Jahren auf.

M 1: Auszug aus dem Artikel „Ein Lebewohl den Brüdern im Osten", Der Spiegel, 1952

Am 9./10. Januar soll der Bundestag den Schuman-Plan ratifizieren. [...] Daß Berlin nicht zum Vertragsgebiet gehört, und wie die Sowjetzone technisch angeschlossen werden könnte, das sind wirklich Fragen nicht minderen, aber zweiten Ranges. Selbst das Saargebiet stellt kein Weltproblem dar. Entscheidend ist vielmehr, daß der Eintritt Westdeutschlands in den Montan-Pool die Eingliederung der westdeutschen Wirtschaft in das Wirtschafts- und Rüstungssystem des Westens bedeutet. Kohle und Stahl sind nun einmal die Hauptrohstoffe der Aufrüstung, gleichgültig wie die Produktionsauflagen auf die Pakt-Staaten verteilt werden. Daraus folgt, daß die Bundesrepublik den Schuman-Plan erst ratifizieren darf, nachdem die letzte Möglichkeit, gesamtdeutsche Wahlen abzuhalten, erschöpft worden ist. [...]

Nicht, daß der Plan Deutschland unter Ausnutzung der Besatzungsverhältnisse wirtschaftlich benachteiligt, ist der entscheidende Einwand. Wir haben den Krieg verloren, und wenn wir das französische Mißtrauen durch ökonomische Zugeständnisse so weit einschränken können, daß Frankreich auf besonders beargwöhnten Sektoren mit uns zusammenarbeitet, ist das eine Messe wert. Eine Basis für ein Europa in Freiheit, Gleichheit und Brüderlichkeit ist das freilich nicht, und niemand sollte uns das einreden wollen. [...]

Es gäbe nur einen Grund, die deutsche Wiedervereinigung hintanzusetzen: Wenn uns die Amerikaner verbindlich erklärten, [...] sie seien nicht gewillt, gesamtdeutsche Wahlen zuzulassen und die demokratische Verfassung eines wiedervereinigten Deutschland mitzugarantieren. Solange sie uns das nicht unzweideutig erklären, machen wir uns als Deutsche mitschuldig an der bislang überwiegend durch die Sowjets verursachten Spaltung Deutschlands, wenn wir uns nach Westen „integrieren". Den Schuman-Plan zum jetzigen Zeitpunkt ratifizieren, bedeutet die 18 Millionen Deutschen der Sowjetzone abschreiben. Durch den Schuman-Plan gehen Kohle und Stahl Westdeutschlands in einem Pool auf, der seiner natürlichen Bestimmung nach auch ein Rüstungspool sein muß. Sind wir wirtschaftlich erst an diesen Rüstungspool angeschlossen, entfällt für die Sowjets das Interesse an der deutschen Einheit. Sie hätten im Gegenteil dann alles Interesse zu verhindern, daß die Sowjetzone diesem Pool auch noch zugeschlagen wird. Den Schuman-Plan jetzt wollen, heißt die deutsche Einheit nicht wollen. [...]

In einer geteilten Welt kann es nicht Aufgabe der geteilten Deutschen sein, die Spannungen zu verschärfen und eventuell über der deutschen Frage zur Entladung zu bringen. [...] Wenn Westdeutschland erst Teil einer umfassenden westeuropäischen Wirtschafts- und Verteidigungsunion ist, werden die Sowjets keinesfalls interessiert sein, deren Grenze an die Oder-Neiße oder noch weiter nach Osten vorzuverlegen. Andererseits werden die europäischen Partner Westdeutschlands in der Wirtschafts- und Verteidigungsunion nicht daran interessiert sein, das ohnehin schon starke deutsche Gewicht durch Ostdeutschland verstärkt zu sehen. Im Hintergedanken beabsichtigen sie mit der „Integration" die Aufrechterhaltung der Spaltung Deutschlands, wenn sie schon deutsche Divisionen nicht verhindern können. [...]

Wenn wir den Schuman-Plan ratifizieren, müssen wir auch Soldaten stellen, denn an einem wirtschaftlich dem Westen angeschlossenen Deutschland, das keine Soldaten stellt, haben die Amerikaner kein Interesse; und an einem wiedervereinigten Deutschland, dessen Wirtschaft einseitig dem Westen angeschlossen ist, können die Sowjets kein Interesse haben. [...]

Nicht daß wir künftig Provinz und Truppenübungsplatz des Westens sein sollen, ist das entscheidende Manko. Provinz und provinzielle Politik ist unser Schicksal, solange Berlin nicht die Hauptstadt Deutschland ist. [...] Wenn uns die Wiedervereinigung Deutschlands nicht gelingen sollte, müßten wir uns damit abfinden, eine Weile als Provinzler in der Weltpolitik umherzutappen, und als Fußvolk unter den westalliierten Streitkräften. Dafür haben wir zwei Weltkriege verloren. Dafür können wir uns abends ruhig ins Bett legen. [...] Aber die 18 Millionen Deutschen jenseits der Elbe rechnen auf uns, sie sind ohne uns verurteilt, ihre Kinder in den Klauen eines unmenschlichen, lebenserstickenden Systems aufwachsen zu sehen, ihnen fremd und uns allen fremd. [...]

Haben wir die Bundesrepublik akzeptiert, damit ihr Bundestag unsere Freunde gedankenlos verkauft? [...] Erst wenn wir den Schuman-Plan, diesen ersten Akt einer Politik gegen die nationale Existenz, unterzeichnen, haben wir den Krieg vollständig verloren. Diese freiwillige Kapitulation des Jahres 1952 bedeutet aber nicht nur ein Lebewohl den Brüdern im Osten, sondern gleichzeitig das Ende der gemäßigten Rechten, die frohgemut Harakiri begeht.

Rechtschreibung und Zeichensetzung folgen der Vorlage

Aus: Daniel, Jens: Ein Lebewohl den Brüdern im Osten, in: Der Spiegel 1/52, 2. 1. 1952.

M 2: Hanns Erich Köhler, 1957

Zufrieden

„Nicht wahr, mein Michelchen – keine Experimente …“

Anmerkung: Die Kleidung Adenauers ist als damals typische Tracht einer Kinderschwester zu deuten.

Wilhelm-Busch-Museum, Hannover.

Die Deutsche Demokratische Republik

1 Der zweite deutsche Staat – die DDR

7. 10. 1949	Gründung der DDR
15. 10. 1949	UdSSR nimmt diplomatische Beziehungen zur DDR auf
6. 4. 1968	neue DDR-Verfassung (DDR als „sozialistischer Staat deutscher Nation")
7. 10. 1974	Änderung der DDR-Verfassung (Begriff „deutsche Nation" getilgt)

Am 10. Oktober 1949 übertrug die SMAD im Auftrag der sowjetischen Regierung ihre Verwaltungsfunktionen der neuen DDR-Regierung. Am folgenden Tag wurde **Wilhelm Pieck** in einer gemeinsamen Sitzung der provisorischen Volkskammer und der provisorischen Länderkammer zum Präsidenten der DDR gewählt. Ministerpräsident wurde **Otto Grotewohl** von der SED. Von den 14 Fachministerien besetzte die SED die Schlüsselpositionen: Innere Planung, Industrie, Justiz, Volksbildung und Außenhandel.

Walter Ulbricht, der führende Kopf der Kommunisten in der Ostzone, war einer der drei stellvertretenden Ministerpräsidenten. Er hatte als Reichstagsabgeordneter der KPD Deutschland 1933 verlassen und in der UdSSR gelebt. Nach dem deutschen Überfall auf die Sowjetunion 1941 hatte er in der politischen Verwaltung der Roten Armee gearbeitet und die deutschen kommunistischen Emigranten in der Sowjetunion auf ihre Arbeit im Nachkriegsdeutschland vorbereitet. Ende April 1945 schickten die Russen ihn und weitere Funktionäre der KPD nach Deutschland zurück.

1.1 Die erste Verfassung der DDR

Am 7. Oktober 1949 setzte die provisorische Volkskammer die Verfassung in Kraft, die auf einen SED-Entwurf von 1946 zurückging. Im Artikel 1 hieß es: „Deutschland ist eine unteilbare demokratische Republik; sie baut sich auf den deutschen Ländern auf [...]. Es gibt nur eine deutsche Staatsangehörigkeit". Die **Verfassung beanspruchte gesamtdeutsche Geltung** – wie das Grundgesetz.

Ihrem Text diente die Weimarer Reichsverfassung als Vorbild, ließ aber zahlreiche Uminterpretationen der Verfassungsbegriffe im marxistischen Sinne zu. Die fixierten Grundrechte wurden ständig verletzt, da nach kommunistischer Auffassung der Staat nicht primär die Aufgabe hatte, die Rechte der einzelnen Bürger zu schützen, sondern nach der Machtergreifung durch die Kommunisten den Aufbau der **sozialistischen Gesellschaftsordnung** durchzusetzen. Nur ein loyaler Staatsbürger konnte eine Beachtung seiner Grundrechte im Rahmen des Systems erwarten. Im Artikel 6 der Verfassung wurde die Einschränkung der Freiheitsrechte des Einzelnen formuliert: „Boykotthetze gegen demokratische Einrichtungen und Organisationen, Mordhetze gegen demokratische

Politiker, [...] Völkerhass, militaristische Propaganda sowie Kriegshetze und alle sonstigen Handlungen, die sich gegen die Gleichberechtigung richten, sind Verbrechen im Sinne des Strafgesetzbuches [...]". Auf dieser Grundlage konnte jede Opposition gegen das System verfolgt werden.

Es gab **keine Gewaltenteilung**, eine unabhängige Justiz existierte nicht. Der Staat war **streng zentralistisch** aufgebaut. Die Regierungsfunktionen wurden vom Staatsrat und vom Ministerrat wahrgenommen, die theoretisch als Beauftragte der Volkskammer (des Parlamentes) erschienen, in Wahrheit aber Legislative, Judikative und Exekutive im Sinne der SED steuerten.

1968 wurde eine sozialistische Verfassung verabschiedet, die 1974 der fortgeschrittenen Entwicklung in Richtung Sozialismus angepasst wurde.

1.2 Erste Wahlen zur Volkskammer

Die ersten Wahlen zur Volkskammer fanden am 15. Oktober 1950 statt. Nach der Staatsgründung wurden die Blockparteien und Massenorganisationen zur **Nationalen Front** zusammengeschlossen, die mit dem „Nationalen Notstand" der „Spaltung" Deutschlands durch die Gründung der „revanchistischen BRD" begründet wurde. Damit konnte die SED auch die Massenorganisationen besser steuern. Durch Nötigung und Terror wurden die Blockparteien LDPD und CDU so stark eingeschüchtert, dass sie der Aufstellung einer gemeinsamen Kandidatenliste (**Einheitsliste**) aller Parteien zustimmten.

Schon im Vorfeld der Wahl wurde im Blockausschuss der Parteien die Zahl der künftigen Abgeordnetensitze pro Partei und Massenorganisation festgelegt. Damit stand das Wahlergebnis schon Wochen vorher fest: 100 Abgeordnete der SED, je 60 der CDU und LDPD, je 30 der NDPD und des DBD sowie 120 Abgeordnete der Massenorganisationen wie des FDGB würden in die Volkskammer einziehen. Damit hatten die Wahlen – ähnlich wie im Dritten Reich – nur noch Akklamationscharakter.

Die Wähler erhielten Stimmzettel, auf denen keine Kreise zum Markieren von Ja- oder Nein-Stimmen vorgesehen waren. Ihnen blieb also fast nur die Möglichkeit, den Zettel unverändert in die Wahlurne zu werfen. Als Gegenstimme zählte nur, wenn jeder Name durchgestrichen war oder der Zettel nicht in die Urne gesteckt wurde. Aus dieser Praxis leitete sich im DDR-Jargon der Spottname „Zettelfalten" für die Wahl her. 99,72 % der Wähler stimmten für die Kandidaten der Einheitsliste, bei einer (erzwungenen) Wahlbeteiligung von 98,53 %. In der Volkskammer besaß die SED die absolute Mehrheit, da die meisten Abgeordneten der Massenorganisationen SED-Mitglieder waren. Die **Regierung Grotewohl** wurde bestätigt.

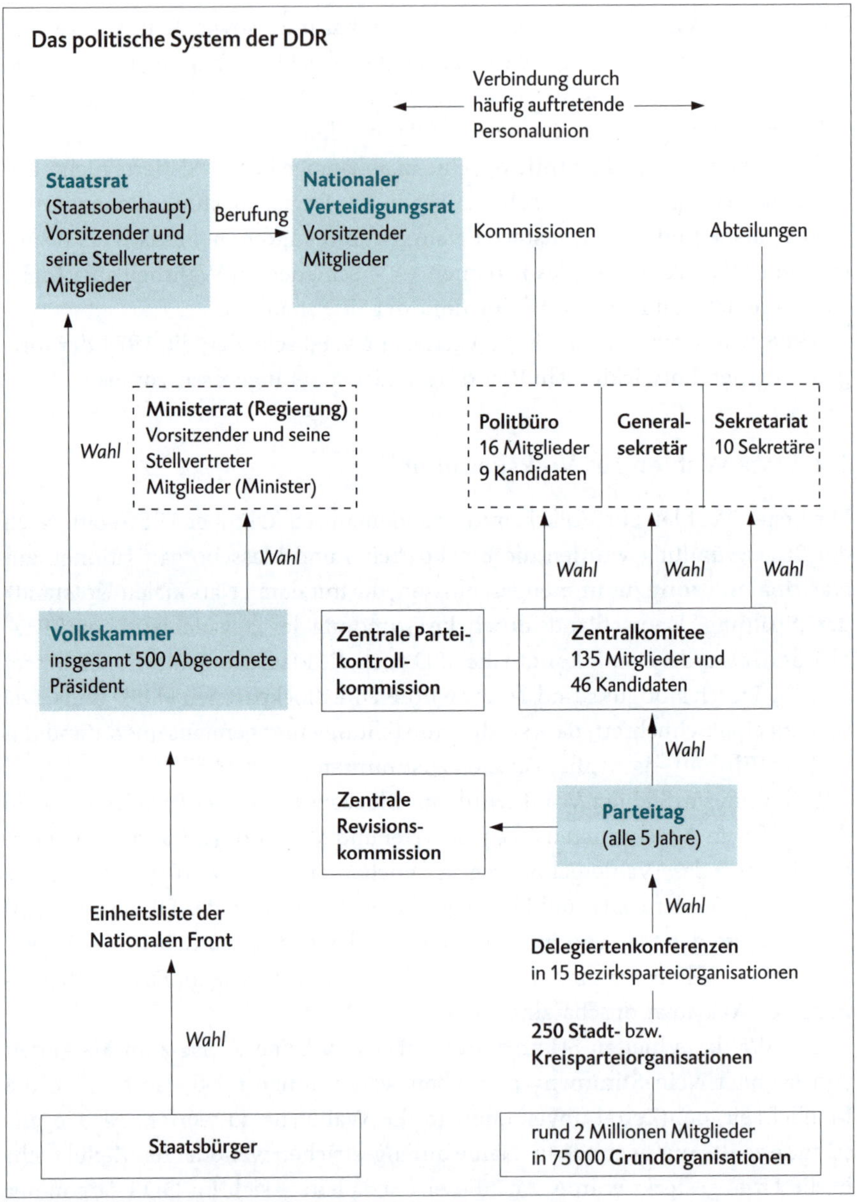

Aufgabe 29 Charakterisieren Sie das politische System der DDR.

2 Die Ära Ulbricht

8. 2. 1950	Bildung des „Ministeriums für Staatssicherheit“ (MfS)
20.–24. 7. 1950	III. Parteitag der SED; Auswechslung des Parteivorstands durch das Zentralkomitee (ZK) der SED
25. 7. 1950	Wahl des Politbüros, des Sekretariats des ZK und der Zentralen Parteikontrollkommission durch das ZK
1. 11. 1951	1. Fünfjahresplan
26. 5. 1952	Beginn der Abriegelung der DDR durch Sperranlagen
9.–12. 7. 1952	2. Parteikonferenz der SED: Proklamation des planmäßigen Aufbaus des Sozialismus
28. 5. 1953	ZK beschließt Erhöhung der Arbeitsnormen um 10,3 %
17. 6. 1953	Volksaufstand in der DDR
18. 1. 1956	Gründung der Nationalen Volksarmee
14. 4. 1960	LPG-Programm in der DDR abgeschlossen
13. 8. 1961	Bau der Berliner Mauer
24. 1. 1962	Einführung der allgemeinen Wehrpflicht in der DDR
25. 2. 1965	„Gesetz über das einheitliche sozialistische Bildungssystem“
20. 2. 1967	Gesetz über DDR-Staatsbürgerschaft
6. 4. 1968	neue DDR-Verfassung (DDR als „sozialistischer Staat deutscher Nation“)

2.1 Die Bildung des „Ministeriums für Staatssicherheit“

Das Politbüro der SED beschloss am 24. Januar 1950 die Bildung des Ministeriums für Staatssicherheit (MfS, umgangssprachlich: „Stasi“) zur Sicherung der Herrschaft der Partei und zur Bekämpfung aller feindlichen Bestrebungen. Es wurde am 8. Februar nach einstimmigem Beschluss der Volkskammer gebildet. Wilhelm Zaisser wurde zum Minister für Staatssicherheit, **Erich Mielke** zum Staatssekretär. Das MfS bildete den Geheimdienst der DDR. Da es sich als „Schild und Schwert der Partei“ verstand, war ein Großteil seiner Mitarbeiter Mitglied in der SED. 1989 arbeiteten etwa 91 000 Menschen hauptamtlich für das MfS. Hinzu kamen weit mehr als 100 000 sog. **„Inoffizielle Mitarbeiter“**, also Spitzel. Es war also etwa jeder 50. Einwohner der DDR zwischen 18 und 80 Jahren für das MfS tätig.

2.2 Die SED wird Staatspartei

Von den DDR-Bürgern wurde nicht nur Gehorsam, sondern ein aktives Bekenntnis zum Marxismus-Leninismus verlangt. Wer dies verweigerte, galt als Gegner der Arbeiterklasse und als Feind des Friedens. Die DDR war als Diktatur der SED konzipiert. Was erlaubt oder verboten war, bestimmten die führenden Funktionäre. Die Durchsetzung ihres Willens erfolgte über den Parteiapparat, die Gewerkschaften, den Staatsapparat (einschließlich MfS und Polizei), die Justiz und das Bildungswesen. Schon auf kleinste Abweichungen konnte mit großer Härte reagiert werden, hohe Zuchthausstrafen, aber auch Todesstrafen oder „Unfälle" und Auftragsmorde gehörten zum Repertoire der Disziplinierung. Auch Fluchthelfer und in den Westen entkommene Oppositionelle, die sich nicht ruhig verhielten, wurden unter Druck gesetzt und zum Teil verschleppt. Trotzdem gab es immer Menschen, die Widerstand gegen die Diktatur leisteten – einzeln oder gemeinsam, spontan oder systematisch, mit klarer Zielvorstellung oder lediglich um der eigenen Selbstachtung willen.

Auf dem III. Parteitag der SED im Juli 1950 beschlossen die Delegierten die Umwandlung des Parteivorstandes in ein Zentralkomitee (ZK) nach sowjetischem Muster und ein neues Parteistatut. Die Partei war schon vor Gründung der DDR als **„Partei neuen Typs"** straff nach dem Prinzip des Demokratischen Zentralismus organisiert worden. Sie wurde vom ZK geleitet und es herrschte strikte Parteidisziplin. Die rechenschaftspflichtigen Leitungskader der Partei waren wähl- und absetzbar. Jedes Mitglied musste sich zur aktiven Mitarbeit in dem „bewussten und organisierten Vortrupp der Arbeiterklasse" verpflichten. Gehorsam, Disziplin, andauernde Einsatzbereitschaft und blinder Gehorsam gehörten zu den Pflichten der Mitglieder. Die innerparteiliche Opposition wurde durch Parteiausschlüsse und Verhaftungen ausgeschaltet.

Das ZK der SED wählte am 25. Juli das Politbüro, das Sekretariat des ZK und die Zentrale Parteikontrollkommission. Vorsitzende der Partei wurden Wilhelm Pieck und Otto Grotewohl, **Generalsekretär des ZK** wurde **Walter Ulbricht**. Damit besetzte er die Schlüsselposition der Partei. Er verstand es, durch eine **„Massensäuberung"** 1950/51 mehr als 150 000 missliebige Parteimitglieder auszuschalten. In allen Betrieben, Verwaltungen, bei der Polizei und der Justiz wurden Parteigruppen geschaffen, die als „Transmissionsriemen" den Willen der SED von oben nach unten übertragen sollten.

Der „Transmissionsriemen" für die Jugend war die **Freie Deutsche Jugend (FDJ)**. Sie war schon 1946 gegründet worden, entwickelte sich zur Massenorganisation und diente zur Heranführung und Integration der Schülerinnen und Schüler an den Marxismus-Leninismus und in Partei und Staat. Fast jeder Schüler trat, nachdem er bei den Jungen Pionieren gewesen war, in die FDJ ein. Sie verstand sich als Kampfreserve der SED und entfaltete entsprechende Aktivitäten, organisierte Urlaubsreisen und unterhielt zahlreiche Jugendklubs. Jede Schule und jeder Betrieb hatte eine Grundorganisation der FDJ.

2.3 Aufbau des Sozialismus

Im Juli 1952 proklamierte Ulbricht in Berlin auf der 2. Parteikonferenz der SED den planmäßigen Aufbau des Sozialismus. In den Richtlinien der Parteikonferenz wurden die ständige Festigung der Staatsmacht und die Verschärfung des Klassenkampfs gefordert. Ebenso forderte man den Aufbau einer Armee zum Schutz des Sozialismus, die Bildung von Landwirtschaftlichen Produktionsgenossenschaften (LPGs) nach dem Vorbild der sowjetischen Kolchosen und den vorrangigen Aufbau der staatlichen Schwerindustrie. Die privaten Klein- und Mittelbetriebe wurden unter erheblichen Druck gesetzt mit dem Ziel, sie ebenfalls in Volkseigene Betriebe (VEBs) umzuwandeln. Die Länder wurden abgeschafft und nach sowjetischem Vorbild durch 14 Bezirke ersetzt (s. Karte S. 166). Ostberlin wurde aus Rücksicht auf den Viermächtestatus der Gesamtstadt nicht in die Bezirksstruktur integriert.

Im gleichen Jahr wurde die **Zonengrenze zur Bundesrepublik hermetisch abgeriegelt**. Grenzpolizeistreifen legten einen 10 Meter breiten Kontrollstreifen direkt hinter der mit Stacheldraht gesicherten Grenze an. Zur Bildung eines freien Schussfeldes wurden Bäume gefällt und Gebäude abgerissen. Dahinter schloss sich ein 500 Meter breiter Schutzstreifen an, der von Beobachtungstürmen und Unterständen aus überwacht wurde. Hinter dem Schutzstreifen schloss sich eine fünf Kilometer breite Sperrzone an, deren Betreten für DDR-Bürger nur mit Sonderausweis möglich war. Westdeutschen war das Betreten der Sperrzone untersagt. (s. Abb. S. 172).

Im Rahmen dieser Maßnahme führte das Ministerium für Staatssicherheit (MfS, umgangssprachlich „Stasi") eine **Umsiedlungsaktion** durch. Alle als politisch unzuverlässig geltenden Bürger der Sperrzone wurden binnen 24 Stunden in grenzferne Regionen umgesiedelt; zuverlässige Parteimitglieder in den Grenzgebieten angesiedelt. Diese Maßnahmen hatten zur Folge, dass nur noch wenige die Flucht über die 1 381 km lange Zonengrenze wagten. Von 1952 bis zum Mauerbau am 13. August 1961 flohen nur 1,6 % aller Flüchtlinge über die Zonengrenze, 98,4 % verließen die DDR über Berlin.

1952 wurde in der Bundesrepublik über die Gründung der Europäischen Verteidigungsgemeinschaft (EVG) diskutiert und die Aufstellung militärischer Einheiten in Westdeutschland zeichnete sich ab. Zeitgleich proklamierte die DDR die Errichtung „Nationaler Streitkräfte" zur aktiven Verteidigung der Republik. Zunächst wurde eine Kasernierte Volkspolizei (KVP) mit militärischen Grundstrukturen aufgebaut. 1956 wurde die KVP mit Hilfe der UdSSR in die **Nationale Volksarmee** (NVA) umgewandelt. Ähnlich wie die Bundeswehr besaß die NVA kein nationales Oberkommando, sondern war dem Oberkommando des Warschauer Paktes direkt unterstellt. Bis 1962 war die NVA offiziell eine Freiwilligenarmee, aber viele junge Männer wurden genötigt, der Armee beizutreten. Die VEBs und LPGs erhielten Auflagen, einen bestimmten Prozentsatz ihrer jungen Arbeiter der Armee zu stellen.

2.4 Der 17. Juni 1953

Nach dem Tod Stalins im März 1953 verstärkte sich der sowjetische Druck auf die Führung der DDR, vor allem in Richtung auf eine Verbesserung der Lebensbedingungen. Diese waren vor allem aus einer Verschärfung des politischen Kurses der SED im Zusammenhang mit der 2. Parteikonferenz 1952 (s. S. 165) entstanden. Durch die in der Konferenz beschlossene Forcierung der Schwerindustrie verschlechterte sich die Versorgungslage der Bevölkerung. Um wenigstens die Versorgung der Arbeiterschaft in den Betrieben sicherzustellen, schränkte die Regierung den Lebensmittelverbrauch einzelner Bevölkerungsgruppen ein und erhöhte die Arbeitsnormen.

Die am 28. Mai 1953 vom ZK der SED beschlossene **Normenerhöhung** um durchschnittlich 10 % traf daher auf den Widerstand der Bevölkerung, auf den das Politbüro der SED in seinem Beschluss vom 9. Juni über den **„Neuen Kurs“** nicht einging. Das FDGB-Organ Tribüne verteidigte in einem am 16. Juni erschienenen Artikel rückhaltlos die Maßnahmen der Partei („Die Beschlüsse über die Erhöhung der Normen sind in vollem Umfang richtig.“). Daraufhin zogen Arbeiter der Baustelle Block 40 der Stalinallee in Ostberlin zunächst zum FDGB-Haus, dann zum „Haus der Ministerien“, um ihren Protest zu formulieren. Schon während des Protestzuges wurden auch politische Forderungen erhoben. Zuletzt verlangten die Demonstranten den Rücktritt der Regierung. Der Entschluss des SED-Politbüros, die Normenerhöhungen rückgängig zu machen, kam zu spät, die Demonstranten riefen bereits zum **Generalstreik** gegen die Regierung und zu einer **Massenkundgebung** am folgenden Tag auf.

Am nächsten Tag zogen Zehntausende von demonstrierenden Arbeitern ins Ostberliner Stadtzentrum, wo es zu **Zusammenstößen mit der Volkspolizei** kam. Vom Brandenburger Tor wurde die rote Fahne heruntergeholt. Die Bewegung griff auch auf andere Großstädte und industrielle Zentren der DDR über. Im Mittelpunkt ihrer Forderungen standen bald nicht mehr nur Normensenkung und Verbesserung der Lebensbedingungen, sondern auch der Rücktritt der Regierung, die Abhaltung freier Wahlen und schließlich die deutsche Einheit. Am Mittag dieses Tages verhängte die sowjetische Besatzungsmacht den Ausnahmezustand über Ostberlin und 10 der 14 Bezirke (aufgehoben am 11. 7.). Durch das **Eingreifen der sowjetischen Truppen** wurde der Aufstand gewaltsam niedergeschlagen. Die Bundesrepublik verzichtete auf bewaffnete Unterstützung für die Aufständischen (s. S. 122).

Der Aufstand des 17. Juni war kein Aufstand des ganzen Volkes, sein **Hauptträger war die Industriearbeiterschaft** in den industriellen Zentren. Das aber war gerade die Schicht, für die zu sprechen die SED immer vorgegeben hatte. Sie schrieb den Aufstand westlichen Kreisen zu und bewertete ihn als „konterrevolutionären Putsch".

18 Demonstranten wurden von der Sowjetarmee standrechtlich erschossen, drei weitere von DDR-Gerichten zum Tod und 1 386 zu langjährigen Freiheitsstrafen verurteilt. Kritiker am Kurs Ulbrichts und Grotewohls wurden aus der Partei ausgeschlossen. Der Aufstand zeigte der Sowjetführung den unzureichenden Rückhalt der Gruppe um Ulbricht in der Bevölkerung und führte wieder zu einer engeren Verbindung zu ihr.

Die versprochenen Konsequenzen seitens der SED („Wenn sich Menschen von uns abwenden [...] dann ist diese Politik falsch", Otto Grotewohl am 16. Juni) blieben im Wesentlichen aus, sie beschränkten sich auf Zugeständnisse bei der Anhebung von Löhnen und Mindestrenten.

2.5 Die Kollektivierung der Landwirtschaft

In der Zentralverwaltungswirtschaft der DDR hatten in den Fünfzigerjahren die Bauern als einzige große Bevölkerungsgruppe ihre Unabhängigkeit gegenüber dem Staat gewahrt. Um in der Landwirtschaft eine straffe Planung durchsetzen und die Bevölkerung besser kontrollieren zu können, mussten die Privatbauern beseitigt werden. Zudem waren die nach der Bodenreform entstandenen Höfe meistens zu klein, um wirtschaftlich arbeiten zu können. Auf der 2. Parteikonferenz hatte man **drei Typen von LPGs** (Landwirtschaftliche Produktionsgenossenschaften) vorgesehen, die den stufenweisen **Übergang zur sozialistischen Großproduktion** ermöglichen sollten:

- LPG Typ 1: Der Bauer bringt nur sein Ackerland zur gemeinsamen Nutzung in die Genossenschaft ein. Alles andere wie Vieh, Wiesen, Wälder, Geräte bleibt sein Eigentum. Der erwirtschaftete Gewinn wird zu 60 % nach Leistung und zu 40 % nach Wert des eingebrachten Bodens unter den Bauern verteilt.
- LPG Typ 2: Der Bauer bringt bis auf das Vieh alles in die LPG ein. Der Gewinn wird zu 70 % nach geleisteter Arbeit und zu 30 % nach Bodenwert verteilt.
- LPG Typ 3: Der Bauer bringt alles in die LPG ein, darf aber bis zu 0,5 Hektar Ackerland als persönliche Hauswirtschaft behalten; zwei Kühe, zwei Schweine und Kleinvieh sind erlaubt. Der Gewinn der Hauswirtschaft gehört dem Bauern; vom Gewinn der LPG erhält er 80 % nach geleisteter Arbeit und 20 % nach eingebrachtem Boden.

Ziel der Partei war es, über die LPG Typ 1 und 2 möglichst bald **alle Bauern in den voll kollektivierten Typ 3** einzuschleusen. Formal blieb der Bauer Eigentümer seines Bodens, aber auf den Feldern wurden die Grenzsteine entfernt. Er durfte sein Land nur an die LPG oder an den Staat verkaufen.

Die **SED** betrieb die Kollektivierung mit großem Propagandaaufwand, zum Teil gegen großen Widerstand der Einzelbauern. Im Frühjahr 1960 griff die SED zu **Terrormaßnahmen**, um die schleppende Kollektivierung durchzusetzen. Sie schickte Mitglieder der Stasi, Juristen, Arbeiter der VEBs und Lehrer als Agitationsbrigaden auf die Dörfer. Dort wurden sie zwangsweise bei den Hofbesitzern einquartiert, bis alle im Dorf der LPG beigetreten waren. Der Widerstand der Bauern wurde rücksichtslos gebrochen. Mitte 1960 waren alle Bauern vorerst in den LPGs Typ 1 kollektiviert.

2.6 Aufstieg der DDR zum zweitstärksten Industriestaat des Ostblocks und Folgen

Die DDR kopierte die Planwirtschaft (oder Zentralverwaltungswirtschaft) der UdSSR. Sie war darauf angelegt, mithilfe einer zentralen Steuerung die Bedürfnisse der Menschen zu ermitteln und die vorhandenen Ressourcen zu einer gerechten Verteilung der produzierten Güter einzusetzen. Die weitgehende Vorhersagbarkeit der Planungsergebnisse war notwendige Voraussetzung des Funktionierens derartiger Wirtschaftssysteme. Ideologisch wurde die Planwirtschaft mit der Fähigkeit der Partei begründet, die vernünftigen Bedürfnisse der Menschen und mithin der Wirtschaft im Vorfeld zu erkennen und umzusetzen. Ein Regelmechanismus wie etwa Angebot und Nachfrage zur Regelung von Marktpreisen existierte nicht. Der wirtschaftliche Zusammenbruch zentralverwaltungswirtschaftlich organisierter Staaten in den 80er- und 90er-Jahren des 20. Jahrhunderts wird wesentlich dem Scheitern dieser Erkenntnis der zukünftigen Bedürfnisse zugeschrieben.

Bereits im **ersten Fünfjahresplan** vom 1. November 1951 hatte sich die DDR das Ziel gesetzt, eine **eigene Schwerindustrie** aufzubauen. Dabei wurde sie nachhaltig durch den Mangel an Eisenerz und Steinkohle im Land behindert. Im ganzen Land gab es nur vier veraltete Hochöfen. 1951 wurde daher bei Fürstenberg an der Oder ein neues Hochofenkombinat aufgebaut, das allerdings sein Eisenerz aus der sowjetischen Ukraine und die Kohle aus dem polnischen Oberschlesien beziehen musste. Neben den Hochöfen entstand eine neue Stadt, Stalinstadt, später in Eisenhüttenstadt umbenannt. Später wurden dort auch ein Stahlwerk und ein Walzwerk errichtet. Ein weiteres Eisenhüttenkombinat entstand in Calbe. Dort entwickelten DDR-Techniker ein Verfahren, um die eigenen Eisenerzvorkommen mit geringem Eisengehalt und die eigene Braunkohle für die Verhüttung einsetzen zu können.

Zu weiteren Bauvorhaben gehörte die Errichtung von 24 Betrieben des Schwermaschinenbaus und von Werften an der Ostseeküste.

Um diese forcierte Industrialisierung zu finanzieren, wurde die Bevölkerung zum **Konsumverzicht** gezwungen. Die Lebensmittelrationierung wurde zunächst beibehalten, **Stromsperren** waren alltäglich. Die Industrie litt unter **Arbeitskräftemangel**, weil viele qualifizierte Arbeiter und Ingenieure in die Bundesrepublik abwanderten. Erst nach dem Aufstand vom 17. Juni 1953 wurde dieser schwierige Aufbau von der UdSSR unterstützt. Sie beendete Reparationen, die sie bisher noch aus der laufenden Produktion der DDR entnommen hatte und gab dem Land einen Kredit zum Wiederaufbau.

Im **zweiten Fünfjahresplan** plante die DDR, bis 1960 die **Industrieproduktion der Bundesrepublik** zu **überholen**. Zu diesem Zweck errichtete sie das Braunkohlekombinat Schwarze Pumpe bei Hoyerswerda, wo vier Brikettfabriken, drei Kraftwerke, zwei Kokereien und eine Druckvergasungsanlage entstehen sollten. 1958 musste die DDR allerdings ihren Plan wieder außer Kraft setzen und nach dem Vorbild der UdSSR wie die anderen Mitglieder der COMECON (Council for Mutual Economic Assistance; Rat für gegenseitige Wirtschaftshilfe – RGW) einen **Siebenjahresplan** entwickeln.

In ihm sollte die Produktion gegenüber 1958 um 100 % gesteigert werden. Der FDGB unterstützte den Siebenjahresplan mit dem „Sozialistischen Wettbewerb“, um die Pläne vorfristig zu erfüllen. Immerhin brachte diese Aktion einige Erfolge: Im Mai 1958 wurden die Lebensmittelkarten abgeschafft, hochwertige Konsumgüter wurden in größerer Zahl hergestellt, ein bescheidener Wohlstand und ein **„kleines Wirtschaftswunder“** hielten Einzug.

Bereits 1960 stellte sich heraus, dass die ehrgeizigen **Ziele unerreichbar** waren. Die DDR hatte ihre Möglichkeiten überschätzt. Ersatzteile und neue Maschinen konnten im RGW nicht rechtzeitig besorgt werden, Modernisierungen der alten Betriebe wurden nicht durchgeführt, durch Lohnerhöhungen hatten die Arbeiter mehr Geld zur Verfügung, als sie für den Kauf von Waren verwenden konnten, bestimmte Waren wurden wieder rationiert. Die zwangsweise Kollektivierung und die Terrorisierung der noch selbstständigen Handwerker ließ die Stimmung im Land zusätzlich sinken. Allerdings wurde durch den erzwungenen Konsumverzicht der Bevölkerung und die Forcierung der Schwerindustrie die DDR nach der Sowjetunion zum größten Industrieproduzenten des Ostblocks.

2.7 Der Bau der Berliner Mauer

Die Berlin-Frage flammte erneut auf, als infolge des härteren Kurses der SED und der Kollektivierungen die **Fluchtwelle aus der DDR** in den Westen wieder anstieg. Die Führung der DDR unter Walter Ulbricht glaubte, mit neuen Pressionen auf den Westteil Berlins und mit sowjetischer Hilfe die Lufthoheit über die Stadt und damit die Herrschaft über Westberlin erringen zu können. Die UdSSR hatte allerdings inzwischen erkannt, dass sie den USA militärisch unterlegen war. Um den Flüchtlingsstrom zu bremsen und die DDR so vor dem **wirtschaftlichen Ausbluten** zu bewahren, musste der Fluchtweg nach Westberlin abgeriegelt werden.

Während sich Ulbricht im März 1961 auf einer Tagung der Staaten des Warschauer Paktes mit seinem Plan, die Zugänge nach Westberlin abzuriegeln, noch nicht durchsetzen konnte, erforderte das weitere dramatische Anschwellen der Fluchtbewegung im Sommer schnelle Entscheidungen. Die kommunistischen Parteiführer stimmten auf einer Zusammenkunft in Moskau (3.–5. 8. 1961) dem Plan zu, durch den **Bau einer Mauer** die Zugänge nach Westberlin für die Bewohner der DDR zu sperren. Im Gegensatz zu einer Sperrung der Luftwege war dies eine „interne" Entscheidung der DDR, die die Rechte der drei Westalliierten nicht berührte. In der Nacht zum **13. August** riegelten Einheiten von Volkspolizei, der Volksarmee und von Betriebskampfgruppen die Sektorengrenze zwischen dem West- und dem Ostteil der Stadt sowie die Grenze zum Gebiet der DDR ab, die errichteten Stacheldrahtverhaue und andere provisorische Sperranlagen wurden in den folgenden Tagen und Wochen durch eine Mauer ersetzt. Wo Häusermauern die Sektorengrenze bildeten, wurden die unteren Fenster zugemauert, während noch Hunderte von Bewohnern die Flucht in den Westen wagten.

Statistik der Flüchtlinge/Ausreisenden aus der SBZ/DDR

Jahr	Anzahl Personen	Jahr	Anzahl Personen
1949	125 245	1959	143 917
1950	197 788	1960	199 188
1951	165 648	1961 (01.01.–15.08.)	159 730
1952	182 393	1982	13 200
1953	391 390	1983	11 300
1954	184 198	1984 (01.01.–30.09.)	40 900
1955	252 870	1985	24 900
1956	279 189	1988	39 832
1957	261 622	1989	343 854
1958	204 092		

Die **Sperranlagen** wurden in den folgenden Jahren immer weiter ausgebaut und durch Sicherheitsstreifen (**„Todesstreifen“**) ergänzt; zum Schluss war die Mauer um Berlin bis zu vier Meter hoch und trug am oberen Rand ein Betonrohr, das das Festsetzen von Wurfhaken und das Überklettern verhindern sollte. Auch die gesamte Grenze zur Bundesrepublik wurde mit Metallgitterzaun, Annäherungshindernissen, Minenfeldern und Selbstschussautomaten (in den 80er-Jahren auch mit elektronischen Meldesystemen) hermetisch abgeriegelt.

Propagandistisch begründete die DDR-Führung den Mauerbau (**„Antifaschistischer Schutzwall“**) mit der Notwendigkeit, einen „imperialistischen“ Angriff des Westens abwehren zu müssen. Der Bau der Sperranlagen habe friedenserhaltende Funktion und den Ausbruch eines neuen Kriegs verhindert.

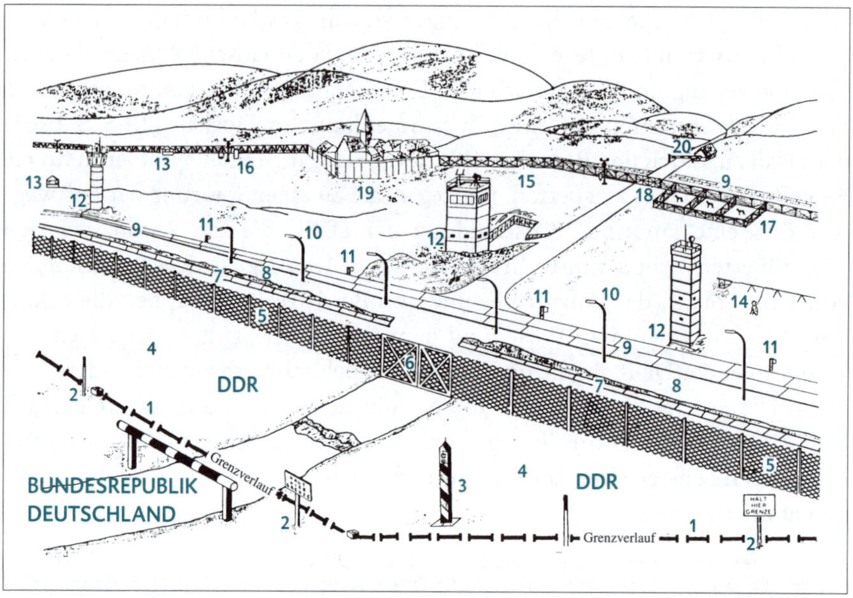

1 Grenzverlauf mit Grenzsteinen
2 Grenzhinweisschild bzw. Grenzpfahl
3 DDR-Grenzsäule
4 Abgeholzter und geräumter Geländestreifen
5 Einreihiger Metallgitterzaun
6 Durchlass im Metallgitterzaun
7 Kfz-Sperrgraben
8 Kontrollstreifen
9 Kolonnenweg mit Fahrspurplatten
10 Lichtsperre
11 Anschlusssäule für das erdverkabelte Grenzmeldenetz
12 Beton-Beobachtungsturm
13 Beobachtungsbunker
14 Hundelaufanlage
15 Modifizierter Schutzstreifenzaun mit elektronischen und akustischen Signalanlagen
16 Stromverteilungs-/und Schalteinrichtungen am modifizierten Schutzstreifenzaun
17 Hundefreilaufanlage
18 Durchlasstor im Schutzstreifenzaun mit Signaldrähten
19 Betonsperrmauer/Sichtblende
20 Kontrollpassierpunkt zur Sperrzone

Der Westen habe diese Flucht gezielt als „Menschenhandel“ gefördert und damit das System der DDR destabilisieren wollen. Richtig ist daran allein, dass eine weitere Duldung der Flucht aus der DDR diese in größte wirtschaftliche und damit auch politische Schwierigkeiten gebracht hätte. Die These von der **friedenserhaltenden Funktion der Mauer** prägte bis zur Revolution 1989 das offizielle Selbstverständnis der DDR.

2.8 Die Einführung der allgemeinen Wehrpflicht

Nach monatelanger propagandistischer Vorbereitung wurde am 24. Januar 1962 die Einführung der allgemeinen Wehrpflicht für die NVA beschlossen. Alle Männer vom 18. bis 50. Lebensjahr waren wehrpflichtig, der Grundwehrdienst dauerte wie in der Bundesrepublik 18 Monate. 1970 betrug die Stärke der NVA knapp 140 000 Mann, zusätzlich gab es noch 54 000 Mann Grenztruppen. In der Traditionspflege griff die NVA zunehmend auf die preußische Militärtradition zurück. Die Soldaten trugen die alte Uniform der Wehrmacht und bei Paraden zelebrierten sie den preußischen Stechschritt. Neben Vorbildern wie Thälmann und Liebknecht wurden auch die preußischen Militärreformer des beginnenden 19. Jahrhunderts wie Scharnhorst und Gneisenau verehrt.

Neben der NVA wurden in den Betrieben sog. **Kampfgruppen** aufgestellt. Sie wurden an Infanteriewaffen geschult und waren eine **Art Miliz**. Am 13. August 1961 wurden diese Kampftruppen zur Abriegelung der Sektorengrenze in Berlin eingesetzt. Mitte der 70er-Jahre umfassten sie etwa 350 000 Mann.

Zur **paramilitärischen Ausbildung der Jugend** war bereits 1952 die Gesellschaft für Sport und Technik (GST) gegründet worden. Hier wurden Grundkenntnisse im Schießen, in der Bewegung im Gelände, im Fallschirmspringen, im Fliegen und im Bereich der Seefahrt vermittelt. Auch in den Schulen wurde im Sportunterricht ab Klasse 7 Wert auf Kraft- und Kampfsport gelegt, zum Teil in enger Verzahnung mit der GST.

2.9 Gesellschaftliche Entwicklung

In den Zeitungen erschienen nach dem 13. August 1961 immer wieder Zustimmungserklärungen der Bevölkerung zur „Sicherung der Staatsgrenze West“. In mehreren **Schauprozessen** wurden Menschen verurteilt, die Fluchtabsichten gehabt hatten. Die Bevölkerung arrangierte sich gezwungenermaßen mit dem System, **Resignation** machte sich breit. Immerhin empfanden es viele Bürger der DDR als günstig, dass sich in den 60er-Jahren der Lebensstandard gegenüber früher verbesserte. Auch die **Arbeitsplatzgarantie**, die fehlende Konkurrenz der Betriebe untereinander und die **kostenlose ärztliche Versorgung** wurde als Vorteil gegenüber dem Westen gesehen.

Seit 1965 proklamierte die DDR im Bildungsgesetz die **Schaffung einer „gebildeten Nation"**. Das Schul- und Hochschulwesen war bereits nach 1945 nach dem Modell der UdSSR ausgerichtet worden; von der Vorschulerziehung über die zehnklassige allgemein bildende Polytechnische Oberschule (POS), die Erweiterte Oberschule (EOS) mit den Klassen 11 und 12 und den Beruflichen Schulen gab es ein einheitlich strukturiertes und organisiertes System. Spezialschulen für Sonderbegabungen wurden eingerichtet, vor allem im Bereich Naturwissenschaften und Mathematik. 1960 studierten mehr als 20 % der Abiturienten an einer Hochschule und 1970 war der Anteil der weiblichen Studenten an den Universitäten auf 35 % angestiegen, mehr als in der Bundesrepublik. Allerdings war zum Erhalt eines Studienplatzes neben den Schulleistungen und der Herkunft der Studienbewerber (z. B. durften Kinder aus Pfarrerfamilien nicht studieren) die entsprechende „gesellschaftliche Bewährung" erforderlich.

Stolz auf das Erreichte machte sich bemerkbar und allmählich auch eine Identifizierung mit der Republik und das **Entstehen eines Staatsbewusstseins**. Wer sich dem Machtanspruch der SED beugte und kooperierte, konnte einen bescheidenen Wohlstand erringen. **Widerstand** gegen das System ging vor allem von Mitgliedern der **evangelischen Kirche** aus, die den totalen Machtanspruch der SED, die Diskriminierung und Verfolgung der jugendlichen Mitglieder der Gemeinden und die Einrichtung der Jugendweihe als Konkurrenz zur Konfirmation kritisierte. Immerhin blieb die Kirche bis 1989 die einzige Institution, die zwar von der Stasi unterwandert war, aber nicht direkt von der SED kontrolliert wurde.

Am **6. April 1968** wurde durch Volksentscheid eine **neue Verfassung** der DDR angenommen. Die DDR definierte sich nun als ein „sozialistischer Staat deutscher Nation" für „das Volk der Deutschen Demokratischen Republik" (bereits 1967 hatte man per Gesetz eine eigene Staatsbürgerschaft der DDR festgelegt) und schrieb die **Führungsrolle der SED** fest. Die immer noch im Text enthaltenen Grundrechte hatten angesichts des Machtmonopols der SED bestenfalls Feigenblattfunktion.

Aufgabe 30 Umreißen Sie die Entwicklung der DDR bis zum 17. Juni 1953.

Aufgabe 31 Skizzieren Sie die Entwicklung der DDR von den 50er-Jahren bis zum Mauerbau im August 1961.

3 Die Ära Honecker

3. 5. 1971	Rücktritt Ulbrichts als 1. Sekretär der SED; Nachfolger Erich Honecker
21. 12. 1972	Grundlagenvertrag
18. 9. 1973	Aufnahme beider deutscher Staaten in die UN
2. 5. 1974	Eröffnung der „Ständigen Vertretung“ in Bonn
4. 9. 1974	Anerkennung der DDR durch die USA
7. 10. 1974	Änderung der DDR-Verfassung (Begriff „deutsche Nation“ getilgt)
1. 8. 1975	Unterzeichnung der KSZE-Schlussakte durch die BRD und DDR
29. 6. 1983	Bürgschaft der Bundesrepublik für einen Milliardenkredit an die DDR
6.–9. 6. 1987	Schwere Auseinandersetzungen zwischen Jugendlichen und der Volkspolizei in Ost-Berlin
7.–11. 9. 1987	Staatsbesuch von Erich Honecker in der Bundesrepublik
7. 5. 1989	Kommunalwahlen in der DDR

Die Sowjetunion drängte auf Ablösung Ulbrichts, um ihre Entspannungspolitik nicht zu gefährden. Mit ihrer Unterstützung setzte Erich Honecker (1912–1994) **Ulbrichts Sturz** im Politbüro der SED durch. Am 3. Mai 1971 trat Ulbricht als 1. Sekretär des ZK der SED zurück. Bis zu seinem Tod am 1. August 1973 hatte er noch den bedeutungslosen Posten als Staatsratsvorsitzender inne.

Honecker sicherte sich seine bis 1989 unumstrittene Machtposition dadurch, dass er die Führungsrolle der UdSSR anerkannte, Politbüro und Ministerrat weitgehend entmachtete und vor allem mithilfe der Staatssicherheit Partei und Staat steuerte.

3.1 Einheit von Wirtschafts- und Sozialpolitik und ihre Folgen

In den ersten Jahren seiner Amtszeit wuchs die **Akzeptanz des „real existierenden Sozialismus“** in der Bevölkerung weiter durch Lohn- und Rentenerhöhungen, eine hochsubventionierte Sozialpolitik und eine konsumorientierte Wirtschaftspolitik, die sogenannte **Einheit von Wirtschafts- und Sozialpolitik**. Kinderkrippen und Vorschulklassen wurden in großer Zahl errichtet, um die berufstätigen Frauen zu entlasten, ihre Wochenarbeitszeit wurde auf 40 Stunden bei vollem Lohnausgleich gesenkt. Ab 1976 wurde ein bezahltes Babyjahr eingeführt, ebenso gab es ansehnliche Familiendarlehen, deren Rückzahlung bei entsprechender Kinderzahl erlassen wurde („abkindern“ statt abzahlen).

Der Wohlstand des „kleinen Mannes“ stieg deutlich an. Durch Neubau von zwei Millionen Wohnungen („Großplatte“) bis 1984 verbesserte sich die katastrophale Wohnungslage. Die Industrieproduktion stieg von 1970 bis 1974 um etwa 30 %, offene Arbeitslosigkeit gab es nicht, allerdings um den Preis extrem niedriger Produktivität der Betriebe. Amtliche Statistiken wurden in der Regel gefälscht, um wirtschaftliche Erfolge vorzutäuschen, vor allem auch bei der Vermarktung der nicht konkurrenzfähigen DDR-Produkte am Weltmarkt.

Zwar war der Lebensstandard der DDR der höchste in den Ostblockstaaten, aber für die DDR-Bürger blieb die Bundesrepublik immer der nie erreichte Vergleichsmaßstab. An der Position der auf den Dächern montierten Fernsehantennen konnte man unschwer ablesen, wie viele Bürger der DDR abends die **„geistige Republikflucht"** durch das Westfernsehen antraten. Nur die Menschen im „Tal der Ahnungslosen", in der Region um Dresden, die kein Westfernsehen empfangen konnten, waren auf Informationen aus zweiter Hand über die Bundesrepublik angewiesen.

Die Menschen zogen sich, soweit es ging, ins Privatleben zurück, bauten ihr Wochenendhäuschen im Grünen aus (die Datscha) und übten sich, abgesehen von der Teilnahme an politischen Pflichtveranstaltungen, in vorsichtiger **Distanz zum Regime**.

In der zweiten Hälfte der 70er-Jahre konnte die DDR ihre **Sozialpolitik** im bisherigen Umfang nicht fortsetzen. Öl- und Weltwirtschaftskrise brachten nach 1972 die DDR-Wirtschaft in gewaltige Schwierigkeiten, die Auslandsschulden liefen immer höher auf und konnten nicht getilgt werden. 1976 hatte die DDR 5 Milliarden DM Schulden, 1980 bereits 30 Milliarden. Der Schuldenstand war Staatsgeheimnis. Der **Lebensstandard stagnierte** und ging in den 80er-Jahren deutlich zurück. Die Qualität der für den Inlandsbedarf gelieferten Waren sank. Die alte Mangelwirtschaft mit den Schlangen vor den Läden (im DDR-Jargon: „SWG", sozialistische Wartegemeinschaft genannt) kam zurück.

1983 rettete ein **Milliardenkredit der Bundesrepublik** die DDR vor der Zahlungsunfähigkeit. Als Gegenleistung baute die DDR Minenfelder und SM70-Selbstschussanlagen an der Grenze zur Bundesrepublik ab, gewährte Erleichterungen im Reiseverkehr und erlaubte die Übersiedlung von mehr als 1 000 inhaftierten Bürgern der DDR in den Westen. 1989 war die DDR mit 49 Milliarden DM verschuldet, das entsprach dem Nettoinlandsprodukt eines Haushaltsjahres der DDR.

3.2 Souveränität der DDR und Ostintegration

Zu Beginn der Ära Honecker sah es so aus, als hätte die DDR international die Gleichberechtigung zur Bundesrepublik erreicht, schließlich waren DDR und BRD im September 1973 in die **UNO** aufgenommen worden und die USA hatten im September 1974 den Staat anerkannt. Im gleichen Jahr errichteten beide deutsche Staaten ihre ständigen Vertretungen in Bonn und Ostberlin. In der neuen **Verfassung vom 7. Oktober 1974** definierte sich die DDR als eigenständiger Staat und strich jeden Bezug auf die „Deutsche Nation". In Artikel 6 schrieb die DDR ihre **umfassende Integration ins östliche Machtsystem** fest („Die Deutsche Demokratische Republik ist für immer und unwiderruflich mit der Union der Sozialistischen Sowjetrepubliken verbündet [...]. Die Deutsche Demokratische Republik ist untrennbarer Bestandteil der sozialistischen Staatengemeinschaft [...]".). Am 1. August 1975 unterzeichnete die DDR gleichzeitig mit der BRD die KSZE-Schlussakte.

Die DDR hatte seit Beginn der 70er-Jahre ihre schon seit längerer Zeit vertretene Doktrin von den zwei deutschen Staaten durch eine **Zwei-Völker-Theorie** zu ergänzen versucht. Damit wollte man im Einklang mit der UdSSR den Anspruch auf völkerrechtliche Anerkennung unterstreichen. Von dieser Position her bedeutete der **Grundlagenvertrag vom 21. Dezember 1972** zwar einen Teilerfolg (s. S. 144), jedoch blieb das Hauptanliegen der DDR, als souveräner Staat anerkannt zu werden, eigentlich unerfüllt. Allerdings behauptete Honecker im Widerspruch zum Vertragstext, der Grundlagenvertrag erkenne die völkerrechtliche Souveränität der DDR an.

3.3 Systemkrise, Dissidenten, Opposition

Die vorsichtige Öffnung der DDR im Rahmen der Entspannungspolitik ermutigte die Opposition im Land. Der Wissenschaftler **Robert Havemann** forderte die Zulassung unabhängiger Oppositionsparteien und der Philosoph **Rudolph Bahro** formulierte in seinem Buch „Die Alternative" (das im Westen erschien) eine radikale Kritik am System der DDR aus marxistischer Sicht. Der Liedermacher **Wolf Biermann**, der das System ebenfalls von links kritisierte, wurde im November 1976 auf einer Konzertreise im Westen ausgebürgert. Die einsetzende breite Solidarisierungswelle von DDR-Intellektuellen mit Biermann wurde durch Repression und Verhaftung erstickt.

Die Stagnation der zweiten Hälfte der 70er-Jahre löste nach 1980 eine massive **Systemkrise** im Land aus. Lange blieb sie im Westen unerkannt, aufgrund der effizient arbeitenden Propaganda des Partei- und Staatsapparats und der besonderen wirtschaftlichen Beziehungen der DDR zur Bundesrepublik. Die BRD hatte der DDR einen zinslosen Überziehungskredit für den innerdeutschen Handel („Swing" mit Höchstgrenze von 850 Millionen DM) zur Verfügung gestellt. Diese und andere finanzielle Unterstützungen konnten den ökonomischen Niedergang des Staates nicht aufhalten. Die **Umweltprobleme** im Land wuchsen immer weiter an, da für Umweltschutzmaßnahmen in der Industrie kein Geld vorhanden war. Ersatzweise versuchte man, beispielsweise die Kinder der Region Bitterfeld (chemische Industrie) oder der Gegend um Espenhain (Braunkohlekombinat) in regelmäßigen Abständen in Reinluftregionen der DDR zu verschicken, um ihre Atemwegserkrankungen wenigstens etwas zu mildern.

Viele Bürger gaben die Hoffnung auf eine nachhaltige Verbesserung ihrer Lage auf. Vor allem die Jugendlichen reagierten mit zunehmender Distanz zum Staat und mit **Kritik der Verhältnisse**, weil ihre Berufswünsche in aller Regel nicht berücksichtigt wurden und die Möglichkeiten zu einem Studium sich immer mehr verschlechterten. Seit Beginn der 80er-Jahre entstanden **Bürgerrechtsgruppen** in der DDR, die sich auf die vom Staat unterschriebene KSZE-Schlussakte beriefen und ihre Menschenrechte einforderten.

Zudem stellten immer mehr Menschen Anträge auf Entlassung aus der Staatsbürgerschaft der DDR und eine neue **Ausreisewelle** entwickelte sich. Spektakuläre Besetzungen von Botschaften westlicher Staaten durch DDR-Bürger erzeugten Aufmerksamkeit im Westen.

Die **Kirchen**, die sich eher als unpolitisch verstanden, gewährten den Oppositionsgruppen Unterschlupf, was der Staat lange Zeit duldete. Im Januar 1982 wurde der von Pfarrer Rainer Eppelmann und Robert Havemann verfasste „Berliner Appell – Frieden schaffen ohne Waffen“ veröffentlicht. Damit erreichte die Friedensbewegung der DDR erstmals eine breite Öffentlichkeit. Auf einem Friedensforum im Februar des gleichen Jahres in Dresden forderten die etwa 5 000 jugendlichen Teilnehmer die Einführung eines zivilen Ersatzdienstes ähnlich wie in der Bundesrepublik. Der Staat reagierte mit **verschärfter Repression**. Die Stasi unterwanderte gezielt die Friedensgruppen, auch die in den 80er-Jahren entstandenen ersten unabhängigen Oppositionsgruppen wie die „Initiative Frieden und Menschenrechte“ (1985 in Berlin gegründet).

Die 1985 in der Sowjetunion unter **Michail Gorbatschow** angelaufene **Reformpolitik** mit ihrer Forderung nach Glasnost (Offenheit und Transparenz der Staatsführung gegenüber der Bevölkerung) und Perestroika (Umbau der wirtschaftlichen und politischen Strukturen des Landes) machte den Oppositionellen Mut, die Gruppen bildeten allmählich im ganzen Land ein Netzwerk, das mit Protestaktionen und vor allem durch die Kirchen unterstützten Plakataktionen eine Gegenöffentlichkeit erzeugte. Im Juni 1987 kam es in Ostberlin zu brutalen Übergriffen der Stasi und der Polizei, als jugendliche Fans einem Rockkonzert vor dem Reichstag (in Grenznähe in Westberlin) zuhören wollten und bei der Annäherung an die Grenze abgedrängt wurden. Die DDR-Staatsführung reagierte mit **Verhaftungen** und **Ausweisungen**.

Sie war nicht bereit, sich der Reformpolitik der Sowjetunion anzuschließen. In einem Interview mit dem bundesrepublikanischen Nachrichtenmagazin

Stern im April 1987 sagte das Politbüromitglied Kurt Hager über die Entwicklung in der UdSSR: „Würden Sie, nebenbei gesagt, wenn Ihr Nachbar die Wohnung neu tapeziert, sich verpflichtet fühlen, Ihre Wohnung ebenfalls neu zu tapezieren?“

Im September 1987 wurde Erich Honecker in Bonn auf Einladung von Bundeskanzler Helmut Kohl mit den protokollarischen Ehren eines Staatsoberhauptes empfangen. Die Aussage des Bundeskanzlers während des Treffens, dass die deutsche Frage weiterhin offen sei, beantwortete der Staatsratsvorsitzende mit der Betonung der Existenz zweier unabhängiger deutscher Staaten und ihrer Einbindung in unterschiedliche Machtblöcke. Für Honecker waren in den Gesprächen mit der Bundesrepublik die Frage des Grenzregimes (**Schießbefehl** an der deutsch-deutschen Grenze) und der Menschenrechte in der DDR nicht verhandelbar. Für die DDR-Führung bedeutete Honeckers Besuch in der Bundesrepublik das Erreichen eines lange verfolgten Ziels. Vor aller Welt wurde damit deutlich, dass die Bundesrepublik Deutschland die **DDR** als **gleichberechtigten souveränen Staat** anerkannte.

Nach diesem letzten außenpolitischen Erfolg kam der rasche Absturz, da sich die wirtschaftliche Lage immer weiter verschlechterte und die Versorgung der Bevölkerung nicht mehr auf dem gewohnten Niveau zu halten war. Die DDR-Regierung versuchte, der Verschlechterung der Situation einerseits durch Entgegenkommen zu begegnen, beispielsweise durch eine **Erleichterung der Reisebedingungen** für Verwandtschaftsbesuche in die Bundesrepublik. Auf der anderen Seite reagierte man auch mit extremer Beharrung beim Alten. Beispiele dafür sind das Festhalten an der strengen Abriegelung der Grenze, das unbeirrbare Planen der Feier zum **40. Jahrestag der DDR-Gründung** und das Abziehen der letzten materiellen Reserven aus den Bezirken des Landes zur Verschönerung und Renovierung der „Hauptstadt“ für das Jubiläum. Gerade Letzteres schürte noch mehr den Unwillen der Bevölkerung, die ihren Staat reformiert und nicht kritiklos verherrlicht sehen wollte.

Bei den Kommunalwahlen in der DDR am 7. Mai 1989 gab es erhebliche Unregelmäßigkeiten. In einigen Städten der Republik beobachteten Bürgerrechtler die Stimmenauszählung und protestierten im Anschluss öffentlich gegen die von ihnen entdeckten **Wahlfälschungen**.

Die SED-Führung hoffte, ein Ventil für die deutlich erkennbare Unzufriedenheit dadurch zu schaffen, dass sie von Januar bis Juni 1989 mehr als 43 000 Menschen die Ausreise in die Bundesrepublik gestattete. Diese Ausreisepraxis zog aber eine Flut weiterer Anträge nach sich. Allein im Sommer lagen laut Bericht des MfS weitere 250 000 Neuanträge auf Ausreise vor. Manche Betriebe klagten bereits über Arbeitskräftemangel.

Die Entwicklung der Deutschen Frage 1943–1989

1943–1955	• Behandlung Deutschlands als besiegter Feindstaat • Frage der Zerstückelung und der weitgehenden Schwächung Deutschlands • seit 1946 veränderte amerikanische Außen- und Deutschlandpolitik (SU als Hauptkontrahent, Deutschland als potenzieller Bündnispartner), Integration der beiden deutschen Staaten in die Blöcke (1955); damit Erstarrung der Deutschlandpolitik
1955–1989	• Bonner Deutschlandpolitik (von den Westmächten unterstützt): Wiedervereinigung, Festhalten an der einen deutschen Nation • Ostberliner Deutschlandpolitik (vom Ostblock unterstützt): 2-Staaten-These (1955), 2-Staaten-2-Nationen-These (Ende der 60er-Jahre); Wiedervereinigung des sozialistischen und des kapitalistischen Deutschlands ist nicht möglich.

Die Deutsche Frage aus der Sicht der beiden deutschen Staaten

- BRD:
  Festhalten an der Einheit der Nation und der Wiedervereinigung; Betonung der Gemeinsamkeiten (Sprache, Kultur, Zusammengehörigkeitsgefühl der Deutschen)
- DDR:
  Existenz zweier antagonistischer Nationalstaaten; Betonung der „unüberbrückbaren Gegensätze"; Wiedervereinigung nur möglich, wenn die BRD sozialistisch wird.

Die Deutsche Frage aus der Sicht des Auslandes (1989)

- Westen:
  Einerseits Unterstützung des deutschen Rechts auf freie Selbstbestimmung, andererseits Ansicht, dass die Teilung Deutschlands ein stabilisierender Faktor ist.
- Ostblock:
  Deutsche Frage ist nicht aktuell, soll der Geschichte überlassen bleiben.

Aufgabe 32 Skizzieren Sie die Entwicklung der DDR in der Ära Honecker.

Aufgabe 33 (materialgestützt)

a) Bestimmen Sie den politischen Standort von M 1 und zeigen Sie, welche Absicht die Darstellung der Ereignisse des 17. Juni in der Quelle verfolgt.

b) Stellen Sie den in M 1 vorgenommenen Wertungen über den 17. Juni Argumente aus westdeutscher Sicht gegenüber.

c) Beurteilen Sie die Ereignisse des 17. Juni 1953 im Hinblick auf die weitere Entwicklung der DDR und der Bundesrepublik Deutschland.

d) Zeigen Sie auf, wie Ulbricht in seiner Rede (M 2) den Bau der Berliner Mauer begründet.

e) Setzen Sie sich mit Ulbrichts Aussagen und Wertungen auseinander.

M 1: Die Darstellung der Ereignisse des 17. Juni 1953 durch das Zentralinstitut für Geschichte der Akademie der Wissenschaften der DDR (Berlin 1974):

Um das Wirksamwerden der von SED und Regierung beschlossenen Maßnahmen zu verhindern, beschleunigte die imperialistische Reaktion die Auslösung des seit langem vorbereiteten konterrevolutionären Putsches. Es war ihr Ziel, die Arbeiter- und Bauern-Macht durch konterrevolutionäre Aktionen faschistischer Elemente und eingeschleuster Provokateure zu stürzen und dann das Territorium der DDR unter dem militärischen Druck der Westmächte politisch und wirtschaftlich der BRD einzuverleiben. (...)

Am 17. Juni 1953 gelang es Agenten der imperialistischen Geheimdienste und faschistischen Provokateuren, die vor allem von Westberlin aus eingeschleust wurden, in Berlin und anderen Städten der DDR Werktätige mehrerer Betriebe zur Arbeitsniederlegung und zu Demonstrationen zu verleiten. In allen Fällen versuchten die Gruppen von Provokateuren, die Führung der Demonstrationen zu übernehmen, Ausschreitungen und Schießereien zu provozieren. Der RIAS[1] rief zum „Generalstreik“ auf und sandte verschlüsselte Nachrichten an die Rädelsführer des Putsches. Aufgeputschte Horden krimineller und gekaufter Subjekte forderten die Beseitigung der Regierung, drangen in staatliche Dienststellen, Parteibüros und Warenhäuser ein, zerstörten die Einrichtungen, legten Brände an und besudelten Symbole der DDR und der Arbeiterbewegung. Klassenbewusste Arbeiter, die den Putschisten entgegentraten, wurden niedergeschlagen und misshandelt. Einige erlagen ihren Verletzungen.

Schon nach 24 Stunden brach der konterrevolutionäre Putsch zusammen. Die marxistisch-leninistische Führung der SED sicherte die Einheit und Schlagkraft der Partei und der sozialistischen Staatsmacht. (...) Die in der DDR stationierten sowjetischen Truppen durchkreuzten durch ihr entschlossenes Eingreifen die Absicht des Imperialismus, blutige Auseinandersetzungen zu provozieren, die den Westmächten als Anlass für eine militärische Intervention dienen sollten. Im Geiste des proletarischen Internationalismus traten Seite an Seite Einheiten der Sowjetarmee, der Schutz- und Sicherheitsorgane der DDR, klassenbewusste Arbeiter und andere Werktätige den Putschisten entgegen und setzten ihrem Wüten ein Ende. Ernüchtert durch den faschistischen Terror und die offen verkündeten konterrevolutionären Ziele der Putschisten, wandte sich die Mehrheit der irregeleiteten Werktätigen bald von ihnen ab und begann zu erkennen, dass sie gegen ihre eigenen Interessen gehandelt hatte.

Mit aussichtsloser konterrevolutionärer Zielstellung begonnen, endete der Putschversuch mit einer Niederlage. Es gelang nicht, die SED zur Aufgabe ihrer Politik des sozialistischen Aufbaus zu veranlassen und das bewährte Bündnis der SED mit den anderen Blockparteien und den Massenorganisationen zu sprengen.

1 von den USA betriebener deutschsprachiger Rundfunksender in Westberlin.

Akademie der Wissenschaften der DDR, Zentralinstitut für Geschichte (Hrsg.): DDR – Werden und Wachsen. Zur Geschichte der Deutschen Demokratischen Republik, Berlin (Ost) 1974, S. 242 f.

M 2: Aus der Ansprache des Staatsratsvorsitzenden der DDR Walter Ulbricht im Fernsehen und im Rundfunk am 18. August 1961

Die Arbeiter und mit ihnen alle ehrlichen Werktätigen der Deutschen Demokratischen Republik atmen erleichtert auf. Das Treiben der Westberliner und Bonner Menschenhändler und Revanchepolitiker hatten alle satt. Mit wachsendem Zorn hatten sie zugesehen, wie sie von dem militaristischen Gesindel für dumm gehalten und bestohlen wurden. Unsere Geduld wurde von den Bonner Militaristen für Schwäche angesehen. (...)

Kriegsminister Strauß beschleunigte die atomare Ausrüstung der unter dem Befehl von Hitlergeneralen stehenden Bonner NATO-Armee. Er erklärte in frechem Übermut, der Zweite Weltkrieg sei noch nicht beendet. Er knüpfte direkt an die abenteuerlichen Pläne Hitlers und Himmlers an. (...)

Um diese Gefahren für den Frieden unseres Volkes und auch der anderen Völker zu beseitigen, haben wir uns rechtzeitig mit unseren Freunden verständigt und uns darauf geeinigt, die gefährliche Situation zu bereinigen. Die Maßnahmen unserer Regierung haben dazu beigetragen, den in diesem Frühherbst 1961 durch die westdeutschen Militaristen und Revanchepolitiker bedrohten Frieden in Europa und der Welt zu retten. Mögen auch die Bürger Westdeutschlands und Westberlins begreifen, dass es sehr wohl möglich ist, dass ihnen durch unsere Maßnahmen das Leben gerettet wurde.

In der militaristischen westdeutschen Presse und nicht zuletzt in den Zeitungen, die dem Herrn Brandt und seiner Mannschaft zur Verfügung stehen, wurde 1961 versucht, die Deutsche Demokratische Republik zu diffamieren, ihre Bürger zu verwirren, bei Leuten mit schwachem Standvermögen Panik auszulösen und den Boden für die Aggression zu bereiten.

Für jeden, der Augen hat zu sehen und Ohren zu hören, wurde es offenkundig, dass Westberlin in der Tat ein äußerst gefährlicher Kriegsbrandherd ist, der zu einem zweiten Sarajewo werden kann. Immer mehr Menschen in Deutschland wie auch in anderen Ländern kamen zu der Einsicht, dass es nicht mehr genügt, allgemein über den Frieden zu reden. Es musste viel mehr dafür gesorgt werden, dass der Brand, der in Westberlin angeblasen worden war und der auf die Häuser der Nachbarn überspringen sollte, rechtzeitig unter Kontrolle kam.

Aus: Ulbricht, Walter: Zur Geschichte der deutschen Arbeiterbewegung. Aus Reden und Aufsätzen, Band X, S. 11 ff., Berlin 1966.

Der Umbruch in der DDR und die Wiedervereinigung

1 Der Umbruch in der DDR 1989/90

2. 5. 1989	Ungarn beginnt mit dem Abbau der Grenzbefestigungen zu Österreich
Aug./ Sept. 1989	DDR-Bürger besetzen Botschaften in Prag, Budapest und Warschau sowie die ständige Vertretung der Bundesrepublik in Ostberlin
4. 9. 1989	Erste Montagsdemonstrationen in Leipzig
11. 9. 1989	Ungarn öffnet seine Grenzen zu Österreich für DDR-Ausreisende
30. 9. 1989	Bundesaußenminister Genscher verkündet vom Balkon der bundesdeutschen Botschaft in Prag, dass Botschaftsflüchtlinge in Sonderzügen über das Gebiet der DDR ausreisen dürfen
7. 10. 1989	40-Jahr-Feier der DDR
9. 10. 1989	Friedliche Demonstration in Leipzig
18. 10. 1989	Ablösung Honeckers als SED-Generalsekretär durch Egon Krenz
4. 11. 1989	Großdemonstration auf dem Alexanderplatz in Ost-Berlin; Öffnung der tschechischen Grenzen
7. 11. 1989	Rücktritt der DDR-Regierung unter Ministerpräsident Willi Stoph
8. 11. 1989	Rücktritt des Politbüros
9. 11. 1989	Öffnung der Grenzen zur Bundesrepublik und nach Westberlin
28. 11. 1989	„Zehn-Punkte-Programm zur Überwindung der Teilung Deutschlands und Europas" Helmut Kohls
8./9. 12. 1989	Außerordentlicher SED-Parteitag in Ost-Berlin; Ablehnung der Auflösung der Partei
22. 12. 1989	Öffnung des Brandenburger Tores
18. 3. 1990	Erste demokratische Wahl zur Volkskammer der DDR
1. 7. 1990	Währungs-, Wirtschafts- und Sozialunion tritt in Kraft
23. 8. 1990	Die Volkskammer beschließt Beitritt zur Bundesrepublik zum 3. Oktober
12. 9. 1990	Abschluss der „Zwei-plus-vier-Gespräche"; Souveränitätsvertrag in Moskau unterzeichnet
3. 10. 1990	Wiedervereinigung Deutschlands: Staatsakt in Berlin
14. 10. 1990	Landtagswahlen in den fünf neuen Bundesländern
2. 12. 1990	Erste gesamtdeutsche Bundestagswahl

1.1 Auswirkungen des sowjetischen Reformkurses

Die DDR-Führung war nicht bereit, sich dem Reformkurs des sowjetischen Parteichefs Gorbatschow anzuschließen. In den meisten Staaten des Ostblocks blieb Gorbatschows Handeln aber nicht ohne Auswirkungen. Seit Langem bestehende und mit stalinistischen Machtmitteln nur mühsam unterdrückte Bestrebungen brachen sich in **Polen** und Ungarn Bahn. Die polnische Führung stand seit 1981 unter dem Eindruck einer starken, von der Gewerkschaft **Soli-**

darność vorgetragenen und von weiten Teilen der Bevölkerung unterstützten Reformbewegung, die nur mithilfe des Kriegsrechts für wenige Jahre im Zaum gehalten werden konnte. **Ungarn** hingegen hatte sich schon seit einiger Zeit auf den Bahnen eines **vorsichtigen Reformkommunismus** bewegt. Am 2. Mai 1989 kündigte die ungarische Führung an, sie wolle den „Eisernen Vorhang" abbauen, das heißt, die Grenzbefestigungen zu Österreich beseitigen.

Das hatte weitreichende Konsequenzen: Seit dem Mauerbau 1961 konnte die Absetzbewegung aus der DDR nur mit Gewalt unterdrückt werden, andererseits wollte die DDR-Führung seit Anfang der 80er-Jahre den innenpolitischen Druck verstärkt durch Genehmigungen zur Übersiedlung in die Bundesrepublik ableiten, zumal sie überhaupt nicht bereit war, sich dem Reformkurs des sowjetischen Parteichefs Gorbatschow anzuschließen. Da nun inoffizielle Schätzungen von mehreren hunderttausend Ausreiseanträgen in der DDR ausgingen, war abzusehen, dass mit der Öffnung der Grenze bald ein **Strom von Flüchtlingen** aus der DDR einsetzen würde, der über Ungarn und Österreich in die Bundesrepublik kommen würde – tatsächlich waren es am 10. August bereits etwa 1 600. Immer noch war der Grenzübertritt aber illegal und riskant. Infolgedessen flüchteten sich Hunderte von DDR-Bürgern in die **bundesdeutschen Botschaften**, zunächst in **Budapest**, dann in **Prag** und **Warschau**. Am 13. August musste die Botschaft in Budapest wegen Überfüllung geschlossen werden, ebenso am 23. August die Prager Botschaft. Da die Lage vor allem in der Prager Botschaft unerträglich wurde, musste die DDR besonders im Hinblick auf das bevorstehende Staatsjubiläum einer „humanitären Lösung" zustimmen: Die Botschaftsflüchtlinge durften am 30. September in Sonderzügen über das Gebiet der DDR ausreisen. Bereits am 24. August hatte die ungarische Regierung – ohne Vereinbarung mit der DDR – 108 Botschaftsflüchtlingen die Ausreise mit Rot-Kreuz-Papieren erlaubt.

Damit war den Ausreisewilligen in der DDR ein neues Signal gesetzt. Da die Kapazität der Botschaft schnell erschöpft war, richtete das ungarische Rote Kreuz Flüchtlingslager ein, die bald 6 000 Menschen beherbergten. Am 11. September um 0 Uhr öffneten sich die Schlagbäume nach Österreich für eine ungehinderte Ausreise. An diesem Tag verließen über 5 000, bis zum 13. September 15 000 DDR-Bürger Ungarn.

1.2 Friedliche Revolution und Fall der Mauer

In der DDR lähmte die Krankheit des Parteichefs Erich Honecker das gesamte politische Leben. Am 8. Juli musste er das Gipfeltreffen der Warschauer Pakt-Staaten in Bukarest verlassen und sich am 21. August einer Gallenoperation unterziehen. Angesichts der **Führungslosigkeit der DDR** steigerte sich die Unruhe im Land. In der Nikolaikirche in Leipzig kam es am 4. September zu einer ersten Demonstration. Bei solchen Demonstrationen kam es im Laufe des Monats zu Zusammenstößen mit Polizei und Staatssicherheit. Am 12. September formierte sich die erste Oppositionsbewegung, das **„Neue Forum"**, dem das DDR-Innenministerium die Anerkennung mit der Begründung verweigerte, es bestehe keine Notwendigkeit für eine solche Gruppe.

Inzwischen war die Notwendigkeit von Reformen auch innerhalb der DDR-Führung erkannt worden, ohne dass jedoch klare Aussagen die Lage entspannt hätten. Honecker, der kurz vor dem 40-jährigen Gründungsjubiläum der DDR in die Öffentlichkeit zurückgekehrt war, lehnte Reformen ab, da der Sozialismus im Lande an sich schon eine große Reform sei, auf die das Land stolz sein könne. Am 5. Oktober wurde eine zweite Sonderzug-Aktion notwendig, weil sich wieder über 11 000 Menschen in der Prager Botschaft und in ihrer Umgebung aufhielten.

Einen Tag später wurde der sowjetische Staats- und Parteichef Gorbatschow von der Bevölkerung in Ostberlin jubelnd begrüßt – von ihm erhoffte man sich ein klares Wort an die SED-Führung. Er hielt sich jedoch zurück, sagte allerdings den seither berühmten Satz: „Wer zu spät kommt, den bestraft das Leben." Die Feierlichkeiten zum **40. Jahrestag der Staatsgründung** liefen mit dem gewohnten Zeremoniell ab, waren aber überschattet von Gegendemonstrationen, gegen die die Polizei zum Teil mit großer Brutalität vorging.

Als zwei Tage später, am 9. Oktober, in **Leipzig** etwa **70 000 Menschen friedlich** für demokratische Reformen und eine gesellschaftliche Umgestaltung **demonstrierten**, griffen Polizei und Betriebskampfgruppen nicht mehr ein. In den folgenden Tagen gab es zunehmend Kritik am Kurs Honeckers. Die Montagsdemonstrationen in Leipzig wurden zur festen Einrichtung, am 16. Oktober nahmen mehr als 120 000, eine Woche später zwischen 150 000 und 300 000 Menschen daran teil. Unter diesem Druck trat Honecker „aus gesundheitlichen Gründen" am 18. Oktober von allen seinen Ämtern zurück. Sein Nachfolger **Egon Krenz** kündigte eine „Wende" an, da die SED „die gesellschaftliche Entwicklung" in der DDR „nicht real genug eingeschätzt und nicht rechtzeitig die richtigen Schlussfolgerungen gezogen" habe.

Die versprochene Wende in der DDR blieb aus. Es traten zwar namhafte Spitzenpolitiker von ihren Ämtern zurück, die Mehrheit aber bekannte sich öffentlich zu Reformen und galt in der Bevölkerung von da an als „Wendehälse".

Mit Zustimmung der (neuen) DDR-Führung öffnete am 4. November auch die Tschechoslowakei ihre Grenzen für DDR-Bewohner, die kurz zuvor eingeführte Visumpflicht für Reisen in die Tschechoslowakei wurde wieder aufgehoben. Auf der größten Demonstration in der Geschichte der DDR (wenn nicht ganz Deutschlands) kamen am selben Tag in Ostberlin eine halbe Million Menschen zusammen. Sie formulierten ihre Bereitschaft zum Aufbau eines neuen Systems in den Rufen „Wir bleiben hier!" und „Wir sind das Volk!".

Den entscheidenden ersten Durchbruch brachten die folgenden Tage: Am 7. November trat die Regierung der DDR unter Ministerpräsident Willi Stoph zurück, am folgenden Tag das gesamte Politbüro. Am **9. November** schließlich wurde auf einer Pressekonferenz durch das Politbüromitglied Günter Schabowski im irrtümlichen Vorgriff auf ein neues Reisegesetz die **vollständige Reisefreiheit** – „ohne Vorliegen von Voraussetzungen" – mit sofortiger Wirkung verkündet. Am selben Abend strömten Zehntausende von Ostberlinern über die Sektorengrenze in den Westteil der Stadt – unklar ist, ob es aufgrund eines Missverständnisses bei den Grenztruppen oder einer Weisung aus der Parteizentrale zur schnellen Grenzöffnung kam.

Ausbruch und Verlauf der Revolution

Politische Gründe

- Die SED ist alleiniger Inhaber der Macht (Suprematie).
- politische Machtlosigkeit aller anderen Parteien und politischen Gruppierungen
- Diskrepanz zwischen Theorie (= Verfassung) und Praxis (= Realität)
- Der Marxismus-Leninismus als Grundlage und der Kommunismus als „Endziel" sind für alle Bürger verbindlich (= monistisches System).
- Meinungsvielfalt, abweichende Meinungen oder gar Opposition sind nicht erlaubt.
- Grundrechte, Recht und Gesetzlichkeit gelten nur in dem von der SED festgelegten sozialistischen Rahmen; sie sind nicht vorstaatlich.
- Zwang, permanente Kontrolle, Verfolgung und Ausschaltung Andersdenkender
- Veränderung der sowjetischen Politik gegenüber den „sozialistischen Bruderländern" (z. B. Aufgabe der Breschnew-Doktrin, Glasnost, Perestroika, Reformpolitik)

Gesellschaftliche Gründe

- Diskrepanz zwischen Verfassung und Ideologie
- Zweiklassensystem (Privilegierte/Funktionäre – Nichtprivilegierte)
- Generationenkonflikt, Veränderung der Werte

Wirtschaftliche Gründe

- Ineffizienz der Planwirtschaft führt zu niedriger Lebensqualität.
- unverhältnismäßig teure „Luxusgüter"

→ Revolution Oktober/November 1989

- stark wachsende politische und gesellschaftliche Spannungen
- Massendemonstrationen, klare polit. Forderungen (Demokratie, Freiheit, Reisefreiheit etc.)
- dynamischer, jedoch unblutiger Verlauf
- Repräsentation breiter Volksschichten am politischen Neuaufbau (Runder Tisch, Volkskammer seit März 1990)
- völlige politische Umstrukturierung und Neuverteilung der Macht

Die Mauer als Barriere war gefallen, Berlin befand sich im **Wiedervereinigungstaumel**. Die Perspektive einer Wiedervereinigung Deutschlands rückte in den Blickpunkt: Am nächsten Tag rief der SPD-Ehrenvorsitzende Willy Brandt den Teilnehmern einer Kundgebung vor dem Schöneberger Rathaus zu: „Wir sind jetzt in einer Situation, in der zusammenwächst, was zusammengehört." Am 12. November schließlich wurde die Mauer in Berlin, die für 28 Jahre das Symbol der deutschen Teilung war, für einen ersten neuen Grenzübergang am Potsdamer Platz durchbrochen. Bis zum Mittag dieses Tages gaben die DDR-Behörden 4,3 Millionen Visa für Westreisen aus.

Mit der Maueröffnung tat die DDR den ersten Schritt zur Demontage ihres Selbstverständnisses, das sie aus der Abwehr imperialistischer Übergriffe bezogen hatte. Dies diente auch als offizielle Begründung für den Bau der Mauer. Indem sie die Mauer öffnete, in der Folge die Sperranlagen an der Grenze zur Bundesrepublik demontierte und den Sperrstreifen aufhob, gab sie zu, dass die „Schutzfunktion" nicht mehr notwendig sei. Der jetzt auf breiter Basis mögliche Kontakt mit der westdeutschen Bevölkerung hatte zur Folge, dass sich die Bedrohungsphrasen der DDR-Führung endgültig als hohl entpuppten. Als schließlich das Luxusleben der Parteispitze (Funktionärs-Getto Wandlitz) bekannt wurde, brach auch die „antifaschistische" Legitimation und die Identifikation mit den „Interessen der Werktätigen" zusammen.

2 Der Weg zur Wiedervereinigung

Mit dem Zusammenbruch des antiimperialistischen und antifaschistischen Selbstverständnisses der offiziellen DDR schwand auch die Legitimation der Eigenstaatlichkeit. Sie war auf der Basis einer „friedlichen Nachkriegs-Entwicklung" und den „Realitäten Europas" konstruiert worden, ihr fiel zunehmend auch die Zugehörigkeit zur deutschen Nation zum Opfer. Stattdessen sollte eine sozialistische Nation begründet werden. Als sich die Realität des Sozialismus nicht nur in der DDR, sondern auch in den übrigen Staaten Ostmitteleuropas als Irrweg der Entwicklung erwiesen hatte, blieb Polen und Ungarn noch die Betonung der nationalstaatlichen und der historischen Identität – für die DDR aber war diese Identität die deutsche, und die hatte in der Bundesrepublik um so mehr ihren Kristallisationspunkt, als sich die Bewohner der DDR von ihrer eigenen Staatsführung verraten und belogen vorkamen. So war es nur logisch, dass auf den **Leipziger Montagsdemonstrationen** zunehmend der Ruf „Deutschland, einig Vaterland" erhoben wurde (eine Zeile aus der Nationalhymne der DDR „Auferstanden aus Ruinen“ von J. R. Becher, deren Text eben wegen dieser Zeile nicht mehr gesungen worden war).

Trotz Beteuerungen der neuen DDR-Führung, die deutsche Frage stehe „nicht auf der Tagesordnung“, wurden zunehmend Überlegungen angestellt, wie die deutsche Wiedervereinigung zu organisieren sei. Die **Westalliierten** signalisierten ihre **Zustimmung**, auch Gorbatschow lehnte nicht mehr grundsätzlich ab, verwies jedoch auf das Ergebnis geschichtlicher Prozesse, an deren Ende durchaus eine deutsche Einigung stehen könne. Die Vorstellungen der **SED** gingen dabei mehr in Richtung auf eine **„Vertragsgemeinschaft“**, während die Bevölkerung schnelle und konkrete Ergebnisse brauchte. Bundeskanzler Kohl legte am 28. November einen **Zehn-Punkte-Plan** zur deutschen Einigung (zur Herstellung „konföderativer Strukturen in Deutschland“) vor, musste im Februar 1990 aber zugeben, dass die Geschwindigkeit des politischen Prozesses diese Überlegungen hinfällig gemacht habe.

Die Diskussion innerhalb der DDR wurde nach polnischem Vorbild an einem „Runden Tisch“ institutionalisiert. Er erzwang allerdings keine ausreichend konkreten Reformen, die für einen Stillstand der Übersiedlerwelle notwendig gewesen wären. Immerhin zog er die ursprünglich für den 6. Mai angesetzten **Volkskammerwahlen** auf den **18. März** vor. Schon die Vereinbarung aber, keine westlichen Wahlredner zum Wahlkampf hinzuzuziehen, zeigte den zunehmenden Autoritätsverlust des „Runden Tisches“.

Die **SED versuchte** im Gegenzug, ihre alten Machtpositionen beizubehalten, was sich an der Diskussion um den alten Staatssicherheitsdienst zeigte. Er war im November in ein Amt für nationale Sicherheit umgewandelt worden, sollte aber nach dem Willen der Reformkräfte ganz aufgelöst werden. Die SED dagegen beharrte auf der Notwendigkeit eines „Verfassungsschutzes“. Im Gegensatz zum polnischen „Runden Tisch“ fehlte diesem Gremium der revolutionäre Schwung, es erreichte nirgends eine umwälzende Neuerung und wurde weder in einer grundsätzlichen Demokratisierung der Strukturen noch in einer Reform der Wirtschaftspolitik aktiv.

Die SED versuchte zunächst, den Reformprozess aufzufangen und sich selbst an die Spitze der Reformbewegung zu stellen. Aus diesem Grund lehnte der außerordentliche Parteitag im Dezember 1989 auch eine Selbstauflösung der Partei ab, wie sie die polnischen und die ungarischen Kommunisten vollzogen hatten. Lediglich der Name der Partei wurde zunächst in **SED-PDS** (Partei des Demokratischen Sozialismus, vom Volk schnell als „Praktisch dasselbe“ gelesen), später allein in PDS geändert. Auch das alte Zeichen, die beiden Hände, die das Zusammengehen von Sozialdemokraten und Kommunisten bei der Zwangsvereinigung 1946 symbolisierten, wurde gestrichen.

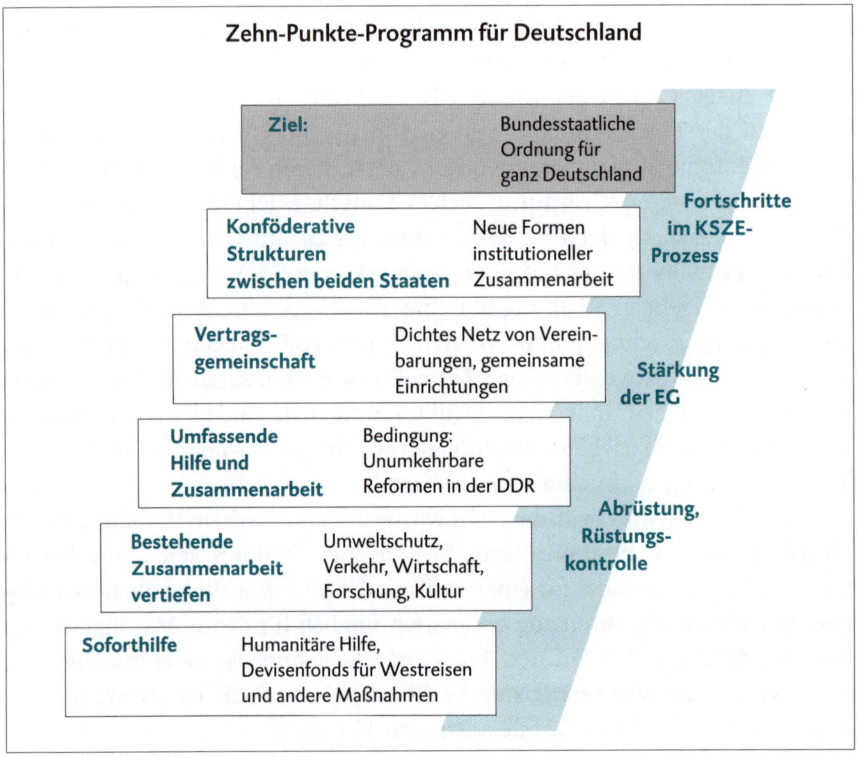

Durch den **Druck der Öffentlichkeit** in der DDR waren alle vorsichtigen Verlautbarungen über die Zukunft der beiden deutschen Staaten schon von Anfang an überholt. Weder die Idee der „Vertragsgemeinschaft“ (Ministerpräsident Modrow) noch der 10-Punkte-Plan Bundeskanzler Kohls konnten sich durchsetzen. Perspektiven bot allein das Wort des SPD-Ehrenvorsitzenden Willy Brandt: „Jetzt wächst zusammen, was zusammengehört!“ Vor allem der nicht abreißende **Strom von Übersiedlern aus der DDR** zwang beide Regierungen zum sofortigen Handeln. Die CDU der DDR bekannte sich dabei bereits auf ihrem Sonderparteitag Mitte Dezember 1989 zur „Einheit der deutschen Nation“.

Die **Bemühungen um die Wiedervereinigung** wurden unterstützt durch die Äußerung des sowjetischen Präsidenten Gorbatschow, es sei Sache der Deutschen, über die Form ihres Zusammenlebens zu entscheiden. Daraufhin beschleunigte sich der Prozess zur Wiedervereinigung weiter. Noch im Februar 1990 trat auf Vorschlag der Bundesregierung eine Expertenkommission zusammen, die die Einführung der DM als alleiniges Zahlungsmittel in der DDR vorbereiten sollte (Spruch der Demonstranten in der DDR: „Kommt die DM nicht zu uns, kommen wir zu ihr!"). Parallel dazu wurde in einer Konferenz der Außenminister der vier Siegermächte und der beiden deutschen Staaten („Zwei-plus-Vier") das Gremium gefunden, das die außenpolitischen Aspekte der deutschen Einheit klären sollte. Die Wiedervereinigung war damit als kurzfristig anzusteuerndes Ziel formuliert und international akzeptiert.

Der **„Zwei-plus-Vier"-Vertrag** wurde am 12. September in Moskau unterzeichnet. Unter dem Titel „Vertrag über die abschließende Regelung in Bezug auf Deutschland" verzichteten die vier Alliierten des Zweiten Weltkriegs, USA, Sowjetunion, Großbritannien und Frankreich, auf ihre Rechte und machten den Weg für die Wiedervereinigung der beiden deutschen Staaten frei.

Dem dadurch entstehenden deutschen Staat wurde die **volle Souveränität** gewährt; er akzeptierte die Grenzen des Gesamtstaates als endgültig, gab also den Anspruch auf das Deutschland östlich der Oder-Neiße-Linie endgültig auf. Deutschland verzichtete auf den Besitz von ABC-Waffen. Die Truppenstärke der gesamtdeutschen Streitkräfte wurde auf 370 000 Mann beschränkt. Der Vertrag regelte weiterhin den Abzug der sowjetischen Truppen vom Gebiet der ehemaligen DDR bis 1994.

Faktisch ist der „Zwei-plus-Vier"-Vertrag ein **Friedensvertrag**. Dieser Begriff wurde aber bewusst nicht gewählt, um noch offenen Reparationsforderungen aus dem Zweiten Weltkrieg nicht nachkommen zu müssen. Bei der Londoner Schuldenkonferenz 1953 war nämlich festgelegt worden, dass alle Reparationsforderungen nach einem Friedensvertrag ausgehandelt werden.

Auf der Basis dieser angelaufenen Verhandlungen hatte die CDU in der letzten Runde des Wahlkampfes für die Volkskammerwahl am 18. März massiv mit der Wiedervereinigung und dem damit verbundenen Wohlstand werben und mit der von ihr geführten **„Allianz für Deutschland"** (CDU, DSU, Demokratischer Aufbruch) 48,2 % der Stimmen gewinnen können. Vor allem hatte Bundeskanzler Kohl vor der Volkskammerwahl versprochen, innerhalb weniger Jahre den Wohlstand nach westlichen Maßstäben ins Land zu bringen. Am 24. April war die **Währungsunion** für den 2. Juli angekündigt worden.

Nach der ersten Runde der „Zwei-plus-Vier"-Gespräche am 5. Mai peilte die Bundesregierung das Jahresende als Termin für die ersten **gesamtdeutschen Wahlen** an. Die DDR-Regierung stimmte am 2. Juli dem Termin 2. Dezember zu. Teil der Verhandlungen um den Einigungsvertrag war allerdings der Zusammenhang zwischen Wiedervereinigung und Bundestagswahl: Wurde die Wiedervereinigung vorher vollzogen, war die Bevölkerung der DDR ohne demokratisch legitimierte Regierung – wurde sie mit der Wahl vollzogen, verstrich wertvolle Zeit. Der Plan, die Bundestagswahl vor den frühestmöglichen Termin

(2. 12.) vorzuziehen, scheiterte an verfassungsrechtlichen Bedenken. Die Volkskammer beschloss endlich am 23. August gemäß dem damaligen Artikel 23 des Grundgesetzes („In anderen Teilen Deutschlands ist es [das Grundgesetz] nach deren Beitritt in Kraft zu setzen") den **Beitritt zur Bundesrepublik** zum **3. Oktober 1990** und stellte damit den in der Volkskammerwahl zum Ausdruck gekommenen Willen des Volkes über formale Bedenken.

Rechtlich gesehen trat die DDR als ein neues Bundesland bei, würde also im Bundesrat die Stimmenzahl von Nordrhein-Westfalen, dem bevölkerungsmäßig gleich großen Bundesland, haben. Nach der geplanten Landtagswahl in den neuen Ländern vom 14. Oktober würde sich das ändern: Dann würden Vertreter aus allen **fünf neuen Bundesländern** in den Bundesrat einziehen. Bis zur Bundestagswahl am 2. Dezember würde die Volkskammer 144 Abgeordnete mit vollem Stimmrecht in den Bundestag entsenden.

Am 1. Oktober hatten die Alliierten ihre Vorbehaltsrechte bezüglich ganz Deutschlands suspendiert, sodass gleichzeitig mit der Wiedervereinigung auch der Sonderstatus Berlins aufgehoben wurde.

Mit dem 3. Oktober 1990 hörte die DDR auf, als selbstständiger Staat zu bestehen, und war fortan Teil der Bundesrepublik. Damit waren Überlegungen hinfällig, aus der Vereinigung beider Staaten einen neuen Staat und gemäß Art. 146 GG eine neue Verfassung zu konzipieren. Mit dem Beitritt war das gesamte System der Bundesrepublik auf die (jetzt ehemalige) DDR ausgedehnt und es war Sache des Einigungsvertrags, die Modalitäten für die schrittweise Überleitung festzulegen. Im neuen Art. 143 GG hieß es dazu, dass das Recht im Beitrittsgebiet längstens bis 1995 von den Bestimmungen des Grundgesetzes abweichen dürfe, „so weit und solange infolge der unterschiedlichen Verhältnisse die völlige Anpassung an die grundgesetzliche Ordnung noch nicht erreicht werden kann", aber nur, wenn dadurch das Rechtsstaatsprinzip, die Menschenwürde und das Demokratiegebot des Grundgesetzes nicht verletzt würden.

Die folgenden Jahre offenbarten den Grad, bis zu dem die DDR-Führung das Land und seine Industrie abgewirtschaftet hatte. Der industrielle Standard war nur durch Raubbau an den menschlichen, wirtschaftlichen und ökologischen Ressourcen zu halten gewesen. Gleichzeitig offenbarte sich die Goldgräbermentalität westdeutscher Firmen und Investoren, die sich auf die Konkursmasse der neuen Bundesländer stürzten und den wirtschaftlichen Raubbau vor die Neuinvestition stellten. Der Zusammenbruch der DDR-Betriebe führte zu einem gewaltigen Migrationprozess, überwiegend in westlicher Richtung.

Die inneren und äußeren Aspekte der Vereinigung Deutschlands

Innere Gestaltung der Vereinigung

Erster Staatsvertrag (18. 5. 1990) legt die Einigung im Detail fest:

Inhalt:

- Währungsunion: DM als alleingültige Währung; Deutsche Bundesbank alleinige Zentralbank; Umtauschkurse Mark der DDR : DM
- Wirtschaftsunion: Schaffung der Voraussetzungen für die Soziale Marktwirtschaft (u. a. Privateigentum; Wettbewerb; Gewerbefreiheit; freier Verkehr von Waren, Kapital, Arbeit)
- Sozialunion (Renten-, Kranken-, Arbeitslosen- und Unfallversicherung, Sozialhilfe; Tarifautonomie, Koalitionsfreiheit, Streikrecht, Mitbestimmung, Betriebsverfassung, Kündigungsschutz)

→ *Bedeutung:* Vereinigung über Art. 23 GG; Aufgabe der Souveränität der DDR als Staat; Einheit im Rahmen einer europäischen Friedensordnung

Einigungsvertrag (= Zweiter Staatsvertrag) (31. 8. 1990)

Inhalt:

- Beitritt der DDR zur BRD (3. 10. 1990)
- Hauptstadt Berlin, Regierungssitz bleibt offen
- Änderung der Präambel und Anpassung an die neuen Verhältnisse
- Rechtsangleichung durch Übertragung des bundesrepublikanischen Rechts auf die neuen Bundesländer
- Regelung von Vermögens- und Eigentumsfragen
- Ausweitung der Finanzverfassung
- sozialpolitische Vereinbarungen

→ *Bedeutung:* Abschluss der Vereinigung; wichtiger Beitrag zur europäischen Einheit

Äußere Absicherung der Vereinigung

Zwei-plus-Vier-Vertrag (12. 9. 1990)

Auslösende Faktoren: Revolution in der DDR 1989, tief greifende Veränderungen in der Sowjetunion und anderen Ostblockstaaten

Inhalt:

- Umfang: 10 Artikel, 1 Protokollnotiz zu Art. 5
- Bestätigung des Status quo der Grenzen des Vereinigten Deutschlands
- Friedens- und sicherheitspolitische Festlegungen (z. B. keine ABC-Waffen, Höchststärke der Streitkräfte, Bündniszugehörigkeit; Abzug der sowjetischen Truppen)
- volle Souveränität für Deutschland (Art. 7)
- vertragstechnische Regelungen (Art. 7–10)
- Regelung der Stationierung ausländischer Truppen auf dem Gebiet der ehemaligen DDR

→ *Bedeutung:*

- Ersatz für Friedensvertrag; offizielles Ende des Zweiten Weltkriegs (völkerrechtlich)
- Ende der Teilung Deutschlands
- weitere Entspannung zwischen Ost und West
- Vertiefung der europäischen Einigung
- eines der wichtigsten Dokumente der deutschen und europäischen Nachkriegsgeschichte

Aufgabe 34 Bestimmen und erläutern Sie die politischen, gesellschaftlichen und wirtschaftlichen Gründe für den Zusammenbruch der DDR im Jahre 1989.

Aufgabe 35 Skizzieren Sie die wichtigsten Ereignisse im Zusammenhang mit der Wiedervereinigung Deutschlands in den Jahren 1989/1990.

Aufgabe 36 Erläutern Sie die vertraglichen Regelungen und Bestimmungen zur Gestaltung der Vereinigung zwischen der Bundesrepublik und der DDR.

Aufgabe 37 (materialgestützt)

a) Skizzieren Sie die wesentlichen Forderungen und das Selbstverständnis des Neuen Forum.

b) Erläutern Sie die Rahmenbedingungen des Jahres 1989, die für die Gründung des Neuen Forum von Bedeutung waren.

M 1: Aufruf der Initiative NEUES FORUM 9. 9. 1989

In unserem Lande ist die Kommunikation zwischen Staat und Gesellschaft offensichtlich gestört. Belege dafür sind die weit verbreitete Verdrossenheit bis hin zum Rückzug in die private Nische oder zur massenhaften Auswanderung. Fluchtbewegungen diesen Ausmaßes sind anderswo durch Not, Hunger und Gewalt verursacht. Davon kann bei uns keine Rede sein. […]

Auf der einen Seite wünschen wir uns eine Erweiterung des Warenangebots und bessere Versorgung, andererseits sehen wir deren soziale und ökologische Kosten und plädieren für die Abkehr von ungehemmtem Wachstum. Wir wollen Spielraum für wirtschaftliche Initiative, aber keine Entartung in eine Ellenbogengesellschaft. Wir wollen das Bewährte erhalten und doch Platz für Erneuerung schaffen, um sparsamer und weniger naturfeindlich zu leben. Wir wollen geordnete Verhältnisse, aber keine Bevormundung. Wir wollen freie, selbstbewusste Menschen, die doch gemeinschaftsbewusst handeln. Wir wollen vor Gewalt geschützt sein und dabei nicht einen Staat von Bütteln und Spitzeln ertragen müssen. Faulpelze und Maulhelden sollen aus ihren Druckposten vertrieben werden, aber wir wollen dabei keine Nachteile für sozial Schwache und Wehrlose. Wir wollen ein wirksames Gesundheitswesen für jeden; aber niemand soll auf Kosten anderer krank feiern. Wir wollen an Export und Welthandel teilhaben, aber weder zum Schuldner und Diener der führenden Industriestaaten noch zum Ausbeuter und Gläubiger der wirtschaftlich schwachen Länder werden.

Um all diese Widersprüche zu erkennen, Meinungen und Argumente dazu anzuhören und zu bewerten, allgemeine von Sonderinteressen zu unterscheiden, bedarf es eines Demokratischen Dialogs über die Aufgabe des Rechtsstaates, der Wirtschaft und der Kultur. Über diese Fragen müssen wir in aller

Öffentlichkeit, gemeinsam und im ganzen Land nachdenken und miteinander sprechen. Von der Bereitschaft und dem Wollen dazu wird es abhängen, ob wir in absehbarer Zeit Wege aus der gegenwärtigen krisenhaften Situation finden. Es kommt in der jetzigen gesellschaftlichen Entwicklung darauf an, dass eine größere Anzahl von Menschen am gesellschaftlichen Reformprozess mitwirkt, dass die vielfältigen Einzel- und Gruppenaktivitäten zu einem Gesamthandeln finden.

Wir bilden deshalb gemeinsam eine Politische Plattform für die ganze DDR, die es Menschen aus allen Berufen, Lebenskreisen, Parteien und Gruppen möglich macht, sich an der Diskussion und Bearbeitung lebenswichtiger Gesellschaftsprobleme in diesem Land zu beteiligen. Für eine solche übergreifende Initiative wählen wir den Namen NEUES FORUM.

Die Tätigkeit des NEUEN FORUM werden wir auf gesetzliche Grundlagen stellen. Wir berufen uns hierbei auf das in Art. 29 der Verfassung der DDR geregelte Grundrecht, durch gemeinsames Handeln in einer Vereinigung unser politisches Interesse zu verwirklichen. […]

Aus: Gransow u. a.: Die deutsche Vereinigung. Dokumente zur Bürgerbewegung, Köln 1991, S. 60 f.

c) Arbeiten Sie anhand der Quelle heraus, wie Schäuble das Vorgehen der Regierung Kohl im Hinblick auf die deutsche Wiedervereinigung begründet.

M 2: Wolfgang Schäuble zur staatlichen Einheit

Wolfgang Schäuble handelte als Beauftragter der Bundesregierung den Einigungsvertrag mit der DDR aus.

Fünf Jahre danach ist man immer schlauer. Diese und jene Weiche, so ist oft zu hören, hätte man vielleicht damals bei der Organisation der deutschen Wiedervereinigung anders stellen sollen.

Zwei Probleme standen seit dem Herbst 1989 für uns im Vordergrund. Zum einen: Wie konnte sichergestellt werden, dass die sich beschleunigenden Ereignisse in der damaligen DDR nicht eine blutige Zuspitzung erfuhren und einen Rückschlag wie schon 1953 in Ost-Berlin, 1956 in Ungarn oder 1968 in Prag nach sich zogen? Zum anderen drängte die Frage, wie überhaupt die unverhoffte und möglicherweise sehr kurze Chance zur Wiedervereinigung genutzt werden könnte.

Denn ob uns die Herstellung der Einheit Deutschlands in Frieden und Freiheit ohne Blutvergießen und Chaos und in Übereinstimmung mit unseren Nachbarn überhaupt gelingen würde, war Anfang 1990 noch keineswegs ausgemacht. […]

Der Zeit- und Problemdruck, unter den sich alle Beteiligten durch die Demonstrationen und die Übersiedlerwelle in immer stärkerem Maße gesetzt sahen, wurde zugleich zu einem Element der Lösung des Problems, die Einheit Deutschlands damals zu schaffen und die Chance nicht zu verpassen. Bei einem Besuch des Kanzlers in Dresden am 19./20. 12. 1989 wurde deutlich: Zehntausende Menschen verlangten nach der Einheit. [...]

Die schnelle Währungsunion war unsere Antwort auf den Übersiedlerstrom, der beide deutsche Staaten im Frühjahr 1990 vor große Probleme stellte. [...] In der Logik der Währungsunion lag der Beitritt der DDR zur Bundesrepublik. [...] Wir standen vor einem handfesten materiellen Problem: Wie konnten die Menschen in der DDR möglichst schnell an das im Westen erreichte Niveau von Wohlstand und sozialer Sicherheit herangeführt werden, ohne dass dabei die Leistungsfähigkeit der Wirtschaft und der sozialen Sicherungssysteme im Westen überfordert und destabilisiert würden?

Heute können wir sagen, dass uns das weitestgehend gelungen ist. Die Währungsunion ist von Anfang an mit einer Sozialunion gekoppelt worden. [...] Mit der Währungsumstellung 1:1 und der Transferzahlung von 150 Milliarden Mark pro Jahr in den letzten Jahren, was pro Kopf der Bevölkerung im Osten ungefähr 10 000 Mark entspricht, sind wir bis an den Rand des ökonomisch und politisch Leistbaren gegangen. Und wir werden diesen Kraftakt auch noch eine Zeit lang durchhalten müssen.

Wolfgang Schäuble: Danach ist man immer schlauer. In: Zeit-Punkte 5/1995.

Der Europa-Gedanke und die europäische Einigung

1 Etappen der europäischen Einigung bis 1989

5. 5. 1949	Gründung des Europarats
9. 5. 1950	Schuman-Initiative zur Montanunion
13. 7. 1950	Beitritt Deutschlands zum Europarat
4. 11. 1950	Konvention zum Schutz der Menschenrechte und der Grundfreiheiten
18. 4. 1951	Gründung der Europäischen Gemeinschaft für Kohle und Stahl (EGKS)
27. 5. 1952	Verträge über die Europäische Verteidigungsgemeinschaft
4. 12. 1952	Europäischer Gerichtshof (Gerichtshof der EGKS)
25. 3. 1957	Römische Verträge: Gründung der Europäischen Wirtschaftsgemeinschaft (EWG) und der Europäischen Atomgemeinschaft (EURATOM)
4. 1. 1960	Gründung der Europäischen Freihandelszone (EFTA)
22. 1. 1963	Deutsch-Französischer Freundschaftsvertrag (Élysée-Vertrag)
8. 4. 1965	Zusammenschluss von EGKS, EWG und EURATOM (Fusionsvertrag)
1. 7. 1968	Zollunion der EWG
1./2. 12. 1969	Haager Gipfelkonferenz
1. 1. 1973	Beitritt von Irland, Dänemark und Großbritannien
28. 2. 1975	Lomé I: Abkommen zwischen der EG und den AKP-Staaten Lomé II (1979); Lomé III (1984); Lomé IV (1989); Cotonou (2000)
13. 3. 1979	Europäisches Währungssystem (EWS) tritt rückwirkend zum 1. 1. 1979 in Kraft
7./10. 6. 1979	Erste Wahl des Europäischen Parlaments
1. 1. 1981	Beitritt Griechenlands
1. 1. 1986	Beitritt Spaniens und Portugals
17./28. 2. 1986	Unterzeichnung der Einheitlichen Europäischen Akte (EEA)

1.1 Die europäische Idee in der Nachkriegszeit

1946 überraschte **Winston Churchill**, englischer Premier von 1940–45 und 1951–55, bei einer Rede in Zürich mit dem Aufruf zur Gründung der **„Vereinigten Staaten von Europa"**, deren Kern „eine Partnerschaft zwischen Frankreich und Deutschland" sein sollte. Er sprach von einem **„föderalistischen System"**, in dem auch die „kleinen Nationen" ihren gleichberechtigten Platz haben sollten. Diese Konzeption schien für einen britischen Politiker ungewöhnlich, da die britische Sicht bis heute von Skepsis gegenüber einer allzu engen europäischen Integration geprägt ist. Allerdings sah Churchill den Platz Großbritanniens nicht innerhalb, sondern außerhalb der neu zu schaffenden „Vereinigten Staaten von Europa": „Großbritannien, das britische Commonwealth, das mächtige Amerika [...] sollen die Freunde und Förderer des neuen

Europa sein". Gegenüber den 1945 in San Francisco gegründeten Vereinten Nationen, die die Nachfolge des Völkerbunds angetreten hatten, sollte **Europa** eine **„regionale Organisation"** sein, die sich „unterhalb und innerhalb" der Vereinten Nationen einordnet. Churchill setzte ein freundschaftliches Verhältnis zur neuen Supermacht Amerika voraus, äußerte sich über das Wohlwollen Sowjetrusslands aber vorsichtig.

Nach Churchills Auffassung sollte zunächst ein **„Europarat"** gegründet werden, dem dann Schritt für Schritt alle Staaten Europas beitreten könnten, ohne dass irgendein Zwang ausgeübt werden sollte. Inhaltlich berief er sich auf die Grundsätze der **Atlantik-Charta**, die er während des Zweiten Weltkriegs mit US-Präsident Roosevelt verfasst hatte. Darin wurden als „Grundfreiheiten" u. a. das Selbstbestimmungsrecht der Völker, die freie Wahl der Regierungsform, freier Zutritt zum Handel und zu den Rohstoffen der Welt sowie die Freiheit, die Meere ungehindert überqueren zu dürfen, genannt. Diese Freiheiten sollten die Grundlage für internationale Zusammenarbeit und weltweite Prosperität sein.

Der französische Außenminister **Aristide Briand** hatte bereits 1929 einen „Europäischen Rat" vorgeschlagen; und auch im deutschen und europäischen Widerstand kursierten Europapläne. Die europäische Idee war keineswegs tot, nur konnte sich nach dem „Zivilisationsbruch" des Nationalsozialismus und dem Leid des Zweiten Weltkriegs mit 55 Millionen Toten kaum jemand eine enge Zusammenarbeit mit Deutschland vorstellen. Deutschland als Staat hatte aufgehört zu existieren, die Deutschen als Volk waren in der Welt geächtet.

Für die idealistisch gesonnenen Europäer der ersten Stunde kam nur der sofortige Aufbau eines **gesamteuropäischen Bundesstaats** infrage. Diese Vorstellung erwies sich angesichts des „eisernen Vorhangs" als unrealistisch. Die „realistischen" Politiker Europas orientierten sich lieber an einer Idee aus Churchills Rede, nämlich Europa schrittweise um einen Kern herum aufzubauen.

Die USA als Förderer Europas

Trotz der Churchill-Rede und der Paneuropa-Bewegung kamen die wichtigsten Anstöße für den Beginn der europäischen Integration zunächst von außen, von den USA. 1947 erfolgte der **Wechsel der amerikanischen Politik** von der Opposition gegen die europäischen Einigungspläne zu deren entschiedener Förderung. Unter dem Eindruck des wachsenden Einflusses der Sowjetunion in Ost- und Südosteuropa sowie in Persien und der Türkei und des beginnenden **Kalten Kriegs** sah sich die Truman-Administration genötigt, ihr Verhältnis zur Sowjetunion zu revidieren. Von nun an galt der Grundsatz der **Eindämmung** (Containment), wie ihn Trumans Berater George F. Kennan formuliert hatte. Truman setzte darauf, dass nur ein militärisch und ökonomisch starkes Europa im Bündnis mit den USA auf Dauer dem unterstellten Expansionsdrang der Sowjetunion standhalten könnte. Der militärische Aspekt führte 1949 zur Gründung der **NATO** (s. S. 81), die als Verteidigungsbündnis des Westens auch die USA und Kanada umfasste.

In ökonomischer Hinsicht befürchtete US-Außenminister George Marshall, die Sowjetunion werde die trostlose wirtschaftliche Lage in Westeuropa nutzen, um dort mit Unterstützung der kommunistischen Parteien und ihrer Anhänger in den Gewerkschaften ihren Einfluss auszudehnen. Am 5. Juni 1947 kündigte er ein großes wirtschaftliches Hilfsprogramm an, das als wirtschaftspolitische Ergänzung der Eindämmungspolitik **(Truman-Doktrin)** gedacht war. Dieses **European Recovery Program (ERP)** (s. S. 48 ff.) sollte die europäischen Länder mit großzügigen finanziellen und technischen Hilfen in ihren Anstrengungen zum Wiederaufbau und zur Zusammenarbeit beim Abbau der Handelsschranken unterstützen. Der Plan wurde unter dem Namen **Marshallplan** populär und erforderte ein europäisches Gegenstück zur Koordinierung der Wiederaufbauhilfen. Die dazu gegründete **OEEC** (Organization for European Economic Cooperation, die spätere OECD) wurde mit 17 Mitgliedern die erste europäische Wirtschaftsorganisation.

Der Europarat

Auf Drängen Großbritanniens wurde 1949 der Europarat ins Leben gerufen, der zunächst zehn westeuropäische Staaten umfasste und mittlerweile (Stand: 2022) 46 Mitglieder hat, zu denen auch die Türkei gehört. Er repräsentiert damit ca. 800 Millionen Menschen. Seine Mitglieder verpflichten sich auf den Schutz und die Förderung **gemeinsamer Ideale und Grundsätze**. Dazu gehören vor allem die Achtung der Menschenrechte und Grundfreiheiten sowie die Vorherrschaft des Rechts. Deutschland trat dem Europarat 1950 bei. Von seiner Struktur her ist der Europarat nicht auf weitergehende Integration, sondern lediglich auf die **Zusammenarbeit von Regierungen** ausgerichtet. Sein vorherrschendes Rechtsinstrument ist die Konvention, d. h. ein Abkommen, das durch die individuelle Zustimmung in den jeweiligen Mitgliedsländern in Kraft tritt. Eine der wichtigsten dieser **Konventionen** ist die „Europäische Konvention zum Schutz der Menschenrechte und Grundfreiheiten" (1950). Der Europarat hat schon zahlreiche Konventionen oder europäische Verträge verabschiedet, die grundlegende Empfehlungen bezüglich Gesundheit, Medien, Erziehung, Kultur und Sport definieren. Im Bereich des Rechts wurden Fragen der Verhütung von Folter, des Datenschutzes und der Bekämpfung der organisierten Kriminalität behandelt.

In der Regel werden im Europarat **keine Mehrheitsentscheidungen** getroffen. Obwohl er – z. B. im Vergleich zur EU, die über ein deutlich höheres Jahresbudget verfügt – eine recht sparsame Organisation ist, hat sich der Europarat große Verdienste um die Verteidigung demokratischer und humanitärer Prinzipien, bei der Rechtsangleichung und der kulturellen Zusammenarbeit erworben. Der Europarat existiert heute parallel zu den Strukturen der EU.

Die Montanunion

1950 schlug der damalige französische Außenminister Robert Schuman in dem nach ihm benannten Schuman-Plan die Bildung einer **Europäischen Gemeinschaft für Kohle und Stahl (EGKS)** vor, die unter dem Namen Montanunion bekannt wurde. Die Gründung dieser Organisation sollte vordergründig aus wirtschaftlichen Erwägungen erfolgen, um die Produktion, den Einsatz neuer Technologien und größere Absatzmärkte für die europäische Kohle-, Eisen- und Stahlproduktion zu fördern. Doch dahinter stand auch das Anliegen einer deutsch-französischen Aussöhnung sowie einer dauerhaften Friedenssicherung durch eine gemeinsame Kontrolle dieser Schlüsselindustrien, die auch für eine mögliche Wiederaufrüstung von entscheidender Bedeutung waren. Die Tatsache, dass europäische Länder erstmals freiwillig einen Teil ihrer Souveränität an ein **„supranationales Gebilde"** übertrugen, erschien dem damaligen Bundeskanzler Adenauer als „ein Vorgang von welthistorischer Bedeutung, ein Vorgang, der das Ende des Nationalismus in all diesen Ländern bedeutet." Am EGKS-Vertrag waren Deutschland, Frankreich, Italien, Belgien, die Niederlande und Luxemburg beteiligt. Der Vertrag war zunächst auf 50 Jahre begrenzt und ging 2002 im EG-Vertrag auf.

Die deutsch-französische Verständigung

Zwischen 1945 und 1952 wurde der Plan zu einer weitgehenden europäischen Integration der westeuropäischen Staaten auf militärischem Gebiet verfolgt, der zur Gründung einer **Europäischen Verteidigungsgemeinschaft** führen sollte. Dieser Plan scheiterte am Veto der französischen Nationalversammlung, die mehrheitlich nicht bereit war, diesen Kernbereich der nationalen Souveränität zugunsten eines weiteren Integrationsschrittes aufzugeben. Überhaupt spielten die deutsch-französischen Beziehungen in der Nachkriegszeit, wie Churchill es vorausgesehen hat, eine zentrale Rolle im Prozess der europäischen Einigung.

Eineinhalb Jahrhunderte war das deutsch-französische Verhältnis vom Ringen um Vormachtpositionen und Hegemonie geprägt, was sich in vier Kriegen und dreimaliger Besetzung Frankreichs sowie zweimaliger Besetzung Deutschlands manifestierte. Die Idee einer **„Erbfeindschaft"** wurde in beiden Ländern wachgehalten und Politiker wie **Briand** und **Stresemann**, die versuchten, das gegenseitige Misstrauen zu überwinden, sahen sich in ihren Ländern starker Kritik ausgesetzt. Aus dieser Perspektive ist die deutsch-französische Aussöhnung und Freundschaft nach 1945 eine erstaunliche Erfolgsgeschichte.

Nach dem Zweiten Weltkrieg widersetzte sich die französische Regierung zunächst der Vereinigung der Besatzungszonen und strebte nach einer vollständigen Kontrolle über das **linke Rheinufer** sowie einer dauerhaften Schwächung Deutschlands. Im Zuge der zunehmenden Ost-West-Spannungen zeigte sich allerdings bald die Widersprüchlichkeit der französischen Position, nach der „Deutschland möglichst schwächer als Frankreich und stärker als Russland" sein sollte (Alfred Grosser). So schloss sich Frankreich unter dem Einfluss des beginnenden Ost-West-Konflikts der vom amerikanischen Außenminister Marshall eingeleiteten Politik des Wiederaufbaus Europas unter Einschluss der Bundesrepublik an. Die Währungsreform, der Zusammenschluss der drei Besatzungszonen und die Ausarbeitung des Grundgesetzes erfolgten letztlich mit Zustimmung Frankreichs. Indem Frankreich den Beitritt Deutschlands zu den europäischen Institutionen anregte, sicherte es gleichzeitig seinen Einfluss auf den Nachbarn. Der letzte größere Konflikt der Nachkriegszeit um die Zugehörigkeit des **Saarlands** wurde 1957 per Volksentscheid zugunsten der Bundesrepublik entschieden. (vgl. S. 126)

Als die **EVG scheiterte**, schien vielen Zeitgenossen eine umfassendere europäische Einigung zunächst unmöglich. Wenn die sechs Montanunion-Staaten in den folgenden zwei Jahren dennoch einen **neuen Integrationsanlauf** unternahmen, standen neben den politischen vor allem wirtschaftliche Gesichtspunkte und Interessen im Vordergrund. Als Herausforderung wurden besonders folgende Tatsachen empfunden:

- Kein europäisches Land für sich konnte bei der Entwicklung von Zukunftsindustrien wie Atomtechnologie, Elektronik oder Flugzeugbau auch nur annähernd mit den beiden Großmächten Schritt halten.
- Eine Annäherung an den weit überlegenen Lebensstandard der Amerikaner schien aussichtslos ohne einen großen Markt, wie er sich der amerikanischen Wirtschaft bot (billige Massenproduktion, erweiterter Wettbewerb, bessere Nutzung von Standortvorteilen, Arbeitsteilung und Spezialisierung).
- Schließlich war in der Montanunion die Problematik der Integration eines begrenzten Wirtschaftsbereichs deutlich geworden (Reibungsflächen zwischen integriertem Kohle-/Stahlsektor und nicht integriertem Energiemarkt und der übrigen Wirtschaft).

1.2 EWG und EURATOM

Vor diesem Hintergrund unterzeichneten die sechs Montanunion-Staaten am 25. März 1957 in Rom die Verträge über die Gründung der Europäischen Wirtschaftsgemeinschaft (EWG) und der Europäischen Atomgemeinschaft (EURATOM). Damit war der Grundstein gelegt zur schrittweisen Zusammenführung der sechs Volkswirtschaften zu einem einheitlichen Wirtschaftsgebiet, dem **Gemeinsamen Markt**, in dem Waren, Personen, Dienstleistungen und Kapital frei zirkulieren konnten. Auf der Basis einer **Zollunion** (Beseitigung der Binnenzölle und sonstiger Handelshemmnisse, gemeinsamer Außenzoll) sollte das weitergehende Ziel einer Wirtschafts- und Währungsunion angestrebt werden. Zugleich sollte mit EURATOM die **friedliche Nutzung der Kernenergie** (durch gemeinsame Forschung, einheitliche Sicherheitsnormen, Versorgung der Verbraucher mit Kernbrennstoffen und deren Überwachung) gemeinschaftlich gefördert werden. Die **„Römischen Verträge“** traten nach der Ratifizierung durch die Mitgliedsstaaten am 1. Januar 1958 in Kraft.

Für die Integration Europas hatte die EWG eine größere Bedeutung als die Montanunion, weil sie erstens die gesamten Volkswirtschaften von ca. 180 Mio. Menschen betraf und zweitens, weil sie den Anstoß zur institutionellen Weiterentwicklung der europäischen Zusammenarbeit gab. Die europäischen Institutionen umfassten in Straßburg nun eine Gemeinsame Versammlung, in die Parlamentsabgeordnete aus den nationalen Parlamenten delegiert wurden, die sich zu übernationalen Fraktionen zusammenschlossen, einen **Ministerrat**, in den die damals sechs Länderregierungen jeweils den zuständigen Minister entsandten, eine **Kommission** und einen **Gerichtshof**.

In der Folgezeit erwies sich der französische Staatspräsident **de Gaulle** mit seiner eigenwilligen Vorstellung eines **„Europas der Vaterländer“** als schwierigster Partner der europäischen Integration. Zwar trafen sich die französischen Interessen an einem gemeinsamen Agrarmarkt mit den deutschen an einem Markt für Industriegüter, doch sperrte sich die französische Regierung gegen die für 1966 vorgesehene Einführung von Mehrheitsbeschlüssen im Ministerrat und vor allem gegen einen Beitritt Großbritanniens, das bereits 1961 einen ersten Antrag auf Mitgliedschaft gestellt hatte. Für de Gaulle war Großbritannien eine atlantische Macht, die sich in Richtung USA orientierte und deshalb vom „europäischen Europa“ fernzuhalten sei. Dagegen befürwortete er ausdrücklich eine **gemeinsame Außen- und Sicherheitspolitik** der EWG-Gründerstaaten, wobei er in diesen Punkten eine Hegemonie Frankreichs anstrebte. Für de Gaulle war eine Europäische Union die notwendige Voraussetzung zur Abwehr amerikanischer Hegemonialabsichten. Obwohl die Deutschen, namentlich Bundeskanzler Adenauer, in diesem Punkt eine andere Meinung vertraten und die transatlantische Freundschaft der europäischen Einigung gleichrangig zur Seite stellten, blieb das deutsch-französische Verhältnis von zentraler Bedeutung für die europäische Integration.

Im deutsch-französischen Vertrag von 1963 **(Élysée-Vertrag)** verpflichteten sich beide Staaten zu regelmäßiger Zusammenarbeit auf allen politischen Ebenen. Parallel bildete sich auf der Ebene der Bevölkerung durch Partnerschaften, Jugendaustausch usw. ein enges Netz von Beziehungen, das der Aussöhnung und dem Verständnis der beiden Völker diente.

Für die Staaten Westeuropas, die zwar der OEEC, aber nicht der EWG angehörten, z. B. Großbritannien und die neutralen Staaten Schweden, Schweiz und Österreich, gab es die 1960 gegründete **EFTA (European Free Trade Association)**, die lediglich die Zölle der Mitgliedsstaaten untereinander abbaute, aber nicht wie die EWG einen gemeinsamen Markt mit einer Außenzollmauer darstellte und auch keine weitergehende Integration anstrebte.

1.3 Die EG – attraktiv und ungeliebt

1967 entstand durch die Zusammenfassung der drei Teilgemeinschaften EGKS, EWG und EURATOM die **Europäische Gemeinschaft** (eigentlich Plural: Gemeinschaften). Äußerlich betrachtet ging die Erfolgsgeschichte der EWG ungehindert weiter, denn die EG erwies sich als äußerst attraktiv für neue Beitrittskandidaten. Zunächst gelang es nach dem Rücktritt des französischen Präsidenten de Gaulle 1969 die Blockade gegen eine Aufnahme Großbritanniens zu überwinden. Bei der Haager Gipfelkonferenz von 1969 standen die Ziele „Vollendung, Vertiefung und Erweiterung" auf der Tagesordnung.

1973 wurde die EG um Großbritannien, Irland und Dänemark erweitert und damit zur **Neuner-Gemeinschaft**. Norwegen hatte sich zuvor in einer Volksabstimmung gegen einen Beitritt entschieden.

Zwischen 1981 und 1986 wurden Griechenland, Portugal und Spanien in die EG aufgenommen **(Süderweiterung)**. Da diese Staaten gegenüber den bisherigen Mitgliedern große Einkommens- und Strukturnachteile aufwiesen, stellte die Aufnahme die EG vor wirtschaftliche Probleme. Schließlich gaben aber politische Erwägungen den Ausschlag. Alle drei Staaten hatten sich von autoritären bis faschistischen Regierungsformen verabschiedet und man erhoffte sich eine Stabilisierung der jungen Demokratien. Ein Beitrittsantrag der **Türkei** aus dem Jahr 1987 wurde aber aufgeschoben. Zu groß erschienen die ökonomischen und kulturellen Differenzen, außerdem belastete der Konflikt mit Griechenland in der **Zypernfrage** die Verhandlungen.

Seit 1975 betrieb die EG auch eine aktive Politik im **Nord-Süd-Dialog**. Durch Assoziierungsverträge konnten die sogenannten **AKP-Staaten** (Afrika, Karibik, Pazifik), ehemalige Kolonien der Europäer, nach den sogenannten **Lomé-Abkommen** Entwicklungszuschüsse und Handelsvergünstigungen für landwirtschaftliche Produkte erhalten. Die finanziellen Hilfen der EG steigerten sich von Lomé I bis Lomé IV kontinuierlich von jährlich im Durchschnitt 680 Mio. ECU auf 2,4 Mrd. ECU. Kritiker bemerkten dazu allerdings, dass die Erfolge dieser Art von Entwicklungspolitik bescheiden seien und im Übrigen die Handelspräferenzen der AKP-Staaten durch Benachteiligung anderer Entwicklungsländer bezahlt würden. Generell warf man der EG vor, durch ihre subventionierten Lebensmittelexporte, z. B. für Zucker und Rindfleisch, die Märkte für solche Agrarprodukte in den Entwicklungsländern zu zerstören.

Überhaupt zeigte sich, dass die größere Gemeinschaft zunehmend unter strukturellen und psychologischen Problemen litt. Nachdem die erste Euphorie verflogen war, die europäische Fortschritte noch in den 60er-Jahren auslösen konnten, wurde die europäische Zusammenarbeit zu einer Selbstverständlichkeit und nicht mehr am Maßstab vergangener Kriege gemessen. Gleichzeitig wurde die Politik der Gemeinschaft immer unverständlicher. Eine Zwölfer-Gemeinschaft, die immer noch weitgehend nach dem Konsens-Prinzip arbeitete, brachte nur mühsam politische Entscheidungen zustande.

Diese wären aber in den 70er- und 80er-Jahren besonders im Bereich der Wirtschaftspolitik dringend notwendig gewesen, da die Weltwirtschaft unter Energiekrisen, Wachstumsschwäche, Hochzinsphasen, Strukturkrisen und Überkapazitäten in den Bereichen Stahl, Auto, Textil und Schiffbau litt. So wurden die Defizite in den Staatskassen immer größer und die Regierungen mussten sich in ihren eigenen Ländern vorhalten lassen, sie seien Netto-Zahler, d. h., sie würden in die EG-Kasse mehr einzahlen als sie herausbekämen. Dabei wurde häufig übersehen, dass der Binnenmarkt auch einem Netto-Zahler wie z. B. der Bundesrepublik Gewinne bringen konnte, schließlich lieferte die deutsche Industrie fast die Hälfte ihrer Exporte in die EG. Umstritten war auch der **Beitragsrabatt für Großbritannien**, eine Sondervereinbarung, die auf Premierministerin Margret Thatcher zurückgeht, die sich 1984 die Zustimmung zur Lösung einer Haushaltskrise der EG „abkaufen" hatte lassen.

Die Gemeinschaft wurde mit ihrer **Brüsseler Bürokratie** gerne als Moloch dargestellt, der die Gelder des jeweiligen nationalen Steuerzahlers schluckt und dafür unverständliche Verordnungen erlässt. Dabei wurde aber übersehen, dass die EG weniger als 1 % des Sozialproduktes ihrer Mitglieder beanspruchte, während die Nationalstaaten durchschnittlich 45 % benötigten. Im Wesentlichen finanzierte sich die EG Ende der 80er-Jahre aus **Zöllen**, die bei der Wareneinfuhr an den Außengrenzen erhoben wurden, aus „Abschöpfungen" (= Zöllen), die dafür sorgten, dass eingeführte Landwirtschaftserzeugnisse dem hohen EG-Preisniveau angepasst wurden, und aus einem Anteil von 1,4 % des Mehrwertsteueraufkommens der Mitgliedsstaaten.

Die gravierendste Problematik stellte aber die **Ausgabenstruktur** dar. Zwar gab die EG entgegen dem Bürokratie-Vorurteil weniger als 5 % ihrer Gelder für die Verwaltung aus, doch die Agrarausgaben betrugen beispielsweise 1986 65,7 % der Gesamtausgaben. Das waren letztlich Subventionen in einen Wirtschaftsbereich, der alles andere als zukunftsweisend war. Es war die Rede von der **„Grünen Hölle"**, die den Zukunftstechnologien wichtige Ressourcen entzog und die europäische Politik in endlosen Diskussionen über Rindfleischpreise, **Milchseen** und **Butterberge** band. Als Gipfel des Absurden erschienen dann regelmäßig Nachrichten über die Vernichtung von Obsternten oder die Verschleuderung von eingelagerter Butter an die Sowjetunion zu einem Viertel des Erzeugerpreises, während gleichzeitig Hungermeldungen aus Afrika zu lesen waren.

Zwar wäre auch eine nationale Politik, die unter allen Umständen die einheimische Landwirtschaft erhalten wollte, ganz ähnlich verfahren und nicht billiger gewesen, wie man am Beispiel der Schweiz sieht. Zwar beschäftigte z. B. die Bundesrepublik im nationalen Rahmen immer noch weit mehr Beamte für ihre Landwirtschaft als die Brüsseler Bürokratie für die gesamte EG, aber das Ansehen der europäischen Institutionen und die Idee Europa waren am Ende der 80er-Jahre doch sehr verblasst.

1.4 Die Entwicklung der Institutionen

Auf der Ebene der Institutionen gab es folgende Entwicklungen: Seit 1979 wurde das **Europäische Parlament** direkt für 5 Jahre gewählt. Es beteiligte sich an der Ausarbeitung der Rechtsakte der Gemeinschaft und hatte ein eingeschränktes Budgetrecht. Es verstand sich zunehmend als Forum in Fragen der Weiterentwicklung der EG zu einer politischen Union, hatte jedoch immer noch kein Recht zur Gesetzesinitiative.

Die Vielfalt der letztlich auf Ministerebene nicht mehr zu entscheidenden Fragen hatte es notwendig gemacht, dass sich die Regierungschefs seit 1975 dreimal jährlich im **Europäischen Rat** trafen. Sie fungierten damit als eine Art übergeordnete Institution der EG und versuchten gleichzeitig die schon 1970 vereinbarte **Europäische Politische Zusammenarbeit (EPZ)** mit dem Ziel einer gemeinsamen Außenpolitik in die Praxis umzusetzen.

Die **Europäische Kommission** war hauptsächlich für das politische Tagesgeschäft zuständig und sah sich selbst gerne als „Motor“ der Gemeinschaft. Sie erarbeitete Vorschläge für neue europäische Rechtsvorschriften, die sie dem Europäischen Parlament und dem Rat vorlegte. Sie war verantwortlich für die praktische Umsetzung der EG-Aktivitäten und überwachte die Verwaltung des Haushalts sowie die Einhaltung der europäischen Verträge und Rechtsvorschriften. Die Kommission verfügte über die „Bürokratie“ der Gemeinschaft, die im Laufe der Zeit auf immer mehr Mitarbeiter anwuchs (rund 32 000 im Jahr 2022).

Die legislative Funktion auf europäischer Ebene hatte aber der **Ministerrat**, im Zweifel also die nationalen Regierungen und nicht etwa das Parlament. Weiterhin galt, dass der Ministerrat nach dem **Konsensprinzip** handelte, kleine Partner also nicht überstimmt werden konnten.

1987 trat die Einheitliche Europäische Akte in Kraft, die die **erste größere Reform der EG-Verträge** darstellte. Der Binnenmarkt sollte endgültig bis 1993 vollendet werden und die Entscheidungsfähigkeit des Ministerrats durch die Vereinbarung häufigerer Mehrheitsabstimmungen verbessert werden. Zudem wurden die Zuständigkeiten des Parlaments verbessert, jede Erweiterung der Gemeinschaft und der Abschluss internationaler Abkommen waren nun von seiner Zustimmung abhängig. Daneben weiteten die Partner die Zuständigkeiten der EG in den Bereichen Umweltschutz, Forschung und Technologie aus und fixierten die EPZ in einem Vertrag.

Aufgabe 38 Skizzieren Sie, wie sich die europäische Integration seit der Nachkriegszeit entwickelt hat. Berücksichtigen Sie besonders das deutsch-französische Verhältnis.

Aufgabe 39 Ordnen Sie die Schwierigkeiten der EG bis Ende der 80er-Jahre nach psychologisch-mentalen und strukturellen Problemen.

Aufgabe 40 Erläutern Sie, was man unter dem Lomé-Prozess versteht.

2 Die Entwicklung seit 1990

19. 6. 1990	Abschluss von Schengen II (Schengener Durchführungsabkommen)
1. 7. 1990	1. Stufe der Wirtschafts- und Währungsunion
7. 2. 1992	EU-Vertrag von Maastricht
1. 1. 1993	Vollendung des EG-Binnenmarktes
1. 11. 1993	Vertrag über die Europäische Union tritt in Kraft
1. 1. 1994	2. Stufe der Wirtschafts- und Währungsunion
1. 1. 1995	Beitritt von Finnland, Österreich und Schweden
26. 3. 1995	Schengener Abkommen tritt in Kraft
2. 10. 1997	Unterzeichnung des Vertrags von Amsterdam
1. 1. 1999	Europäische Währungsunion; Einführung des Euro (€) als Buchgeld
11. 12. 2000	Beschluss über den Nizza-Vertrag, Unterzeichnung am 26. 2. 2001
1. 1. 2002	Einführung des Euro als Bargeld
1. 5. 2004	Osterweiterung
1. 1. 2007	Beitritt Rumäniens und Bulgariens
13. 12. 2007	Unterzeichnung des Vertrags von Lissabon
12. 6. 2008	Referendum in Irland: Ablehnung des Vertrags von Lissabon
1. 12. 2009	Inkrafttreten des Reformvertrags von Lissabon nach zweitem Referendum in Irland und Unterzeichnung der Ratifizierungsurkunde in Irland u. Tschechien
1. 7. 2013	Beitritt Kroatiens
23. 6. 2016	Referendum in Großbritannien: Mehrheit für Austritt aus der EU („Brexit")
31. 1. 2020	Austritt Großbritanniens

2.1 Die EU – das „gemeinsame europäische Haus"?

Als **1989/90** der Ostblock zusammenbrach, nachdem sich dessen Unreformierbarkeit in fünf Jahren Glasnost und Perestroika unter dem neuen Parteichef der Sowjetunion Michail Gorbatschow erwiesen hatte, veränderte sich auch die Situation für die EG radikal: Sie war nun nicht mehr als Bollwerk gegen den Osten gefragt. Die Streitigkeiten um die Agrarordnung erschienen, verglichen mit der **epochalen Wende im Osten** und der Chance einer gesamteuropäischen Einigung, relativ belanglos. Den Anfang machte die Bundesrepublik, die mit der Eingliederung der DDR in Form der fünf neuen Bundesländer das erste Stück Ostblock quasi durch die Hintertür in die EG einbrachte.

Zunächst wurde die aus der Entspannungspolitik der 70er-Jahre geborene **KSZE** (Konferenz für Sicherheit und Zusammenarbeit in Europa) zum Forum, auf dem der Kalte Krieg beendet (Paris 1990) und über die Verhütung zukünftiger Konflikte debattiert werden konnte. Aber die KSZE und der Europarat, der nun von osteuropäischen Staaten (v. a. Ungarn, CSFR, Polen) entdeckt wurde, konnten allenfalls helfen, den Übergang zu Demokratie, Rechtsstaat und Marktwirtschaft ideell zu erleichtern. Materielle Hilfe versprach man sich eher von der EG. Doch war diese einem Ansturm neuer Beitrittskandidaten überhaupt gewachsen? Welche Zielvorstellungen Europas, welche **Europavisionen** verfolgten ihre Mitglieder? Sollte man auf eine Vertiefung der Integration setzen oder auf eine möglichst schnelle Erweiterung oder war beides zugleich machbar?

Alternative Europavisionen

Die Europavisionen waren schon seit Langem, eigentlich von Anfang an, divergierend. Folgende Grundpositionen lassen sich unterscheiden und werden bis heute diskutiert:

Das Modell „**Europäischer Bundesstaat**“ mit eindeutigen Aufgabenverteilungen und handlungsfähigen, demokratisch legitimierten Institutionen auf europäischer Ebene. So erstrebte der deutsche Außenminister Joschka Fischer (1998–2005) „nichts Geringeres als ein europäisches Parlament und eine ebensolche Regierung, die tatsächlich die gesetzgebende und die exekutive Gewalt innerhalb der Föderation ausüben. Diese Föderation wird sich auf einen Verfassungsvertrag zu gründen haben.“

Vorteil dieses Modells wären klarere politische Zuständigkeiten und eine demokratische Legitimation durch politische Verantwortlichkeit und größere Transparenz. Die Gegner dieses Modells fürchten, dass die Staaten zu viel Macht abgeben müssten und nationale Eigenheiten zu wenig Berücksichtigung finden würden. Allerdings wollen auch die Befürworter die Nationalstaaten nicht aushebeln, sondern die Zuständigkeiten zwischen Nationalstaaten und EU eindeutiger verteilen. Zu den Befürwortern zählen Belgien, die Niederlande, Österreich, Luxemburg, Italien und Deutschland. Dieses Modell könnte eines Tages tatsächlich so etwas wie die „**Vereinigten Staaten von Europa**“, d. h. ein nach außen hin starkes und handlungsfähiges Staatswesen, hervorbringen, das die Konkurrenz der USA nicht zu scheuen bräuchte, zumal es bevölkerungsmäßig und wirtschaftlich weit größer wäre.

Das Modell „**Europa der Nationalstaaten**“ oder auch „**Europa der Vaterländer**“ **(de Gaulle)** lässt die letzten Entscheidungen bei den Regierungen der Mitgliedsstaaten, ist also zumindest nach außen eher ein Staatenbund.

Die Zusammenarbeit ist durch schwerfällige Verfahren gekennzeichnet, da es keine Mehrheitsentscheide gibt. Parlamente spielen in diesem Modell eine untergeordnete Rolle. Die intergouvernementale Ebene der Regierungen dominiert. Diese Vorstellung wird vor allem von britischen und skandinavischen Vertretern unterstützt. Beim derzeit bereits äußerst langwierigen und schwerfälligen Entscheidungsprozess dürfte dieses Modell spätestens seit der Osterweiterung an seine Grenzen stoßen. Der deutsche Außenminister Joschka Fischer meinte dazu im Mai 2000: „Wie stellt man sich eigentlich einen Europäischen Rat mit dreißig Staats- und Regierungschefs vor? Dreißig Präsidentschaften? Wie lange werden Ratssitzungen dann dauern? Tage oder Wochen? Wie soll man in dem heutigen Institutionengefüge der EU dreißig Interessen ausgleichen, Beschlüsse fassen und dann noch handeln. Wie will man verhindern, dass die EU damit endgültig intransparent, die Kompromisse immer unfasslicher und merkwürdiger werden und die Akzeptanz der EU bei den Unionsbürgern schließlich weit unter den Gefrierpunkt sinken wird?"

Die Befürworter dieses Modells könnten entgegnen, dass man viele Politikbereiche gar nicht harmonisieren müsste (z. B. Außen- und Sicherheitspolitik) und Entscheidungen an die nationalen Parlamente und Regierungen zurückverlagern könnte. Gemäß dem **Subsidiaritätsprinzip** sollte die höhere, europäische Ebene immer nur dann in Erscheinung treten, wenn darunterliegende politische Einheiten zur Bewältigung eines Problems nicht in der Lage sind (z. B. grenzüberschreitende Umweltthemen).

Das Modell **„Europa der Regionen"** gründet sich auf bereits vorhandene föderalistische Strukturen in vielen Mitgliedsländern der EU. Strukturverwandte Regionen, z. B. die deutschen oder österreichischen Bundesländer, die italienischen und französischen Regionen, kooperieren heute schon und haben auf europäischer Ebene beratende Funktion im **„Ausschuss der Regionen"**. Die Regionen sind den Interessen und Bedürfnissen der Menschen oft näher als die Nationalstaaten und bieten ihren Bürgern Identifikationsmöglichkeiten. Ein Problem besteht allerdings in den unterschiedlich ausgeprägten föderalistischen Strukturen und der Verschiedenartigkeit der Regionen, was Größe und Finanzkraft angeht. Die Gegner verweisen auf die **Gefahr der Zersplitterung** und Lähmung des europäischen Entscheidungsprozesses durch zu viele Beteiligte.

Letztes Modell ist das der **„differenzierten Integration"** oder das **„Europa der zwei Geschwindigkeiten"**. Im Zentrum steht dabei ein föderaler Kern der am weitesten integrierten Staaten, um den sich Arrangements unterschiedlicher Zusammenarbeit gruppieren. So könnten neue Vorhaben (Beispiel ist die gemeinsame Währung, an der sich nicht alle EU-Mitglieder beteiligen) von denen in Angriff genommen werden, die bereit und in der Lage sind, während andere sich zur gegebenen Zeit den schnelleren Partnern anschließen können, wenn sie die Voraussetzungen erfüllen. Kritiker verweisen auf sehr komplizierte Strukturen durch das Nebeneinander verschiedener Gruppierungen. Grundsätzlich scheint diese Möglichkeit aber gemeinschaftskonform zu sein, da sie die langfristige Handlungsfähigkeit der EU erhält.

2.2 Der Integrationsprozess seit Maastricht

Entscheidende Schritte auf dem Weg zur weiteren Integration erfolgten 1995: Das schon 1985 vereinbarte **Schengener Abkommen** trat in Verbindung mit dem 1990 unterzeichneten Durchführungsübereinkommen **(Schengen II)** in Kraft, demzufolge die Personenkontrollen an den Binnengrenzen der Gemeinschaft abgeschafft wurden. Ergänzend dazu wurde geregelt, dass polizeiliche Fahndungen nicht an diesen Grenzen enden und Fahndungsausschreibungen in einem europäischen Zentralcomputer gespeichert werden. Ein Thema, das die Öffentlichkeit zu dieser Zeit stark beschäftigte, war die Gewährung von politischem Asyl für Verfolgte, da man einen Ansturm von weltweiten Armutsflüchtlingen auf die „Wohlstandsfestung Europa" befürchtete. In diesem Punkt regelte das Schengener Abkommen, dass die in einem Staat ausgesprochene Asylgewährung auch in allen anderen Unterzeichnerstaaten gelten sollte und ein Antrag nur noch in einem Staat gestellt werden durfte.

Vertrag von Maastricht

1992 war vor allem das Jahr des Maastrichter Vertrags über die **Europäische Union**, der wie folgt zusammengefasst werden kann:

- Schrittweise sollte eine gemeinsame Außen- und Sicherheitspolitik der EU **(GASP)** eingeführt werden, wobei die WEU (Westeuropäische Union), die seinerzeit als Ersatz für die missglückte EVG eingeführt worden war und seither eine Randexistenz im Schatten der NATO führte, den institutionellen Rahmen stellen sollte.
- Eine **europäische Staatsbürgerschaft** sollte allen Bürgern der Gemeinschaft, nicht nur den Erwerbstätigen, das Aufenthaltsrecht in allen Staaten der EU sowie das aktive und passive Wahlrecht gewähren.
- Ein beratender **„Ausschuss der Regionen"** sollte die Repräsentanz der föderalen Strukturen in Europa stärken.
- Eine Charta gemeinsamer **sozialer Grundrechte** sollte eingeführt werden, woran sich aber Großbritannien nicht beteiligte.
- Die mit Mehrheit zu entscheidenden Politikbereiche und das Zustimmungsrecht des Parlaments wurden ausgedehnt.
- Schließlich sollte die Kooperation auf dem Gebiet der Währungen, die seit den 70er-Jahren betrieben wurde, so weit fortgeführt werden, dass ab 1999 eine **gemeinsame Währung** zunächst als Verrechnungseinheit und ab 2002 auch als Bargeld eingeführt werden sollte.
- Zur Durchführung der gemeinsamen Währungspolitik wurde die Gründung einer **europäischen Zentralbank** vereinbart.

Vor allem die Währungsfrage beschäftigte die Öffentlichkeit, da sie eine wichtige Aufgabe nationalstaatlicher Souveränität war. Hier hatte schon das seit 1979 praktizierte **Europäische Währungssystem (EWS)** , das Wechselkursschwankungen verringern sollte, zur Koordination der Geldpolitik der nationalen Zentralbanken geführt. Auf diese Weise hatten die Europäer wirtschaftlich schädliche Wechselkursschwankungen in Grenzen gehalten und dem internationalen Währungssystem von Bretton-Woods, das in den 70er-Jahren durch starke Wertverluste der Leitwährung US-Dollar zusammengebrochen war, einen Stabilitätsanker durch die Verrechnungseinheit **ECU** entgegengesetzt. Dieses System geriet aber Anfang der 90er-Jahre durch massive globale Währungsspekulationen an den Rand des Zusammenbruchs.

Die Mehrheit der Europäer trat mit der Gemeinschaftswährung **Euro** die Flucht nach vorn an. Bedenken v. a. der Deutschen, die nach den Inflationen 1923 und 1948 die Stabilität der DM schätzten, wurde Rechnung getragen, indem die Einführung der neuen Währung an **Konvergenzkriterien** (Inflation, Staatsverschuldung, Kapitalmarktzins und Haushaltsdefizit) gebunden wurde, die erfüllt werden mussten. Klar war, dass diese Kriterien auch nach Einführung des Euro Gültigkeit haben sollten und dass eine gemeinsame Währungspolitik auch zu einer gemeinsamen Wirtschaftspolitik führen müsste.

Während der Vertrag von Maastricht im Wesentlichen eine Vertiefung der Integration darstellte, gab es auch bei der Erweiterung Fortschritte. 1994 schlossen sich EU und EFTA zum **Europäischen Wirtschaftsraum (EWR)** zusammen, allerdings ohne die Schweiz. Eine zweite **Norderweiterung** oder auch EFTA-Erweiterung führte 1995 Finnland, Schweden und Österreich in die EU. Diese Beitritte waren infolge des hohen ökonomischen Niveaus der Beitrittsländer relativ unproblematisch.

Vertrag von Amsterdam

1997 einigten sich die Staats- und Regierungschefs der fünfzehn EU-Mitgliedsstaaten mit dem Präsidenten der Europäischen Kommission über den Vertrag von Amsterdam (2. 10. 1997). Diese **dritte umfassende Reform der europäischen Gemeinschaftsverträge** berücksichtigte auch die soziale Dimension der in Maastricht beschlossenen Wirtschafts- und Währungsunion. Zudem verstärkte der Vertrag von Amsterdam die geschaffene „zweite Säule" der EU, die Gemeinsame Außen- und Sicherheitspolitik (GASP). Einzelne Mitgliedsstaaten konnten allerdings im Bereich der GASP weiterhin nationale Interessen bzw. ihr Vetorecht geltend machen, was die gemeinsame außenpolitische Handlungsfähigkeit der EU einschränkte. Der Vertrag von Amsterdam reformierte die **Innen- und Justizpolitik**, um die innere Sicherheit zu gewährleisten.

Die Struktur der Europäischen Union nach dem Austritt Großbritanniens (Stand: 2022)

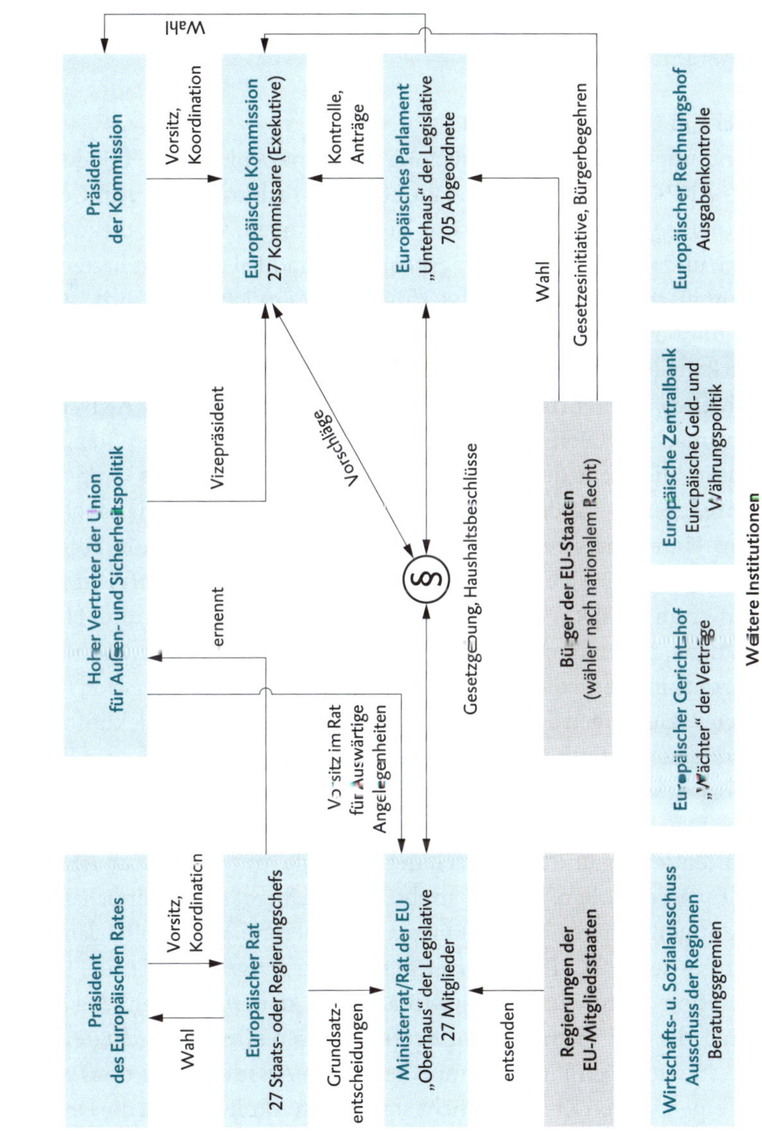

Eine gemeinsame Beschäftigungspolitik und die Sicherung sozialer Grundrechte sollten zu einem zentralen Anliegen der EU werden. Außerdem war eine Steigerung der Transparenz und Bürgernähe sowie der demokratischen Legitimität von EU-Institutionen vorgesehen. Mit dem Vertrag von Amsterdam wurde die Politik der europäischen Integration im Sinne des Maastrichter Vertrags konsequent fortgeführt.

Welthandel und Entwicklungspolitik

Die Verhandlungen über eine Fortsetzung der Lomé-Abkommen mit den mittlerweile 79 AKP-Staaten führten im Jahr 2000 zum **Abkommen von Cotonou** (Benin). Vorausgegangen waren zähe Verhandlungen, da sich die weltwirtschaftlichen und politischen Ausgangspositionen radikal geändert hatten. Nicht nur die Enttäuschung über die Misserfolge der Entwicklungspolitik, sondern vor allem die besonders von den USA propagierten radikalen Vorstellungen von Wirtschaftsliberalisierungen im Rahmen der **WTO** (World Trade Organization) schienen eine Fortsetzung der exklusiven Beziehungen AKP–EU unmöglich zu machen. Die EU selbst stellte sich zunächst auf den Standpunkt, allen Ländern, die nicht den **LDCs** (Least Developed Countries = die am wenigsten entwickelten Länder) gehörten, nur regionale Freihandelsabkommen anzubieten. Unter massiven internationalen Protesten gegen die Politik der Globalisierung, wie sie sich vor allem seit dem **Welthandelsgipfel in Seattle** (1999) äußerten, einigte man sich auf weitere Finanzhilfen und Handelserleichterungen, die zwischen 2014 und 2020 31,5 Mrd. € betragen sollen.

Andererseits initiierte die EU-Kommission eine breite Konsultation über die zukünftigen Beziehungen der beiden Gruppen und bestand darauf, künftig mehr Gewicht auf eine politische Basis zu legen, d. h. auf mehr und offenere Dialoge, „leistungsorientierte" Finanzzuteilungen und adäquate Strategien zur Konfliktprävention. Die AKP-Seite fürchtete einseitige Entscheidungen bezüglich der Leistungsorientierung und fragte nach der Methode, mit der Leistungskriterien ausgewählt werden sollen. Die EU strebte einen Übergang zu wirtschaftlichen Einzelabkommen mit regionalen Staaten-Gruppen an und wollte langfristig die Einhaltung der WTO-Regeln erreichen. Überlegungen der EU, alle LDCs in die Kooperation aufzunehmen, stießen aber auf keinerlei Gegenliebe bei den AKP-Staaten, die eine Verminderung der finanziellen Mittel befürchteten.

Als dritten wichtigen Punkt nannte die EU die **Ausdehnung der Partnerschaft** auf einen weiten Kreis von nicht staatlichen Akteuren und die Dezentralisierung der Kooperation. In diesem Zusammenhang beklagten zumeist **NGOs** (Non Governmental Organizations) die unpräzise Formulierung, denn es war nicht klar ersichtlich, ob „nicht-staatlich" in erster Linie private Unternehmer oder doch die zivile Gesellschaft (also beispielsweise private Hilfsorganisationen) bedeutete.

Schließlich wurde ein kompletter Umbau im Bereich des Managements der finanziellen und technischen Zusammenarbeit angestrebt. Im Laufe der Jahre und Abkommen waren immer neue Instrumente hinzugekommen, die nicht nur den Verwaltungsaufwand in Brüssel stetig erhöhten, sondern auch die Auszahlung der Gelder verzögerten. Ganz anders klangen die Töne aus den AKP-Staaten. In der sogenannten **Libreville-Deklaration** machten die Staaten deutlich, dass sie keine tief greifenden Veränderungen erstrebten. Sie riefen nach einer Verstärkung der politischen Identität der Gruppe und nach einer Effektivitätssteigerung des vorhandenen Rahmens, nicht jedoch nach der Aufsplittung der Gruppe oder gar der Abschaffung von Instrumenten.

Gegenüber dem Lomé-Abkommen ergaben sich folgende Änderungen:

- Die EU vereinbarte mit den Vertragsparteien die Stärkung des politischen Dialogs und der verantwortungsvollen Regierungsführung. Mit anderen Worten: Bei Korruption und schweren Verstößen gegen Menschenrechte und rechtsstaatliche Prinzipien kann die Entwicklungszusammenarbeit ausgesetzt werden.
- Das komplizierte Instrumentarium zur Stabilisierung der Exporterlöse wurde vereinfacht, um in Zukunft eine bessere Kontrolle zu ermöglichen und entwicklungspolitische Fehlentwicklungen zu vermeiden.

Im Oktober 2008 wurden mit Gruppen von AKP-Staaten **regionale Partnerschaftsabkommen** unterzeichnet, die das System der Handelspräferenzen und die privilegierte Partnerschaft zwischen der EU und den AKP-Staaten festigt. Bis 2020 wird eine vollständige gegenseitige Handelsliberalisierung angestrebt.

2.3 Die Osterweiterung

Der Vertrag von Nizza

Der im Jahr 2000 geschlossene Vertrag war ein **mühsamer Kompromiss**, der die Strukturen der EU auf die Aufnahme neuer Mitglieder vorbereiten sollte. Nachdem klar war, dass man sich den Aufnahmewünschen insbesondere der **osteuropäischen Staaten** nicht mehr lange verschließen konnte, einigte man sich in Nizza auf die zukünftige Zusammensetzung der EU-Kommission und des Ministerrates, die nationale Verteilung der Sitze im EU-Parlament und die zukünftigen Abstimmungsverfahren im Ministerrat.

Die Kommission bestand bisher aus je einem Kommissar pro Mitgliedsland, wobei die fünf größten Länder jeweils zwei stellen durften. Nach Nizza sollte grundsätzlich jedes Land nur noch mit einem Kommissar vertreten sein. Die Großen verzichteten also zugunsten der Kleinen, um die Funktionsfähigkeit der Kommission zu erhalten. Nachdem es 1999 eine Affäre um die französische Kommissarin Cresson gegeben hatte, die nur dadurch bewältigt wurde, dass die gesamte Kommission unter Kommissionspräsident Santer zurücktrat, wurden die Befugnisse des Präsidenten gestärkt. Zukünftig soll er untragbare Kommissare im Einvernehmen mit seinen Kollegen entlassen dürfen.

Im **Ministerrat** soll die Zahl der Stimmen pro Land nach der Erweiterung stärker variieren: zwischen drei Stimmen (Malta) und 29 (Deutschland, Frankreich, Großbritannien, Italien), je nach Größe des Landes. Es wurden jedoch Ländergruppen gebildet, sodass z. B. Italien mit 57 Mio. Einwohnern und Deutschland mit 82 Mio. Einwohnern (Stand zum Zeitpunkt des Vertrags von Nizza im Jahr 2000) gleichgestellt wurden. Dieses System führte zu zwei fragwürdigen Ergebnissen: Erstens sind die kleinen Länder prinzipiell stärker vertreten als sie es nach ihrem Bevölkerungsanteil sein dürften. So hat etwa Malta einen Anteil von 0,08 % an der Gesamtbevölkerung der Union (ca. 450 Mio. nach der Erweiterung), ist aber im Ministerrat mit 0,9 % beteiligt. Deutschland hingegen hat 18,2 % der Bevölkerung und ist nur mit 9 % im Ministerrat vertreten. Zweitens werden die Entscheidungsprozesse bei mehr Mitgliedern im Ministerrat sicher schwieriger als in einem überschaubaren Gremium.

Beide Forderungen – **Demokratie und Effizienz** – stehen in einem schwer auflösbaren Gegensatz. Der Vertrag von Nizza sah daher für Themenbereiche, bei denen keine Einstimmigkeit verlangt wird, eine **qualifizierte Mehrheit** von 258 Stimmen (74,78 %) vor, wenn ein Beschluss Gültigkeit haben soll (seit dem Beitritt Kroatiens am 1. Juli 2013 sind es 260 von 352 Stimmen). Die deutsche Regierung setzte zudem durch, dass auf Verlangen eines Mitgliedstaats zusätzlich überprüft wird, ob die zustimmenden Länder mind. 62 % der EU-Bevölkerung repräsentieren. Ist dies nicht der Fall, kommt der Beschluss nicht zustande. Jedoch konnte man sich in Nizza nur darauf einigen, etwa die Hälfte der 70 Politikbereiche dem Mehrheitssystem zu unterwerfen. Gerade in den wichtigen Fragen Umwelt, Asyl, internationale Abkommen zu geistigem Eigentum und zu Dienstleistungen usw. blieb es beim Vetorecht einzelner Staaten.

Vorläufiges Scheitern der EU-Verfassung

Die Frage einer EU-Verfassung war zunächst sehr umstritten. Ursprünglich war auf dem **Brüsseler Gipfel** 2001 ein Konvent aus Parlamentariern und Vertretern von Regierungen und der EU-Kommission beauftragt worden, Vorschläge für eine demokratischere, bürgernähere und arbeitsfähigere EU zu erarbeiten. Daraus entwickelte sich ein regelrechter „**Verfassungskonvent**“, der unter dem Vorsitz des ehemaligen französischen Präsidenten Giscard d'Estaing 2003 einen Verfassungsentwurf für die Europäische Union präsentierte. Dieser sah vor, dass der Europäische Rat zukünftig für 2 ½ Jahre einen Präsidenten und einen Außenminister wählen sollte, der die EU repräsentieren würde. Der Kommissionspräsident sollte vom EU-Parlament gewählt werden. Außerdem sollte die Verfassung eine Charta der Grundrechte der EU enthalten. Umstritten war im Vorfeld, ob ein Gottesbezug einzuarbeiten ist, oder ob lediglich auf das „sittlich religiöse Erbe“ Europas verwiesen werden sollte, wie es die französische Delegation vorsah. Da es sich um eine Verfassung für die Bürger und nicht nur um eine Angelegenheit der Regierungen handeln sollte, wurde auch die Frage eines allgemeinen Referendums zur Annahme der Verfassung diskutiert, wobei manche Staaten (Dänemark und Irland) in solchen Fragen sowieso ein Referendum benötigten, weil ihr nationales Recht dies verlangt.

Im Dezember 2003 scheiterte dieser Entwurf am Streit um die künftige Stimmengewichtung im Ministerrat, woran die Spanier und Polen (als Noch-nicht-Mitglied trotzdem stimmberechtigt) entscheidenden Anteil hatten. Beide Länder bestanden auf den komplizierten **Nizza-Regeln**, die ihnen im Ministerrat zusammen 54 Stimmen gaben, während Deutschland, das nach seiner Bevölkerungszahl größer als beide zusammen war, nur über 29 Stimmen verfügte. Der Konventsentwurf sah ein vereinfachtes Abstimmungsverfahren vor: 1. Eine Mehrheit der Staaten, 2. diese Mehrheit sollte mindestens 60 % der EU-Bevölkerung repräsentieren. Da das Blockadepotenzial des Nizza-Vertrags deutlich höher ist als das des Konvents, wurde das eine auch als Modell der „Verhinderer“ und das andere als das der „Gestalter“ bezeichnet.

Die Osterweiterung und zukünftige Herausforderungen

Im Mai 2004 erfolgte die Osterweiterung um **Polen**, **Tschechien**, **Ungarn**, **Slowakei**, **Litauen**, **Lettland**, **Slowenien**, **Estland**, **Zypern** und **Malta**. Diese Länder verfügten lediglich über 33 % (Lettland) bis 74 % (Zypern) der durchschnittlichen Pro-Kopf-Wirtschaftskraft der EU der 15. Damit wurden die Ansprüche an die Struktur- und Kohäsionspolitik größer. Bisher galten in der EU Gebiete mit weniger als 75 % der durchschnittlichen Wirtschaftsleistung als förderungswürdig. Sollte sich durch den Beitritt das Gesamtniveau der Wirtschaftsleistung pro Kopf senken, könnten z. B. auch Gebiete in den neuen Bundesländern ihre Ansprüche auf Hilfe zur Strukturanpassung verlieren.

Am 1. Januar 2007 traten die agrarisch orientierten Staaten **Rumänien und Bulgarien** der EU bei. Wegen deren Problemen mit Korruption und organisierter Kriminalität sowie Rückständen in Landwirtschaft und Justizreform wurden diese Länder schrittweise ins Agrarsystem der EU integriert. Die EU-Kommis-

Die Mitgliedsstaaten der EG/EU (Stand: 2022)

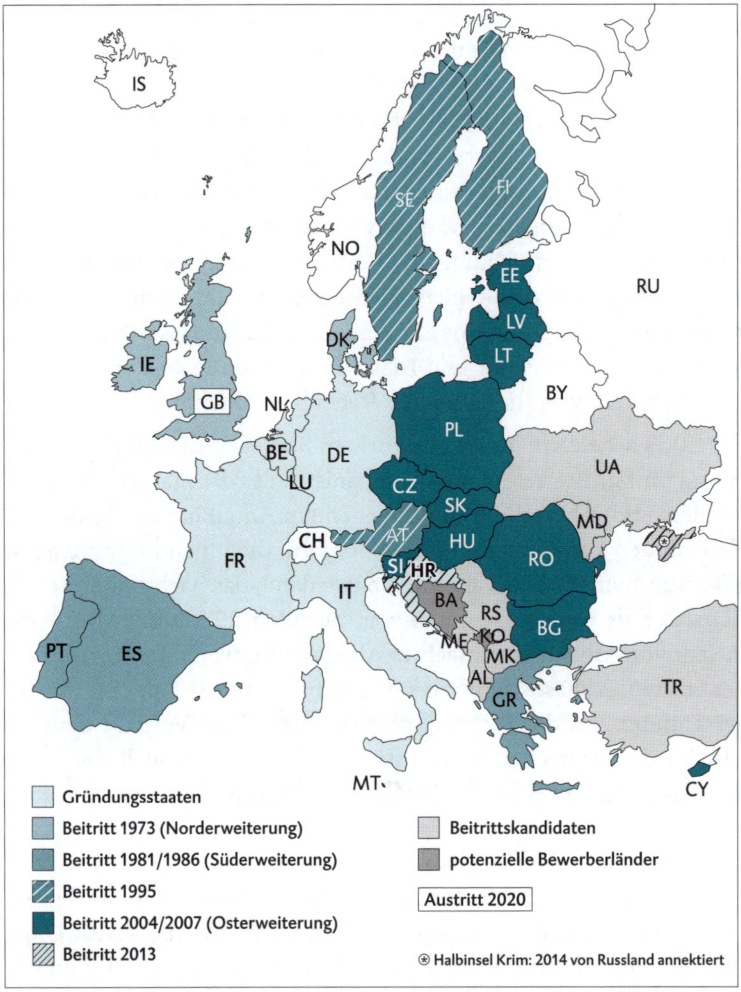

sion bescheinigte insbesondere Rumänien 2016 gute Fortschritte bei der Bekämpfung der Korruption. Beide Staaten beziehen Fördermittel aus der Gemeinsamen Agrarpolitik (GAP), wobei Bulgarien von 2015 bis 2020 über 4,5 Mrd. und Rumänien über 10,5 Mrd. Euro verfügen kann. Auch der Zugang zum EU-Arbeitsmarkt blieb bis Ende 2013 beschränkt. Im Herbst 2005 begannen die **Verhandlungen über einen EU-Beitritt** der **Türkei**, die Verhandlungen mit **Montenegro** starteten im Juni 2012. Seit dem 1. 3. 2012 ist **Serbien** offizieller Beitrittskandidat; verhandelt wird seit Januar 2014. **Kroatien** trat am 1. 7. 2013 der EU bei. **Mazedonien** erhielt 2005 den Status eines **Beitrittskandidaten**, **Albanien** 2014, die **Ukraine** 2022 genau wie die Republik **Moldau**. Die Verhandlungen mit der **Türkei** stagnieren seit 2006 wegen des Dissenses bezüglich der Anerkennung Zyperns durch die Türkei. Nach dem gescheiterten Putsch in der Türkei 2016 setzte dort eine aggressiv-autoritäre antieuropäische Wende ein, die einen EU-Beitritt auf absehbare Zeit unmöglich machen dürfte.

Ein Sonderfall ist **Island**. Der Zusammenbruch des Weltfinanzsystems führte zur Zahlungsunfähigkeit der Banken und zum Kursverfall der isländischen Krone; es drohte ein Staatsbankrott. Nach dem Antritt der neuen Regierung entschied sich das Parlament 2009 zu einem Beitrittsantrag, der von der schwedischen Ratspräsidentschaft positiv bewertet wurde. Trotz der guten Chancen auf eine Mitgliedschaft in der EU einigten sich die Regierungsparteien im Februar 2014 darauf, das Beitrittsgesuch zurückzuziehen. Mit der abklingenden Rezession und der Euro-Krise hatte ein schneller Beitritt an Attraktivität verloren. Am 12. März 2015 zog Island den Beitrittsantrag schließlich offiziell zurück.

Der europäische Verfassungsvertrag

Im Juni 2004 einigten sich die 25 Staats- und Regierungschefs auf einen europäischen Verfassungsvertrag. Er umfasst 324 Artikel und sollte bis Ende 2006 in allen EU-Staaten ratifiziert werden. Die Schwellenwerte für Mehrheitsentscheidungen im Rat wurden auf 55 % der Mitglieder und 65 % der von ihnen repräsentierten Bevölkerung festgesetzt (**doppelte Mehrheit**). Ein Gottesbezug fehlt der Verfassung, es wird lediglich auf das kulturelle, religiöse und humanistische Erbe Europas verwiesen. Erstmals in der EU-Geschichte wurde auch festgelegt, dass Mitgliedsstaaten das Recht haben, wieder aus der EU auszutreten.

Im Mai und Juni 2005 wurde der Verfassungsentwurf bei **Referenden in Frankreich** und den **Niederlanden** von den Wählern abgelehnt. Daraufhin wurde der gesamte weitere Verfassungsgebungsprozess gestoppt und eine Phase der Reflexion ausgerufen. Die deutsche EU-Präsidentschaft unter Kanzlerin Merkel (CDU) und die portugiesische unter Socrates versuchten 2007 möglichst viele Inhalte des abgelehnten Entwurfs zu retten, indem sie sie in die bestehenden Verträge bzw. in den **Vertrag von Lissabon** integrierten. Dabei wurden allerdings der Name „Verfassung“, sowie Flagge und Hymne der EU „geopfert“. Im Übrigen bedurfte es etlicher **Kompromisse**, um die neue Strategie allen Beteiligten akzeptabel zu machen: Polen erreichte, dass die doppelte Mehrheit erst 2014 eingeführt werden soll, Großbritannien erwirkte Ausnahmen vom Prinzip der Mehrheitsentscheide bei Polizei und Justiz. Außerdem sind die europäischen Grundrechte für britische und polnische Gerichte weiterhin nicht bindend. Die Niederlande setzten durch, dass nationale Parlamente die EU-Kommission zur Begründung von Verordnungen zwingen können. Immerhin wird die EU seither von einem auf zweieinhalb Jahre gewählten Präsidenten repräsentiert, der den Vorsitz im europäischen Rat führt. Zusätzlich gibt es eine Art **EU-Außenminister**, der auf Wunsch Großbritanniens aber nur „Hoher Vertreter der EU für die Außen- und Sicherheitspolitik" heißen darf. Als gleichzeitiges Mitglied der Kommission ist er ein Bindeglied zwischen EU-Verwaltung und europäischem Rat (also den Regierungen). Kanzlerin Merkel ließ erkennen, dass sie eine entschiedene Gegnerin eines **„Europa der zwei Geschwindigkeiten"** sei.

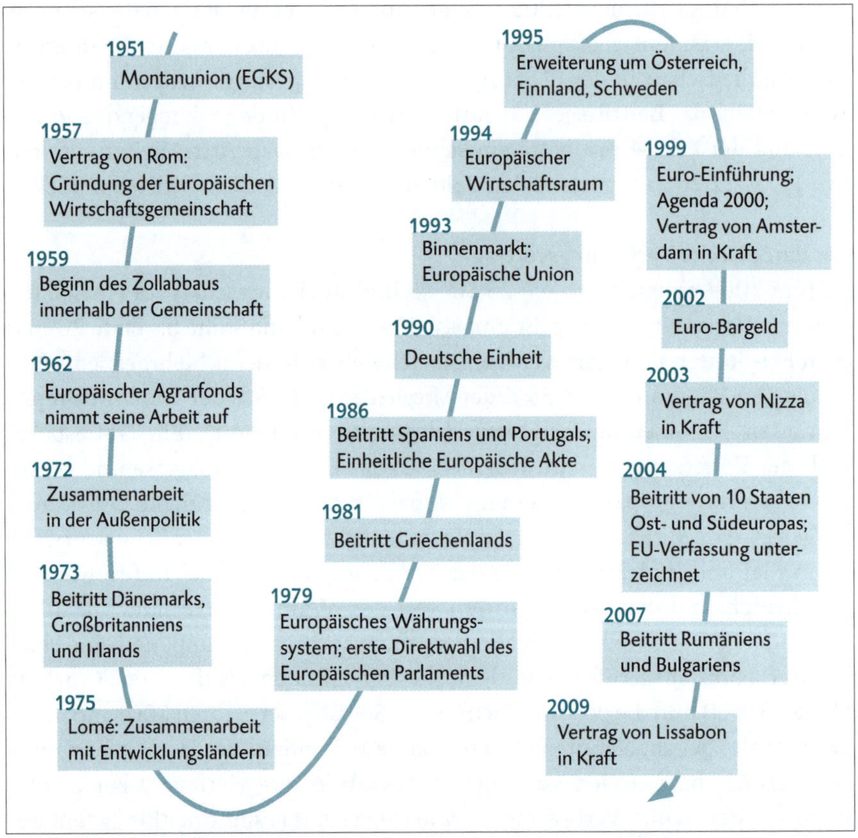

Trotz aller Bemühungen haben nicht alle EU-Länder den Lissabon-Vertrag ratifiziert. Irland lehnte diesen 2008 in einem Referendum ab. Nach Zugeständnissen erfolgte bei einer neuen Abstimmung 2009 ein positives Votum. Daraufhin ratifizierte Tschechien als letzter Mitgliedsstaat im November 2009 den Vertrag, der am 1. Dezember 2009 in Kraft trat.

Die Einnahmen und Ausgaben der EU waren zwischen 2007 und 2013 auf durchschnittlich 140 Mrd. €/Jahr begrenzt und sollen 2014 bis 2020 durchschnittlich 137 Mrd. € betragen. Dies entspricht etwa 1 % des Sozialprodukts. Im Gegensatz zu den nationalen Haushalten ist die EU nicht berechtigt, Schulden zu machen, sodass strukturelle Haushaltsdefizite, wie sie in fast allen Staaten üblich sind, nicht befürchtet werden müssen.

2002 wurde der **Euro** in Belgien, Deutschland, Finnland, Frankreich, Griechenland, Irland, Italien, Luxemburg, den Niederlanden, Österreich, Portugal und Spanien eingeführt. Derzeit (Stand: 2022) ist der Euro in 19 EU-Staaten Zahlungsmittel, weitere Mitglieder bereiten seine Einführung vor.

Die Konstruktion des Euro-Systems wird durch die **griechische Dauerkrise** (seit 2009) grundsätzlich infrage gestellt. Es geht insgesamt darum, ob die europäische Integration ein irreversibler Vorgang ist, der zu immer stärkerer Integration führt, oder ob Staaten Mitglieder der EU bleiben können, auch wenn sie einzelne Integrationsschritte wieder rückgängig machen wollen oder müssen. Dies gilt für die Integration Griechenlands in den Währungsverbund der Eurozone (**„Grexit"-Diskussion**) wie auch für das **Vereinigte Königreich**, das im Juni 2016 in einem Referendum den EU-Austritt beschloss (**„Brexit"**). Im März 2017 wurde der Austrittsprozess durch das offizielle britische **Austrittsgesuch** eingeleitet. Die anschließenden Verhandlungen über die Modalitäten des „Brexit" und die zukünftigen Beziehungen zwischen Großbritannien und der EU gestalteten sich schwierig. Eine Schlüsselfrage war die Regelung der Grenze zwischen dem EU-Mitglied Irland und dem britischen Nordirland. Mehrfach wurde der Austrittstermin verschoben, bis das Vereinigte Königreich zum **1. Februar 2020** die EU endgültig verließ. Offene Fragen wurden in einer Übergangsphase geklärt; im Mai 2021 trat das Abkommen über die neuen Beziehungen zwischen beiden Seiten in Kraft.

2.4 Bilanz

Europäisches Bewusstsein und EU-Recht

Jean Monnet, der Präsident der Hohen Behörde der EGKS, hatte 1953 prophezeit: „Wir können nicht oft genug wiederholen, dass die sechs Länder, aus denen die Gemeinschaft besteht, die Pioniere eines erweiterten Europas sind. Dessen Grenzen sind nur durch diejenigen festgelegt, die noch nicht beigetreten sind. Unsere Gemeinschaft ist keine Vereinigung der Produzenten von Kohle und Stahl: Sie ist der Beginn Europas." Was die äußere Entwicklung anbelangt, muss man Jean Monnet uneingeschränkt zustimmen. Aber wie steht es mit dem **europäischen Bewusstsein**?

Bei einigen späteren EU-Ländern bestand damals eine große Differenz zwischen eher EU-skeptischen Briten und Griechen und den integrationswilligeren Italienern und Deutschen. Die ersten Wahlen zum Europäischen Parlament 1979 hatten in Deutschland eine Beteiligung von 65,7 %, 2014 nur noch 47,9 %. Wenn man noch dazu die schwache Wahlbeteiligung als Maßstab nimmt, kann man zweifeln, ob Europa wirklich bei seinen Bürgern angekommen ist, oder ob nicht die nationale Perspektive und eine Betrachtung der europäischen Institutionen unter dem Kosten-Nutzen-Aspekt immer noch überwiegen.

Möglicherweise entspricht das europäische Bewusstsein aber nicht mehr den europäischen Realitäten bzw. wurde von diesen überholt. Ein Sachverhalt zur Illustration dieser These ist der sog. **acquis communautaire** (gemeinschaftlicher Besitzstand). Damit bezeichnet man den Gesamtbestand an Rechten und Pflichten, der für die Mitgliedsstaaten der EU verbindlich ist. Er besteht aus dem Primärrecht der Verträge, dem Sekundärrecht, der von den EG-Organen erlassenen Rechtsakten, den Entscheidungen des Europäischen Gerichtshofes (EuGH), Erklärungen, Entschließungen und bestimmten Abkommen. Der Gesamtbestand des „acquis communautaire" auf dem Gebiet des Sekundärrechts wurde auf ca. 85 000 Seiten (2004) geschätzt. Jährlich wird dieser Bestand durch rd. 2 500 Rechtsakte ergänzt. Eine systematische Erfassung (Kodifizierung) der geltenden Rechtsvorschriften könnte den „acquis" um ca. 30 000 bis 35 000 Seiten verringern und ihn so transparenter, verständlicher und einfacher gestalten. Jeder neue Mitgliedsstaat ist den alten Unionsstaaten in Rechten und Pflichten fortan gleichgestellt. Er übernimmt die Gesamtheit des Gemeinschaftsbestandes und des Gemeinschaftsrechts (Sekundärrecht; Auslegung des Gemeinschaftsrechts durch den EuGH; die im Weißbuch von 1995 aufgeführten Gemeinschaftsvorschriften zum Binnenmarkt; Anpassungen an die Regeln, die für EU-Politikfelder wie Landwirtschaft, Energieversorgung, Verkehr und Umweltschutz gelten). Dieses Verfahren garantiert, dass die **(Rechts-)Identität** der Union und der Europäischen Gemeinschaften keine grundlegende Änderung erfährt. Es zeigt aber auch, auf wie vielen Gebieten wir bereits europäische Regelungen haben, die im Zweifel den nationalen vorgehen.
Gleichzeitig ist der „acquis" ein **Sanktionsmittel**, das bei Bewerbern eingesetzt werden kann, die – wie z. B. die Türkei – als wenig gemeinschaftskompatibel gelten. Dieses Druckmittel besteht aber nur so lange, bis das neue Mitglied beigetreten ist; verstoßen bereits aufgenommene Mitglieder gegen die Regeln der Gemeinschaft, gibt es bisher keine eindeutigen Sanktionsmechanismen. Je nach Opportunität oder nach Größe und Bedeutung des „abweichenden" Staates wird verschieden verfahren. So wurde beispielsweise die Beteiligung des

Rechtspopulisten Jörg Haider an der österreichischen Regierung mit diplomatischen Sanktionen gegen Österreich beantwortet, die Regierungsbeteiligung der Neofaschisten an der italienischen Regierung nicht. Ganz schwierig wurde es, als 2003 Frankreich und Deutschland, die größten Gründerstaaten, zum wiederholten Mal die Maastrichter **Stabilitätskriterien** verfehlten, weil sie ein Haushaltsdefizit von mehr als 3 % ihres jeweiligen Bruttoinlandsproduktes auswiesen. In diesem Fall ließ es die Kommission bei einer Ermahnung bewenden.

Außenpolitische Schwäche der EU

Parallel zum Zusammenbruch des Ostblocks löste sich seit Beginn der 90er-Jahre der Vielvölkerstaat **Jugoslawien** auf. Für die EU stellte diese Entwicklung eine schwere außenpolitische Bewährungsprobe dar, für die ihre politischen Mittel sich letztlich als nicht ausreichend erwiesen.

Die Europäer verfolgten von Anfang an (Unabhängigkeitserklärungen von Slowenien, Kroatien und Makedonien 1991) eine Politik der Anerkennung neuer Staaten und der Vermittlung zwischen den verfeindeten Parteien auf dem **Balkan**. Dabei zeigte sich aber, dass nicht die EU als solche, sondern nur in Kooperation mit anderen in der Lage war, etwas zu bewirken. So kam es erst nach dem serbischen Massaker von Srebrenica zur Bildung einer „Kontaktgruppe" aus USA, Großbritannien, Frankreich, Deutschland und Russland, die mit größerem Nachdruck verhandelte. Letztlich waren es aber die USA, die mit dem **Frieden von Dayton** (1995) den Bosnienkrieg beendeten. Nach dem gescheiterten Gipfel von Rambouillet, bei dem die Kontaktgruppe versucht hatte, ein Abkommen über den Kosovo zu erzielen, war es dann die NATO, die Luftangriffe gegen die Bundesrepublik Jugoslawien (nur noch aus Serbien und Montenegro bestehend) flog, um die serbisch-nationalistische Vertreibungspolitik im Kosovo zu beenden. Aber erst die Vermittlung Russlands führte zu einem Einlenken der Serben, sodass sie die Stationierung einer internationalen Friedenstruppe akzeptierten. Im Februar 2008 wurde der EU-Stabilitätspakt für den Balkan durch den **Kooperationsrat für Südosteuropa** abgelöst, in dem die Länder der Region, die EU und andere Geberländer zusammenarbeiten. Ebenfalls im Februar 2008 proklamierte das Parlament in Priština die Unabhängigkeit des bis dahin unter UN-Verwaltung stehenden Kosovo. Die Mehrzahl der EU-Mitglieder – darunter auch Deutschland – erkannte diesen Schritt an, obwohl Serbien die Republik Kosovo weiterhin als abtrünnige Provinz betrachtete. Der Internationale Gerichtshof bestätigte 2010 die Rechtmäßigkeit der Loslösung des Kosovo von Serbien.

Beiden Staaten stellte die EU eine Aufnahme in Aussicht, sofern sie ihre bilateralen Konflikte regelten. Im Januar 2014 wurden offizielle Beitrittsverhandlungen mit **Serbien** aufgenommen, wobei sich Serbiens Regierung zuversichtlich äußerte, die verschärften Bedingungen bis 2020 zu erfüllen. Der **Kosovo** erreichte hingegen bis Oktober 2015 lediglich ein „Stabilisierungs- und Assoziierungsabkommen" mit der EU, das am 1. April 2016 in Kraft trat. Das Land ist von Clanwirtschaft, Korruption und harten innenpolitischen Konflikten gezeichnet und droht an der Frage des Sonderstatus der serbischen Minderheit zu zerbrechen.

Die Flüchtlingskrise

Die sich im Jahr 2015 zuspitzende Flüchtlingskrise war für die EU eine existenzielle Bewährungsprobe. Durch die Etablierung des terroristischen **„Islamischen Staates" (IS)** auf dem Gebiet des **Nordirak** und **Syriens** kam es zu einer weiteren Verschärfung und Brutalisierung des syrischen Bürgerkrieges und damit verbunden zu einer Ausweitung der **Migration über die Türkei in die EU**. Nach einer Umfrage unter syrischen Flüchtlingen im September 2015 war allerdings der allergrößte Anteil vor der syrischen Assad-Regierung und nicht vor dem IS auf der Flucht.

Die USA und Russland, erstere durch den Irak-Krieg und letzteres durch die Unterstützung des Assad-Regimes Hauptverantwortliche der Krise, hielten sich in der Frage der Flüchtlingsaufnahme sehr zurück. Die Versorgung der Flüchtlingslager in den Nachbarländern Syriens brach teilweise zusammen, weil das UNHCR nicht mehr über die nötigen finanziellen Mittel verfügte. Auch die reichen Golfstaaten, die man zu den indirekten Geburtshelfern des IS zählen kann, da sie, wo immer es ihnen möglich war, den salafistischen Islam förderten, trugen kaum zur Linderung des Flüchtlingselends bei.

Gleichzeitig verstärkten sich **Migrationsbewegungen** aus Afghanistan, dem Irak, den Balkanländern Albanien, Kosovo und Serbien, aus Nordafrika und anderen Krisenregionen in Richtung Mittel- und Nordeuropa über die **Balkanroute**.

Die Gesamtzahl der in die EU Eingewanderten kann nur geschätzt werden, da die Kontrollen bzw. Registrierungen an den Grenzen vielfach ausgesetzt wurden. Man kann davon ausgehen, dass 2015 insgesamt mehr als 1,2 Millionen Personen eingereist sind, von denen ca. eine Million nach Deutschland kamen. Auf dem beschwerlichen und unsicheren Weg über das Mittelmeer ertranken Tausende von Flüchtlingen beim Versuch, die griechische oder italienische Küste zu erreichen.

Das Selbstbild der EU als Hort der Menschenrechte geriet so in Konflikt mit dem Anspruch, eine auch über die Sicherung der Grenzen definierte Staatlichkeit aufrechtzuerhalten. Die spontan entstehende **„Willkommenskultur" in Deutschland** und der von Bundeskanzlerin Angela Merkel postulierte Satz „Wir schaffen das" (31. August 2015) wurden offenbar weltweit als Einladung aufgefasst, nach Deutschland zu kommen, und befeuerten die Fluchtbewegung. Einen besonderen Schub erhielt der Flüchtlingsstrom, als Kanzlerin Merkel im September nur in Absprache mit Österreich und Ungarn beschloss, eine große Zahl von Flüchtlingen aufzunehmen, die in Ungarn gestrandet waren. Im Winter 2015 verfügten die EU-Mitglieder Schweden und Österreich, die bis dahin als einzige eine ähnlich liberale Einreisepolitik betrieben hatten, strenge Grenzkontrollen bzw. eine Kontingentierung der Flüchtlingszahlen. Auf der Westbalkan-Konferenz in Wien positionierten sich 2016 Österreich und die Westbalkan-Staaten (ohne Griechenland) ausdrücklich gegen die Flüchtlingspolitik der deutschen Bundesregierung und beschlossen, die Migration über die Balkanroute drastisch zu reduzieren. Die meisten EU-Staaten verweigerten sich der deutschen Politik, indem sie teils Sperrzäune errichteten (Ungarn, Bulgarien), sich weigerten eine nennenswerte Zahl an Flüchtlingen aufzunehmen (z. B. Tschechien, Polen, Slowakei, Estland, Litauen, Lettland, Slowenien) oder finanzielle Beiträge ablehnten. Der deutsche Alleingang war aus ihrer Sicht eine der hauptsächlichen Ursachen der Krise.

Die Flüchtlingskrise offenbarte aber auch eine institutionelle Krise der EU. Im August 2015 wurde von deutscher Seite offiziell bestätigt, dass das Dublin-Verfahren im Falle syrischer Flüchtlinge nicht mehr angewandt wird, wobei andere Staaten wie beispielweise Griechenland damit schon lange überfordert waren. Gemäß dem **Dubliner Übereinkommen** ist jeweils der Staat für die Registrierung eines Flüchtlings verantwortlich, auf dessen Territorium dieser zuerst EU-Gebiet betritt. Da seit der Änderung des deutschen Grundgesetzes 1992 kein Flüchtling in Deutschland ein Asylrecht geltend machen kann, der über einen sicheren Drittstaat einreist, war die Dublin-Lösung für Deutschland sehr bequem und belastete die Mittelmeeranrainer Italien und Griechenland überproportional. Flüchtlinge, die es nach Deutschland schaffen, haben in den wenigsten Fällen ein Recht auf Asyl, sie werden nach der Genfer Flüchtlingskonvention behandelt oder genießen „subsidiären Schutz", da man sie nicht in ein unsicheres Land zurückführen kann.

Mit dem Dubliner Übereinkommen steht und fällt aber auch das **Schengener Abkommen** (vgl. S. 211), das den Verzicht auf Grenzkontrollen zwischen den teilnehmenden Staaten vorsieht. Damit ist seit 2015 eine der grundlegenden Freiheiten der EU bedroht, was im wirtschaftlichen Bereich zu hohen Transaktionskosten führen könnte, sofern wieder regelmäßige Kontrollen der Binnengrenzen eingeführt würden.

Der politische Preis der Flüchtlingskrise bestand im **Erstarken nationalistischer und populistischer Parteien und Bewegungen** in vielen Staaten Europas (u. a. Front National, AfD, Podemos), in der Stärkung zentrifugaler Tendenzen (Austrittsszenarien: **„Grexit"**, **„Brexit"**; separatistische Bewegungen: **Katalonien**) und in der Abnahme der Solidarität unter den europäischen Partnern, die sich einer Verteilung der Flüchtlinge auf ganz Europa mit verschiedenen Argumenten verweigerten. Damit rückte das **„Europamodell der differenzierten Integration"** oder der „zwei Geschwindigkeiten" wieder in den Fokus, wollte man nicht ganz in den Nationalismus zurückfallen.

Die Strategie der Regierung Merkel bestand darin, die EU-Außengrenzen mithilfe der **Türkei** zu stabilisieren. Außerdem sollten sogenannte Hotspots in den Erstaufnahmeländern aufgebaut werden, um die Registrierung der Flüchtlinge bewältigen zu helfen. Eine bessere Finanzierung der Flüchtlingslager im Nahen Osten sollte u. a. die Ursachen der Flucht nach Europa bekämpfen. Die Türkei sollte durch eine Rücknahme von Flüchtlingen und die Sicherung der Grenzen den Druck auf Deutschland und die EU reduzieren. Obwohl die demokratischen und humanitären Standards der Regierung Erdogan, der Bürgerkrieg gegen die Kurden und die zweideutige Haltung gegenüber dem IS die **Türkei** eher nicht als Teil der europäischen Wertegemeinschaft erscheinen lassen, erfolgte im Dezember 2015 die **Wiederaufnahmen der Beitrittsverhandlungen**. Die EU versprach dabei auch eine Milliardenhilfe zur Bewältigung der Flüchtlingssituation in der Türkei.

Das Jahr 2016 markierte einen radikalen Wandel in der Beziehung der EU zur Türkei. Seit dem Assoziierungsabkommen von 1963 war die **Annäherung an die EU sehr schleppend** vorangekommen. 1987 wurde ein Beitrittsantrag gestellt, 2015 waren von 33 Verhandlungskapiteln 15 geöffnet und nur eines abgeschlossen. Die Gründe für diesen langsamen Prozess waren zum einen darin zu sehen, dass die Türkei im Prozess ihrer Demokratisierung immer wieder Rückschläge zu verzeichnen hatte. Zum anderen gab es vonseiten der EU nach der Süd- und Osterweiterung Vorbehalte, einen weiteren **„Problemfall"** integrieren zu müssen. Diese waren umso größer, da es sich bei der Türkei um ein Land handelt, das geografisch eher außereuropäisch und kulturell muslimisch geprägt ist. Seit der Regierungsübernahme durch Erdogans AKP (Partei für Gerechtigkeit und Entwicklung) 2002 war die Türkei aber ökonomisch und politisch (Kurdenfrage) auf dem Weg nach Europa, sodass die Hindernisse eher bei den europäischen Führern, dem französischen Staatspräsidenten

Nicolas Sarkozy und Bundeskanzlerin Angela Merkel, zu suchen waren. Diese waren lediglich bereit, eine **„privilegiert Partnerschaft“** anzubieten.

Nach einem **Putschversuch** im Juli 2016 wendete sich das Blatt: Erdogan gab die Schuld an dem Putsch der Bewegung des im Exil lebenden Predigers Gülen und setzte mit dem Ausnahmezustand die meisten demokratischen Rechte in der Türkei außer Kraft. Tausende Türken wurden inhaftiert und Zehntausende verloren ihre Stellung, immer mit dem Argument der „Unterstützung von Terroristen“. Auch der **Kurdenkonflikt** flammte wieder auf. Um seine Macht abzusichern, setzte Erdogan im April 2017 ein **Referendum über die Einführung einer Präsidialverfassung** an, die es ihm erlauben sollte, quasi diktatorisch zu regieren. Im Wahlkampf beschimpfte und beleidigte er Regierungen der EU in einer bis dahin nicht gekannten Form und zerstörte damit die Verhandlungsgrundlagen, um seine Chancen bei der Abstimmung zu erhöhen. Folgerichtig erklärte das Europaparlament – nicht jedoch die Kommission – die **Beitrittsverhandlungen „vorläufig“ für beendet**. Am 15. April 2017 entschied sich eine knappe und umstrittene Mehrheit der türkischen Wahlberechtigten für die Verfassungsänderung.

Mit einer **Militäroffensive** gegen die kurdischen YPG-Milizen im Nachbarland Syrien überschritt die Erdogan-Regierung 2018 das Mandat der UN-Resolution zur Bekämpfung des IS und setzte sich auch in Gegensatz zu den Interessen der Europäer und Amerikaner, die in den Kurden Verbündete sahen. Trotzdem blieb die europäische Haltung ambivalent. Deutsche Waffenlieferungen an die Türkei wurden bis 2018 genehmigt, während die Spitzenkandidaten im Wahlkampf 2017 gleichzeitig einen Abbruch der Beitrittsverhandlungen forderten. Auf europäischer Ebene wurden die Verhandlungen weder abgebrochen noch weiter verfolgt. EU-Kommissionspräsident Juncker sprach davon, dass sich die Türkei „mit Riesenschritten von der EU“ entferne.

fgabe 41 Nennen Sie die Ziele des Vertrages von Maastricht und stellen Sie die Bedeutung dieses Vertrages für die europäische Integration dar.

fgabe 42 Charakterisieren Sie grundsätzlich verschiedene Zielvorstellungen der europäischen Integration („Europavisionen“) und ordnen Sie diese verschiedenen Staaten bzw. Politikern (GB, F, D) zu.

fgabe 43 Erörtern Sie die Vor- und Nachteile einer der genannten „Europavisionen“.

fgabe 44 Unterscheiden Sie institutionelle und ökonomische Probleme bei den EU-Erweiterungen nach 2004.

3 Europa in den Zeiten der Pax Americana?

Nach den **Terroranschlägen** am 11. September 2001 verschärfte sich eine außenpolitische Richtung in der amerikanischen Regierung, der zufolge sich die USA das Recht nahmen, jederzeit und überall auf der Welt mit **Präventivschlägen** gegen Terroristen oder sog. **Schurkenstaaten** vorzugehen. Die Beziehungen zu den Bündnispartnern der NATO, insbesondere zu Frankreich und Deutschland, verschlechterten sich dramatisch, weil die beiden europäischen Staaten, die zuvor noch einen Einsatz gegen das Terroristen schützende **Taliban-Regime in Afghanistan** mitgetragen hatten, einen Militärschlag gegen den Irak ablehnten. Zu dünn schienen den Europäern die „Beweise" für eine Gefährdung des Weltfriedens durch das diktatorische **Regime Saddam Husseins**, zu offensichtlich der Verstoß gegen die Prinzipien der Vereinten Nationen, wonach Krieg nur als Mittel der Selbstverteidigung oder im Auftrag des Sicherheitsrates legitim sein kann.

Acht europäische Staaten (Großbritannien, Spanien, Italien, Portugal, Dänemark, Ungarn, Polen und Tschechien) haben 2003 einen Aufruf zur Unterstützung von Präsident Bush im Irak-Konflikt unterzeichnet. Damit war **Europa außenpolitisch gespalten**. Der amerikanische Politikwissenschaftler Robert Kagan sah bereits das Ende des gemeinsamen Weges mit der letzten Supermacht USA gekommen: „Europa wendet sich von der Macht ab oder es bewegt sich, anders gesagt, über diese hinaus. Es betritt ein [...] post-historisches Paradies des Friedens und des Wohlstands, das der Verwirklichung von Kants ‚ewigem Frieden' gleichkommt. Dagegen bleiben die USA der Geschichte verhaftet und üben Macht in der Hobbes'schen Welt aus, in der auf internationale Regelungen und Völkerrecht kein Verlass ist und in der wirkliche Sicherheit sowie die Förderung und Verteidigung einer liberalen Ordnung nach wie vor von Besitz und Einsatz militärischer Macht abhängen."

Nach dem Urteil einiger US-Experten werden sich die Europäer entscheiden müssen, entweder mit dem Imperium USA zu agieren oder irrelevant zu werden. Welche Möglichkeiten hat nun die EU, welche Option soll sie wählen? Chris Patten, Mitglied der Europäischen Kommission, schrieb im Jahr 2000: „Es ist schon erstaunlich, dass nach so vielen Jahren erfolgreicher Integration und Erprobung so wenig Übereinstimmung darüber besteht, was die Europäische Union ist und wie sie eigentlich sein sollte."

So gibt es für den gegenwärtigen Integrationszustand der EU keine unumstrittene Bezeichnung: „Staatenbund" ist sicher zu wenig, „Bundesstaat" oder einfach nur „Staat" aber zuviel. Man sollte vielleicht von einem **„Staatenverbund"** sprechen. Die EU selbst definierte sich im Jahr 2004 so: „Die Europäische Union (EU) ist ein Zusammenschluss demokratischer europäischer Länder, die sich der Wahrung des Friedens und dem Streben nach Wohlstand verschrieben haben. Sie versteht sich nicht als ein neuer Staat, der an die Stelle bestehender Staaten tritt. Allerdings ist die Europäische Union auch mehr als alle sonstigen internationalen Organisationen. Die EU ist im Wortsinne einzigartig."

Wenn man davon ausgeht, dass einige Partner der EU gar keinen Bundesstaat anstreben, sondern im Gegenteil supranationale Aufgaben wieder in nationale zurückverwandeln wollen, so ist klar, dass die EU als Ganzes auf absehbare Zeit nicht in der Lage ist, außenpolitisch gemeinsam aufzutreten. Dies erscheint umso eher möglich, je mehr sich die Interessen und Motive der Partner überschneiden. So können gemeinsame Wirtschaftsinteressen gegenüber anderen Akteuren auf dem Weltmarkt wie den USA, Japan oder China durchaus verbindend wirken. Auch kann man ein gemeinsames Interesse an Stabilität und Demokratie unterstellen.

Michel Rocard, ehemaliger französischer Premierminister, sieht hinter allen Erweiterungen nach 1973 größtenteils politische und nicht wirtschaftliche Motive. Die Priorität der osteuropäischen Länder sei die Konsolidierung ihrer Demokratien und die Frage der strategischen Stabilität: „Dies ist auch der Grund dafür, dass sie die Beziehungen zu den USA über die politische Solidarität innerhalb Europas stellen." Trifft diese Analyse zu, dann könnte Europa dadurch einiger und stärker werden, sodass es zu seinen bereits erwiesenen wirtschaftlichen und diplomatischen Fähigkeiten (**„soft power"**) auch noch eine stärkere militärische Komponente erlangt, die es ihm ermöglichen würde, sich selbst zu schützen und in Krisenregionen an seinen Rändern oder in anderen Erdteilen einzugreifen (**„hard power"**).

Die Frage dabei ist, wie viel Eigensinn sich Europa leisten können wird, ob es parallele Strukturen zu den bestehenden bilden soll (also z. B. die WEU ausbauen als Alternative zur NATO) oder ob die Partnerschaft mit den USA Vorrang haben soll. Der ehemalige deutsche Bundeskanzler **Helmut Schmidt** (SPD) äußerte 2002: „Für die Zukunft ist kaum zu erwarten, dass Washington eine weitere Stärkung der EU mit Zustimmung begleiten wird. Die EU wird sich bemühen müssen, ihre außenpolitische und strategische Abhängigkeit von Amerika schrittweise zu verringern, gleichwohl aber die Partnerschaft des Verteidigungsbündnisses aufrechtzuerhalten [...]. Dabei darf die EU die Nationalstaaten nicht aushöhlen. Der Nationalstaat ist [...] der bei weitem wichtigste Ankergrund für die politische Selbstidentifikation der Bürger Europas. Deshalb müssen die Organe der EU [...] ihre Aktivitäten endlich dem Subsidiaritätsprinzip unterwerfen [...]." Damit dürfte er gar nicht so weit von der Vorstellung **Charles de Gaulles** entfernt sein. Der sagte 1963 in einem Interview: „Unsere

Politik ist die Verwirklichung der Europäischen Union. Wenn mir an der Aussöhnung zwischen Frankreich und Deutschland gelegen war, so geschah dies aus einem ganz praktischen Grund: Weil nämlich diese Aussöhnung das Fundament aller Europapolitik ist. Aber wie soll Europa sein? Europa muss wirklich europäisch sein. Wenn es nicht das Europa der Völker ist, wenn es einigen mehr oder weniger integrierten technokratischen Verwaltungen überlassen ist, wird es eine Sache der Berufseuropäer, begrenzt und ohne Zukunft. Und dann werden die Amerikaner davon profitieren, um ihre Hegemonie durchzusetzen. Europa muss unabhängig sein."

Es könnte sein, dass das harsche Wort des ehemaligen US-Verteidigungsministers **Rumsfeld** vom **„alten Europa"** mehr identitätsstiftende Wirkung auf Europa hat als ein paar technokratische Veranstaltungen mehr oder weniger. Ein anderer Aspekt sollte den Europäern Mut machen: Die scheinbar übermächtigen USA leisteten sich unter der Regierung Bush ein jährliches Defizit in der Leistungsbilanz von ca. 500 Mrd. Dollar und sind mit Abstand der größte Schuldner der Welt. Diese Verschuldung zeigt, dass die USA über ihre Verhältnisse leben, d. h. Wohlstand von anderen abschöpfen. Solange die USA ihre Schulden in eigener Währung bezahlen konnten und ausländisches Kapital in die USA strömte, war dieser Zustand erträglich. Sollte aber das Vertrauen in den Dollar und/oder die US-Wirtschaft weiter schwinden, wären die Amerikaner nicht mehr in der Lage, ihre ehrgeizigen Rüstungsprojekte zu bezahlen. Sie könnten dann nur die bestehende militärisch-politische Macht nutzen, um den Tribut, das „Schutzgeld", von den Europäern und Japanern einzutreiben, oder aber sie müssten ihre Übermacht auf ein vernünftiges Maß reduzieren.

Der französische Historiker Emanuel Todd geht so weit, den Amerikanern zu unterstellen, sie betrieben einen demonstrativen Militarismus, um ihre wirkliche Schwäche zu verbergen und führten Kriege, die zur Selbstrechtfertigung militärischer Macht, aber nicht wirklich zur Bekämpfung des Terrorismus geeignet seien. Der Effekt, so Todd, sei eher kontraproduktiv, da sich die übrigen Mächte der Welt immer mehr einander annäherten und auf Distanz zu Amerika gingen.

Mit der **Weltfinanzkrise 2008** und dem Amtsantritt des US-Präsidenten **Barack Obama** 2009 änderte sich das Bild. Der Zusammenbruch amerikanischer Banken und Firmen führten zu einem radikalen Kurswechsel in der US-Wirtschafts- und Finanzpolitik. Staatliche Interventionen zur Rettung bedrohter Unternehmen, zur Wiederherstellung einer stabilen Geldversorgung der Wirtschaft und zur Kontrolle einer von der Realwirtschaft verselbstständigten Finanzwirtschaft führten zu einer Abwendung von der bis dahin dominierenden neoliberalen Wirtschaftspolitik. Der Verfall des US-Dollars und damit seiner Stellung als Leitwährung beschleunigte sich. China, der Hauptgläubiger der USA, investiert seine durch Handelsüberschüsse erworbenen Währungsreserven in Höhe von ca. 4 Billionen Dollar nach wie vor u. a. in US-Staatspapiere, aber auch vermehrt in Gold und versucht offenbar, die eigene Währung (Yuan) mittelfristig zur neuen Weltwährung aufzubauen.

Der Regierungswechsel in den USA erleichterte auch deswegen die Zusammenarbeit mit Europa, weil Barack Obama wieder verstärkt auf internationale Kooperation und Dialog setzte, wo Bush sich einseitig auf militärische Machtmittel gestützt hatte. Mit der Übernahme von Verantwortung im internationalen Klimaschutz und der Beendigung menschenrechtswidriger Praktiken im Kampf gegen den Terrorismus näherten sich die USA auch wieder den Wertvorstellungen des „alten Europa" an.

Die überraschende Wahl des republikanischen Kandidaten **Donald Trump** zum amerikanischen Präsidenten, verbunden mit einer republikanischen Mehrheit in beiden Häusern des US-Kongresses, veränderte die Weltlage 2016 radikal. Der populistische Immobilienunternehmer erklärte sämtliche Bemühungen um „Global Governance" für überflüssig und bekannte sich zu einer **isolationistischen Politik des „America first"**. Diese Politik gefährdete die Grundlagen des europäischen Wohlstands und der europäischen Sicherheit. Für die Europäer stellte sie aber auch eine Gelegenheit dar, das eigene Schicksal selbst in die Hand zu nehmen und sich – zumal nach dem „Brexit" – neu und besser zu organisieren.

Der chaotische Regierungsstil sowie die Heterogenität und mangelnde Professionalität der neuen US-Administration ließen jedoch viele Optionen offen. Eine denkbare war, dass sich der neue Präsident letztlich doch an den weltweiten Interessen der USA orientierte und sich der angekündigte Isolationismus in eher symbolischen Akten (z. B. Einreiseverbote, Grenzzaun zu Mexico) erschöpfte. Die 2018 angekündigte Senkung der Unternehmenssteuern zwang Europa allerdings in einen Steuersenkungswettbewerb, die Ankündigung von Schutzzöllen für einheimische Industriezweige ließ einen Handelskrieg befürchten. Ungeachtet aller Bemühungen um „Global Governance" setzte sich die Trump-Regierung über die Gepflogenheiten der internationalen Politik hinweg und führte die – schon unter George W. Bush begonnene – Marginalisierung internationaler Institutionen und Abmachungen (z. B. der WTO) fort.

Nachdem die Finanz- und Staatsschuldenkrise mit den zur Verfügung stehenden Mitteln nicht einzugrenzen und der **Euro in Gefahr** geraten war, einigten sich die Regierungen der Euro-Länder darauf, unter **Bruch des EU-Vertrags** („No-Bailout"-Prinzip, Art. 123) die Krisenländer Griechenland, Irland und Portugal finanziell mittels sog. **Rettungsschirme** zu unterstützen. Ziel war es, eine „Ansteckung" und ein Übergreifen der Krise auf die „Schwergewichte"

Spanien und Italien zu vermeiden. Spanien nahm 2012/13 zur Rettung seines Banksystems 41,5 Mrd. Euro aus dem ESM in Anspruch. Zu diesem Zweck änderte auch die EZB ihre Politik grundsätzlich, indem sie ankündigte, ab 2012 „prinzipiell unbegrenzt" Schuldtitel europäischer Staaten aufzukaufen. Bis Ende 2016 hatte die EZB dann auch für 1,7 Billionen Euro **Staatsanleihen** gekauft, um eine befürchtete Deflation zu verhindern und besonders den Krisenstaaten der EU zu frischem Geld zu verhelfen.

Im Verlauf der **Griechenland-Krise** übernahm die **EZB** notgedrungen immer mehr **Stabilisierungsaufgaben**, um den Zusammenbruch des griechischen Banksystems und der Geldversorgung in Griechenland zu verhindern (sog. ELA-Kredite). Im Juli 2015 summierten sich die so entstandenen neuen griechischen Verbindlichkeiten auf ca. 90 Mrd. €, ohne dass die demokratischen Institutionen Europas oder die Parlamente der Eurozonen-Staaten dabei ein Mitspracherecht gehabt hätten.

Erst nach einem Urteil der deutschen Bundesverfassungsgerichts im September 2012 war klar, dass sich der wichtigste Akteur, die Bundesregierung, am neuen permanenten **Europäischen Stabilitätsmechanismus (ESM)** würde beteiligen dürfen, sofern eine Haftungsgrenze von 190 Mrd. Euro ohne Zustimmung des Bundestags nicht überschritten würde. Mit dieser Politik kam die EU auch Forderungen aus den USA entgegen, ihren Teil zur Lösung der weltweiten Finanzkrise beizutragen. Die Europäer nähern sich damit der in den USA üblichen Praxis der Staatsfinanzierung durch die „Notenpresse" an, die bisher aus Angst vor inflationären Wirkungen v. a. von den Deutschen abgelehnt wurde.

Eine überraschende positive Nachricht stellte die Verleihung des **Friedensnobelpreises 2012** für die **EU als „Friedensprojekt"** dar. In der Begründung für die Verleihung heißt es: „Die EU erlebt derzeit ernste wirtschaftliche Schwierigkeiten und beachtliche soziale Unruhen. Das Norwegische Nobelkomitee wünscht den Blick auf das zu lenken, was es als wichtigste Errungenschaft der EU sieht: den erfolgreichen Kampf für Frieden und Versöhnung und für Demokratie sowie die Menschenrechte; die stabilisierende Rolle der EU bei der Verwandlung Europas von einem Kontinent der Kriege zu einem des Friedens."

Letztlich wird man an der Frage nicht vorbeikommen, ob die **USA und Europa** wirklich für **gemeinsame Werte** stehen. Todd sieht hier eher die Differenz: „In Europa herrschen die Werte des Agnostizismus, des Friedens und des Ausgleichs vor, die der amerikanischen Gesellschaft dieser Tage fremd geworden sind [...]. So bestimmen religiöse Phrasen das Leben Amerikas, in dem die Hälfte der Bevölkerung behauptet, am Wochenende in die Kirche zu gehen, während tatsächlich nur ein Viertel am Gottesdienst teilnimmt. Dagegen ist Europa ein Reich des Agnostizismus, die aktive Teilnahme am religiösen Leben der Konfessionen strebt geradezu gegen Null. Dennoch setzt die Europäische Union das biblische Gebot ‚Du sollst nicht töten' konsequenter um [...].“

Michel Rocard sieht in **Europa** in erster Linie eine **Wertegemeinschaft**, die sich klar von anderen unterscheidet: „Viele europäische Werte – der Respekt vor dem menschlichen Leben; der Wunsch, den Schwachen und Unterdrückten zu helfen; Gleichberechtigung der Geschlechter; die Verpflichtung gegenüber der Rechtsordnung – sind im Lauf einer langen Geschichte entstanden, in der der christliche Einfluss von wesentlicher Bedeutung war. Aber Europa hat auch zu einem ausgeglichenen Verhältnis zwischen Kirche und Staat gefunden. In Europa ist das Volk der Souverän, keine transzendentale Macht. Die Freiheit der Gedanken und der Religion ist unantastbar. Politische Repräsentation muss pluralistisch sein. Politische Entscheidungsgewalt hängt von keiner religiösen Autorität ab. All diese Werte sind heute in Europa anerkannte Säulen politischer und institutioneller Stabilität und genießen fast vollständige Anerkennung. [...] Dieser Teil unseres Erbes entstammt dem Geist der Aufklärung und dem alten Kampf um den Sieg der Vernunft.“

Der ehemalige deutsche Außenminister Fischer setzte zunächst auf die nicht immer friedvolle Vorgeschichte Europas. Ende 2003 äußerte er: „Entwicklungszusammenarbeit, Finanz- und Handelspolitik, Menschenrechtspolitik, Polizei und Militär – über eine so breit angelegte Kombination von Mitteln zur Krisenbewältigung verfügt kaum ein anderer sicherheitspolitischer Akteur. Dieses mehrdimensionale Spektrum von Instrumenten ist gerade deshalb wichtig, weil wir wissen, dass die neuen Bedrohungen nicht allein mit militärischen Mitteln bewältigt werden können: Schließlich dürfen wir nicht vergessen: Die EU an sich ist das größte europäische Friedensprojekt in unserer Geschichte.“

Fischer glaubte trotz allem, mit den USA in einem Boot zu sitzen, doch wenn man seine drei grundlegenden Elemente einer gemeinsamen **transatlantischen Partnerschaft im 21. Jahrhundert** betrachtete, konnte man zweifeln, ob alle drei von den USA mit voller Konsequenz geteilt wurden:

- unbedingte Selbstbindung der westlichen Demokratien an die eigenen Grundwerte,
- Respekt vor einer internationalen Ordnung,
- politische Entschlossenheit und militärische Fähigkeit, neue Gefahren abzuwenden.

Auch Bundeskanzlerin Merkel betonte die transatlantische Wertegemeinschaft mit den USA, das übereinstimmende Verständnis davon, „was wir unter Menschenrechten und unter der Achtung der Würde der Person verstehen“. Europa solle sich nicht als Gegengewicht zu den USA sehen, wie das in der Frage des

Irak-Kriegs unter der Regierung Schröder/Fischer der Fall gewesen sei. Allerdings müssten die Europäer „in einer Welt mit 6,5 Milliarden Menschen" lernen, „in den entscheidenden Fragen mit einer Stimme zu sprechen", um das Gewicht ihrer 500 Millionen Bürger in die Waagschale zu bringen.

Von der **Schweiz** wird gerne behauptet, sie sei ein **„Europa im Kleinen"**. Sollte die EU im Hinblick auf den letzten Punkt und in Sachen Mehrheitsentscheide keine Fortschritte machen, könnte man sie vielleicht als eine Art „Schweiz im Großen" betrachten, allerdings ohne deren direkte Demokratieelemente: Strukturell unfähig zur Aggression nach außen, im Inneren auf Konsens und Kompromiss angelegt und in erster Linie auf wirtschaftlichen Erfolg bedacht. Eine Ironie der Geschichte, dass ausgerechnet die Schweiz keine Anstalten macht, der EU beizutreten.

Aufgabe 45 (materialgestützt)

a) Erarbeiten Sie aus Churchills Rede (M 1) sein Konzept der „Vereinigten Staaten von Europa" und die Stellung, die er den im Text genannten Nationen im Zusammenhang damit zuweisen möchte.

b) Erläutern Sie das historische Umfeld dieser „Vision" und die damals erkennbaren Chancen einer Verwirklichung.

M 1: Winston Churchill: Rede am 19. 9. 1946 an der Universität Zürich

Ich sage Ihnen jetzt etwas, das Sie erstaunen wird. Der erste Schritt zu einer Neuschöpfung der europäischen Völkerfamilie muss eine Partnerschaft zwischen Frankreich und Deutschland sein. Nur so kann Frankreich seine moralische und kulturelle Führerrolle in Europa wiedererlangen. Es gibt kein Wiederaufleben Europas ohne ein geistig großes Frankreich und ein geistig großes Deutschland. Wenn das Gefüge der Vereinigten Staaten von Europa gut und richtig gebaut wird, so wird die materielle Stärke eines einzelnen Staates weniger wichtig sein. Kleine Nationen werden genau soviel zählen wie große, und sie werden sich ihren Rang durch ihren Beitrag für die gemeinsame Sache sichern. Die alten Staaten und Fürstentümer Deutschlands, in einem föderalistischen System zum gemeinsamen Vorteil freiwillig zusammengeschlossen, könnten innerhalb der Vereinigten Staaten von Europa ihre individuellen Stellungen einnehmen. Ich werde nicht versuchen, ein detailliertes Programm für Hunderte von Millionen Menschen zu entwerfen, welche glücklich und frei, zufrieden und sicher sein wollen, die jene vier Freiheiten, von denen der große Präsident Roosevelt sprach, genießen wollen und die nach Grundsätzen zu leben wünschen, die in der Atlantik-Charta verankert wurden. Wenn das ihr Wunsch ist, wenn das der Wunsch der Europäer in so vielen Ländern ist, müssen sie es nur sagen, und es können sicher Mittel gefunden und Einrichtungen geschaffen werden, damit dieser Wunsch voll in Erfüllung geht.

Aber ich muss Sie warnen. Vielleicht bleibt wenig Zeit. Gegenwärtig gibt es eine Atempause. Die Kanonen sind verstummt. Die Kampfhandlungen haben aufgehört; aber die Gefahren haben nicht aufgehört. Wenn wir die Vereinigten Staaten von Europa, oder welchen Namen sie haben werden, bilden wollen, müssen wir jetzt anfangen.

Augenblicklich leben wir in seltsamer und bedenklicher Weise unter dem Schild, und ich will sogar sagen Schutz, der Atombombe. Bisher ist die Atombombe nur in den Händen eines Staates und einer Nation, von der wir wissen, dass sie sie niemals brauchen wird, ausgenommen für die Sache von Freiheit und Recht. Aber es ist wohl möglich, dass dieses ungeheuerliche Zerstörungsmittel in ein paar Jahren weitverbreitet sein wird, und die Katastrophe, die seinem Gebrauch durch verschiedene kriegführende Nationen folgen würde, bedeutete nicht nur das Ende all dessen, was wir Zivilisation nennen, sondern könnte wahrscheinlich sogar den Erdball selbst zerstören.

Ich will nun die Aufgaben, die vor Ihnen stehen, zusammenfassen. Unser beständiges Ziel muss sein, die Vereinten Nationen aufzubauen und zu festigen. Unter- und innerhalb dieser weltumfassenden Konzeption müssen wir die europäische Völkerfamilie in einer regionalen Organisation neu zusammenfassen, die man vielleicht die Vereinigten Staaten von Europa nennen könnte. Der erste praktische Schritt wird die Bildung eines Europarates sein. Wenn zu Beginn nicht alle Staaten Europas der Union beitreten können oder wollen, so müssen wir trotzdem damit anfangen und diejenigen, die wollen, und diejenigen, die können, sammeln und zusammenführen. Die Errettung der Menschen aller Rassen und aller Länder aus Krieg und Knechtschaft muss auf soliden Grundlagen beruhen und garantiert werden durch die Bereitschaft aller Männer und Frauen, lieber zu sterben, als sich der Tyrannei zu unterwerfen. Bei all diesen dringenden Aufgaben müssen Frankreich und Deutschland zusammen die Führung übernehmen. Großbritannien, das britische Commonwealth, das mächtige Amerika, und, so hoffe ich wenigstens, Sowjetrussland - denn dann wäre tatsächlich alles gut - sollen die Freunde und Förderer des neuen Europa sein und dessen Recht, zu leben und zu leuchten, beschützen.
Darum sage ich Ihnen: Lassen Sie Europa entstehen!

Churchill, Winston, URL://www.europa-web.de/europa/02wswww/202histo/churchil.htm

c) Untersuchen Sie kritisch, wie der Verfasser von M 2 die deutsche Entwicklung beurteilt und welche Bedeutung er dem Nationalstaat beimisst.

M 2: Der Historiker Hagen Schulze

Wir kennen sie, die alte Furcht vor der ewiggleichen Anfälligkeit der Deutschen für einen übersteigerten, aggressiven Nationalismus, scheinbar unverrückbarer Bestandteil unseres Nationalcharakters.

Doch diese Furcht ist unbegründet. Der deutsche Sonderweg, das deutsche Sonderbewusstsein sind an ihrem Ende angelangt. Denn in mehrfacher Hinsicht hat sich, nicht das erste Mal in der deutschen Geschichte, ein abrupter Abbruch mächtiger historischer Kontinuitäten ereignet, und mit ihm das Ende der entscheidenden Voraussetzungen für jene Gefährdungen der deutschen politischen Kultur, die im 19. Jahrhundert und in der ersten Hälfte des 20. zu einem neurotisch übersteigerten, systemsprengenden Nationalismus geführt haben. [...]

Die Erfolgsgeschichte der deutschen Integration in die westlichen Bündnisse nach dem Zweiten Weltkrieg, verbunden mit dem „Wirtschaftswunder“, hat Deutschland erst eigentlich zu einem Teil des Westens werden lassen. Dafür spricht nicht nur die beträchtliche Stabilität der demokratischen Institutionen, sondern auch die Selbstverständlichkeit, mit der die Deutschen sich die nordatlantische Kultur bis in ihre trivialsten Aspekte hinein zu eigen gemacht haben. Heute sind diejenigen, die in Deutschland den Einrichtungen wie der Kultur der westlichen parlamentarischen Demokratie fremd gegenüberstehen und politischen, kulturellen und wirtschaftlichen Sonderwegträumen nachhängen, eine politisch aussichtslose Minderheit.

Das alles spricht für die Annahme, dass wir uns in einer für die deutsche Geschichte gänzlich neuen Situation befinden, die ein neues Nachdenken über die Nation und ihre Bedeutung in der deutschen und europäischen Geschichte und Zukunft nicht nur erlaubt, sondern auch fordert. Es wird nun klarer erkennbar, dass der moderne Nationalstaat, wie er mit der amerikanischen und der französischen Revolution seit dem ausgehenden 18. Jahrhundert ins Leben getreten ist, aus der Perspektive der Nachkriegs-Bundesrepublik in aller Regel falsch eingeschätzt worden ist – kein Wunder, nachdem das Experiment des ersten deutschen Nationalstaats von Bismarck bis Hitler so katastrophal fehlgeschlagen war. [...]

Nun haben wir ihn von neuem, den Staat der deutschen Nation, wenn auch seine innere Gründung noch viel Zeit und Geduld erfordern wird. Aber gerade hier zeigt sich, wie notwendig dieses Staatswesen ist – nur in nationaler Solidarität sind die schweren inneren Verwerfungen Deutschlands in absehbarer Zeit auszugleichen. Und beweist nicht der Blick auf unsere westlichen und nördlichen Nachbarn, dass es seit dem 19.Jahrhundert der Nationalstaat, und nur er, vermocht hat, dauerhaften demokratischen Institutionen eine stabile Hülle zu sein? Die Abgesänge auf den Nationalstaat waren voreilig; solange nicht die entsprechenden demokratisch legitimierten Institutionen auf europäischer Ebene bereitstehen, gibt es zum Nationalstaat keine erkennbare Alternative, und auch nach dem Entstehen eines europäischen Staatswesens wird eine Reihe staatlicher Aufgaben weiterhin auf den nationalen Ebenen erfüllt werden müssen. Die westlichen Nationalstaaten haben sich im Laufe der letzten 150 Jahre gewandelt, sie haben an Souveränität und Autonomie ebenso verloren wie an Ausschließlichkeit des Loyalitätsanspruchs an ihre Bürger. Der Nationalstaat ist weniger wichtig, er ist aber keineswegs überflüssig geworden.

Hagen Schulze: Kleine deutsche Geschichte, München: Beck 1996, S.265 f.

Wendepunkte des 20. Jahrhunderts

1 Was ist ein historischer Wendepunkt?

„Dass auch mit dem Ende von Hitlers Krieg nichts rein Neues beginnt, dass ‚Nachkrieg' schon im Krieg begann, in ihm angelegt, durch ihn vielfach vorbestimmt war, bedarf keines Beweises. Kontinuität, dichtes Gewebe des Schicksals, spätes Zahlen für Sünden der Väter, ist immer; Neuschöpfung, Entscheidung, Freiheit, Schuld der Lebenden ist auch immer. Daher ein jeder Markstein in der Geschichte ein solcher nur vergleichsweise, nie im absoluten Sinn sein kann." (Golo Mann)

Dieses Zitat soll im Hinblick auf die **Definition** eines historischen Wendepunktes zweierlei zeigen:

- Ob man ein geschichtliches Datum mit Recht als Wendepunkt bezeichnen kann, hängt von der **Perspektive** dessen ab, der über die Geschichte schreibt. Menschen in verschiedenen Ländern, teils auch schon Menschen unterschiedlicher sozialer Schichten oder Milieus erleben die Geschichte verschieden. Vielerorts befinden sie sich auf ganz differenten Entwicklungsstufen ihrer sozialen Verhältnisse, leben also eigentlich „ungleichzeitig", auch wenn die moderne Informationsvernetzung und Globalisierung solche Unterschiede tendenziell einebnet. Nicht zuletzt hängt es z. B. auch von der Größe des Landes ab, ob man Umwälzungen in diesem Land als **„epochale" Ereignisse** betrachten kann. So ist die Abschaffung der feudalen Herrschaftsstrukturen in der Französischen Revolution mit Sicherheit ein historischer Wendepunkt. Wenn aber das heutige Fürstentum Liechtenstein die letzten Reste seiner Feudalordnung abschaffen würde, wäre das eher eine kuriose Randnotiz der Weltgeschichte.
- Die Tatsache, dass jede historische Entwicklung ihre Wurzeln in der Vergangenheit hat, macht es im Einzelfall schwierig zu entscheiden, ob nun die **Kontinuität oder der Wandel** das Entscheidende eines historischen Zeitpunktes ausmacht. Nicht von ungefähr hat Karl Marx die revolutionäre Gewalt als „Geburtshelferin einer alten Gesellschaft, die mit einer neuen schwanger geht", bezeichnet. Die Metapher von Schwangerschaft und Geburt verdeutlicht, dass für einen relativ plötzlichen Vorgang (die Geburt) längerfristige Voraussetzungen bestanden haben müssen (die Schwangerschaft), ohne die er nicht denkbar wäre.

Das Marx-Zitat zeigt aber auch, dass der Begriff des Wendepunktes nur schwer von dem der **Revolution** abzugrenzen ist. Wenn man Revolution als tief greifende Umwälzung einer gesellschaftlichen Ordnung begreift, an deren Ende eine Neuorientierung des politischen, sozialen und kulturellen Lebens steht, so ist jede Revolution selbstverständlich auch ein Wendepunkt. Allerdings muss nicht jeder Wendepunkt gleichzeitig eine Revolution sein. Die „Epochenjahre“ 1917 und 1989 sind ganz offensichtlich mit den russischen Revolutionen im Februar und Oktober 1917 und mit den demokratischen Revolutionen im früheren Ostblock verknüpft.

Da Wendepunkte als Ereignisse mit epochalen Auswirkungen gesehen werden, stellt sich auch die Frage, was eigentlich eine **Epoche** ausmacht. Abgeleitet vom Griechischen „epoché“ (Haltmachen) bedeutet Epoche ein **Gliederungsprinzip der Geschichtsschreibung**, mit dem diese ihren Gegenstand in größere historische Abschnitte einteilt. Eine neue Epoche muss aber nicht unbedingt den Zeitgenossen schon als solche bewusst werden. Die wenigsten werden wie Goethe angesichts der Kanonade von Valmy 1792 erkennen, dass von einem Ereignis eine welthistorische Bedeutung ausgeht. Ist der Abstand zum historischen Ereignis gar so kurz wie der zu den Umwälzungen von 1989, so dürfte die Bezeichnung der nachfolgenden Epoche noch schwankend sein. Als Schlüsselwort zur Beschreibung dieser Epoche hat sich die Präposition „*post*“ (nach) eingebürgert: *post*industriell, *post*imperialistisch, *post*modern, *post*marxistisch.

Man sollte auch immer deutlich machen, ob man Geschichte mehr aus der Sicht der bekannten Akteure als **personenbezogene Darstellung** betrachtet oder ob man sich für **Strukturgeschichte** interessiert. Im letzteren Fall überwiegen eher die Kontinuitäten und man wird beispielsweise keine „Stunde Null“ im Jahr 1945 erkennen können, selbst wenn es den Zeitgenossen in ihren zerstörten Städten so vorkam, als müsse alles von vorne beginnen. Wer eine Wirtschaftsgeschichte Deutschlands liest, wird zu seiner Verwunderung erkennen, dass die Spitze des deutschen Industrie- und Bankenwesens ihren Ursprung in den Gründerjahren des Kaiserreichs hatte und aus Republik, Diktatur und zwei Weltkriegen scheinbar nahtlos in die Bundesrepublik hineinreichte. Auch im gesellschaftlichen Bereich blieb manches vom Wechsel der Systeme relativ unberührt, man denke nur an das Bürgerliche Gesetzbuch und die Grundsätze des Berufsbeamtentums, die beide im Kern aus dem Kaiserreich stammen.

2 Mögliche Wendepunkte oder „Epochenjahre“

Jahr	vorher	Ereignis	nachher
1917	• Bürgerliches Zeitalter • System der europäischen Großmächte: Großbritannien, Frankreich, Russland, Deutschland, Österreich-Ungarn und Italien • zaristische Autokratie in Russland, Monarchien in Deutschland und Österreich-Ungarn	**• Russische Revolution** **• Kriegseintritt der USA**	• Auftreten der antagonistischen Flügelmächte USA (Kapitalismus) und Sowjetunion (Sozialismus) • Gegensatz von westlicher Demokratie, Einparteienherrschaft und Faschismus in Europa • Isolationismus der USA • „Amerikanisches Jahrhundert“
1941	Isolationismus und „Neutralität“ der USA	**Überfall Deutschlands auf die Sowjetunion und Japans auf die USA (Pearl Harbor)**	„unnatürliche Allianz“ der USA mit der Sowjetunion gegen das Deutsche Reich, Italien und Japan (bis 1947)
1945	Kriegskoalition der Alliierten	**Ende des Zweiten Weltkriegs**	bipolare Welt: USA und Sowjetunion als Siegermächte, Besatzungspolitik, Blockbildung und Kalter Krieg
1962	bipolare Welt und Kalter Krieg	**Kuba-Krise**	• bipolare Welt und Beginn der Entspannung • Aufholen der Sowjetunion • Entkolonialisierung • neue Themen in der UNO
1989	bipolare Welt	**• Öffnung der Berliner Mauer** **• demokratische Revolutionen in Osteuropa** **• Ende der Sowjetunion (1991)**	• „Neue Weltordnung“ nach dem Zusammenbruch des Sozialismus in Europa und Russland • amerikanische Dominanz • Nationalitätenkonflikte • „Kampf der Kulturen“? • Globalisierung der Wirtschaft • globale Herausforderungen: Ressourcen, Klima, Weltbevölkerung

2.1 1917 – der Auftritt der Flügelmächte

Die **Welt vor 1917** war im Wesentlichen eine **europäisch geprägte** Welt. Durch Kolonialismus und Imperialismus beeinflussten die europäischen Mächte auch weite Teile Asiens und Afrikas. Die auf dem Wiener Kongress noch einmal bestätigte Pentarchie der fünf Mächte (Großbritannien, Russland, Frankreich, Österreich-Ungarn und Preußen) war am Ende des 19. Jahrhunderts einer Ordnung gewichen, deren Großmächte Großbritannien, Russland, Frankreich, Österreich-Ungarn, Deutschland und Italien hießen. Durch seine ökonomische und militärische Stärke, verbunden mit den Großmachtansprüchen insbesondere Kaiser Wilhelms II. („ein Platz an der Sonne“), war **Deutschland** ein **Störfaktor** dieses Systems, während sich Großbritannien und Frankreich trotz kolonialer Konkurrenz einigten (Lösung der Faschoda-Krise 1899).

Die USA

Die USA waren zu diesem Zeitpunkt bereits wirtschaftlich stark, aber im Wesentlichen auf sich selbst bezogen und schützten ihre Wirtschaft hinter hohen Schutzzöllen. Gegenüber dem geschwächten China und Japan vertraten die USA allerdings im Einverständnis mit den Europäern eine **Politik der „offenen Tür“**. In Lateinamerika beanspruchten sie gar eine „internationale Polizeigewalt“ zur Durchsetzung nationaler und ökonomischer Interessen. Diese Ausweitung der ursprünglich defensiv gemeinten Monroe-Doktrin wurde von Präsident Theodore Roosevelt 1904 erklärt und in vielen Interventionen bestätigt. Unter Präsident Woodrow Wilson wahrten die USA im Ersten Weltkrieg zunächst die formelle Neutralität. Die öffentliche Meinung im Land war allerdings eindeutig auf der Seite der Ententemächte Großbritannien und Frankreich, nachdem die Deutschen im neutralen Belgien und in Frankreich einmarschiert waren und im Jahre 1915 das amerikanische Schiff „Lusitania“ versenkt hatten. Die USA unterstützten Großbritannien und Frankreich mit Krediten, die schon bis zum Frühjahr 1917 2,3 Mrd. Dollar erreichten. Nach der Wiederaufnahme des uneingeschränkten U-Bootkriegs durch die Deutschen stimmte der Kongress am **6. April 1917** dem **Kriegseintritt** der **USA** zu.

Ökonomisch gingen die USA aus dem gewonnenen Krieg gestärkt hervor: Sie waren die Gläubiger Europas geworden, ihre Wirtschaft hatte durch die kriegsbedingte Mobilisierung aller Kräfte als „Arsenal der Demokratie“ Fortschritte gemacht und einen Aufschwung erzielt. Innenpolitisch setzte sich zunächst eine antideutsche Tendenz durch, die sich auch gegen deutsche Einwanderer richtete, von denen man verlangte, dass sie eindeutig gegen die ehemalige Heimat Stellung bezogen, man wollte keine „Bindestrich-Amerikaner" (z. B. Deutsch-Amerikaner, die sich mit ihrem Herkunftsland identifizierten).

Außenpolitisch scheiterte Wilson mit seinem idealistischen Plan eines Völkerbundes zunächst an den Interessen der Europäer, insbesondere Frankreichs. Auf dessen Wunsch wurde der **Versailler Vertrag** so verschärft, dass er nicht als dauerhafte Friedensordnung taugte, da er den Verlierern des Kriegs scheinbar keine Perspektive gab und letztlich deren Revanchismus begünstigte. Im eigenen Land scheiterte Wilson am Senat, der ihm den Beitritt zum Völkerbund verweigerte.

Der Gegensatz zwischen Internationalisten und Isolationisten in der amerikanischen Politik wurde in den 30er-Jahren zugunsten der **Isolationisten** entschieden. So verweigerten die USA 1935 auch den Beitritt zum Internationalen Gerichtshof (IGH).

Russland

In Russland brach das „Kartenhaus der Autokratie" in der **Februarrevolution 1917** zusammen und wurde zunächst durch die Doppelherrschaft aus provisorischer Regierung und Räten ersetzt. Da es diesem System nicht gelang, die grundlegenden Fragen der Beendigung des Kriegs und der Landverteilung an die Bauern zu regeln, schafften es die Bolschewiki unter Führung Lenins und Trotzkis schließlich in der **Oktoberrevolution** am 25. Oktober die Macht zu erlangen und mit zum Teil terroristischen Methoden (Tscheka) zu sichern. Nach dem Bürgerkrieg wurde Russland von den Bolschewiki eine **Modernisierungsdiktatur** aufgezwungen, die das Land innerhalb von wenigen Jahrzehnten unter Inkaufnahme von Millionen Opfern (Hungersnöte, Lagersystem und Säuberungen) in einen **Industriestaat** verwandelte.

Für die Weltgeschichte bedeutete das aber, dass von nun an die sozialistische Bewegung ihre Bedeutung verändert hatte. Im 19. Jahrhundert waren sozialistische Bewegungen in den Industrieländern mehr oder weniger integrierte Faktoren der inneren Willensbildung gewesen, die den Kapitalismus letztlich dazu zwangen, sich ein menschlicheres Antlitz zuzulegen. Jetzt war der **Sozialismus** eine staatliche Macht, für manche ein Modell, für andere eher abschreckend. Der Antagonismus zwischen der sozialistischen Sowjetunion und den westlich-kapitalistischen Staaten war ein prägendes Element des „kurzen zwanzigsten Jahrhunderts" (Hobsbawm). Die westlichen Staaten versuchen zunächst, diesen „Infektionsherd" zu isolieren. Dazu wurde die Gründung von antikommunistischen Nationalstaaten aus der Konkursmasse des alten Zarenreiches, die schon die Deutschen durch den Vertag von Brest-Litowsk erzwungen hatten, in der Versailler Friedensordnung vollzogen: Ein **„cordon sanitaire"** aus Staaten von

Finnland bis Rumänien legte sich um die neue Sowjetunion. Erst als es auch im Interesse des anderen (deutschen) „Geächteten" der damaligen Zeit lag, konnte die Sowjetunion im Vertag von Rapallo (1922) die Isolierung mit Deutschlands Hilfe durchbrechen.

Der Erste Weltkrieg

1917 war also zweifellos ein Epochenjahr. Doch das eigentliche epochale Ereignis, die **„Urkatastrophe"**, war der Erste Weltkrieg, der alle Vorstellungen der Vorkriegszeit sprengte und eine 31-jährige Periode des Unfriedens, ein Zeitalter der Kriege und Katastrophen, einleitete, dessen Produkt und Hauptvertreter eine neue politische Richtung war: Der **Faschismus** siegte 1922 in Italien, 1933 in Deutschland und 1936 in Spanien; faschistische Bewegungen und autoritäre Systeme gab es in vielen anderen Staaten. Die Kriege des 19. Jahrhunderts bis zum Ersten Weltkrieg hatte man in Wochen und Monaten gemessen, die Opferzahlen erreichten maximal Hunderttausende (z. B. Deutsch-Französischer Krieg 1870/71: 150 000 Tote). Jetzt, nach einer **beispiellosen Mobilisierung** von industriell produziertem Kriegsgerät und „Menschenmaterial" und mit ca. 9 Millionen Toten, hatte der Krieg eine **neue Dimension** erreicht. Zum Ende des Kriegs befanden sich 25 Staaten mit 1,35 Milliarden Menschen, also etwa drei Viertel der damaligen Erdbevölkerung, im Kriegszustand. Unmittelbar nach dem Krieg waren die Monarchien in Deutschland und Österreich-Ungarn verschwunden, ohne dass an deren Stelle funktionierende Demokratien getreten wären. In Osteuropa und Südosteuropa waren entgegen der Vorstellung des „Selbstbestimmungsrechts der Nationen" mit der Tschechoslowakei und Jugoslawien multiethnische Staaten gebildet worden. In Russland und der Türkei war man zunächst mit Revolution und Bürgerkrieg beschäftigt.

Die USA aber als der eigentliche Gewinner des Kriegs traten in das Zeitalter des Massenkonsums ein, das die Deutschen erst nach dem Zweiten Weltkrieg erreichen sollten. Aus der späteren Perspektive sprach man vom 20. Jahrhundert als dem **„amerikanischen Jahrhundert"**. Die amerikanische Politik war aber nicht immer in der Lage, die mit der neuen Position verbundene internationale Verantwortung zu übernehmen, da die inneren Widerstände teilweise zu stark waren. Ein paradoxes Ergebnis war, dass ausgerechnet die **Sowjetunion**, die nach ihrem eigenen Selbstverständnis Ausgangspunkt der Weltrevolution (Lenin) sein sollte, **zunächst isoliert und schwach** war, während die USA, deren Wirtschaftsystem eigentlich auf internationale Kontakte angewiesen war, sich politisch auf den Isolationismus zubewegte. Die entscheidende Krise vor dem Zweiten Weltkrieg, die **Weltwirtschaftskrise**, konnte ohne internationale Zusammenarbeit aber nicht bewältigt werden.

2.2 1941 – das kurze Zwischenspiel der „unnatürlichen Allianz“

Der amerikanische Präsident F. D. Roosevelt löste 1937 mit seiner „Quarantäne-Rede“ heftigen Widerspruch aus. Er hatte versucht, die USA langsam darauf einzustimmen, das es nötig sein könnte, eine aktive Außenpolitik zur **Eindämmung der aggressiven Mächte** zu betreiben. Immerhin hatte Japan bereits 1931 auf China übergegriffen und Italien hatte 1935 Äthiopien überfallen. Roosevelt fürchtete, dass eine Kombination aus europäischer Appeasement-Politik und amerikanischem Isolationismus die Ausdehnung dieser Mächte und die Ambitionen Deutschlands nicht eindämmen könnte. Am 1. 5. 1939 setzte er durch, dass die USA kriegswichtige Waren (keine Waffen und Munition) an befreundete Länder liefern konnten (**„Cash and carry“**). Nach den großen militärischen Anfangserfolgen Deutschlands erreichte er, dass die USA mit dem „Leih- und Pachtgesetz“ 1941 die Westmächte auch mit Waffen und Kriegsmaterial unterstützten. Roosevelt war überzeugt, dass ein Sieg Hitler-Deutschlands dem Nationalsozialismus die Tore nach Indien, Afrika und Lateinamerika öffnen würde. Letztlich sah er die Sicherheit der USA gefährdet.

Kriegseintritt der USA

Nach dem **Überfall Deutschlands auf die Sowjetunion** im Juni 1941 wurde das „Leih- und Pachtgesetz“ auch auf Russland ausgedehnt. De facto befanden sich die USA eigentlich zu diesem Zeitpunkt schon in einem unerklärten Krieg mit Deutschland. Durch den japanischen Angriff auf die in **Pearl Harbor** stationierte Pazifikflotte der USA am 7. 12. 1941 erfolgte eine **Kriegserklärung an Japan** und kurz darauf die Kriegserklärungen Deutschlands und Italiens an die USA. Schon früh regte sich der Verdacht, Roosevelt habe diesen Angriff geradezu provoziert oder zumindest die 2 476 Opfer in Kauf genommen, um die amerikanische Öffentlichkeit (88 % waren gegen den Kriegseintritt) auf seine Seite zu bringen. Die Indizien dafür haben sich verstärkt, seit man weiß, dass die USA den japanischen Funkverkehr abhörten und entschlüsselten. Wichtig ist in diesem Zusammenhang aber allein das Resultat: Die beiden antagonistischen Gegenpole USA und Sowjetunion waren Verbündete gegen Hitler geworden.

Die Sowjetunion im Zweiten Weltkrieg

Die Sowjetunion hatte nach einer Phase der Konsolidierung und Annäherung an den Westen unter dem Volkskommissar für Auswärtiges, Litwinow, die **Anerkennung durch die USA** (1933) und die **Aufnahme in den Völkerbund** (1934) erreicht. Im Rahmen der Komintern setzte sie sich ab 1935 für eine Politik der Volksfront ein, d. h., dass kommunistische Parteien im Bündnis mit Sozialdemokraten und anderen den Faschismus bekämpfen sollten. Diese Politik scheiterte nicht zuletzt am unbedingten Führungsanspruch der Kommunisten gegenüber anderen linken Parteien und am abschreckenden Beispiel der Moskauer Schauprozesse ab 1935.

Nach dem Abschluss des **Hitler-Stalin-Paktes** am 23. 8. 1939 und dem vereinbarten Einmarsch der Roten Armee in Ostpolen zwei Wochen nach dem deutschen Angriff auf Polen sowie dem sowjetischen Angriff auf Finnland am 30. 11. 1939 schien ein Bündnis mit den USA noch völlig utopisch. Die Sowjetunion hatte ihre Ziele, insbesondere eine **Zerschlagung Polens**, in Zusammenarbeit mit Hitler erreicht.

Zwei Jahre später wandelte sich das Bild radikal: Nachdem das Unternehmen Barbarossa die Sowjetunion in die Defensive und Stalin zur Ausrufung des **„Großen vaterländischen Krieges"** gezwungen hatte, wandelte sich auch das Bild, das die USA, besonders die Roosevelt-Administration von ihr zeichneten. Das kommunistische Regime, das man bisher kaum besser als eine Räuberbande dargestellt hatte, war jetzt die Regierung eines heldenmütigen Sowjetvolkes, das seine Heimat gegen deutschen Faschismus und japanischen Militarismus verteidigen musste. Nun und erst recht nach Pearl Harbor war also der gemeinsame Nenner gefunden, auf dem das kurze Zwischenspiel der **„unnatürlichen Allianz"** beruhte.

Auseinanderbrechen der Anti-Hitler-Koalition

George F. Kennan sah in der Idealisierung des neuen sowjetischen Verbündeten ein grundsätzliches Problem: „Hinter allen diesen Argumenten verbirgt sich jedoch eine grundsätzlichere Frage, nämlich die, ob es sich unter irgendwelchen Umständen auszahlt, die öffentliche Meinung in Amerika irrezuführen, ihr nicht die Wahrheit zu sagen, selbst wenn es nach Meinung der politischen Führung durch die gute Sache gerechtfertigt ist. Es ist typisch für die Kriegspsychologie, dass sie die Mittel in der Regel durch den Zweck geheiligt sieht. Wenn zu diesen Mitteln aber die Meinungsmanipulation durch Weckung und Verbreitung unrichtiger Vorstellungen gehört, muss man das immer irgendwann zu einem späteren Zeitpunkt bezahlen. Die so hervorgerufenen schiefen Vorstellungen müssen eines Tages wieder begradigt werden."

Der Zweck, die Niederwerfung Deutschlands und Japans, wurde auf diese Art erreicht. Die „Begradigung der schiefen Vorstellungen" erfolgte mit **Beginn des Kalten Kriegs ab 1947**, als der ideologische Kampf wieder aufgenommen wurde. Die alten Feindbilder wurden nicht nur wieder belebt, sondern sogar beträchtlich ausgebaut und sollten die nächsten fünfzig Jahre dominieren. Das Geld und die Wirtschaftskraft der amerikanischen Demokratie hatten wie im Ersten Weltkrieg einen entscheidenden Beitrag zum Sieg geleistet. Auf der anderen Seite hatten über 20 Millionen tote Sowjetbürger dem Westen den Sieg gerettet. Nachdem diese Aufgabe erfüllt war, verlor die Allianz ihre Daseinsberechtigung und wurde mit dem Wechsel von der Roosevelt- zur Truman-Administration beendet.

2.3 1945 – die Spaltung der Welt

Der Zweite Weltkrieg dauerte vom 1. September 1939 bis zur japanischen Kapitulation am 2. September 1945. Er war der größte und blutigste zusammenhängende Konflikt in der Geschichte. Er forderte etwa 55 Millionen Opfer, es starben sechsmal so viele Menschen wie im Ersten Weltkrieg. Der eigentliche **„Zivilisationsbruch“** aber, der den Philosophen Adorno zu seiner pessimistischen Prognose veranlasste, war der **Vernichtungskrieg im Osten** und die **industrielle Tötung** Millionen wehrloser Menschen im Namen der nazistischen Rassenideologie. Als der Krieg auf das Land seiner Verursacher zurückfiel, machten die alliierten Luftangriffe auf deutsche Städte und die Vertreibung aus dem Osten die Deutschen selbst millionenfach zu Opfern. Eine einzige Befürchtung der Europäer traf nicht ein: der Einsatz von Giftgas. Dagegen wurden die neuen Möglichkeiten „wissenschaftlicher“ Kriegführung in Asien genutzt: Japan setzte gegen China biologische Waffen ein und wurde schließlich selbst im Sommer 1945 Opfer der ersten amerikanischen Atombomben.

1985 löste der deutsche Bundespräsident **von Weizsäcker** heftige Diskussionen aus, als er den **8. Mai**, den Gedenktag der bedingungslosen Kapitulation der Deutschen Wehrmacht, charakterisierte: Er sei trotz allem Leid und obwohl ihn die meisten Deutschen mit Heimatverlust, Gefangenschaft und Niederlage, bestenfalls mit Heimkehr verbunden hätten, letztlich doch ein **Tag der Befreiung** von einer menschenverachtenden Gewaltherrschaft gewesen.

Für die Alliierten war der Tag unumstrittener Anlass für regelmäßige Siegesfeiern. Dabei mussten die europäischen Mächte Großbritannien und Frankreich – Italien erst recht – bald erkennen, dass sie ihre Weltgeltung verloren hatten und zu Mächten zweiten Ranges geworden waren. Nach und nach verloren sie ihre Kolonialreiche zunächst in Asien (Indochina, Indien) und später in Afrika. Der Kriegsverlierer Deutschland wurde durch die Systemgrenze des „eisernen Vorhangs“ gespalten. Die 1949 gegründete Bundesrepublik erwies sich als ökonomisches Erfolgsmodell, das den übrigen europäischen Ländern bald den Rang ablief und letztlich „den Frieden gewann“. Die DDR entwickelte sich nach der zwangsweisen Stabilisierung durch die Sowjetmacht 1953 und 1961 zum Musterschüler des östlichen Systems.

Aus der heutigen Quellenlage lässt sich ableiten, dass die zukünftige Supermacht Sowjetunion unter Stalin länger und ernsthafter an Kooperation mit den Westalliierten interessiert war, diese aber durch aggressive Rhetorik und ungeschicktes Agieren selbst sabotierte. Die **USA als die entscheidende Kraft der neuen Epoche** strebten aber auch unabhängig von der Wahrnehmung einer sowjetischen Bedrohung danach, strategische Vorposten auf den benachbarten Kontinenten Europa und Asien zu errichten und diese Position nicht so schnell wieder aufzugeben. Die wichtigsten ökonomischen und politischen Bündnissysteme, die die **bipolare Welt** bestimmen sollten, vom Bretton-Woods-Währungssystem über die UNO bis zur SEATO (South East Asia Treaty Organization, 1954), NATO, ASEAN (Association of Southeast Asian Nations, 1967) usw., waren alle von den USA inspiriert oder dominiert.

Was war also neu im Vergleich zur Welt zwischen den Kriegen?

- Die **USA** nahmen die neue Rolle, die ihnen aufgrund ihrer ökonomisch-militärischen Übermacht zufiel, dieses Mal wirklich an.
- Der größere Teil **Deutschlands** kam endgültig im Westen an und wurde Teil der westlichen Demokratien, später sogar Motor der europäischen Integration.
- Aus den ehemaligen Kolonien begann sich langsam eine selbstbewusste **Dritte Welt** zu entwickeln.
- Der **Systemgegensatz** zwischen amerikanischem Kapitalismus und sowjetischem Kommunismus wurde durch die neuen technischen Möglichkeiten der atomaren Vernichtung im Laufe der 50er- und 60er-Jahre zu einem Antagonismus, der zum ersten Mal in der Menschheitsgeschichte die **Möglichkeit der Zerstörung** der Menschheit überhaupt enthielt. Die Verantwortung der Politik erreichte ein Ausmaß, dem ihre Akteure nur schwer gerecht werden konnten.

2.4 1962 – ein Schritt zurück vom Abgrund

Nachdem Kennedy und Chruschtschow die Raketenkrise auf **Kuba** weniger gemanagt als überstanden hatten und sich die Lage um **Berlin** nach dem Mauerbau stabilisiert hatte, verkündete **Kennedy** am 10. Juni 1963 seine neue „Strategie des Friedens“, die die Politik den Gegebenheiten des Atomzeitalters endlich anpassen sollte. Indem sie in diversen Abkommen die Gefahr eines ungewollten Kriegs und die Folgen der Atomtests für die Atmosphäre reduzierten, trugen die USA und die Sowjetunion zur beginnenden **Entspannung** bei, ohne jedoch auf die scharfe ideologische Abgrenzung der Systeme und ihre Konkurrenz zu verzichten. Letztlich gestanden sie sich in den 60er-Jahren auch definierte Einflusszonen zu, in denen die jeweilige Gegenseite nur verbal intervenierte, wie beispielsweise beim Einmarsch des Warschauer Paktes in der Tschechoslowakei 1968.

Aus Sicht der Westdeutschen bestand Anfang der 60er-Jahre die Gefahr, von der Entspannungspolitik der Supermächte überrollt zu werden. So fühlte sich der CDU-Politiker Heinrich Krone anlässlich des Teststopp-Abkommens als „Opfer der amerikanischen Entspannungspolitik", weil diese den Russen entgegenkomme, die DDR aufwerte und letztlich die deutsche Einheit der Entspannung geopfert werden könnte. Die ersten Ansätze einer neuen deutschen **Ostpolitik**, die dann von der sozialliberalen Koalition Brandt-Scheel durchgeführt wurde, kann man als Versuch sehen, die deutsche Außenpolitik wieder mit der Weltpolitik zu synchronisieren, um nicht ins entspannungspolitische Abseits zu geraten. Kennedy wurde im November 1963 ermordet, Chruschtschow ein Jahr darauf abgesetzt und die Entspannung erlitt Rückschläge, aber an den Grundprinzipien der Konfliktvermeidung in der bipolaren Welt sollte sich bis in die 80er-Jahre nichts ändern. Allerdings hinderte die Entspannungspolitik die Supermächte nicht daran, ihren **Rüstungswettlauf** fortzusetzen, wobei die Sowjetunion zunächst das Tempo forcierte, um ihren bei der Kuba-Krise deutlich gewordenen Rückstand aufzuholen.

Die bipolare Welt der 60er-Jahre war aber auch gekennzeichnet von **Unabhängigkeitsbewegungen und Stellvertreterkriegen** in der **Dritten Welt:** Entspannung spielte sich weitgehend zwischen Erster und Zweiter Welt ab und ist insofern aus der Perspektive eines Landes der Dritten Welt, wie Laos, Kambodscha oder Vietnam, eine unzutreffende Epochenkennzeichnung. 1960 beschlossen die Vereinten Nationen eine Entkolonialisierungsresolution, die die Forderung erhob, den „Kolonialismus in allen Erscheinungsformen schnell und bedingungslos zu beenden". Allein in den 60er-Jahren nahm die Zahl der UNO-Mitglieder um 42, größtenteils afrikanische Staaten, zu.

War das Epochenjahr 1963 nun im Vergleich zu 1945 ein Jahr minderer Bedeutung, da sich doch an der Grundkonstellation der bipolaren Welt nichts änderte? Die Frage wird man verschieden beantworten können, je nachdem, für wie real man die damalige **Gefahr eines Atomkriegs** tatsächlich hält. Um es in einem Vergleich zu sagen: Wenn man sich einen Schritt weiter weg von einem Abgrund an diesem entlang bewegt, so ändert das zwar nichts am Vorhandensein des Abgrundes, wohl aber an der Gefahr, dort hinunterzustürzen. Da der Sturz in diesem Fall den größten Teil der Menschheit betroffen hätte, scheint der Begriff des „Wendepunktes" oder „Epochenjahres" gerechtfertigt.

2.5 1989 – Beginn einer „neuen Weltordnung“?

Dass es sich bei den Veränderungen des Jahres 1989, die durch Gorbatschows Reformen und die demokratischen Revolutionen in den Ländern des Ostblocks eingeleitet wurden, um einen – vielleicht den entscheidenden – Wendepunkt des 20. Jahrhunderts handelt, ist unumstritten. Es lohnt sich allerdings, kurz darüber nachzudenken, wie dieser Wendepunkt zu bewerten ist.

Folgeprobleme des Zusammenbruchs

Man kann sagen, dass 1989 der Zweite Weltkrieg zusammen mit seinem Nachfolger, dem Kalten Krieg, endgültig beendet wurde. Hat der Westen damit über den Osten gesiegt? Auf den ersten Blick ja, allerdings trägt der Sieger die Erblasten des Zusammenbruchs mit. Durch das **Ende der Sowjetunion 1991** sind ihre 293 Millionen Bewohner, verteilt auf 15 Sowjetrepubliken und 140 Nationalitäten, nicht einfach verschwunden, ebenso wenig die 58 Atomreaktoren sowjetischer Bauart, von denen ein einziger 1986 (Tschernobyl) schon zu einer Katastrophe kontinentalen Ausmaßes geführt hatte. Die neu erwachten Konflikte der Nationalitäten haben sich teilweise in blutigen Kriegen entladen und in Mittelasien zu Staatsbildungen von zweifelhafter Qualität geführt. Überhaupt kann man sagen, dass am Ende des 20. Jahrhunderts der Nationalismus eine Renaissance erlebt hat. Der amerikanische Politologe Samuel Huntington hat mit seiner These vom **„Kampf der Kulturen“** das Augenmerk auf die immer mehr in den Vordergrund tretenden ethnischen und religiösen Konfliktursachen gelenkt. Kriege sind immer seltener klassische zwischenstaatliche Konflikte, sie treten gehäuft als **Bürgerkriege**, teilweise von „Warlords“ auf eigene Rechnung geführt, auf. Auch der internationale **Terrorismus**, der sich verstärkt aus islamistischen Quellen speist, ist hier zu nennen.

Die **Vereinigten Staaten als letzte verbliebene Supermacht** haben diese Bedrohung auf der militärischen Ebene angenommen, fraglich ist aber, ob sie die dahinter liegenden Motive und Entstehungsursachen genügend beachten. Der Hang der amerikanischen Außenpolitik zum **Unilateralismus** und zur militärischen Konfliktlösung notfalls auch mit Präventivschlägen gegen nur vermutete Bedrohungen hat sich in der letzten Zeit verstärkt. Ob sich die USA diese Politik auf längere Zeit leisten können, ist fraglich, eine **imperiale Überforderung** („imperial overstretch“) könnte zur Korrektur des gegenwärtigen Politikmodells führen.

Ökonomische und ökologische Herausforderungen

Ein wichtiges Motiv der Gegner in der Dritten Welt ergibt sich aus der Tatsache, dass die meisten Länder von den Segnungen der Marktwirtschaft wenig erhalten, dem **Druck der Globalisierung** aber voll ausgesetzt sind und daher ein **„Feindbild Amerika"** auf fruchtbaren Boden fällt. Im gesamten islamischen Staatengürtel von Marokko bis Pakistan hat der Terroristenführer Osama Bin Laden Kultstatus. Die Globalisierung der Wirtschaft erreichte seit dem Zusammenbruch der „Zweiten Welt" und ihrer Integration in den Weltmarkt neue Dimensionen. Transnationale Konzerne stehen seither Staaten gegenüber, deren Instrumentarium nicht ausreicht, sie zu kontrollieren. Die 20 größten Unternehmen der Welt setzen zusammen mehr um als das Sozialprodukt der 80 ärmsten Länder, Steuern werden – wenn überhaupt – dort bezahlt, wo die Steuersätze am günstigsten sind. Internationale Vernetzung und die Verfügung über Wissensressourcen sind zu entscheidenden Produktionsfaktoren geworden. Geldströme zwischen den Ländern folgen nicht mehr dem Handel, sondern haben sich verselbstständigt. Nur noch 4 % dienen dazu, Waren zu bezahlen, der Rest wird für kurzfristige Spekulationen eingesetzt.

Auch die Dritte Welt konnte sich, trotz ursprünglich häufig „sozialistisch" ausgerichtetem Staatsmodell, dieser Entwicklung nicht entziehen. Der **Internationale Währungsfonds** (IWF) und die **Weltbank** fungierten als „Türöffner" des Kapitalismus, indem sie den kreditbedürftigen Staaten strenge Auflagen in Bezug auf die Liberalisierung ihrer Märkte machten.

Die Wende von 1989 hat aber auch den Blick wieder auf die Achillesferse der westlichen Welt gerichtet: Den **Bedarf an Erdöl** und die zunehmende Abhängigkeit von den Fördergebieten des Nahen und Mittleren Ostens, da die eigenen Quellen des Westens nur noch wenige Reserven haben. Zwar haben sich Katastrophenmeldungen als verfrüht erwiesen und es werden immer wieder Öllagerstätten entdeckt, doch ändert das nichts an der Tatsache, dass die begrenzten Ressourcen zur Neige gehen. Auf vier Barrel Öl, die heute konsumiert werden, kommt ein Barrel, das neu entdeckt wird. Der Gipfel der Erdölproduktion ist erreicht, damit nähert sich ein Jahrhundert der bequemen Verfügbarkeit dieses Rohstoffes seinem Ende.

Die **„dritte Weltmacht" China** konnte im letzten Jahrzehnt des 20. Jahrhunderts Wachstumsraten des Bruttoinlandsprodukts zwischen 7,1 und 10,5 % erzielen. In den nächsten 16 Jahren will China seine Wirtschaftsleistung vervierfachen. Mittlerweile ist China der **zweitgrößte Ölimporteur** der Welt und sein Ölverbrauch steigt noch schneller als seine Wirtschaft wächst. Als Japan zwischen 1950 und 1975 und Südkorea zwischen 1965 und 1990 zu Industriemächten aufstiegen, kletterte deren Pro-Kopf-Verbrauch von einem auf 17 Barrel pro Jahr. Zur Zeit verbraucht China immer noch ein Barrel pro Kopf jährlich. Daher wäre es nicht verwunderlich, wenn sich die chinesische Außenpolitik in Zukunft verstärkt um einen Zugang zu den Fördergebieten bemühen würde. Fraglich ist nur, ob diese Bemühungen mit dem Westen oder gegen den Westen erfolgen. Immerhin strebt China heute nach einer stärkeren Stellung in einer **„multipolaren Welt“**, gleichzeitig stellt Peking die Armee auch systematisch auf Hochtechnologie um.

Die **ökologischen Herausforderungen** wurden in den 90er-Jahren im Rahmen der mit neuem Leben erfüllten UNO angenommen. 1992 vereinbarten 170 Staaten in Rio de Janeiro eine Agenda 21, die Entwicklungs- und Umweltpolitik unter dem Schlüsselwort „Nachhaltigkeit“ verband. Bei der praktischen Umsetzung zeigen sich aber große Schwierigkeiten, da die internationalen Sanktionsmöglichkeiten äußerst begrenzt sind. Dasselbe gilt für die Rahmenvereinbarung von **Kyoto 1997** zum Abbau „anthropogener Störungen des Klimasystems“, worunter der sogenannte **Treibhauseffekt** verstanden wird. Hier erwiesen sich die USA als größter Bremser, da sie im Interesse ihrer Industrie keine weitreichenden Verpflichtungen übernehmen wollten. Viele Erfolge bei der CO_2-Reduzierung resultieren bisher aus der Tatsache, dass osteuropäische und sowjetische Umweltverschmutzer schlicht Pleite gegangen sind. China hat hingegen seine Emissionen von 1990 bis 2002 um 78,3 % gesteigert.

Das enorme **Wachstum der Weltbevölkerung** in der zweiten Hälfte des 20. Jahrhunderts von ca. 3 Mrd. 1960 auf zuletzt ca. 6 Mrd. wird sich nach dem „mittleren Szenario“ der UNO bis 2050 auf 8,9 Mrd. fortsetzen. Von daher sind auch die Fragen der Welternährung und des Zugangs zu Trinkwasser keineswegs gelöst, ganz zu schweigen von dem nach wie vor enormen sozialen Gefälle zwischen Nord und Süd.

Zeitweise hatte es in den 90er-Jahren so ausgesehen, als ob die sogenannten **kleinen Tigerstaaten** – der große Tiger ist China – ein Beispiel für erfolgreiche Entwicklung im Rahmen der globalisierten Welt sein könnten. Hongkong, Singapur, Südkorea und Taiwan, später auch noch Indonesien, Malaysia, die Philippinen und Thailand, sorgten mit Exporterfolgen nach japanischem Vorbild und hohen Wachstumsraten für Aufsehen. Ein großer Teil der dort investierten Mittel kam aber von japanischen Firmen, die diese Staaten unter Ausnutzung günstiger Wechselkurse und niedriger ökologischer und sozialer Standards zur „verlängerten Werkbank“ machten. Die durch den Rückzug spekulativer Auslandsgelder 1997 ausgelöste Finanzkrise stoppte das scheinbar unbegrenzte Wachstum zunächst.

Bewertung der „neuen Welt“

Die Wende von **1989** wurde aber auch als **Wende zum angelsächsischen Modell der Demokratie** interpretiert, die sich als die bestmögliche Regierungsform durchgesetzt habe. Mit Blick auf Osteuropa kann man diese Einschätzung noch am ehesten bestätigt sehen. Russland, ganz zu schweigen von Weißrussland, ist allerdings von wirklich demokratischen Verhältnissen noch weit entfernt. In Asien hat sich eine Mischung aus Einparteienherrschaften (China, Vietnam, Laos), autoritären und demokratischen Systemen (Taiwan, Thailand, Indonesien, Philippinen) etabliert, die zum Teil aber unter großen ethnischen und sozialen inneren Spannungen leiden.

Die „neue Welt“ nach 1989 ist also nicht weniger konfliktträchtig als die alte. Das Ende des Kalten Kriegs erleichtert aber die Verständigung über die drängenden Probleme der Menschheit und ihre möglichen Lösungen im „globalen Dorf“ (ein Begriff aus den 60er-Jahren). Die meisten zukünftigen Konfliktpotenziale waren bereits in den 70er-Jahren erkennbar, als die OPEC der Weltwirtschaft ihren ersten Schock versetzte. Ob die Lösung gelingt, hängt wesentlich davon ab, dass dem globalen Denken auch jeweils das dazu passende lokale, regionale oder nationale Handeln folgt, besonders dass die weltweiten Trendsetter in Amerika, Europa und Japan Beispiele für **nachhaltige Entwicklung** geben, an denen sich andere orientieren können. Mit einem Stromverbrauch von durchschnittlich 12 100 Kilowattstunden pro Kopf, der damit doppelt so hoch liegt wie der in Deutschland, und einem Ölverbrauch pro Kopf von 25 Barrel zeigen die USA aber derzeit nicht viel Bewusstsein für die Erfordernisse der Nachhaltigkeit.

Karl Marx hatte prophezeit, dass der Kapitalismus als permanente Kraft der Umwälzung letztlich alle sozialen Werte und Bindungen zerstören würde. Es wäre nicht ohne Ironie, wenn ihm das nach dem Niedergang des „Realsozialismus“ noch gelingen sollte.

Aufgabe 46 Erläutern und begründen Sie den Wendepunkt-Charakter der in der Übersicht (S. 242) aufgeführten Ereignisse.

fgabe 47 naterial- gestützt)

a) Fassen Sie thesenartig zusammen, worin Roman Herzog die Bedeutung des Jahres 1989 für die deutsche Geschichte sieht (M 1).
b) Untersuchen Sie, ob für die Jahre 1917 und 1945 der Begriff Epochenjahr Anwendung finden kann. Verwenden Sie dazu auch die Definition zum Begriff Epoche (M 2).

M 1: Rede des Bundespräsidenten Roman Herzog auf dem 41. Deutschen Historikertag (17. 9. 1996)

Seit 1945 gab es für die Deutschen – und zwar weder im Osten noch im Westen – keine Daten, die zu „historischen Festpunkten“ geworden wären. Aber auch eine Gesellschaft mit gebrochener Geschichte braucht „positive Orientierungspunkte“. Sonst besteht die Gefahr, in Geschichtslosigkeit oder gar Geschichtsfeindlichkeit zu verfallen.

Das Jahr 1989 könnte, wenn ich recht sehe, erstmals zu einem solchen positiven Orientierungspunkt werden. In demselben Jahr, in dem die Bürger der Bundesrepublik eine vierzig Jahre währende stabile Demokratie feiern konnten, vollzogen die Menschen der DDR die erste unblutige und dennoch erfolgreiche Revolution der deutschen Geschichte mit demokratischer Zielsetzung. 1989 kann in die Geschichte daher als ein erinnerungswürdiges Datum für die doppelte demokratische Bewährung der Deutschen eingehen. Wir sollten das bei Gott nicht unterschätzen.

Ein weiteres ist dabei wichtig: Die Deutschen haben 1989 auch einen Anfangspunkt für eine positive Geschichtsaneignung gesetzt. Nach 1945 waren es die negativen Lektionen des Dritten Reiches, die die Generationen darauf verpflichten, es „besser zu machen“. Mit 1989 ist diese Verpflichtung keineswegs erloschen, es ist aber eine weitere dazu gekommen: Der Wille, Opfer zu bringen, die Bereitschaft, etwas zu riskieren, die Motivation, etwas Neues aufzubauen, der Mut, sich von Gewohntem zu verabschieden in der Hoffnung, etwas Besseres zu schaffen. Das sind die positiven Lektionen von 1989.

Und eine weitere positive Botschaft ging von diesem Jahr aus: In den anderen Staaten hatte man die Wiederkehr eines neuen deutschen Nationalismus befürchtet. Gestaunt hat man dann aber über etwas ganz anderes: über die Solidarität, die Leistungsbereitschaft und die Leistungsfähigkeit der Deutschen und über das Ausbleiben jeglicher nationalistischer Töne. Dass Deutschland sich nicht einen Deut von jener Position wegbewegt hat, auf die sich die internationale Gemeinschaft jahrzehntelang hatte verlassen können, war sozusagen die positive Lektion nach außen.

Freilich gibt es Menschen, die so etwas wie das Fehlen eines neuen Nationalgefühls bemängeln. Ich teile diese Meinung nur bedingt.

Gewiss – an Patriotismus möchte auch ich mich von niemand übertreffen lassen, und wenn ich unseren Staat im Ausland vertrete, kommt es mir entscheidend darauf an, meinen Gesprächspartnern das Selbstbewusstsein zu vermitteln, das dieser neue deutsche Staat für sich in Anspruch nehmen kann. Dieses Selbstbewusstsein ist begründet, und mir geht es dabei nicht in erster Linie um unsere wirtschaftliche Prosperität, sondern um die Leistung, die darin besteht, dass es uns gelungen ist, nach furchtbaren Untaten und einem entsetzlichen Zusammenbruch ein friedliches und demokratisches Deutschland aufzubauen, das mit seinen Nachbarn in gutem Einvernehmen steht, das ihnen Vertrauen entgegenbringt und von ihnen auch wieder Vertrauen erfährt, das seiner Rolle in der Welt als Helfer in schwierigen Situationen, als Quelle kultureller Leistungen und zunehmend auch als redlicher Makler spielt und das sich von den schlimmen Teilen seiner Vergangenheit weder durch Herunterspielen des damals Geschehenen noch durch den dauernden Hinweis auf die Fehler anderer hinwegzustehlen versucht; denn auch die Angst vor dem Blick auf eigene Fehlleistungen und Verbrechen ist eine Form der Feigheit, die keinem auf die Dauer Ehre einbringt. Mehr und mehr werden die Völker nach ihren Leistungen für die Welt beurteilt – und nicht danach, wie sehr sie in sich selbst verliebt sind. Und das ist gut so.

1989 bedeutet außerdem auch, dass sich zwei zeitgeschichtliche Kapitel allmählich schließen und in den Zustand der Geschichte übergehen: das Kapitel der kommunistischen Diktatur in der DDR und das Kapitel der Bonner Republik. Nostalgien und der verklärte Blick zurück sind auf der einen wie auf der anderen Seite falsch. 1989 fand sozusagen auch die Vereinigung der deutschen Nachkriegsgeschichten statt. Das heißt aber wiederum: Wir müssen uns sowohl in der Verantwortung für die Geschichte einigen als auch in der Verpflichtung für die Zukunft.

Aus: Pressemitteilung zur Rede des Bundespräsidenten auf dem Deutschen Historikertag am 17. September 1996 in München, S. 8 ff.

M 2: Zum Epochenbegriff

Epoche (grch.): 1. Allg.: eigentlich der Zeitpunkt eines Ereignisses, Wendepunkt, heute meist für „Zeitraum, Periode“ gebraucht. In der Geschichte der durch ein herausragendes Ereignis, eine Person, eine wirtschaftliche, geistige oder künstlerische Tendenz gekennzeichnete geschichtliche Zeitraum. [...]

Aus: Bertelsmann-Lexikon in 15 Bänden., Bd. 4, Gütersloh 1991, S. 268

Lösungen

Deutschland nach dem Zweiten Weltkrieg

ufgabe 1 Zu erwarten sind hier die Ausführungen zu den Konferenzen von Casablanca, Teheran, Jalta und Potsdam (jeweils mit den Regierungschefs der beteiligten Mächte) sowie zur Moskauer Außenministerkonferenz, ferner zur Atlantik-Charta und zum Morgenthau-Plan; s. S. 2–5, S. 43–45, insb. Übersicht S. 8.

ufgabe 2 Die Karte zeigt die Situation Deutschlands nach dem Ende des Zweiten Weltkrieges und gibt den Stand zum 1. September 1945 wieder, da verbindliche Besatzungs- und Verwaltungsgrenzen erst nach der Potsdamer Konferenz vom August 1945 hergestellt wurden.

- Dargestellt sind die deutschen Gebietsverluste sowie die Aufteilung des verkleinerten Staatsgebietes.
- Gebiete östlich der Oder-Neiße-Linie werden unter polnische bzw. sowjetische Verwaltung gestellt.
- Im Westen verliert Deutschland das Saargebiet, das vorübergehend an Frankreich fällt.
- Die Insel Helgoland wird unter britische, die Stadt Kehl unter französische Militärverwaltung gestellt.
- Das restliche Deutschland wird in vier Besatzungszonen, die Stadt Berlin in vier Sektoren aufgeteilt.
- Das in der britischen Zone gelegene Bremen (mit Bremerhaven) wird von den US-Streitkräften als Hafen genutzt und fällt deshalb unter US-amerikanische Verwaltung.
- Die Karte zeigt ferner den Sitz des Alliierten Kontrollrates (Berlin) sowie die Städte, in denen die alliierten Oberkommandos bzw. Militärregierungen ihren Sitz hatten (F: Baden-Baden; GB: Bad Oeynhausen; SU: Karlshorst; USA: Frankfurt).

ufgabe 3 Zu den Bestimmungen der beiden Friedensordnungen siehe S. 11.

ufgabe 4 Kennzeichen der „Zusammenbruchsgesellschaft" infolge der totalen Niederlage: katastrophale Wohnsituation; Zusammenbruch des Verkehrssystems und des Transportwesens; Versorgungskrise; Hunger und Mangelernährung; unzureichende Versorgung mit Brennstoffen; Schwarzmarkt; s. S. 12–14.

Aufgabe 5 Die Karte zeigt die Ergebnisse von Vertreibungen und Zwangsumsiedlungen in Mittel- und Osteuropa nach 1945. Besonders hervorgehoben ist der sowjetische Machtbereich mit Polen, der Tschechoslowakei, Ungarn, Rumänien und Jugoslawien sowie den sowjetisch besetzten Teilen Deutschlands und Österreichs. Dargestellt sind die durch Vertreibung und Umsiedlung hervorgerufenen Migrationsströme. Pfeile verdeutlichen die Ausgangs- und Zielregionen, entsprechende Zahlenwerte kennzeichnen die Anzahl der betroffenen Personen. Aufgrund der politischen Neuordnung Ost- und Mittelosteuropas (die Karte zeigt zur Verdeutlichung zusätzlich die Grenzen Deutschlands im Jahre 1937) lassen sich insbesondere folgende Vorgänge unterscheiden:

- Im Zuge der Westverschiebung Polens wurden Polen aus Weißrussland und der nun sowjetischen Ukraine vertrieben bzw. in die bis dahin deutschen Ostgebiete, die an Polen fielen, umgesiedelt.
- Mit dem Heranrücken der Roten Armee hatten in den deutschen Ostgebieten Flucht und Vertreibung bereits vor Kriegsende eingesetzt; setzten sich aber nach 1945 in ungeregelten, oft gewaltsamen Massenvertreibungen von Deutschen aus Polen und den nun an Polen gefallenen Gebieten sowie aus dem Sudetenland (nun Tschechoslowakei), aus Rumänien und Ungarn fort.
- Nach Westdeutschland gelangten insgesamt knapp 8 Millionen deutsche Vertriebene und Flüchtlinge, in die sowjetische Besatzungszone (später DDR) etwa 4 Millionen, einige Hunderttausend nach Österreich und andere Länder.

Aufgabe 6 Zur Haltung der Alliierten und zu den deutschen Vorstellungen siehe S. 19. Zur deutschen Parteienlandschaft und zu den Zielsetzungen der nach 1945 neu bzw. wieder gegründeten Parteien: SPD (S. 20 f.); CDU/CSU (S. 21 f.); FDP (S. 22 f.); KPD (S. 23 f.); Zentrum (S. 24); DP (S. 24 f.)

Aufgabe 7 Zur Besatzungspolitik der USA (S. 33 f.), Großbritanniens (S. 34 f.), Frankreichs (S. 35–37) und der Sowjetunion (S. 38–40); s. auch Grafiken S. 36, 40.

Aufgabe 8 Die Karte zeigt die Einteilung Deutschlands in die vier Besatzungszonen und die Bildung der Länder im Jahre 1947. Es wird deutlich, dass die Schwierigkeiten bei Ländergründungen auch aus den bestehenden Besatzungsgebieten resultierten. Dies galt insbesondere im Südwesten, aber auch die Grenzen des auf dem Gebiet der französischen Besatzungszone neugeschaffenen Landes „Rheinland-Pfalz“ folgten im Norden und Osten den „zonalen“ Grenzen. Gleiches gilt für die Landesgrenzen der neuen Länder in Nord- und Mitteldeutschland, die von der Grenze zwischen der britischen (bzw. amerikanischen) und der sowjetischen Besatzungszone markiert wurden. Historisch gewachsene Zusammenhänge wurden durch die Bildung der Länder teilweise nicht beachtet. Dies gilt insbesondere für das ehemalige Land Preußen; auf der anderen Seite blieb Bayern als neues Bundesland in seinem territorialen Bestand gegenüber dem Vorkriegszustand weitgehend erhalten.

Aufgabe 9 Die Jahre zwischen 1945 und 1947 stellen eine Phase des Übergangs dar, in der die alliierte Partnerschaft der Anti-Hitler-Koalition in ideologisch-machtpolitische Rivalität und Feindschaft umschlug:

- Potsdamer Konferenz – Ende von Roosevelts One-World-Idee (S. 43–45)
- Neuorientierung der amerikanischen Außenpolitik infolge der russischen Expansion sowie der Sowjetisierung in Osteuropa (Containment-Politik) (S. 46–50)
  - Stuttgarter Rede von US-Außenminister Byrnes („Speech of Hope", 1946) (S. 47)
  - Trumandoktrin und Marshallplan (S. 47–50)

Aufgabe 10 Bundesrepublik Deutschland: Zusammenlegung und gemeinsame Verwaltung der britischen und amerikanischen Zone („Bizone") zum 1. 1. 1947; Münchner Ministerpräsidentenkonferenz; Gründung der Bank Deutscher Länder; Währungsreform in den Westzonen; Frankfurter Dokumente; Verfassungskonvent auf der Insel Herrenchiemsee; Parlamentarischer Rat; Bildung der „Trizone"; Verkündigung des Grundgesetzes und Gründung der Bundesrepublik.

Deutsche Demokratische Republik: Bodenreform in der SBZ; Verstaatlichung der Schwerindustrie, Gründung der SED, Deutsche Wirtschaftskommission, Währungsreform in der SBZ; Deutscher Volkskongress; Ausarbeitung und Verabschiedung einer Verfassung durch den 2. Deutschen Volksrat; Proklamierung der DDR durch die provisorische Volkskammer am 7. 10. 1949.

Siehe auch S. 51–67.

Aufgabe 11 Karikaturist: Fritz Behrendt; Titel: „Mai 1945"; Erscheinungsort und -zeitpunkt: Frankfurter Allgemeine Zeitung, Mai 1985; Anlass: 40. Wiederkehr des Kriegsendes in Europa; Thema: Problem der Bewertung des 8. Mai 1945.

Für das Datum des 8. Mai bietet der Zeichner verschiedene Kennzeichnungen an, die jeweils durch eine Zeichnung illustriert werden:

- Niederlage (kapitulierende Soldaten der deutschen Wehrmacht)
- Sieg (feiernde amerikanische und sowjetische Offiziere; alliierte Waffenbrüderschaft)
- Befreiung (ausgemergelte Gestalt eines KZ-Häftlings vor Lagerzaun und Wachturm)
- Zusammenbruch (einsamer Mann in Trümmerlandschaft)

darunter links: zertrümmerter Reichsadler mit Hakenkreuz, Hitler-Bild in zerbrochenem Rahmen, im Hintergrund rauchende Ruinen zerstörter Städte;

rechts: drei Deutsche (evtl. Vater, Mutter, Tochter), die zwei abziehenden Soldaten (der eine davon US-Amerikaner) hinterher blicken;

Behrendt zeigt, dass für unterschiedliche Personengruppen bzw. aus unterschiedlicher Perspektive betrachtet das Kriegsende am 8. Mai 1945 unterschiedliche und konträre Bewertungen erfahren hat (und erfährt).

Zur Stellungnahme: offener Erwartungshorizont

Die bipolare Welt nach 1945

Aufgabe 12 Der deutsche Überfall auf die Sowjetunion und der japanische Angriff auf Pearl Harbor 1941 führen zum Kriegseintritt der Sowjetunion und der USA und damit zu einer „unatürlichen Koalition" dieser Großmächte; das Zweckbündnis der Anti-Hitler-Koalition kann letztlich nicht über die grundlegenden Gegensätze zwischen dem kapitalistisch-liberaldemokratischen Modell der USA und der planwirtschaftlich-kollektivistischen Wirtschafts- und Gesellschaftsordnung der Sowjetunion hinwegtäuschen.
Nach Kriegsende Kampf um Einflusssphären, beginnende Blockbildung; in deren Folge Gründung zweier deutscher Staaten 1949; Ausbruch des Korea-Krieges 1950; siehe S. 72–75.

Aufgabe 13 Die Karte zeigt den Gebietsumfang des sowjetischen Machtbereichs nach 1945. Zur Verdeutlichung der Entwicklungen sind neben den neuen Grenzverläufen die Vorkriegsgrenzen eingezeichnet. Für Deutschland und Österreich sind die Grenzen der Besatzungszonen markiert, besonders gekennzeichnet sind zudem die Viersektorenstädte Berlin und Wien. Die als „Eiserner Vorhang" bezeichnete Grenze des sowjetischen Machtbereichs, die zur Konfliktlinie im Kalten Krieg wurde, reicht von der Lübecker Bucht bis zur Adria. In den Ländern Ost- und Mitteleuropas (Polen, Ungarn, Tschechoslowakei, Rumänien, Bulgarien, Jugoslawien) hatte die Sowjetunion spätestens mit Kriegsende die kommunistischen Kräfte unterstützt, für einen entsprechenden Regimewechsel gesorgt und in der Folge ein System von Satellitenstaaten errichtet (Comecon bzw. RGW; Warschauer Pakt). In Polen setzten sich die Kommunisten 1947 gegen andere politische Kräfte durch, in der Tschechoslowakei kam es 1948 zu einem Staatsstreich mit kommunistischer Machtübernahme; auch in den übrigen osteuropäischen Staaten kam es zur Bildung von Volksdemokratien; ebenso in der 1949 gegründeten Deutschen Demokratischen Republik. – Die Karte verzeichnet für die DDR (1953), Ungarn (1956), Tschechoslowakei (1968) und Polen (1980) Aufstände gegen die kommunistischen Regime, die jeweils gewaltsam niedergeschlagen bzw. durch Ausrufen des Kriegsrechtes (Polen 1981) unterdrückt wurden.

fgabe 14 Für den Beginn des Kalten Krieges gibt es verschiedene Erklärungsansätze:

- traditionelle Ansicht (S. 79)
- revisionistische Theorie (S. 79 f.)
- Postrevisionisten/Realisten (S. 88)

fgabe 15 Truman-Doktrin; die Containment-Politik (Politik der Eindämmung) wurde seit 1947 von den USA gegenüber der UdSSR verfolgt und markiert das Auseinanderbrechen der Anti-Hitler-Koalition; Ziel dieser Politik ist die Verhinderung der Ausbreitung des kommunistischen Machtbereiches bzw. dessen Eindämmung; Marshall-Plan als Bestandteil der Containment-Politik; s. S. 77 f.

Die „Zwei-Lager-Theorie“, von dem Leningrader Parteisekretär der KPdSU Schdanow als Antwort auf die Truman-Doktrin formuliert, geht davon aus, dass sich zwei Lager unversöhnlich gegenüberstünden: das „imperialistische und antidemokratische“ unter Vorherrschaft der USA und das „antiimperialistische und demokratische“ unter Führung der Sowjetunion; s. S. 78.

fgabe 16 Kennzeichen der UNO während des Kalten Krieges (S. 99):

- Wirkungslosigkeit durch sowjetische Blockadepolitik (Propagandabühne)
- Machtlosigkeit des UN-Generalsekretärs

fgabe 17 Berlin- und Kubakrise markierten einen entscheidenden Wendepunkt im Kalten Krieg: den Beginn der Entspannungspolitik (S. 90–93). Diese Krisen hatten das Risiko der wechselseitigen nuklearen Vernichtung aufgezeigt. Sogar der Weltraum war nach dem „Sputnik-Schock“ durch den ersten russischen Satelliten (1957) mit Raumfahrtprogrammen in die jeweilige Aufrüstung einbezogen worden. Das atomare Patt beider Seiten sorgte in den 60er-Jahren für ein „Gleichgewicht des Schreckens“. Trotz ihrer Rivalität waren daher die USA und die UdSSR in den Folgejahren um Deeskalation, Entspannung („Detente“) und Kooperation bemüht.

Obwohl das gemeinsame Interesse in der Vermeidung eines Atomkriegs bestand, wäre es jedoch falsch von einer prinzipiellen Interessenharmonie zu sprechen. Vielmehr waren die Konkurrenz der Systeme und die prinzipielle Vorstellung, das jeweils andere System einmal zu beseitigen, feste Bestandteile des östlichen Konzepts der friedlichen Koexistenz sowie der westlichen Variante des Wandels durch Annäherung.

Aufgabe 18 Die Rückkehr zur Konfrontation (S. 94–96)

- Rückschläge für die USA: Afghanistan, Iran
- NATO-Doppelbeschluss vom Dezember 1979
- Carter-Doktrin vom Januar 1980
- umfassendes Aufrüstungsprogramm Reagans – Ankündigung eines weltraumgestützten Abwehrsystems (SDI) 1983

Aufgabe 19 Nach Auffassung der amerikanischen Neokonservativen führte vor allem die Standhaftigkeit der USA zur Beendigung des Kalten Krieges; siehe S. 103 f.

Weitere Erklärungsansätze:

- ökonomische Überlegenheit der westlichen Bündnispartner gegenüber den Staaten des Warschauer Paktes;
- Erosion des Ostblocks; Folgen des KSZE-Prozesses;
- Reformpolitik Gorbatschows (Glasnost und Perestroika).

Aufgabe 20 a) Wesentliche Inhalte der Ansprache Kennedys:

- Bezeichnung der Stationierung sowjetischer strategischer Waffen außerhalb der Sowjetunion (auf Kuba) als „absichtlich provokatorische und ungerechtfertigte Veränderung des Status quo“ (Z. 6 f.);
- Ankündigung Kennedys, dies (auch zur Wahrung der bündnispolitischen Glaubwürdigkeit der USA) nicht hinzunehmen;
- Hinweis auf die historische Lehre, dass die Hinnahme aggressiver Politik letztlich zum Krieg führt;
- Forderung des Abzugs der sowjet. Raketen aus der westlichen Hemisphäre;
- Betonung der amerikanischen Bereitschaft zum Kernwaffenkrieg im Bewusstsein des hohen Risikos weltweiter nuklearer Zerstörung;
- zugleich Bereitschaft zur Diskussion über Maßnahmen zur Entspannung nach der Beseitigung der sowjetischen Bedrohung.

b) Kuba-Krise als Höhe- und Wendepunkt des Kalten Krieges:

- Seit der kubanischen Revolution unter Leitung von Fidel Castro (1959) bestand unerklärter Kriegszustand zwischen den USA und Kuba.
- Scheitern des Invasionsversuchs von Exilkubanern in der Schweinebucht mit Unterstützung der US-Regierung (17. 4. 1961)
- Plan zur Destabilisierung Kubas, der im Oktober 1962 zu einer Invasion führen sollte, veranlasste Castro zu einem Bündnis mit der Sowjetunion (Installation von sowjetischen Raketenbasen auf Kuba).
- Entdeckung der Raketenbasen durch US-Aufklärungsflugzeuge veranlasste Kennedy in einer Fernsehansprache zur Verhängung einer Seeblockade der Insel („Quarantäne“), um weitere Waffenlieferungen zu verhindern.

- Genfer Abrüstungsgespräche (seit 1955) um die Themen Abrüstung, Einstellung der Kernwaffenversuche und Möglichkeiten der gegenseitigen Kontrolle erzielten bis 1962 keinen größeren Durchbruch.
- Die Sowjetunion wollte seit dem „Entstalinisierungs-Parteitag" 1956 als atomare Supermacht neben den USA respektiert werden; sowjetische Raketenstationierung auf Kuba als parallele Bedrohungskulisse zu den in der Türkei stationierten amerikanischen Jupiter-Raketen;
- Tauschangebot der Russen: Abzug der Raketen von Kuba gegen Abzug der amerikanischen Jupiter-Raketen aus der Türkei;
- Entschärfung des Konflikts in letzter Minute: zunächst Abzug der russischen, späterer auch der amerikanischen Raketen.

Kuba-Krise steht auch in Verbindung mit der Frage nach dem Schicksal Westberlins (Z. 36 f.):

- Westberlin, als Stadt mit Viermächtestatus in der DDR gelegen, war Achillesferse des Westens und des Ostens.
- mit großer Wahrscheinlichkeit harte Reaktion der sowjetischen Seite gegen Berlin im Fall der Bombardierung Kubas
- Friedliche Lösung der Kuba-Krise bedeutete gleichzeitig eine Entspannung der Lage Berlins, da sich der Westen mit der Teilung und der Osten mit den besonderen Bindungen Westberlins an die Bundesrepublik und mit den von Kennedy 1961 formulierten Essentials abfand:
  - Recht der Westmächte auf Anwesenheit in Berlin,
  - Recht der Westmächte auf Zugang nach Berlin,
  - Verpflichtung, die Selbstbestimmung der Westberliner über ihre Lebensform zu gewährleisten.

Die Bundesrepublik Deutschland

fgabe 21 Festlegung des Grundgesetzes auf eine föderale Struktur der neuen Bundesrepublik als sozialer Rechtsstaat; Grundrechte (Art. 1–19 GG); repräsentative Demokratie; starke Stellung des Bundeskanzlers; verfassungsmäßig garantiertes Mitwirkungsrecht der politischen Parteien; siehe S. 108–110;
vgl. auch das Schaubild „Das politische System der Bundesrepublik" (S. 110)

fgabe 22 Selbstverständnis als Provisorium mit dem fortdauernden Auftrag zur Wiederherstellung der deutschen Einheit (Präambel des GG); Identitätsfrage laut Entscheidung des Bundesverfassungsgerichts vom 31. Juli 1973; (s. S. 111–113)

Aufgabe 23 Aufbau einer „Sozialen Marktwirtschaft“; wirtschaftliche Konsolidierung und Prosperität („Wirtschaftswunder“); Integration der Flüchtlinge und Vertriebenen (Lastenausgleich); Entscheidung für den Aufbau der Bundeswehr (Konzept der „Inneren Führung“; „Staatsbürger in Uniform“); restaurative Tendenzen in der Ära Adenauer; „Spiegel“-Affäre (1962) und Rücktritt Adenauers (1963).

Aufgabe 24 Schuman-Plan (Mai 1950) und Gründung der „Europäischen Gemeinschaft für Kohle und Stahl“; Gründung der EWG („Europäische Wirtschaftsgemeinschaft“); nach dem Scheitern einer „Europäischen Verteidigungsgemeinschaft“ (EVG) Beitritt der Bundesrepublik zur NATO; Aussöhnung mit Frankreich („Élysée-Vertrag“); siehe S. 120–124, S. 134.

Aufgabe 25 Unter der Kanzlerschaft Erhards (1963–66) erste schwere Wirtschaftskrise der Bundesrepublik; nach Bruch der CDU/CSU-FDP-Koalition erste Große Koalition zwischen CDU/CSU und SPD unter Bundeskanzler Kiesinger: Behebung der Wirtschaftskrise; Notstandsgesetze; Studentenproteste und Osterunruhen 1968; erste Anzeichen eines Wandels in der bundesdeutschen Ost- und Deutschlandpolitik; siehe S. 136–141.

Aufgabe 26 Wichtigste politische Neuansätzen der sozialliberalen Koalition:

- die neue Ostpolitik, d.h. Anerkennung der DDR (S. 142)
- der Abschluss der Ostverträge (S. 142–144, insb. S. 143)
- Stabilisierung der deutsch-deutschen Beziehungen („Politik der kleinen Schritte“) (S. 145)

Aufgabe 27 Zur innenpolitischen Entwicklung in der Phase der christlich-liberalen Koalition s. S. 150–152; zur wirtschaftlichen Entwicklung s. S. 152

Aufgabe 28 a)

- Ablehnung des Schuman-Plans durch den Verfasser des Spiegel-Artikels, da Plan die Wiedervereinigung unmöglich mache (vgl. Z. 64)
- Begründung: Ratifizierung des Schuman-Plans stelle zugleich eine Eingliederung der Bundesrepublik in das westliche Wirtschafts- und Rüstungsgefüge dar; dies ist aber erst vertretbar, wenn auch die letzte Möglichkeit, gesamtdeutsche Wahlen abzuhalten, erschöpft sei (vgl. Z. 5–12).
- Mitschuld der Westdeutschen an der bisher überwiegend durch die Sowjets verursachten Spaltung Deutschlands (vgl. Z. 23 f.)
- fehlendes Interesse der Sowjetunion an einer Einbindung der DDR in eine westlich orientierte Bundesrepublik (vgl. Z. 29–34, 48 f.)
- fehlendes Interesse der westlichen Staaten an einer Einigung Deutschlands; Hintergedanke ist vielmehr die Aufrechterhaltung der Spaltung Deutschlands, um dieses zu schwächen (vgl. Z. 39–44).

- Folge: 18 Millionen Menschen in Ostdeutschland werden abgeschrieben, einem „unmenschlichen, lebenserstickenden System […]“ überlassen (vgl. Z. 67–59).

b) Die Westintegration vollzog sich in folgenden Schritten:
- Beitritt der Bundesrepublik zum Europarat (1950); erstes Organ, in dem sich Vertreter der nationalen Parlamente und Minister über gemeinsame Probleme regelmäßig austauschten.
- Bundesrepublik als Gründungsmitgliedern der Europäischen Gemeinschaft für Kohle und Stahl (1951), EGKS oder Montanunion genannt; wirtschaftliche Integration Westeuropas (Deutschland, Frankreich, Italien, Niederlande, Belgien und Luxemburg)
- Unterzeichnung des Vertrages über die Europäische Verteidigungsgemeinschaft (EVG, 1952); scheitern an der Ablehnung durch die französische Nationalversammlung (1954)
- Regelung der noch offenen Fragen in den Pariser Verträgen (Oktober 1954):
  - Bundesrepublik erhielt die Souveränität, mit Ausnahme der Fragen, die Berlin und Deutschland als Ganzes betrafen
  - Aufstellung der Bundeswehr
  - Beitritt der Bundesrepublik zur NATO und der westeuropäischen Union
- Gründung der Europäischen Wirtschaftsgemeinschaft durch die Römischen Verträge (1957).

c) Karikaturist: Hanns Erich Köhler; Erscheinungsort und -zeitpunkt: Bundesrepublik, 1957; Untertitel: Zufrieden. „Nicht wahr, mein Michelchen – keine Experimente …“.

Inhalte der Karikatur:
- Kanzler Konrad Adenauer als Kinderschwester, die einen Kinderwagen – dargestellt als VW-Käfer – schiebt;
- im Kinderwagen schläft selig der deutsche Michel, umgeben von Insignien des Wohlstands wie Fernsehapparat, Geldsack und Kühlschrank;
- am Horizont ziehen jedoch dunkle Wolken auf.

Zeithintergrund:
- wirtschaftlicher Aufstieg der Bundesrepublik seit etwa 1952 (Wirtschaftswunder): Produktivitäts- und Lohnsteigerungen; Erhöhung des Lebensstandards (veranschaulicht durch „Käfer“, Fernseher und Kühlschrank)
- Geldsack: steigende Spareinlagen der Deutschen
- Stabilisierung des politischen Systems durch den Erfolg der Sozialen Marktwirtschaft Ludwig Erhards

- Problem: Versäumen nötiger Kurskorrekturen; Bezug der Karikatur auf den Wahlkampf Adenauers 1957 unter dem Motto „Keine Experimente“
- Darstellung Adenauers als fürsorglicher Lenker, der über das deutsche Volk wacht und es in die Zukunft steuert
- Zusammenhang zwischen der dunklen Wolke und der Panzerkanone am Bug des Kinderwagens: Bezug auf die Debatte um die Wiederbewaffnung der Bundesrepublik nach dem NATO-Beitritt 1955

Fazit: Kritik des Karikaturisten an

- der mangelnden Wachsamkeit der Deutschen, die sich auf Wohlstand ausruhen und heraufziehende Gefahren nicht sehen;
- der Rolle Adenauers: Entpolitisierung der Öffentlichkeit durch eine dominante, nahezu autoritäre Kanzlerfigur;
- einer neuen, aggressiveren Außenpolitik der immer selbstbewusster werdenden Bundesrepublik;
- der politischen Apathie und der mangelnden Partizipationsbereitschaft der westdeutschen Bürger.

d) Zwei mögliche Beispiele:

„Spiegel-Affäre“

- 1962 erschien in der Zeitschrift „Der Spiegel“ ein Artikel, der die Verteidigungskonzeption der Bundeswehr kritisch beleuchtet
- Verteidigungsministerium bewertete Artikel als Landesverrat
- Durchsuchung der „Spiegel“-Redaktion, Verhaftung des Herausgebers Rudolf Augstein und weiterer leitender Redakteure
- daraufhin scharfe Proteste der Öffentlichkeit, v. a. der Medien und der Intellektuellen („Gruppe 47“); Höhepunkt: Massenkundgebungen von Studenten und Gewerkschaften
- schwere Regierungskrise: Kabinettsumbildung durch Adenauer, der seinen Rücktritt für 1963 ankündigte, Rücktritt des Verteidigungsministers Strauß
- Ergebnis: politisierte Öffentlichkeit der Bundesrepublik erinnerte erstmals eine Regierung an ihre verfassungsrechtlichen Grenzen; erfolgreiches Vorgehen der Öffentlichkeit gegen die Staatsmacht und ihre Grenzüberschreitung

Notstandsgesetzgebung:

- Einigung der Großen Koalition auf Neuentwurf für Notstandsgesetzgebung
- Folge: erheblichen außerparlamentarischen Widerstand von Gewerkschaften, Studentengruppen und Publizisten, die sich zum Teil in einem Kuratorium „Notstand der Demokratie“ zusammenschlossen; Sternmarsch nach Bonn, Massenkundgebungen; Höhepunkt der studentischen Protestbewegung und der „Außerparlamentarischen Opposition“ (APO)

- dennoch Verabschiedung der Notstandsgesetze am 30. Mai 1968
- Änderung der politischen Landschaft in den 60er-Jahren verdeutlichen auch die Bundestagswahlen am 28. September 1969: Sieg der sozialliberalen Koalition unter dem Kanzler Willy Brandt

Die Deutsche Demokratische Republik

ufgabe 29 Zur Charakterisierung s. Schaubild „Das politische System der DDR“, S. 162.

ufgabe 30 Proklamation des systematischen Aufbaus des Sozialismus in der DDR auf der 2. Parteikonferenz der SED im Juli 1952; Forcierung der Schwerindustrie; Abschaffung der Länder und Einführung von 14 Bezirken (vgl. Karte S. 166); Abriegelung der Zonengrenze und Ausbau der Grenzanlagen; Gründung der Nationalen Volksarmee; siehe S. 165 f.

ufgabe 31 Fortsetzung der Kollektivierung der Landwirtschaft (1952–1960); Planwirtschaft; forcierte Industrialisierung: DDR als zweitstärkster Industriestaat im Ostblock, anhaltender Flüchtlingsstrom über Berlin (s. Tabelle S. 171); Bau der Mauer als „antifaschistischer Schutzwall“ (s. auch Grafik zu den Grenzanlagen S. 172); s. S. 171–173.

ufgabe 32 Die innere Entwicklung der DDR in der ersten Hälfte der 70er-Jahre war gekennzeichnet durch die Einheit von Wirtschafts- und Sozialpolitik (S. 175 f.). In der zweiten Hälfte der 70er-Jahre kam es zu einer Stagnation, die schließlich zu einer massiven Systemkrise im Land führte:

- Zusammenbruch der Sozialpolitik und hohe Verschuldung (S. 176)
- massive Umweltprobleme (S. 177 f.)
- zunehmende Kritik am Staat, auf die der Staat mit Repression und Verhaftungen reagierte (S. 177–179)

abe 33 a) Ideologische Textquelle des Zentralinstituts für Geschichte der Akademie der Wissenschaften der DDR, d. h. Wiedergabe der offiziellen Sichtweise der SED-Führung

- Charakterisierung des Aufstands vom 17. Juni als „konterrevolutionäre[r] Putsch […] faschistischer Elemente und eingeschleuster Provokateure“ (Z. 3–5)
- Ausübung „faschistischen Terror[s]“ (Z. 30) durch „aufgeputschte Horden krimineller und gekaufter Subjekte“ (Z. 15 f.), die von Westberlin unterstützt würden

- Ziel der – vom Imperialismus gesteuerten – Aktionen: Provozierung blutiger Auseinandersetzungen, die den Westmächten Anlass für militärisches Eingreifen ermöglichen sollten (Z. 25 ff.)
- „Einheiten der Sowjetarmee, der Schutz- und Sicherheitsorgane der DDR, klassenbewusste Arbeiter und andere Werktätige“ hätten schließlich Aktionen ein Ende setzen können (Z. 29 f.)
- SED habe unbeirrt an der „Politik des sozialistischen Aufbaus“ festgehalten (Z. 36)

Verfolgte Absicht der Formulierungen:

- Aufstand als von außen gesteuerte Provokation, nicht Ausdruck des Volks(un-)willens
- Abwertung der Aktion, d. h. moralische Abqualifizierung, die jede Diskussion über die inneren Ursachen des Aufstandes (Normenerhöhung, Diktatur, Spaltung Deutschlands) verhindert.
- Bezeichnung „konterrevolutionäre[r] Putsch“ impliziert die Rechtmäßigkeit und die (historische) Legitimität einer Revolution, stellt also eine Gegenbewegung als Verrat an den legitimen Zielen der Revolution und damit einen Verrat an den Zielen der Menschheit dar.
- Ideologischer Standort wird durch Wortschatz und Sprachgebrauch der SED untermauert: Verwendung der Begriffe „Arbeiter- und Bauern-Macht“, „Klassenbewusstsein“, „Werktätige“ und „sozialistische Staatsmacht“ auf der einen, „Imperialismus“, „faschistisch“ und „konterrevolutionär“ auf der anderen Seite.

b) Westdeutsche Sichtweise der Ereignisse:

- Aufstand als Ausdruck einer tiefen Unzufriedenheit der Bevölkerung mit der politischen und wirtschaftlichen Lage;
- Verschärfung des politischen Kurses der SED im Zusammenhang mit den Beschlüssen der 2. Parteikonferenz (1952): Verschlechterung der Versorgungslage der Bevölkerung durch Forcierung der Schwerindustrie;
- Beschluss der Erhöhung der Arbeitsnormen um durchschnittlich 10 % durch das ZK der SED zur Sicherstellung der Planerfüllung (28. Mai 1953);
- Widerstand der Bevölkerung veranlasste SED-Führung zur Verkündung eines „Neuen Kurses“: stärkerer Ausbau der Konsumgüterindustrie, jedoch keine Rücknahme der Normenerhöhung;
- Demonstrationen als Reaktion auf einen Artikel in der FDGB-Zeitschrift „Die Tribüne“ (16. Juni); Forderungen: Rücknahme der Normerhöhungen und Verbesserung der Lebensbedingungen (dies spricht gegen die These der westdeutsch-faschistischen Infiltration);

- fehlende Verhandlungsbereitschaft der Regierung als Anlass für die Massenproteste am Folgetag;
- Ausgreifen der Demonstrationen von Ostberlin auf andere Industriezentren der DDR;
- Erweiterung der wirtschaftlichen Forderungen um politische Ziele: Rücktritt der Regierung, Abhaltung freier Wahlen, Wiedervereinigung;
- Niederschlagung des Aufstandes allein durch das Eingreifen der sowjetischen Truppen und die Verhängung des Ausnahmezustandes.
- Aus westdeutscher Sicht gilt Aufstand gerade wegen der hohen Beteiligung der Industrie- und Bauarbeiter, also gerade der Schichten, die von der SED bevorzugt worden waren, als Volksaufstand und als Ausdruck des Volkswillens gegen das diktatorische Regime der SED um Ulbricht.
- Westen plante nie ein Eingreifen; Widerlegung der „Agenten"-These.

c) *Weitere Entwicklung der DDR:*
- Verschärfung des politischen und gesellschaftlichen Drucks durch die Regierung, um Kritiker zum Schweigen zu bringen;
- letztlich war DDR-Führung gezwungen, dem Druck nachzugeben, soweit es mit ihren Industrialisierungszielen zu vereinbaren war;
- anwachsende Fluchtwelle durch neue Sozialisierungspolitik der Regierung Ende der 50er-Jahre; Reaktion: Bau der Mauer (1961);
- in der Folgezeit, vor allem in den 70er-Jahren, Verbesserungen des Lebensstandards und der sozialen Absicherung;
- Machterhalt der SED aber nur durch sowjetische Militärpräsenz möglich, die Regimekritiker und Oppositionelle im Zaum hielt; dadurch wurde Legitimation der Regierung im Innern nachhaltig geschwächt;
- außenpolitischer Legitimationsverlust gegenüber dem Westen; gegenüber dem Osten galt Aufstand als siegreich beendeter Versuch der Konterrevolution und damit als Sieg des Sozialismus.

Entwicklung der Bundesrepublik Deutschland:
- durch Beschluss des Deutschen Bundestages am 3. Juli 1953 wurde der 17. Juni zum „Symbol der deutschen Freiheit in Einheit" und zum gesetzlichen Feiertag;
- Deutung des Aufstandes als Ausdruck der durch die kommunistische Diktatur unterdrückten Volkssouveränität und als verzweifelten Versuch, den Wunsch nach Demokratie und nationaler Einheit zu artikulieren;
- Bestärkung aller politischen Kreise, Wiedervereinigung als drängende Forderung aufrechtzuerhalten;

- der diktatorische Charakter des Regimes bestärkte sowohl die antikommunistische Grundhaltung Westdeutschlands als auch die Auffassung, dass allein in der strikten Hinwendung zum Westen die einzige Möglichkeit für die Bundesrepublik lag.

d) Begründung des Mauerbaus durch Ulbricht:
- Charakterisierung der Fluchtbewegung nach Wesen als ein vom Westen gesteuerter Versuch, die DDR zu destabilisieren und die Arbeitskräfte abzuwerben;
- Verurteilung der Politik des Westens durch die gesamte Bevölkerung der DDR; dadurch Rechtfertigung des Baus der Berliner Mauer
- Mauerbau als Reaktion auf die „atomaren Ausrüstung" der Bundeswehr („NATO-Armee"), die den Frieden gefährde (Z. 7 f.);
- Vermittlung politischer Weitsicht und absoluten Friedenswillens;
- Bewertung Westberlin als „äußerst gefährlicher Kriegsbrandherd" (Z. 25); so sei durch den Bau der Mauer der „Brand, der [...] auf die Häuser der Nachbarn überspringen sollte, rechtzeitig unter Kontrolle" (Z. 29 f.) gebracht worden.

e) Auseinandersetzung mit den Aussagen und Wertungen Ulbrichts:
Ulbricht spricht hier aus der Position dessen, der seine Handlung ideologisch legitimiert. Sein Standpunkt ist einseitig und zeichnet ein klares Feindbild. Für die Erörterung seiner Aussagen sind folgende Punkte herauszustellen:
- Berufung auf die „Arbeiter und [...] alle ehrlichen Werktätigen" (Z. 1),
- aggressiv-militaristische Haltung der Bundesrepublik,
- faschistisch-aggressive Tradition der Bundeswehr,
- Gefährdung des Friedens,
- friedenssichernde Funktion der Mauer.

Diese Punkte können im Einzelnen diskutiert werden:
- Breite Zustimmung der Massen
  - spätestens seit dem 17. Juni 1953 bloße Propagandabehauptung, wie die bis zum Mauerbau dramatisch zunehmende Fluchtbewegung in Richtung Westen verdeutlicht;
  - akute Versorgungsengpässe schmälern die Zustimmungsbereitschaft der breiten Masse; dennoch begann sich nach 1957 ein wachsender Anteil der Bevölkerung mit dem System der DDR zu arrangieren;
  - zunehmende Verhärtung mit der Verkündung des Siebenjahrplanes (1959): forcierte Kollektivierung der Landwirtschaft und des Handwerks, Einführung des „Gesetzbuchs der Arbeit";

  - Entstehung einer grundlegenden Krisenstimmung, die zu einer zunehmenden Fluchtbewegung in Richtung Westen führte (besonders Verlust der gut ausgebildeten jungen Arbeitnehmer);
- aggressiv-militaristische Haltung der Bundesrepublik
  - Propagandalüge
  - NATO dient als Verteidigungsbündnis; Grundgesetz der Bundesrepublik verbietet grundsätzlich Vorbereitung und Führung eines Angriffskriegs;
  - selbst die Drohgebärden der Sowjetunion in der Berlin-Krise 1958/61 konnten den Westen nicht zu aggressiven Gegenmaßnahmen verleiten.
- faschistisch-aggressive Tradition der Bundeswehr
  - eigenständige Großmachtpolitik der Bundeswehr angesichts der Einbindung in die Kontrollinstanzen der NATO nicht möglich
- Gefährdung des Friedens
  - Konkrete Aktionen aggressiver Natur der Bundesrepublik können nicht nachgewiesen werden.
  - Jedoch verfolgte die Bundesrepublik aus ihrer freiheitlichen und gesamtdeutsch orientierten Position heraus unterschwellig eine Politik, die eine Destabilisierung der DDR begünstigte, um langfristig eine Wiedervereinigung zu ermöglichen.
  - Destabilisierung verursachte prinzipiell auch eine Verunsicherung der politischen Lage in Mitteleuropa. Eine Krise der DDR hätte die Sowjetunion möglicherweise doch zu politischen Konsequenzen oder militärischem Einschreiten genötigt.
- friedenserhaltende Funktion der Mauer (Notwendigkeit einer differenzierten Betrachtung)
  - Mauer nicht zur Abwehr eines faschistischen Angriffs auf die DDR, vielmehr zur Verhinderung der Destabilisierung der DDR (Eindämmung der Fluchtbewegung);
  - Grundlage der Fluchtbewegung war jedoch das diktatorische und unfreie System in der DDR; DDR-Führung verschaffte sich somit eine Beruhigung der innenpolitischen Situation;
  - Verzicht der USA auf militärischen Eingriff, da keine unmittelbare Gefährdung ihrer eigenen Interessen; Anerkennung sowohl der Einflusszone der Sowjetunion als auch des Interesses der DDR an innerer Stabilität;
  - Teilung Deutschlands schien als Ausdruck des Kalten Krieges auf lange Zeit unveränderbar festzustehen und der Status quo wurde weitgehend akzeptiert.

Der Umbruch in der DDR und die Wiedervereinigung

Aufgabe 34 Zu den politischen, gesellschaftlichen und wirtschaftlichen Gründen für den Zusammenbruch der DDR s. S. 184–187, besonders die Übersicht auf S. 187.

Aufgabe 35 Zu den wesentlichen Ereignissen der deutschen Wiedervereinigung 1989/1990 siehe S. 188–193.

Aufgabe 36 Verträge zur inneren Gestaltung der Einheit zwischen der BRD und der DDR: Staatsvertrag (18. 5. 1990) mit Wirtschafts-, Währungs- und Sozialunion sowie Einigungsvertrag (31. 8. 1990); „Zwei-plus-Vier"-Vertrag zwischen Frankreich, Großbritannien, der Sowjetunion und den USA sowie der BRD und der DDR zur außenpolitischen Absicherung der Einheit; zu den inhaltlichen Bestimmungen der Verträge: siehe S. 190–193, insbesondere Übersicht S. 193.

Aufgabe 37 a) Wesentliche Forderungen und Selbstverständnis des Neuen Forums:

- Feststellen einer gestörten „Kommunikation zwischen Staat und Gesellschaft" (Z. 1);
- Auflistung von Wünschen und Forderungen, die auf ein Sowohl-Als-Auch hinauslaufen (bessere Versorgung der Bevölkerung und Abkehr von unbegrenztem Wachstum; mehr Spielraum für wirtschaftliche Initiativen, aber keine Ellenbogengesellschaft; Erhalten des Bewährten und Platz für Erneuerung; geordnete Verhältnisse, aber keine Bevormundung etc.);
- Forderung nach einem demokratischem Dialog „über die Aufgabe des Rechtsstaates, der Wirtschaft und der Kultur" (Z. 24 f.);
- Selbstverständnis des Neuen Forum als politische Vereinigung, „die es Menschen aus allen Berufen, Lebenskreisen, Parteien und Gruppen möglich macht, sich an der Diskussion und Bearbeitung lebenswichtiger Gesellschaftsprobleme in diesem Land zu beteiligen" (Z. 34–36).

b) Rahmenbedingungen der DDR im Jahr 1989:

- Hoffnungen auf Verbesserung der eigenen Lage durch die Umgestaltung in der Sowjetunion und die internationalen Abrüstungserfolge;
- Leugnen jeglichen Reformbedarfs durch die Regierung; vielmehr Schaukelpolitik zwischen verschärfter Repression durch die Stasi und erhöhten Ausreisequoten;
- Organisation Oppositioneller in Friedens- und Umweltgruppen, zum Teil mit Kontakten zu entsprechenden Bewegungen im Westen;
- abnehmende Akzeptanz des durch den Rüstungswettlauf verschärften chronischen Mangels an Konsumgütern;

- Einspruch der Bürger und Oppositionsgruppen gegen die hohe Zustimmung von 95,98 % für die Kandidaten der Nationalen Front bei den Kommunalwahlen vom Mai 1989; Regierung wurde der Wahlfälschung bezichtigt
- weitere Entfremdung der Regierung von ihrer eigenen Bevölkerung durch die zustimmende Reaktion auf die brutale Niederschlagung der Studentenproteste in Peking; Zunahme der Zahl der Ausreiseanträge und der Fluchtbewegung (zunächst über die Botschaften in Prag, Budapest und Warschau)
- Zugeständnis der ungarischen Regierung an die DDR-Bürger, das Land legal in Richtung Österreich zu verlassen (11. September);
- parallel zur massenhaften Ausreise liefen die Vorbereitungen zum 40. Jahrestags der DDR am 6. Oktober.

c) Thematisierung der äußeren Vereinigung (Ende der deutschen Zweistaatlichkeit 1990) und inneren Vereinigung (Angleichung der Lebensverhältnisse in Ost- und Westdeutschland:
- Rechtfertigung für die Eile der Wiedervereinigung
- Zurückweisen von Kritik an der gewählten Art der Wiedervereinigung (über Art. 23 GG durch Beitritt der neuen Länder zur Bundesrepublik)

Zur Frage der äußeren Wiedervereinigung:
- Vermeidung einer „blutige[n] Zuspitzung" (Z. 6) in der DDR (Verweis auf historische Beispiele: 1953 in Ost-Berlin, 1956 in Ungarn, 1968 in Prag);
- Möglichkeit einer Veränderung der politischen Großwetterlage in Europa verlangte rasches Handeln: unsichere Stellung des sowjetischen Präsidenten Gorbatschow zur Zeit der Wende in der DDR;
- Erhaltung der Zustimmung zur Wiedervereinigung durch die sowjetische Regierung mithilfe großzügiger Kreditzusagen;
- Druck der DDR-Bevölkerung, spürbar beim Besuch Kohls in Dresden im Dezember 1989, nicht nur Teil des Problems, sondern vor allem „Element der Lösung des Problems" (Z. 17);
- Erhöhung des Drucks durch Übersiedlerwelle;
- Lösung durch die Währungsunion, bei der die DDR-Bürger ihre Ostmark in DM zum 1:1-Kurs tauschen konnten.

Zur Frage der inneren Wiedervereinigung:
- Erreichung von Wohlstand und sozialer Sicherheit für die ehemaligen DDR-Bürger durch Koppelung der Währungsunion mit einer „Sozialunion" (Z. 23 f., 27); keine Überforderung der Leistungsfähigkeit der Bundesrepublik
- durch die „Sozialunion" wurden in der ehemaligen DDR soziale Einrichtungen entsprechend den in der Bundesrepublik existierenden geschaffen

(Rentenversicherung, Krankenversicherung, Arbeitslosenversicherung, Unfallversicherung, Sozialhilfe)

- Einführung von Tarifautonomie, Koalitionsfreiheit, Mitbestimmung, Betriebsverfassung und Kündigungsschutz nach bundesdeutschem Vorbild
- im Gegenzug Abschaffung des sozialistischen Systems und Freigabe der Märkte und des Privateigentums; d. h. Anpassung der DDR an die BRD.

Der Europa-Gedanke und die europäische Einigung

Aufgabe 38

- Gründung des Europarats 1949
- Montanunion (EGKS) zwischen Frankreich, Deutschland und Benelux (1952) bildet erstmals supranationale Strukturen
- Römische Verträge zur Gründung der EWG 1957, Zollunion und gemeinsame Agrarpolitik angestrebt
- Deutsch-Französische Zusammenarbeit im Élysée-Vertrag geregelt 1963
- Vereinigung der Montanunion mit EWG und EURATOM zur EG 1965
- Beitritt von Großbritannien, Irland und Dänemark 1979
- EWS zur Stabilisierung der Wechselkurse in Europa und erste Direktwahl zum Europäischen Parlament 1979
- Beitritt Griechenlands 1981
- Beitritt Spaniens und Portugals 1986
- Das deutsch-französische Verhältnis wirkt als Motor der europäischen Einigung durch Lösung der Saarfrage (1957), Verständigung auf der Ebene der Bevölkerungen (Partnerschaften) und enge politische Zusammenarbeit der führenden Staatsmänner: Adenauer und de Gaulle (Aussöhnung), Schmidt und Giscard d'Estaing (EWS), Mitterand und Kohl (deutsche Einheit und Vorbereitung von Maastricht)

Aufgabe 39

- Psychologisch-mentale Probleme der EG: umständliche Entscheidungsprozesse nach dem Konsensprinzip, Subventionierung von Überproduktionen in der Landwirtschaft, Bürgerferne und Bürokratie machen die EG für die Bevölkerungen schwer verständlich und unattraktiv;
- Strukturelle Probleme: hohe Agrarausgaben konservieren die Agrarstruktur und lassen wenig Mittel zur Förderung von Zukunftstechnologien, Institutionen arbeiten umständlich und langsam und können leicht durch nationale Vetos blockiert werden

Aufgabe 40 System von Handelspräferenzen für AKP-Staaten (ehemalige Kolonien in Afrika, Pazifikregion und Karibik) seit 1975 (s. S. 205)

Aufgabe 41 Maastricht 1992: Gemeinsame Außen- und Sicherheitspolitik, europäische Staatsbürgerschaft; Ausschuss der Regionen, soziale Grundrechte, gemeinsame Währung; Versuch, Europa nach dem Zusammenbruch des Ostblocks als integrierenden und stabilisierenden Faktor zu etablieren; Einbindung des vereinigten Deutschland in eine größere Einheit

Aufgabe 42
- Modell „Europäischer Bundesstaat“: Benelux, Deutschland, Österreich und Italien als Befürworter; gemeinsame demokratische Institutionen, Handlungsfähigkeit nach außen, Verfassung;
- Modell „Europa der Nationalstaaten“: Frankreich unter de Gaulle, Großbritannien, skandinavische Mitglieder; Bevorzugung der intergouvernementalen Ebene der Regierungen; Subsidiaritätsprinzip;
- Modell „Europa der Regionen“: wird von keinem Staat favorisiert; „Ausschuss der Regionen“
- Modell „Europa der zwei Geschwindigkeiten“: wird nicht angestrebt, aber teilweise aus pragmatischen Gründen angewendet, um die langfristige Handlungsfähigkeit der EU zu erhalten, Beispiel Währungsunion.

Aufgabe 43 Gesichtspunkte zur Erörterung: Transparenz und Effizienz der Entscheidungsprozesse? Demokratische Legitimation und Beteiligung (vgl. Europawahlen)? Bürgernähe (Subsidiaritätsprinzip)? Weltgeltung als politischer Akteur, der mit einer Stimme sprechen kann und der wirtschaftlichen Bedeutung von ca. 500 Mio. Europäern entspricht?

Beispiel: Europäischer Bundesstaat:
- *mögliche Argumente dafür:* globale Probleme (Wirtschaft, Umwelt) können immer weniger im Rahmen von Nationalstaaten gelöst werden, Europa muss außenpolitisch mit einer Stimme sprechen können, um überhaupt als Faktor der Weltpolitik wahrgenommen zu werden
- *mögliche Argumente dagegen:* ein europäischer Bundesstaat könnte vorläufig kaum auf die Loyalität seiner Bürger rechnen (Wahlbeteiligung Europawahlen, europaweite Umfrageergebnisse), viele Sachverhalte lassen sich von unteren Ebenen (Gemeinde, Länder, Regionen, Nationalstaaten) leichter beurteilen und besser regeln (Subsidiaritätsprinzip)

Aufgabe 44 Institutionelle Probleme:
- Konsensprinzip wird bei wachsender Mitgliederzahl (von 6 auf 27) immer schwieriger; ungleichmäßige Repräsentation aller Staaten im Ministerrat
- Südosteuropäische Staaten verfügen teilweise über niedrige Standards in Bezug auf Korruption, Kriminalität, Justizwesen – Übernahme und Umsetzung des „Acquis“ in der Praxis möglich?

Ökonomische Probleme:
- Fortschritte beim Abbau der landwirtschaftlichen Subventionen werden durch agrarisch orientierte Neumitglieder wieder gefährdet
- europäischer Arbeitsmarkt in der Übergangsperiode für Neumitglieder noch teilweise abgeschottet

Aufgabe 45 a) Churchill erstrebt:
- ein „föderalistisches System" für Europa
- Gleichberechtigung der beteiligten Nationen
- Aufbau eines „Europarates" als Kern
- Grundsätze der Atlantik-Charta sollen gelten: Selbstbestimmungsrecht, freie Wahl der Regierungsform, Freihandel, Freiheit der Meere
- USA und Großbritannien (Commonwealth) (eventuell auch Sowjetrussland) sollen Freunde und Förderer, nicht Mitglieder sein
- Frankreich und Deutschland sollen die Führung übernehmen

b) Historisches Umfeld:
- Auseinanderbrechen der Anti-Hitler-Koalition zeichnet sich bereits 1945 ab, als Churchill erstmals von einem „eisernen Vorhang" spricht und die Potsdamer Konferenz nur zu unbefriedigenden Resultaten in Bezug auf eine gemeinsame Regierung für Deutschland kommt
- Mit dem „Wohlwollen der Sowjetunion" kann zum Zeitpunkt der Rede nicht gerechnet werden
- Im September 1946 wird die US-Besatzungspolitik durch die Rede des Außenministers Byrnes neu ausgerichtet: Rückführung Deutschlands in den Kreis der „freien und friedliebenden Völker" erscheint nun denkbar
- Ungeklärte Frage: Rolle der Sowjetzone?
- „Idealistische" Europäer (Studenten, ehemaliger Widerstand, Paneuropäer) erstreben einen sofortigen gesamteuropäischen Bundesstaat
- „Realistische" Europäer übernehmen von Churchill die Idee, Europa auf der Basis der Freiwilligkeit um einen Kern herum aufzubauen

c) Hagen Schulze sieht den „deutschen Sonderweg" als beendet; Deutschland sei mit der deutschen Einheit von 1990 endgültig ein Teil des Westens. Der Nationalstaat habe zwar Kompetenzen abgegeben, sei aber nach wie vor unverzichtbar zur Bewältigung der „schweren inneren Verwerfungen", die nach dem Ende des Sozialismus auszugleichen seien. Schulze ist der Meinung, dass es zum Nationalstaat keine Alternative gibt, solange die europäischen Institutionen nicht ausreichend demokratisch legitimiert sind. Auch danach werde es weiterhin nationale Aufgaben geben.

Wendepunkte des 20. Jahrhunderts

Aufgabe 46 Siehe Übersicht S. 240.

Aufgabe 47 a) Bundespräsident Roman Herzog betont in seiner Rede, dass die Deutschen im Jahr 1989 eine doppelte demokratische Bewährung bestanden haben:

- Die Bundesrepublik konnte auf eine 40-jährige stabile Entwicklung zurückblicken und die Menschen in der DDR vollzogen eine gewaltfreie demokratische Umwälzung (Z. 7 ff.).
- Das Jahr 1989 stellte einen Anfangspunkt für eine positive Geschichtsaneignung dar. Neben der seit Ende des 2. Weltkriegs bestehenden Verpflichtung, es „besser zu machen" (Z. 17) trat die Bereitschaft „Besseres zu schaffen" (Z. 21).
- Solidarität, Leistungsbereitschaft, Leistungsfähigkeit und Zuverlässigkeit, nicht aber die Wiederkehr eines neuen deutschen Nationalismus kennzeichnen Deutschland nach dem Jahr 1989 (Z. 23 ff.).
- Zwei zeitgeschichtliche Kapitel, das der kommunistischen Diktatur in der DDR und das der Bonner Republik, wurden geschlossen (Z. 53 ff.).
- Ab dem Jahr 1989 gilt es für die Deutschen sowohl Verantwortung für die Geschichte als auch Verpflichtung für die Zukunft zu übernehmen (Z. 57 f.).

b) Für das Jahr 1917 scheint die Bezeichnung „Epochejahr" zutreffend:

- Erster Weltkrieg als herausragendes Ereignis, das einen Wendepunkt in der Geschichte darstellte; er beeinflusste ursächlich die revolutionäre Entwicklung in Russland vom Februar 1917 bis zur Revolution im Oktober, die die Durchsetzung der kommunistischen Ideologie einleitete.
- Die USA gaben, wenn auch nur vorübergehend, ihren außenpolitischen Grundsatz des Isolationismus, dem sie seit der Monroe-Doktrin 1823 gefolgt waren, auf und traten auf der Seite der Entente in den 1. Weltkrieg ein. Zum ersten Mal beeinflusste eine außereuropäische Macht so nachhaltig die Geschichte Europas und prinzipielle Grundwerte des amerikanischen Gesellschaftssystems wurden relevant.
- Darüber hinaus begann mit dem Ersten Weltkrieg die Niedergangsphase der von Europa determinierten Weltgeschichte.
- Auf dem europäischen Kontinent vollzogen sich, nicht zuletzt auch durch den Zerfall der österreichisch-ungarischen Monarchie, gewaltige geopolitische Umgestaltungen. Neue Staaten wie zum Beispiel Polen, die Tschechoslowakei, Ungarn, Jugoslawien und auch die baltischen Staaten Estland, Lettland, Litauen entstanden. Einige Länder, zum Beispiel Deutschland oder

Österreich, mussten territoriale Einbußen hinnehmen, andere Staaten, zum Beispiel Italien, erhielten Zugewinne.

- Gleichzeitig zerfiel auch das Osmanische Reich.
- Für einige europäische Länder ergaben sich tief greifende gesellschaftliche Veränderungen, so auch für Deutschland: Überwindung der Monarchie, Etablierung der Weimarer Republik (demokratischer Staat).
- Die Befreiungsbewegung in den Kolonien wuchs an, worauf bald der Zerfall des „British Empire“ einsetzte.
- Gewaltiger Aufschwung in Wirtschaft, Wissenschaft und Technik; Durchsetzung moderner Tendenzen in der Kunst;

Gegen die Verwendung des Begriffes „Epochenjahr“ könnte stehen, dass die 1917 in der Sowjetunion eingeleiteten Veränderungen nur für einen historisch kurzen Zeitraum (ca. 70 Jahre) Bestand hatten.

Für 1945 scheint die Bezeichnung „Epochejahr“ nur bedingt zutreffend.

- Einschränkungen ergeben sich aus der Tatsache, dass es in der Weltgeschichte Tendenzen gab, die nach dem Zweiten Weltkrieg lediglich eine Fortsetzung fanden, allerdings mit neuer Qualität.
- Die Weltgeschichte wurde endgültig nicht mehr von Europa dominiert.
- Herausbildung einer „bipolaren Welt“, die von der Auseinandersetzung zwischen dem liberal-demokratischen System unter Führung der USA auf der einen Seite und dem diktatorisch-sozialistischen System unter Führung der Sowjetunion auf der anderen gekennzeichnet war.

Für eine Anwendung des Begriffes sprechen folgende Gründe:

- Die Dominanz des Faschismus in Europa war beendet. Diese Tatsache bedeutete für einige Länder die historische Chance für einen Neubeginn.
- Entwicklung stabiler Demokratien in den Ländern Westeuropas.
- Die gemeinsam mit den westlichen Alliierten im Kampf gegen den deutschen Faschismus siegreiche Sowjetunion erhob Führungsanspruch und setzte diesen in den Ländern Südost- und Osteuropas in der Folgezeit durch. Sie wollte das „sozialistische Weltsystem“ etablieren und blieb für etwa 45 Jahre determinierend.
- Beginn des sogenannten „Atomaren Zeitalters“, das auf alle Bereiche in Gesellschaft und Politik auch in Zukunft großen Einfluss haben wird.

Stichwortverzeichnis

Bildnachweis

S. 1: Trümmerfrauen transportieren noch brauchbare Ziegelsteine. Berlin 1946.
ullstein bild / dpa

S. 10: Deutschland nach dem Zweiten Weltkrieg (1. 9. 1945).
www.ieg-maps.uni-mainz.de/mapsp/mapp945d.htm

S. 16: Flucht und Vertreibung nach 1945.
Brockhaus-Atlas zur Geschichte. Epochen, Territorien, Ereignisse. 2005, S. 285

S. 41: Besatzungszonen und Länder 1947.
www.ieg-maps.uni-mainz.de/mapsp/mapp947Zonen.htm

S. 69: Handschlag zwischen John F. Kennedy und Nikita Chruschtschow bei einem Treffen 1961 in Wien.
ullstein bild – Keystone Pressedienst

S. 73: Expansion des sowjetischen Machtbereichs.
Brockhaus-Atlas zur Geschichte. Epochen, Territorien, Ereignisse. 2005, S. 285

S. 107: Kennedy-Besuch in Berlin.
bpk / Will McBride

S. 159: Truppenparade zum 40. Jahrestag der DDR.
ullstein bild / Poly-Press

S. 166: Bezirke der DDR 1952.
www.ieg-maps.uni-mainz.de/mapsp/mapp952DDR_Bezirke.htm

S. 183: Grenzöffnung 1989: Menschen auf der Berliner Mauer vor dem Brandenburger Tor.
McCanner / Alamy Stock Foto

S. 190: Zehn-Punkte-Programm für Deutschland.
Zahlenbilder, #58280, © Bergmoser + Höller Verlag

S. 197: Flaggen vor dem Europäischen Parlament in Straßburg.
Jochen Tack / Alamy Stock Foto

S. 220: Etappen der europäischen Einigung.
Zahlenbilder, #714005, © Bergmoser + Höller Verlag

S. 239: Volkspolizist springt 1961 über den Stacheldraht in den Westteil Berlins.
bpk / Peter Leibing